中華人民共和国教育法に関する研究

現代中国の教育改革と法

篠原清昭 著

九州大学出版会

目次

中華人民共和国教育法に関する研究

――現代中国の教育改革と法――

序章

第一節　本研究の目的と視点

(一)　**中華人民共和国教育法の法的価値**

本研究は、一九九五年三月一八日に中華人民共和国において制定された「中華人民共和国教育法」を対象とする。同法は、日本の教育基本法にも匹敵する重要な法律であり、中国国内ではさまざまある教育法規の「母法」あるいは教育法体系上の中心的な法的地位をもつ「教育根本法」として期待・評価されている。さらに、その法内容については、中華人民共和国の教育理念・目的を規定する「総則」（第一章）、教育基本制度（第二章）、学校及びその他の教育機関（第三章）、教師とその他の教育活動者（第四章）、教育を受ける者（第五章）、教育と社会（第六章）、教育投入と条件整備（第七章）、教育の対外交流と共同（第八章）、法律責任（第九章）等、教育の目的・制度や政策に関して広範囲に規定し、現代中国の教育制度及び政策を規定する法規範としての重要性をもつ。

同法の法案（草案）作成を担当した朱開幹（制定当時の国家教育委員会主任で日本でいう文部科学省・文部科学大臣にあたる）は、その制定理由について以下のように述べている。

「これまで多くの国家教育法や地方教育法が制定されてきたが、それらは各論法、領域法であって、総論を表す基本法がないことが『盲点』であった。『教育法』は、（他の教育法規の）母法として、刑法・民法・農業法・労働法と並んで基本法としての同一の地位をもつ。それと、歴史的には『依法治教』の開始としての意味をもつ。」（一九九五・四・二四②『中国教育報』括弧内筆者記入。以下同様。）

ここで重要な部分は、同法が「基本法」であるという点に加えて、その制定が「歴史的には『依法治教』の開始としての意味をもつ」と指摘している点である。このとき、「依法治教」とは、いわゆる教育行政における法律主義を意味し、公教育制度の運営に関して、「法律による行政」の原理の適用をいう。しかし、長年にわたり政治すなわち支配者の言説が法に優位する「人治国家」の統治方法を踏襲してきた中国の場合、教育及び教育政策も「人治国家」的なコントロールにより支配されてきた。むしろ、「文化大革命」以前の段階においては、社会規範としての法は旧国民党時代の反革命的な社会規範の一つであり、「六法全書主義」反対の立場による法の破壊が革命的行為として広く受容されていた。したがって、ここでいう「依法治教」の教育政策理念あるいはその表明は、教育及び教育政策に関して「人治国家」から「法治国家」へのマクロな社会制御システムの転換の意味をもち、中華人民共和国教育法はそのための新たな社会制御規範としての課題をもったといえる。また、「文化大革命」以降の中国の教育政策は、大きくは経済政策を中心とした改革と開放の影響を受け、経済改革に連動した教育改革をその課題としている。それは、いわゆる国家と教育の関係において、教育の本質を従来のマルクス主義的な史的唯物論（社会構造論）から、教育投資論に代表される資本主義的教育政策理論の範疇でとらえる教育科学論の展開を背景として、教育財政政策や教育の市場化に代表される資本主義国的な教育政策の方法と理論の導入を意味している。この点、中華人民共和国教育法は先に述べた教育における法治国家形成のための社会制御規範であるという法技術的価値に加えて、資本主義的な教育政策の理論と方法を導入し、新しい社会主義的教育政策を形成するための法政策的価値をもつといえる。それは、教育改革のための法すなわち教育改革法としての実質をもつ。

(二)　本研究の目的と価値

本研究の目的は、以上のように現代中国において社会的存在価値をもつ中華人民共和国教育法を対象として、同法の法的価値、すなわち中国の教育政策の方法の転換のための道具技術的価値と、その教育政策の理念の転換のための社会規範的価値の二つを分析することにより、同法の特徴を明らかにすることを目的としている。中華人民共和国教育法の特徴を明らかにすることは、それが近年の中国の教育政策のための社会規範として重要な価値と存在性をもつことから、同時に中国の教育政策の理論と構造を集約的に考察することに有効に働くといえよう。

また、同法を研究の対象とすることは、中国を事例として現代的な社会主義的教育政策の変容をみることに有効といえる。それは、社会主義国・中国が中華人民共和国教育法の制定と実施を契機として、従来の社会主義的国家理念の堅持から、資本主義的な政策方法を導入して、新しい社会主義的な教育政策の方法理念を形成していこうとしている点について、そこにグローバルな次元での教育制度・政策の方法と理念のパラダイム的変容がみられるということを意味している。また、教育制度変革のパラダイムとは何かという次元で、単純には「葛藤パラダイム」では説明できない複合的で多様な変容の構造があると考える。いわゆる、比較研究上の価値がそこにある。

この場合、比較研究上の価値とは、第一にこれまで国内外において明らかにされなかった中国の教育法規の全体像を中華人民共和国教育法を中心として解明する点にある。さらに、第二に、本研究がアジア教育法の固有性を解明するという特異な研究視点に立つ点である。これまで、中国をはじめタイ、マレーシア、韓国など、いわゆるアジア諸国の教育法規を対象とした研究はほとんどない。

これまで、中国の教育法規を対象とした研究は皆無に等しい。いくつか教育法規に関して訳及び解説の次元で考察されたものはあるが、本格的に中国の教育法規を対象として分析されたものはない。本研究が対象とする中華人民共和国教育法も、日本国内の研究は皆無に等しい。そうした中、牧野篤による「『人治』の国の教育『法治』——中華人民共和国教育法通則（草案）の解説にかえて——」（『国民教育研究集録』第一号、一九九〇年、一四五～一七四頁）が唯一のものであると言えよう。同論文は、まだ起草段階にあった同法の草案を対象として、同法が「人治国家」から「法治国家」への転換の中でもつ意味と可能性を分析的に考察している。特に、その考察にみられる中国の教育政策の構造と同法の関係の分析は先行研究としての重要な価値をもつと評価される。しかし、同論文はあくまで草案段階の中華人民共和国法を対象としたものであり、同法それ自体を分析したものではない。また、同法施行後の法実態を分析したものではない。その意味では、同法の研究に関して限界をもつ。

なお、中国国内における中華人民共和国教育法の研究に関しては、同法を直接・間接に対象とした研究物は少ないとはいえない。しかし、これらの研究成果については、その多くが同法制定において国家教育委員会が表明した同法の理念や法的価値をくりかえすものや同法の条文のコンメンタール的な概説が多く、同法それ自体を研究対象として相対化し、理論的及び実証的に分析する研究姿勢を欠いている。この点、「文化大革命」以前の法律学や教育学の科学的・実証的学問のアイデンティティの欠落が影響しているといえる。本研究は、そうした意味においては国内（日本）においては、初めての中華人民共和国教育法の研究であり、また国外（中国）においては、外国人としての自由な学問的な立場による理論的及び実証的な中華人民共和国教育法の研究としての価値をもつと考える。

第二節　本研究の方法

本研究は、中華人民共和国教育法を理論的及び実証的に分析することを課題としている。そのため、同法の分析に関して法解釈学的方法と法社会学的方法の二つの立場をとる。一般に法学研究における方法論としては、法解釈学的方法と法社会学的方法がある。この場合、前者の法解釈学的方法は実定法を対象としてその条文の理論的解釈を通じて当該実定法の法理論と法体系を明らかにする理論科学的方法であり、いわゆる法学の基礎的方法であるといえる。それに対して、法社会学的方法は実定法自体よりもその実定法の法現象を対象とする。それは、規範としての法がどのような社会的現実から、どのような過程を経て成立し、実際に社会過程においてどのように実行されるかの動態的な法現象を分析する実証科学及び経験科学的方法であるといえる。

本研究においては、その両者の方法を採用する。その理由は、第一に対象とする中華人民共和国教育法が社会主義国の教育改革法としての国家及び社会理念的な規範性と、教育政策法としての動態的な規範性を同時にもっていること。さらに、その両者は独立に存在するわけではなく、相互に関連し、影響を与える関係にあり、中国の法実態の事情においてはその関係性が強いということがある。例えば、前者にある社会主義法としての法理念や社会主義的教育理念が、後者の中華人民共和国教育法による教育政策の実態に具現化されるという法実態がある。また、逆に後者の教育政策の実態が前者の法理念や教育政策理念を変容させるという法実態もある。したがって、実際には第一に中華人民共和国教育法自体の法理念あるいは教育政策理念を同法の法解釈学的分析により考察する必要がある。第二に、先に分析された中華人民共和国教育法の法理念及び教育政策理念が、中華人民共和国の教育社会及び教育政策の実態からいかに影響を受け、形成されたかという法の成立の現実態を探る、法社会学的方法による分析が必要となる。

この場合、中華人民共和国教育法の法解釈学的分析は、主に制定された同法の規範論理を解明するために行われる。このとき、重要な視点となるのは中華人民共和国教育法のもつ社会主義法としての固有性と、それが資本主義的教育法理論に影響を受け、新しい社会主義法としての法理論の変容性をもつ点にある。例えば、従来社会主義法としての教育法の固有性を説明する法原理として、教育目的の国家主義的管理、学校の国家所有制、教育財政に関する国家による包括的教育管理等があった。しかし、実際に制定された中華人民共和国教育法をみると、私立学校の設置の承認、教育財政に関する受益者（人民）負担等、従来の教育法理念が変容している。特に、「教育権」の規定に関して、従来それがあくまで国家の教育権に予定調和的に包摂される制限された教育権であったものが、同法の制定により法治国家にいう社会権的教育権や自由権的教育権の法理論への接近がみられる。この点、中華人民共和国教育法の法解釈学的分析方法は、同法の社会主義的法理論の変容を分析する上で有効となる。

つぎに、中華人民共和国教育法の法社会学的分析は、主に同法の中国教育社会における成立過程の法現象を解明するために行われる。その法社会学的分析の必要は、第一に中国における立法の特徴として国家法の形成が地域法の先行の結果として生じるということ。第二に、その地域法の先行に際して教育行政機関や学校における自律的、自治的な法創造があることによる。つまり、すでに制定された国家法の条文の法規範解釈とともに、その法規範の分析のためには、その法の形成に影響を与えた社会実態の側の法的実態や法現象を探る必要があるといえる。

ところで、これまで中国を含めたアジアの国家法の研究は、ヨーロッパを中心とした西欧国家の法すなわち近代法学の枠組みにより比較研究された。しかし近年、そうした国家一元論と西欧法学理論の近代法学の枠組みから離れ、アジア法に固有な「法文化論（legal culture）と多元的法体制論（legal pluralism）」（千葉正士『アジア法の多元的構造』アジア法叢書二三、一九九八年）を見極める枠組みが新しく提唱されつつある。

本研究の場合においても、その枠組みを踏襲し、中華人民共和国教育法を近代法学のもつ法技術的合理性や法形式的合理性から比較し、その欠陥を指摘するという比較研究ではなく、中華人民共和国教育法を中国法としての固有性すなわち中国の法文化論と多元的法体制論の範疇で分析することを比較研究の方法の特徴としている。

その意味において、法解釈学的方法に加えて法社会学的方法の有効性が指摘できる。それは、具体的には中華人民共和国教育法の社会的背景に継承された社会主義法と移植された資本主義法の対立・葛藤の二元的法文化の現象と理論をみることを意味する。また、同法の成立過程を中心として、「人治国家」と「法治国家」の二元論的国家管理体制や国家法と地域法あるいは国家実定法と地域慣習法の法体系上の二元的法構造の法現象と法理論をみることを意味する。中華人民共和国教育法は、そうした固有な法文化と多元的法体制により形成されたものととらえる。

第三節　本書の構成

本研究は三部より構成されている。第Ⅰ部では、中華人民共和国教育法の成立過程について考察する。この場合、成立過程とは同法が中央において立法化された立法過程（狭義の成立過程とみる）のみならず、同法の立法化の背景としての中国の教育法の歴史過程（広義の成立過程とみる）を含む（第一章）。同法の成立過程を以上のようにより長期にみる理由は、同法が資本主義法の継受や導入により古典的社会主義法からの離脱を求める新しい中国法である点で、中国の教育法制史上の歴史的意味と価値を確認する必要があるからである。また、現在の教育法体系における同法の法的位置と地位について考察する（第二章）。この場合、「教育法体系」とは、法形式や立法権者を中心にみた教育立法体系と各教育法の法内容（法分類）を中心にみた一般にいう教育法体系の二つに分かれる。ここでは、同法が二つの教育法体系それぞれにおいてどのように特殊な法的位置と法的地位をもつかに関してその法構造を考察し、その法の特性を明らかにする。さらに、近年の中国の教育理論と法理論について考察する（第三章・第四章）。これは、同法の教育法理論がより強く教育理論や法理論の影響を受け、理論形成されているため二つの理論との関係構造を明らかにする必要があるからである。以上、ここでは中華人民共和国教育法の教育法制史における位置づけ、教育法体系における法的位置と地位、さらに教育理論や法理論との関係を焦点として、同法の法としての特性を明らかにする。

第Ⅱ部では、中華人民共和国教育法の法理論について考察する。その法理論は、より強く同法の法としての固有性を示すと思われる以下の点を柱とした。①教育目的の法理論（第五章）、②教育制度の法理論（第六章）、③学校の法理論（第七章）、④児童・生徒の受教育権の法理論（第八章）。ここでの主要な課題は、法解釈学的分析を通じて、同法の法理論の構造と特性を明らかにすることにある。そのため、その方法として同法の逐条解説的な法解釈ではなく、各条文を生成する基礎理論、各条文間で形成される集合理論としての法理論の解明を予定した。また、同法は中国における教育法体系下において他の教育法規の「根本法」・「基本法」であることから、それのみで単独の完結した法理論ではなく、他の教育法規を集合する総論法であるという特性をもち、いわゆる「中華人民共和国教育法体制」と形容できる法理論構造をもつ。したがって、その法理論の分析は中華人民共和国教育法のみではなく、他の教育法規との関係性を重視した。

第Ⅲ部では、中華人民共和国教育法の法現象について考察する。この場合の「法現象」とは、成文化された法規範がどのような歴史社会的現実から、どのような歴史社会過程を経て成立したかという法成立の法現象（この部分、第Ⅰ部にも含まれる）と、いったん立法化された法規範がその対象とする社会実態に対していかに具現化されたかという法執行の法現象を指す。本研究は両者の法現象を考察する。ただし、本研究が対象とする中華人民共和国教育法自体はその制定が近年（一九九五年）であり、同法自体の法現象を扱うにはあまりにもその現象資料が少ない。

しかし、先にも述べたように同法を単一法ではなく、「文化大革命」以降制定された数々の教育法規の集合法すなわち中華人民共和国教育法体制ととらえた場合、その法体制の成立や体制化に及ぶ法現象は量的にも時間的にも広範であるといえる。ここでは、特にその法現象がダイナミックに存在する場面として、以下の内容を柱とした。①教育の機会均等の法現象（第九章）、②教員政策の法現象（第十章）、③学校管理の法現象（第十一章）、④教育投資の法現象（第十二章）。

以上、中華人民共和国教育法の成立過程、法理論、法現象の三側面を中心として、同法の法規範的価値や性格、法規範論理の特性、法社会現象の実態を考察し、同法の中国における国家規範的意味や教育社会的価値を明らかにする。

第Ⅰ部　中華人民共和国教育法の成立過程

第一章　中国の教育法の歴史過程と中華人民共和国教育法

第一節　「文化大革命」以前の教育法の歴史過程

封建国家からの離脱を志向する中国の近代化の開始を一九〇〇年初めの清末の時代と仮定すると、近代中国の最初の教育法規は、当時清政府が「新教育の改革」のために制定した「欽定学堂章程」(「京師大学堂章程」・「考選入学章程」・「高等学堂規程」・「中学堂規程」・「小学堂規程」・「蒙学堂規程」の六つから構成される)にみることができる。この「欽定学堂章程」(一九〇二年制定)は、それまでの封建的な教育制度と科挙制度の弊害を克服するために制定されたとされる。[1] その法内容は、小学校・中学校・大学等の学校の基本的な体系や制度さらに教育課程及び入試制度について構成されている。これは、正式に公布されたものの、結果的には執行されるには到らなかった。その後、清政府は一九〇三年に「秦定学堂規程」という学校管理制度(体制)・教授法・学校設置方法を内容とする教育法規を制定する。これは、清末の最も重要な法律の一つであり、当時の清政府の「新教育」の推進に関して統一的な学制の実施に重要な影響を与えた。

その後、清政府は一九〇五年に十七の教育法規を制定した。それは、小学校・中学校・大学の学校制度、中央及び地方の教育行政制度さらに職業教育制度等に関して広範囲にわたっており、この時点で中国はようやく近代教育

表1－1　清政府が制定した教育法規（1902–1905）

制定年	教育法規名	
1902年	欽定学堂章程	京師大学堂章程　考選入学章程　高等学堂規程　中学堂規程　小学堂規程　蒙学堂規程
1903年	秦定学堂規程	
1905年	教育行政領域	学部官制　効学所章程　視学官章程　各省学務官制　運営権限章程　中央教育会章程　各省教育会程
	学校制度領域	女子小学堂規程　女子師範学堂規程　増訂各学堂官吏通則　改良私塾章程　小学経費暫行規程
	職業教育領域	各省巡警学堂章程　財政学堂章程　各省実業学堂整頓等計大綱

制度を確立したと考えられている（表1-1を参照）。

しかし、清政府が制定した以上の教育法規は、その法規範内容をみると多くは日本の当時の教育法規を「盗作」(2)したものが多く、日本の教育法規を単に形式的に模倣し、当時の中国の実情に合わないものが多い。また、清政権時代以前の旧教育制度の痕跡や封建主義の色彩を残したものが多い。この点、当時の清政府が封建国家からの離脱を志向したとしても、すでに日本をはじめ海外列強の国家からの侵略的統制と干渉を受け、具体的には海外の国家の法規の受容を強制され、いわゆる強制された近代化を余儀なくされたことを示している。つまり、当時「不平等条約による国内への侵略に対して、それを認めるかそれとも西洋の近代的な法制度を取り入れるかの選択を迫られていた」(3)状況があったとされる。したがって、この時代の教育法規の制定は、海外列強国家による植民地的支配のための侵略政策の方法の次元のものであり、実際の教育法規の多くは教育政策上侵略国家への植民地化に機能する道具として存在していたと解釈される。この時代における外国の法の導入は、「法の継受ではなく、それは国土の全部または一部の植民地化、租借地、租界、治外法権の設定の中での外国法の暴力的侵入」(4)であった。その意味では、中国の教育の近代化は、海外からの半植民地的侵略による国内外のブルジョアジーのための市場形成と資本に適合した社会条件の適用化の一つであり、教育法規はそのための道具的要素をもったといえる。

つぎに、辛亥革命により二千年の封建君主制の専制統治が終わり、中華民国の建立の時代を迎えると中国の教育法規にまた新しい展開が生じた。一九一二年、孫中山が中華民国の臨時大総統につき、南京に臨時政府を擁立するが、この南京政府は、封建主義教育に反対し、中華民国の新教育要求をまず「普通教育暫行方法」と「普通教育暫行課程標準」の形で制定した。さらに、一九一七年、中華民国成立後の最初の全国規模の教育会議として「臨時教育会議」を開催し、教育の基本方針を確定し、いくつかの学校法規案を制定した。この教育方針や学校法規案は、その後南京政府の教育行政部門として組織化された「教育部」に受け継がれ、以下のような学校法規及びその規程標準が制定された。

「小学校令」・「大学令」・「学校管理規程」・「教育会規程」・「学校征収学費規程」・「学制操行成績考査規程」・「法政専門学校規程」・「公立私立専門学校規程」・「医学専門学校規程」・「薬学専門学校規程」・「中学校令施行規則」・「商船専門学校規程」・「外国語専門学校規程」・「師範学校規程」・「農業専門学校規程」・「大学規程」・「私立大学規程」・「視学規程」・「高等師範学校規程」・「蒙蔵学校規程」・「中学校課程標準」・「師範学校課程標準」・「高等師範課程標準」・「実業学校規程」・「経理欧州留学生事務暫行規程」

以上の教育法規は、西方国家特に当時のアメリカの教育法規をモデルとしている。それは、当時の中華民国の教育政策がこれまでの軍国主義的教育や実利主義的教育を批判し、反封建主義の精神を骨子としているからである。教育法規に「資産階級による民主国家の単軌制の形式上の平等性を反映」(5)することを意図していたことを示す。特にその後一九二二年に公布された「学制系統改革令」は、当時の西方国家の学校教育体制を基礎として制定されたもので、現在の中国の学校体制及びその立法の基本の定型と評価される。

表1－2　国民政府が制定した教育法規

領　域	教　育　法　規　名
初等教育領域	小学校法　小学規程　実施義務教育暫行方法大綱　小学暫行条例　小学課程暫行標準　修正小学課程標準
中等教育領域	中学法　師範学校法　職業学校法　中学規程　師範学校規程　職業学校規程　小中学生卒業試験暫行規程　中等学校教職員服務及待遇方法大綱　中等学校行政組織補充方法　県立中等学校設置方法
高等教育領域	大学組織法　大学規程　専科学校組織法　専科学校規程

しかし、その後袁世凱事件を契機として封建主義教育への逆流が生じ、教育事業は再び停滞する。一九二七年に蒋介石が政権をとり、南京に国民政府を成立させたのち、その新政府は政治上において「一党専政」を実行する。それは、教育政策上「党化教育」の実施を意味していた。具体的には、「学校施行党化教育方法草案」や「各級学校党義教師検定条例」等、学校及び学校教育における国民党の政治的支配及び教化のための教育法規の制定に表れる。この点、「この時期の教育法規は国民党の独裁政策に奉仕することを貫徹するためのものであった(6)」と評価されている。しかし、その制定した教育法規群は形式上は西方国家の教育立法のいくつかの方法を採用しており詳細に及ぶ。例えば、表1-2のような教育法規を制定した。

その後、抗戦以降国民党政府は形成変化に応じて以下のいくつかの教育法規を補充的に制定している。

「国民教育実施綱領」・「国民学校法」・「青年訓練大綱」・「中等以上学校専師制綱要」・「大学法」・「専科学校法」・「師範学院規程」

以上、国民党政府が制定した教育法規群は、建国以前の教育法規群に較べれば系統性があり、法技術的に完成度が高い。実際、先進国家の教育立法を吸収し、従来の封建主義的教育を改革した点において、中国の現代の学校教育制度の成立に果たした役割は大きいと評価される。しかし、その教育法規群は根本的には当時の国民党という統治階級の利益を維持及び具現化するための道具として機能していたという実態をもち、その意味では、封建性や専制性を解消できてはいない。実際、以上の教育法規の実施に関して多くは「煩雑な内容で空洞性があり、厳格性をもたず、無法性や完全性があり、一枚の『空文』[7]であったと評価されている。

一九四九年一〇月一日、八年間にわたる抗日戦争、四年間にわたる国内戦争（国民党の国民政府軍と中国共産党との内戦）を経て、労働者階級の指導の下、統一戦線的な民主主義的な同盟による国家制度の樹立を目的として、毛沢東率いる中国共産党が中華人民共和国を成立させた。これより先、同年九月下旬に北京で開かれた中国人民政治協商会議で採択された、暫定憲法ともいうべき「中華人民共和国政治協商会議共同綱領」（以下「綱領」と略す）では、「新民主主義すなわち人民民主主義の国家で、労働者階級が指導し、労農同盟を基礎とする」（第一条）ことが、新しい政府の国家政策として規定されている。この場合、政策にとっての法は、国民党政権の時代における法（「旧法」）を意味し、同時に帝国主義・封建主義・官僚資本主義により旧政権の統治のための道具として批判の対象とされるものであった。実際、同年の「国民党六法全書の廃止と解放区司法原則の確定に関する中共中央の指示」では、法の本質に関してブルジョア法に対する不信を以下のように指摘している。

「人はすべて法律的に平等であるという表向きのことを記している。しかし、実際には支配階級と被支配者階級のあいだ、搾取階級と被搾取階級のあいだ、有産者と無産者のあいだ、債権者と債務者のあいだには、本当の共通の利害はないし、したがって本当の平等の権利はありえない。」

したがって、教育法規の場合も、建国当初においてはこれまでの教育法規のすべてが国民党政権時代のブルジョア法として徹底的に廃止され、「帝国主義の手から教育主権を奪回し、全国の学校を接収し、国民党の反動派の学校に対する法制教育を改め、社会主義の教育制度を建設する」[8]ことが目指された。すなわち、建国後の教育法制建設は、「建国前の旧法を廃止する方向で展開され、革命をもととして法制建設を開始した」(9)といえる。具体的には、同年一二月新しく設立された中央人民政府教育部が第一回全国教育工作会議において、今後「綱領」にもとづき、「老解放区」の教育経験を基礎として、旧中国の教育経験を吸収し、ロシア教育の先進的経験を学習し、新中国の教育の建設を進めることが教育政策として承認された。この時期、中国の教育制度は旧ソ連モデルにもとづき旧ソ連型の教育制度・体系の導入が意図された。一九五一年に中央人民政府により制定された「学制改革に関する決定」では、各種の学校制度の整備と労働者・農民への学校開放が基本的方針としてあげられた。しかし、この時期、新政権による立法事業自体は順調に進まなかったし、一九五〇年代後半から一九七〇年代にかけては、法令はほとんど制定されておらず、教育法規も例外ではない。中国共産党の通達や指示にあたる「決定」や「指示」が、行政法規としての効力をもち、それを媒介として教育政策が進行していった。具体的に以下のようなものである。

「アメリカの補助による文化教育救済機関及び宗教団体の方針の接収処理に関する方針の決定」(一九五〇・一二　政務院公布)・「学制改革に関する決定」(一九五一・一〇　政務院公布)・「私立小・中学校の継続運営に関する指示」(一九五二・九)

その他、これまでの各学校の規程等に関しては「暫行規程」という流動的な法形式により、実質的な法の廃止を完了させた。これらの「決定」・「指示」・「暫行規程」による教育政策の展開は、主に国民党の時代に法的に整備された旧学制系統を廃棄することにあり、国家的教育事業の方法は中国共産党の「決定」・「指示」により、その目的は中国共産党の教育政策の貫徹という一点に集約された。その後、一九五四年に第一届全国人民代表大会第一次会議において、最初の中華人民共和国憲法が制定される。この憲法は、社会主義原則と民主原則という二つの基本原則をもち、条文中に教育条項をもつ。しかし、実質的には中国共産党の国家運営の原則の提示とその存在の公的承認のためのものであり、「政治原則の宣言としての歴史的意味をもつ」[10]にすぎない。日常的な行政運営の次元においては「建国当初より法制軽視と法制無視の傾向があった」[11]と言われている。その後（一九五八年以降）、「ソビエトに学ぶ」ことを止め、「勤工倹学」[12]や「教育と生産の結合」という独自な教育政策をもつ中国固有の社会主義教育制度が樹立される。そのため、一九六一年、「教育部」が中国共産党の指示により「教育部直属高等学校暫行工作条例」（「高教六十条」）・「全日制中学暫行工作条例」（「中学五十条」）・「全日制小学暫行工作条例」（「小学四十条」）の三つの教育法規を制定する。これらの教育法規が、唯一「六〇年代の普通教育に重大な作用」[13]をもったとされる。なお、この時期（一九五八～一九六〇）、旧ソ連との政治的訣別を背景としてソ連型教育モデル志向の教育政策に反省が加えられ、「半労半学」や教育と生産労働の結合を基本理念とする中国固有な教育制度の形成のための「教育改革」が進行した。実際、一九五八年五月劉少奇が「二つの教育制度・二つの労働制度」（全日教育・全日労働と半労半学の教育・労働制度）を提唱し、教育がプロレタリアートの政治に奉仕しなければならないという社会主義的教育制度の基本理念が確立されていった。

しかし、以上の条例はその制定が中国共産党の指示によること。さらにその法内容の中心は各学校における中国共産党の管理の原則・思想・方法に関するものであることから、いわば中国共産党の学校管理の規範としての性格をもった。実際、それらは法形式上「審議手続きが完全ではなく、合法性に欠け」[14]、法内容上「学生の養成目標は、政治目標と徳育目標に偏り、学生自身の成長規律を無視した」[15]ものであったとされる。その後、中国の教育政策は「二つの教育制度・二つの労働制度」を基本に、人材養成と教育の普及を図る正規型教育理念と、「二つの教育制度・二つの労働制度」をブルジョア階級的と批判し、半労半学（半工半読・半農半読）学校を中心とする旧解放区型教育理念の対立の過程に入っていった。しかし、その対立は単に教育理念の対立ではなく、その背景に劉少奇の経済建設重視による国家建設方針と、毛沢東の政治革命の継続による国家建設方針の政治的政略的対立を背景としてもち、単なる教育世界の問題ではなかった。このことは、その後党内の「階級闘争」に展開し、「『左』の錯誤」（中国共産党への急進的な支持）が出現し、社会制度批判や学術批判の大衆運動を背景として、法律制度を破壊し、無政府状態の盲目状態が出現することとなる。このピークが一九六六年からおよそ十年の間続いた「文化大革命」であった。この「文化大革命」期においては、国家の立法工作が完全に停滞し、五〇、六〇年代に制定された一切の法律がその権威性を失い、特に教育は学校が革命の根拠地として解体され、その教育機能が否定された。実際、一九七一年の全国教育工作会議では建国後の教育史がすべて否定・批判された。多くの教育機関で幹部や教師（一四万二千余人）が迫害され、「二つの教育制度」の否定によりすべての職業技術学校や農業中学校が全日制普通中学校に改組・吸収され、高等教育機関は大幅に削減された。教育は完全に混乱し、無秩序状態となった。当時においては、「『人治』が最高の政策[16]」であり、非法律手段の浸食と支配がすべてであり、いわば教育の無法状態が存在した。

それは、教育法規の法的価値に関して、国家的教育事業すなわち公教育の運営における教育法規の社会的規範としての合理的価値を一切認めず、極論すれば旧国民党の教育政策の方法が教育法規を媒介とする法律主義的な教育政策を採っていたことを理由に、法自体の価値を一切否定するとともに、極端には反封建主義・反帝国主義のスローガンにもとづき国民党の従属物であることを理由として教育法規を排斥・批判の対象物とした。したがって、教育法規はこの時代旧国民党政権の封建主義・帝国主義の象徴と意識され、同時に教育法規のもつ社会的規範としての合理的価値も否定された。この時点から「文化大革命」期にかけて、法を否定・批判し、中国共産党の指示（支配者の言説）に依存する「人治国家」的な教育政策が長く展開することとなる。なお、この悪しき法意識と「人治国家」的な教育政策の形態は、後に制定される中華人民共和国教育法の実施に大きな阻害要因となって連動していく。それは、中国人民の法意識の次元において、法が常に階級支配の道具ととらえられ、階級性のカテゴリーで「封建的・ブルジョア的・ファッショ的」[17]な社会規範として否定されるものとなり、その逆に支配者の言説がそれに優位する分、法自体が政治の趨勢に左右される不安定なものになったことを意味する。

第二節　「文化大革命」後の教育法の歴史過程

建国から「文化大革命」までのおよそ三十年間は、憲法以外の基本法典は制定されなかった。また、行政法規全体についても、数え切れないほどの行政法規が制定されたとされるが、その実態は「決定」・「弁法」・「決議」・「指令」・「通告」・「布告」・「方案」等中国共産党の命令や指示・通達の次元のものであり、「行政活動の根拠法とみなされないことが多かった」[18]とされる。この場合、憲法自体も中国共産党の国家管理を承認するものであり、実際には旧解放区政府が制定した「施政綱領」が実質の憲法的規範であったとされる。基本的に、「法が階級闘争の道具であるというマルクス法学理論が当時の中国の支配的な法律観であった」[19]といえる。また、建国当初旧国民党が制定した法を支配階級の利益を保障する道具であり、「社会変革の対象は法であり、その法を破壊することが革命的行為である」[20]という無法の法意識がその社会の法的実態を形成していたといえる。また、教育世界においては、例えば学校がいわゆる教育機関としての存在価値が否定され、階級闘争のための基地（「保塁」[21]）としての場に転化し、教育自体の機能も政治的イデオロギー教化の機能に限定されていた状況があり、公教育の制度と運営のシステムが破壊されていた状況がある。したがって、いわゆる公教育の制度の運営のための国家的な社会的規範としての「教育法」は、教育と法の両者の破壊あるいは転化によって存在しなかったと考えることができる。

さて、「文化大革命」後から今日までの中国の教育法の過程は、それまでの教育法の歴史過程とは大きく異なる展開を示した。それは、第一に国家にとっての「法制」の価値と機能（役割期待）が変質したことにある。建国後、いわゆる「民主と法制」の運動を背景として、国家の政策を法にもとづき行うという「法治国家」的なシステムへの展開が生じた。そこには、法を階級性の視点ではなく、機能性の視点から捉える合理主義及び機能主義的法思想が背景にあった。第二に同時に国家にとっての「教育」の価値と機能（役割期待）が変質したことにある。それは、特に経済との関連において、教育の機能を国家的経済成長及び生産力向上のための道具と捉える人的投資（「人材論[22]」）に表れている。そして、その結果として、第三に国家と教育の関係を合理的に発展させる媒介要因として教育法を位置づける、「教育における法治国家」への展開が生じた。

このとき、「教育における法治国家」への展開に向けた教育法制の建設の過程は、文化大革命後から今日までいくつかの契機及び段階を経て生じた。その展開は大きくは中央中国共産党が「教育体制改革に関する決定」を制定した一九八五年を境として、それ以前を教育法の準備期、それ以降を教育法の建設期に分けることができる。この場合、「教育体制改革に関する決定」は「文化大革命」後の約十年間の「文化大革命」後遺症の処理や調整を踏まえて、今後の中国の国家の行政・政策と関わる教育体制が改革と開放の進行の中でどのように展開するかの方向性を示すものであるが、同時にその教育体制の改革あるいは教育政策の遂行に関して教育関係法の立法化の価値と方針を主張し、いわゆる「依法治教」の国家方針を定立するものであった。

「文化大革命」終結直後の一九七八年から一九八〇年前後は、「文化大革命」により破壊された教育制度や学校教育の建て直しの時期にあたる。その間、教育法制建設は、まだ新憲法も制定されず（制定は一九八二年）、国家の立法体制も未整備であったこともあり、開始されてはいない。むしろ、この時期は「文化大革命」以前からの伝統的・慣習的な教育政策の方法すなわち国務院及び教育部の直接的な行政監督・指導の方法により、教育建て直しの教育政策が展開されたといえる。例えば、一九七八年に教育部が「全日制奨学暫行工作条例（試行草案）」と「全日制中学暫行工作条例（試行草案）」を制定するが、これらは「文化大革命」以前に六〇年代の普通教育に重大な効果を与えた同条例を復活させたものであり、新しい教育法規ではない。この時期、実際には「文化大革命」により破壊された教員集団・学校施設（設備）等の建て直しのための行政通達がその大半を占める。例えば、「国務院批准発布教育部関於加強中・小学教師隊伍管理工作意見」（一九七八・一・七）では、「文化大革命」期に多くの教師が他の部署に徴用され、学校から排斥されたことから、従来の中国共産党の監督下ではなく、各地方の教育行政部門が責任をもって、小・中学校の教員集団を再組織化し、教員集団を編成することを指示している。また、「国務院批准教育部関於退被占用校舎的清示報告的意見」（一九七八・八・三一）では、やはり「文化大革命」期に占拠された学校の土地・家具・設備・車両等のすべてを、原則上無条件に一九七九年八月までに修復の上、返還することを示している。また、「共産党青年団・教育部関於学校少先隊工作幾個具体問題的規定」（一九七九・四・一八）や「共青団中央・教育部関於中学共青団工作幾個具体問題的規定」では、学校内部の中国共産党の児童・生徒組織である少先隊や共産党青年団の建て直しに関する指示等が示されている。

その後、一九八〇年代に入ると、農村や都市における教育制度や学校教育を中心とした教育改革に関する指示等が増えていく。例えば、「中共中央・国務院関於普及小学教育若干問題的決定」（一九八〇・一二）や「中共中央・国務院関於加強和改革農村学校教育若干問題的通知」（一九八三・五・六）では、特に農村における小学校教育の普及と整備や、職業教育の整備・充実が計画的に指示されている。この背景には、農業経済体制が農業生産責任制の導入により農村社会が変化したこと。つまり、農村経済の変化により、伝統農業から現代農業の発展のため農民に農業生産向上のための科学知識の需要が生じたことがある。このことは、一九八〇年より「文化大革命」期に停止されていた農業中等学校や職業中学が再開されたことと連動して、「農村の現代化建設に果たす教育の地位と作用が転換」[23]することへの期待があったといえよう。また、都市については「教育部・労働人事部・財政部・国家計画委関於改革城市中等教育機構発展職業技術教育的意見」（一九八三・五・九）の指示がある。この指示は、鄧小平のいう「教育事業の計画は、国民経済計画の一つの重要な構成部分となる」(24)という方針を受けたもので、国家政策次元において教育が国家経済建設の戦略の一つとして意識され、経済建設に向けての教育の位置づけが明確化していったことを意味する。特に都市における中等教育改革機構の改革のうち、主要には高等学校段階の教育改革に関して、普通教育への職業教育の転換や接続が強く指示されている。

以上、「文化大革命」後から一九八五年にかけては教育法律及び教育行政規則の法形式をもつ教育法規は、一九八一年に制定された「中華人民共和国学位条例」を除いて、ほとんど制定されていない。実際の教育政策は全国人民代表大会（常務委員会を含む）により制定される教育法規ではなく、国務院や国家教育委員会（教育部）の（教育）行政機関の通達により展開されていた（表1-3）。これらの通達の数は一九六六年から一九九二年の二十七年間では九百を超える。その大半は、国家教育委員会（教育部）による通達であるが、他に国家教育委員会と国務院あるいは国務院内の他の部や委員会との合同の通達や独立の他の行政機関の教育を内容とする通達がある。また、中国共産党と国家教育委員会（教育部）の合同の通達や中国共産党単独の通達も含まれる。これらの通達による指示・意見・決定・規定・規程等が実際に教育政策遂行のための教育法規に代わる政策規範として存在し、機能してきたといえる。その意味では、この時期はまだ、建国からそうであったように教育政策自体が中央政権の指示（通達）により運営されるという歴史慣習的な方法すなわち「人治国家」的な方法を踏襲していたことを示す。

しかし、一九八五年、教育部が国家教育委員会に改組（格上げ）され、独立性をもつ政策機関あるいは行政機関として組織や権限が強化された。それと同時に、国家教育委員会は、一九八六年から一九九〇年の第七次五ヵ年計画期間を教育法規整備計画期間として、一九八六年四月に「中華人民共和国義務教育法」を制定するとともに、「中華人民共和国教師法」の立法作業に着手するなど、本格的に教育法規の立法化を開始した。「文化大革命」後から今日までの教育法規の制定状況をみると（表1-4）、例えば教育法律に関しては、一九九〇年に制定された「中華人民

表１－３　1966年以降の教育行政関係の通達状況

年	国家教育委員会（教育部）の単独の通達	国家教育委員会（教育部）と国務院もしくは他の行政機関の合同の通達	他の行政機関の通達	中国共産党が関与した通達	計
1966	8	1	1	1	11
1967	1	2	2	2	7
1968	0	0	0	1	1
1969	0	0	0	0	0
1970	0	0	0	0	0
1971	0	0	0	1	1
1972	0	0	0	0	0
1973	0	0	5	1	6
1974	0	0	9	1	10
1975	0	2	0	0	2
1976	1	0	1	0	2
1977	10	0	2	0	12
1978	24	5	4	0	33
1979	41	12	0	0	53
1980	18	4	3	4	29
1981	16	3	1	1	21
1982	32	4	1	1	38
1983	27	5	2	6	40
1984	24	4	2	3	33
1985	26	7	5	3	41
1986	51	15	4	3	73
1987	52	13	4	5	74
1988	66	16	5	4	91
1989	43	10	2	2	57
1990	82	9	2	0	93
1991	88	9	0	3	100
1992	70	9	1	4	84

表1－4　「文化大革命」後の教育法規等

法形式	制定年月日	法律名	備考
教育法律	1980. 2. 12	中華人民共和国学位条例	第五全人大第13次会議
	1986. 4. 12	中華人民共和国義務教育法	第六全人大第四次会議
	1990. 12. 28	中華人民共和国障害者保障法	第七全人大常委17会議
	1991. 9. 4	中華人民共和国未成年者保護法	第七全人大常委21会議
	1993. 10. 30	中華人民共和国教師法	第八全人大第四次会議
	1995. 3. 18	中華人民共和国教育法	第八全人大第三次会議
	1996. 5. 15	中華人民共和国職業教育法	第八全人大常委19会議
	1998. 8. 11	中華人民共和国高等教育法	第八全人大常委21会議
教育行政法規・規則	1989. 4. 15	禁止使用童工規程	国務院令
	1989. 6. 5	幼稚園工作規程（試行）	国家教育委員会令
	1989. 9. 11	幼稚園管理条例	国務院批准国教委令
	1990. 3. 12	学校体育工作条例	国務院批准国教委令
	1990. 5. 3	教育系統内部審計工作規定	国教委令
	1990. 6. 4	学校衛生工作条例	国務院批准国教委令
	1991. 4. 26	教育督導暫行規定	国教委令
	1992. 2. 2	高等学校招生全国統一考試管理処罰暫行規定	国務院批准国教委令
	1992. 3. 14	中華人民共和国義務教育法実施細則	国務院批准国教委令
	1992. 10. 26	教師和教育工作者奨励暫行規定	国教委令
	1994. 3. 14	教学成果奨励条例	国務院令
中国共産党の指示・決定	1985. 5. 27	中共中央関於教育体制改革的決定	中国共産党中央委員会
	1993. 2. 13	中国教育改革和発展綱要	中共中央・国務院
	1994. 8. 23	愛国主義教育実施綱要	中共中央

共和国障害者保障法」を初めとして、相次いで以下のような教育法律が制定されている。

「中華人民共和国未成年者保護法」（一九九一年）、「中華人民共和国教師法」（一九九三年）、「中華人民共和国教育法」（一九九五年）、「中華人民共和国職業教育法」（一九九六年）、「中華人民共和国高等教育法」（一九九八年）

また、国務院や国家教育委員会が制定する（教育）行政規則・命令にあたる教育行政法規・規則については、以下のようなものが制定されている。

「禁止使用童工規程」（一九八九年）、「幼稚園工作規程」（試行）（一九八九年）、「幼稚園管理条例」（一九八九年）、「学校体育工作条例」（一九九〇年）、「教育系統内部審計工作条例」（一九九〇年）、「学校衛生工作条例」（一九九〇年）、「教育督導暫行規定」（一九九一年）、「高等学校招生全国統一考試管理処罰暫行規定」（一九九二年）、「中華人民共和国義務教育法実施細則」（一九九二年）、「教師和教育工作者奨励暫行規定」（一九九二年）、「教学成果奨励条例」（一九九四年）

これらの教育法規の立法化は、従来の中国政府もしくは行政機関による通達という形式による「人治国家」的な教育政策を、法による政策すなわち「法治国家」的な教育政策に転換することから生じたものである。この教育政策の方法の変容は、構造的には経済改革に連動する教育改革の遂行と発展を「法による行政」（教育行政の法律主義）の方法により果たそうとする政策的意図によるといえる。一九九三年、中国共産党と国務院が合同で決定した「中国教育改革和発展綱要」は、一九九三年から世紀末にかけての中国の「今後七年間の教育の発展目標と体制改革を明示」[25]した国家の教育（政策）方針であるが、以上の「法治国家」的な教育政策の方法変容に関して以下のように説明している。

「教育法制の建設をさらに促進し、執法の監督系統を建立し、完善なものとし、しだいに依法治教の軌道を歩む。教育法律・法規を制定し、総合的な配合に注意し、しだいに完善なものとする。基本的な教育法律・法規やこれから必要な教育法律・法規の草案づくりをしっかりと行い、本世紀末までに初歩として教育法律・法規の法体系の枠組みをつくる。なお、地方は各自の実際から出発して、地方性のある教育法規の制定を速める。」

また、その後に制定された「『中国教育改革和発展綱要』的実施意見」（一九九四年）では、加えて以下のことが指示されている。

「教育法制建設を強化し、『教育法』・『職業教育法』・『高等教育法』等の教育法律と行政法規をしっかりと制定し、しだいに各層の教育法規体系を形成する。また、各層の政府は執法に努力し、執法監査制度を建立し、強化する。」

「九〇年代の中・後期はまさに我が国の教育法制建設の黄金時代[26]」であると指摘される。実際、先に述べたように一九九〇年代に入って制定された教育法律や教育行政法規は、十二に及ぶ。さらに、今後早い時期に立法化が予定されている教育法律として「教育経費法」・「社会教育法」等がある。こうした教育法制建設の過程において、一九九五年「中華人民共和国教育法」が制定された。中華人民共和国教育法は、この場合「中華人民共和国義務教育法」や「中華人民共和国教師法」と同じく法形式上中央人民代表大会（常任委員会）を立法権者とする国家法レベルの教育法律の一つであるが、その法的地位と法規範内容の実質においては、現代の中国の教育法体系の中核法であり、また今後の中国の教育改革とその展開のための教育政策の根本法であることが期待されている。それは、換言すれば中華人民共和国教育法がこれまでの中国の教育法制の構造と機能を展開する新たな国家規範としての社会的価値をもったことを意味する。

第三節　中華人民共和国教育法の立法過程

中華人民共和国教育法は、正式には一九九五年三月一八日に中華人民共和国第八届全国人民代表大会（第三次会議）で審議・決定の後に公布され、同年九月一日に中華人民共和国首席令（第四五号）にもとづき制定された。同法の制定経緯について、起草・審議・決定の過程で約十年の歳月を要しており、その制定の過程にはさまざまな段階があったといえる。当時、国務院から全国人民代表大会へ同法の法案の提出説明を担当した国家教育委員会主任（日本の文部科学大臣に相当する）・朱開幹は以下のように述べている。

「教育法の起草はすでに一九八五年から開始されていた。起草から最終的な全国人民代表大会への法案提出の間、およそ十回の草案の改正を行った。この場合、起草にあたっては全国レベルの検討会や関係機関の意見聴取を十分に行った。また、十数ヵ国の教育法を収集、整理し、比較検討した。[27]」

ここでいう一九八五年の同法の起草作業の開始とは、実際には同年九月二二日に前国家教育委員会・主任の李鉄映が国家教育委員会内に同法の「立案班」を組織したことを指す。この「立案班」は政府委員の他に外部から大学研究者を合わせて五人から七人で構成され、その仕事は、最終的には全国人民代表大会に提出する国務院の同法の審議案を作成することにあった。この場合、「立案班」は約十年をかけて、国務院の他の委員会や部、自治区・直轄市の人民政府、各民主党派、大学（一部）、教育界、法律界に同法の起草案を送り、意見を求めたとされる。最終的には、一九九四年一月にようやく国務院に対して審議案となる同法の最終原案を提出した。提出を受けた国務院は、同年五月に同案を最終的に審議し、提出法案としてまとめた。そして、同年一一月二一日に常務委員会に提出された。その後、常務委員会は第八回全国人民代表大会に提出する同法の審議案の最終案を決定し、いよいよ翌年一九九五年三月の第八回人民代表大会（第三次会議）の審議に付した。そして、同年三月一八日午後三時三六分に同法は正式に決定された。

こうした中華人民共和国教育法の立法過程について、朱開幹は、「決策の民主化と科学化が反映されている」[28]と評価する。この場合、「決策の民主化」は社会主義法の特質である「民主集中の原則」の適用をいい、法制定における民主的手続き（参加）の保障を意味している。また、「（決定の）科学化」は、法制定における法律科学的分析の適用を意味している。例えば、「民主化」については、同法の法案作成に関して十年の間、全国レベルの研究会が五回開催され、一九九四年までに同法の法案作成に関するいろいろな組織からの意見書が百件以上、さらに個人からの意見書が千件以上あり、それらが法案作成の参考として重視されたという。また、「科学化」に関しては、同法の法案作成に関して日本の教育基本法を始め、アメリカ・イギリス・ドイツ等諸外国の教育法規が参考とされたという。

しかし、一方同法の立法過程にはいくつかの問題点が指摘できる。まず、第一に同法の法案作成に関して約十年の時間を要した点である。「立案班」の委員で同法の法案作成に研究者として参加した労凱声（北京師範大学教授）は、同法の法案作成に関して長期の十年を費やした理由について、「一九八〇年代から一九九〇年代にかけて、教育の変化が大きく、法による規制や政策の遂行に新しい場面が生じたため」[29]と回答している。確かに、八〇年代から九〇年代にかけて中国の教育の変化そしてそれに対応する教育政策の展開は急激なものがあった。そのため、教育社会におけるさまざまな教育関係を法的に規制及び制御する法律の確定には困難なものがあったと推察される。だが、それは一方で中国の教育政策が多くの場合人治的な政策の先行により不安定に展開され、法治的な政策の制御的及び安定的なコントロールが後追い的であったということを意味している。また、一九八七年に発生した「天安門事件」により、中国国家が教育政策を含めた国家政策に対して国家的管理・統制の強化という政策変容をもたらしたということも一因となっていると考えられる。それは、合理的な社会規範としての法の追求（法の科学化）とは異なる政治的な次元での国家管理のための政略的方法の問題であるが、（教育）政策規範としての中華人民共和国教育法の社会的価値において何らかの影響を与えたことは否定できない。

また、中華人民共和国教育法がその制定に約十年を要したことにより、その十年の間いくつかの教育法規が先に制定されることとなる。つまり、立法過程にみる第二の問題点は、中華人民共和国教育法が他の教育法規に対して後追い的に制定されたという事実である。実際、その十年間に全国人民代表大会及び常務委員会により制定された教育法律や、国務院及び国家教育委員会により制定された教育行政法規は二十近くに及ぶ。この場合、中華人民共和国教育法は、すべての教育法の「根拠法」であるという法的存在と法的価値において欠陥をもつこととなる。実際、これらの教育法と中華人民共和国教育法の相互の関連すなわち関係的整合性に関して、法内容の重複や教育関係機関の権限や義務の次元で不整合さがあると指摘されている。以上、中華人民共和国教育法の立法過程に関しては、「法の科学性」の次元においていくつかの問題をもつことがわかった。それは、主に中華人民共和国教育法が国家の教育政策の遂行のための国家規範であるという部分において、計画的・安定的・制御的な合理性をもつ教育社会の制御規範であるという点に問題を多くもつということを意味している。また、それは逆に言えば中華人民共和国教育法自体もそれぞれの時期の中国政府の政略的変動や政治的動きに影響を受ける国家規範の一つであるという要素を内包しており、「指示」・「決定」・「通達」の次元と同様に中国政府の政策規範としての流動性と無計画さをもつということを意味している。

また、中華人民共和国教育法の立法過程にみられる問題点として、第三に立法手続きの形骸化があげられる。それは、実質の立法機関と形式の決定機関の存在の問題である。具体的には、中華人民共和国教育法に関しては同法の法案作成機関である常務委員会と、最終的な審議・決定機関である全国人民代表大会との関係において、後者の審議・決定の形式性が高い分、前者の実質性の高さが認められる。実際、後者の全国人民代表大会は「ゴム・スタンプ会議[30]」と称されるほど、その審議は形式化している。その意味では、中華人民共和国教育法の立法化は、必ずしも「法の民主化」を徹底化できたとは言えない。むしろ、社会主義法制における「民主法制」が法理論的には近代法における民主主義法の法思想すなわち「国民のための法」によるものではなく、あくまでも国家の統制・管理のための法思想を根拠としていることを考えれば、「法の民主化」を字句通りに評価してはならない。また、さらに中華人民共和国教育法の立法者が誰であるかという側面において考えると、その問題性は構造性をもつ。それは、先に考察したように、中華人民共和国教育法の立法動機に「九〇年代の中国の教育改革の綱領性をもつ文献と称される『綱要』の規範化、基本精神の体現化[31]」があり、その「綱要」自体が中国共産党の教育改革及び教育政策の目的と方法を内容としており、中華人民共和国教育法と「綱要」の間に内容上の関係構造があるという事実である。この事実は、さらに常務委員会・常務委員の人事構成が中央中国共産党に影響を受けているという政治的な関係構造と連なって、一定の「党政不分」（中国共産党の政治的監督・指示と行政の密接な関係構造）の構造を示している。

注

（1）労凱声『教育法論』江蘇教育出版社、一九九〇年、八二頁。
（2）労凱声、同書、八九頁。
（3）張勇『中国行政法の生成と展開』信山社、一九九六年、七五頁。

(4) 張勇、同書、七七頁。
(5) 労凱声、前掲書、九二頁。
(6) 同書、一〇五頁。
(7) 同書、一〇六頁。
(8) 同書、八六頁。
(9) 国家教育委員会師範教育司組編『教育法専読』北京師範大学出版社、一九九六年、五二頁。
(10) 西村幸次郎『中国憲法の基本問題』アジア法叢書一〇、一九八九年、一一二頁。
(11) 国家教育委員会師範教育司組編、前掲書、六二頁。
(12) 「勤工倹学」とは、小・中学校において児童・生徒に対して、学校の田畑や工場などで労働に従事させ、教育面において教育と生産労働の結合を、経済面において学校財政の補充を目的とした制度をいう。
(13) 国家教育委員会師範教育司組編、前掲書、六三頁。
(14) 張勇、前掲書、七二頁。
(15) 『教育法専読』、六五頁。
(16) 劉冬梅「論依法治教的途径」『教育評論 Educational Review』、一九九六年、五頁。
(17) 藤田勇「社会主義法の基礎的概念の再検討ということについて」『社会主義法年報』一〇号、法律文化社、一九九一年、六五頁。
(18) 張勇、前掲書、九五頁。
(19) 浅井敦「中国法制改革の基本問題」「社会主義における『改革』の諸相」(『社会主義法年報』七号)、法律文化社、一九八五年、四六頁。
(20) 浅井敦、同論文、四七頁。
(21) 熊賢君『中国教育行政史』華中理工大学出版社、一九九六年、九二頁。
(22) 牧野篤「『人治』の国の教育『法治』」『国民教育研究集録』第一号、国民教育研究所、一九九〇年、一四五頁を参照されたい。
(23) 陳綏・陳碧波主編『現代農村普通教育管理』中南工業大学出版社、一九八七年、一一二頁。
(24) 『鄧小平文選』第二巻、人民出版社、一九九四年、一〇二頁。
(25) 「中国の教育改革・発展要綱　国務院　一九九三・三」『北京週報（日本語版）』二二号、北京週報社、一九九三年、一五頁。
(26) 忻福良「中国教育法制建設:観念的審視与更新」『高等師範教育研究』、一九九四年、一七頁。
(27) 「国家教育委員会主任朱開幹就教育報（草案）答本報記者問」『人民日報』、一九九五・二・一〇①。
(28) 同。

(29) 一九九八・一〇・一二、北京師範大学での筆者のインタビューによる。
(30) 中嶋嶺雄編『中国現代史』有斐閣選書、一九八一年、二一二頁。
(31) 注(27)の論文。

第二章　教育法の法体系と中華人民共和国教育法

建国以降、中国における法制の整備・発展は充分ではなく、特に教育の法制化は経済領域に較べて遅れていた。しかし、先の章（第一章）で述べたように、文化大革命の後、『決定』や『綱要』で示されたように、「依法治教」をスローガンとして教育法制建設の強化や教育法の法体系の確立が大きな教育政策の課題とされてきた。

ここでは、中華人民共和国教育法の分析の前提として、中国の教育法の法形式や立法権者を視点にした教育立法体系と教育法の法内容分類を視点にした教育法体系について考察する。さらに、中華人民共和国教育法がそうした教育立法体系や教育法体系においてどのような法的位置や法的価値をもったかを考察することとする。

第一節　中国の教育立法体系の構造と特質

中国国内においては、教育法は一般に「国家立法権を行使する全国人民代表大会あるいはその常務委員会が法定の権限と一定の民主的順序・審議・過程を通して制定する教育方面の法律」をいうと定義される。この場合、その法律の名称は「法」あるいは「条例」と称される。(1) しかし、より広義に解した場合、すなわち教育法の立法権者を「全国人民代表大会あるいはその常務委員会」以外に拡大してとらえた場合、教育法は以下のように法形式上広い範囲に及ぶ。

一、全国人民代表大会が審議し公布する教育法律。

二、国家の行政活動を指導・監督する国務院が、憲法と法律にもとづいて制定・公布する教育方面の行政法規。その名称は、条例・規程・方法等。

三、国務院内部の各部・委員会が法律と国務院の行政法規にもとづいて、その部門内部の権限内で制定する教育方面の規則。その名称は、規程・方法・細則・大綱・綱要・守則標準等。

四、各省・自治区・直轄市の人民代表大会とその常務委員会が、憲法・法律・行政法規に抵触しないかぎりにおいて制定する地方の教育法規（この場合、省・自治区の人民政府所在地の市と国務院が承認する大規模な市の人民代表大会もまた同等の権限をもつ）。

五、省・市の人民政府が法律と国務院の行政法規を根拠として制定する教育規則（なお、それには「国家の承認」を条件とし、国家の行政の施行規則的内容をもつことが必要）。

以上の内容を簡略に図式化すると図2-1となる。ここで、特徴としてあげられることは、第一に中国共産党の「決定」・「綱要」・「指示」等が全国人民代表大会及びその常務委員会により制定される（教育）法律と同等もしくは上位の法的地位をもつという点にある。教育法に関して言えば、「文化大革命」後の教育法制の歴史過程にみたように、その教育法制の歴史的展開は、例えば一九八五年（五月二七日）に中国共産党・中央委員会が採択・制定した「教育体制改革に関する決定」や、一九九三年（二月一三日）に中国共産党が国務院と合同で制定した「中国教育改革発展綱要」により主に決定づけられたという経緯があった。むしろ、教育法律はその多くが「決定」や「綱要」に示された政治的意図により制定されたという傾向をもった。すなわち、中国共産党による党の政治的指示が一般の法

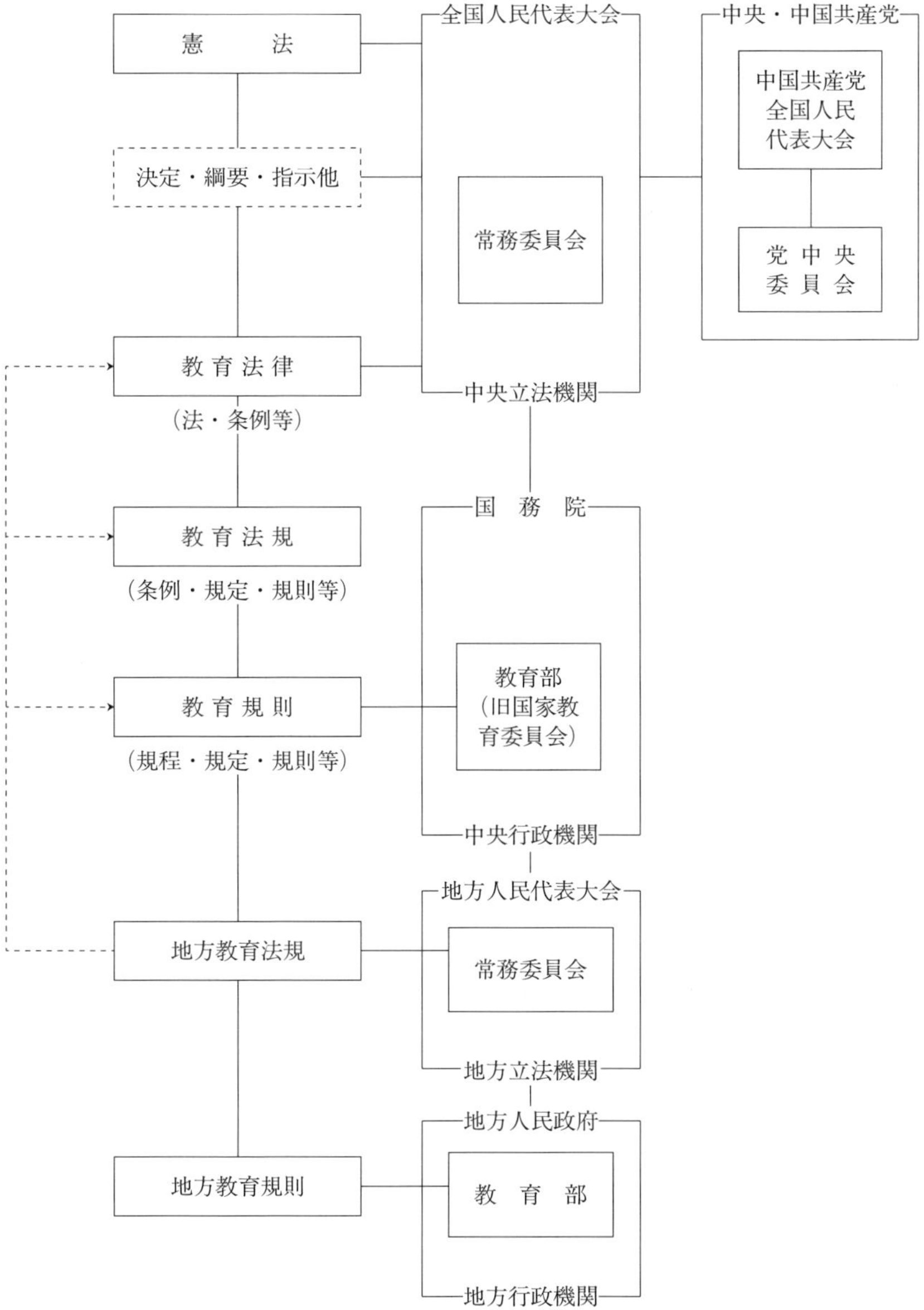

図２−１　中国の教育立法体系

律の上位に位置づくということは、同時に多くの教育法律の実質的立法者が中国共産党であることを意味するわけである。もちろん、憲法や教育法律は「民主法制の原則」により「全国人民代表大会」の審議・決定により制定される立法手続きを採る。しかし、年一回の一時的立法機関である全国人民代表大会よりも、年間常置される立法機関である常務委員会が実質的には中央立法機関としての機能を果たしているという点や、その常務委員会がその委員の人事構成において中国共産党との密接な関係をもつという点を考慮すると、法律（教育法律を含めて）の多くは中国共産党の政治方針や政策意図の具現化の段階にあり、中国共産党の指示・決定が法律を超えた段階の国家的規範として位置づくという特異な立法体系があるということになる。

第二に、中国の教育立法体系の特徴として指摘できることは、地方教育立法の法的地位と法的価値が比較的に高いという点にある。具体的には、例えば一九八六年（四月一二日）の第六回全国人民代表大会（第四次会議）において制定された「中華人民共和国義務教育法」は、すでに一九八四年から一九八六年にかけて八つの省・市・自治区の地方人民代表大会で「義務教育条例」の法形式で先行的に制定されている。同様に一九八八年に国務院が制定した「掃除文盲工作条例」についても、江蘇・甘蘭・青海・貴州・新疆の五つの省で先行的に制定されている。こうした地方立法の（国家立法の）先取り的法現象は、「地方が立法を先行させ、そこから中央に立法化を促す」[2]という中国の「立法」の歴史的慣習（法）によるものである。また、単に立法上に止まらず中央で制定された法律の具現化のための立法化も同様である。例えば「中華人民共和国義務教育法」の施行規則や施行令の次元の立法化は、中央ではなく地方の次元で多く行われている（実際、ほとんどの省・自治区・直轄市では「義務教育法実施規則」（細則・方法等）を制定している）。こうした地方先行の立法化や地方による国家法の具現化の法現象は、歴史的には広大な国土と中央政権の度重なる変動を理由として、中央の統率的管理・支配に対して地方が独自な管理秩序をもつという行政管理上の二元的な構造があったということを背景としている。それは、国家法の執行（具現化）におい

表2－1　地方教育立法の制定状況（立法者別）

立法権者	立法数（%）
人民代表大会	43（ 51.8）
人民政府	40（ 48.2）
計	83（100.0）

羅宏述「略論教育立法的幾個問題」『教育評論』，1988年，19頁より抜粋。

表2－2　地方教育立法の制定状況（内容別）

内容領域	立法数（%）
基礎教育	56（ 67.0）
職業技術教育	12（ 14.5）
成人教育	12（ 14.5）
高等教育	3（　3.6）
計	83（100.0）

表2－1と同論文，20頁。

て従来から阻害要因となるものであった。しかし、一方近年そうした地方立法に対する期待が生じた。それは、「中国の法制は、中央の立法だけではなく、地方の立法を基軸として現実につくり出している実定法秩序により形成される[3]」べきであるという主張である。この主張は、国家立法に較べて「地方立法が時機性・具体性・指針性・先行性・特殊性をもつ[4]」という新しい法機能論を背景としている。

いずれにしても、「文化大革命」後地方の教育立法の制定の動きは大きく、例えば一九八四年から一九八七年の四年間に各省・自治区・直轄市が制定した教育立法は八十三に及ぶ。その内訳は、地方人民代表大会が制定する教育法規と地方人民政府（教育部）が制定する教育規則がそれぞれ半数を構成する状況となっている（表2-1）。この場合、近年後者の教育規則の制定の比率が急速に高まっているといわれる。また、教育立法の内容では、「基礎教育」領域の教育立法が約七割となっている（表2-2）。それは、教育政策上中央と地方の責任分担に関して、近年地方が基礎教育の運営・管理領域の行政責任を負うという責任分割主義が徹底化されたためといえよう。また、この他地方が地方の実際状況と特殊性により独自の地方教育立法を制定する事情がある。例えば、多くの自治州の自治条例（一九九六年の時点で三十の自治州のうち二十五の自治州が自治条例を制定している）では、同条例中に同州の民族教育に関する特別な条項を規定している。(5)

以上、中国の教育立法体系においては、国家教育立法段階における立法と政治の二元的構造と、教育立法の立法化と執行化における中央と地方の二元的構造があることがわかった。この場合、前者の二元的構造は、「法治国家」化あるいは「依法治教」（教育行政の法律主義）の推進に対して、歴史伝統的な「人治国家」的な政治的慣習、具体的には「党政不分」（政治と行政の統一）が教育法の立法段階の体系化を阻害することが予測される。それは、端的にはそれぞれの政権の変動と支配者の言説により教育法自体の安定性が揺らぐということ。また、教育法の立法化の意図が法による政策科学的な展開ではなく、政治的・政略的な流動により支配されるということの可能性を示すものである。また、中央と地方の二元的構造は、それ自体法のもつ現実的価値の適用の可能性から生じたものであるとしても、歴史的には中央の統一的監督・管理が容易に地方に浸透しない地方的法慣習の残存や、国家法のナショナルな社会規範としての法的価値の形骸化という法政策上の問題を残しているといえよう。

第二節　中国の教育法体系の構造と特質

つぎに、中国の教育法の法内容の分類に応じた法体系の状況をみてみる。以下の図2-2はその図式化である。教育法規の法体系は、「法形式による形式的分類ではなく、法内容による実質的分類が重要」(6)である。しかし、教育法規も含めて中国の法は「その法体系が未成熟で、立法的には重複・不統一があり、法体系の面では現段階では発展

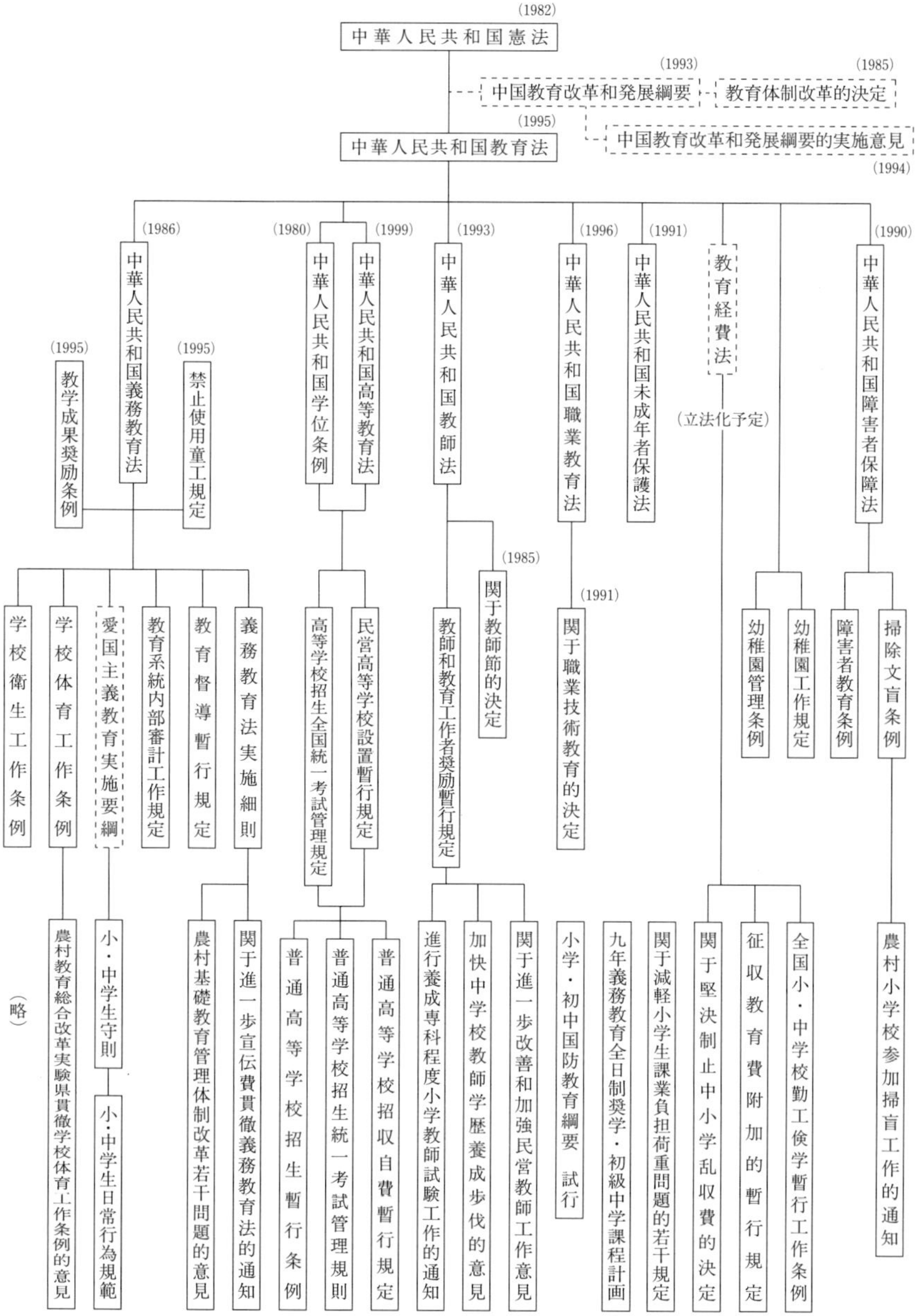
(1982)
中華人民共和国憲法
(1993)
中国教育改革和発展綱要
(1985)
教育体制改革的決定
(1995)
中華人民共和国教育法
中国教育改革和発展綱要的実施意見
(1994)
(1986)
中華人民共和国義務教育法
(1995)
教学成果奨励条例
(1995)
禁止使用童工規定
(1980)
中華人民共和国学位条例
(1999)
中華人民共和国高等教育法
(1993)
中華人民共和国教師法
(1996)
中華人民共和国職業教育法
(1991)
中華人民共和国未成年者保護法
教育経費法
(立法化予定)
(1990)
中華人民共和国障害者保障法
学校衛生工作条例
学校体育工作条例
愛国主義教育実施要綱
教育系統内部審計工作規定
教育督導暫行規定
義務教育法実施細則
高等学校招生全国統一考試管理規定
民営高等学校設置暫行規定
教師和教育工作者奨励暫行規定
(1985)
関于教師節的決定
(1991)
関于職業技術教育的決定
幼稚園管理条例
幼稚園工作規定
障害者教育条例
掃除文盲条例
(略)
農村教育総合改革実験県貫徹学校体育工作条例的意見
小・中学生守則
小・中学生日常行為規範
農村基礎教育管理体制改革若干問題的意見
関于進一歩宣伝貫徹義務教育法的通知
普通高等学校招生暫行条例
普通高等学校招生統一考試管理規則
普通高等学校招収自費暫行規定
進行養成専科程度小学教師試験工作的通知
加快中学校教師学歴養成歩伐的意見
関于進一歩改善和加強民営教師工作意見
小学・初中国防教育綱要　試行
九年義務教育全日制奨学・初級中学課程計画
関于減軽小学生課業負担荷重問題的若干規定
関于堅決制止中小学乱収費的決定
征収教育費附加的暫行規定
全国小・中学校勤工倹学暫行工作条例
農村小学校参加掃盲工作的通知

図2－2　中国の教育法体系

途上国にある」[7]といわれる。まず、教育法体系の上位の階層に憲法と中華人民共和国教育法が位置づく。中華人民共和国教育法は、その制定意図（立法者意思）にみられるように、「（他の教育法に対する）『母法』及び教育の『根本法』[8]」として制定された。それは、「教育全般の総法を統括するもので、全国及び地方の各層各類の教育法規の根拠法で、教育制度の法規体系の中心[9]」となるものであった。上に対しては憲法を法形式上上位法としながらも、準憲法的法規範的位置と価値をもち、日本の教育基本法と同様な法的性格と法的価値をもつ。この場合、憲法（一九八二年）はその法文中に教育に関する条項を七つもつが（第四条・第一九条・第二三条・第二四条・第四五条・第四六条・第四七条）、いわゆる教育事業発展のための国家的責任（権限）を大枠的に表明するものであって、教育の目的や教育制度（学校体系等）さらに教育行政・政策全体に関する国家的な法規範としての実質をもたない。中華人民共和国教育法は、そのため準憲法的な法的地位と法的内容をもち、中国の教育法体系の中で最高でさらに中心的な国家的な教育法規範として位置づけられた。以上、中華人民共和国憲法と中華人民共和国教育法で構成された教育法が、「第一階層」の教育法を構成することとなる。しかし、注意しなければならないのは、図中に示される「中国教育改革和発展綱要」と「教育体制改革的決定」の法体系中に占める位置である。これらのものは、先の第一節で考察したように中華人民共和国教育法に連動するものであり、実際、中華人民共和国教育法は『綱要』を具現化したものという指摘があるように、中華人民共和国教育法の法内容は「綱要」に規定された教育政策の構想内容を含んでいる。また、先に述べたように、法形式にもとづく立法体系中においても、中国共産党の制定する決定・綱要・指示等は教育法律と同位に位置づくと解釈される。

つぎに、教育制度の基本領域に応じて制定された「部門教育法」で構成される「第二階層」の教育法が位置づく。これは、現在のところ基本的には、「職業教育法」・「学位条例」・「義務教育法」・「教師法」・「職業教育法」・「高等教育法」の六つの教育法律で構成されている。これらは、法形式上は全国人民代表大会やその常務委員会により制定される教育法律であるが、法内容上は中華人民共和国教育法の具現化のための法規すなわち同法の執行法としての法的位置をもつとされる。逆に言えば、中華人民共和国教育法は、下に対しては今後教育政策の具現化の次元で多様に立法化が期待されるこれらの教育法律の「母法」として、その「立法法」としての法的地位と法的価値をもつ。この点、中国の教育法制史にみられたように、これまで教育法の体系化に関しては教育法自体が「政治の手段として第二義的な位置を占めることの帰結として、政治の趨勢に左右される教育法体系は不安定なものとならざるをえなかった」(10)といいえ、その法体系の確立はおくれた。したがって、中華人民共和国教育法は、その準憲法的な法的性格から中国の教育の「根本法」として、また多くの教育法規の「母法」としての法的価値から、中国の教育法の体系化に機能する国家的法規範としての法的役割（期待）をもったと理解される。

つぎに、国務院や教育部（旧国家教育委員会）といった中央（教育）行政機関により制定される教育行政法規や教育行政規則で構成される「第三階層」の教育法が位置づく。これらは、法形式上「第二階層」の部門教育法の執行法規（日本でいう施行令・施行規則に該当）といえ、部門教育法の下位法に属し、中国国内では「実施細則」と呼ばれる。しかし、実際には「教育事業の発展の需要により増加」(11)し、「我が国の教育法の主体」(12)とも評価され、その数は多い。しかも、文化大革命後の教育法制史において示されたように、これらの教育行政法規や規則の多くが、部門教育法より先に数多く制定され、教育政策の具現化のための国家規範として機能していた。むしろ、「第二階層」の部門法は、国務院や教育部（旧国家教育委員会）がそれぞれの時期に必要に応じた形で教育政策を遂行するため制定するこうした「第三階層」の教育行政法規や教育行政規則の執行の成果に応じて制定されたともいえる。その意味では、「第二階層」の部門教育法の先行法としての法的価値をもつ。また、同時にこれらの「第三階層」の教育法は、「第二階層」の部門教育法の数が少なく、未整備の状況においては、当然に「第二階層」の教育法に代替する教育法としての法的価値・効果が求められたと解釈される。

しかし、現実にはこの「第三階層」の教育法は十分には法整備されてはいない。例えば、「中華人民共和国義務教育法」を本法とする「中華人民共和国義務教育法実施細則」の制定は、本法より七年おくれて制定され、「中華人民共和国教師法」を本法とする「中華人民共和国教師法実施細則」の制定は、本法より一年七ヵ月おくれた(13)。さらに、その法内容について、前者の実施細則は、義務教育の全国的実施のための具体的指標化がなく、後者の実施細則は教師の「権利」と「義務」に関して明確に区分できておらず、重複があり、教師の権利を実質的に保障するための具体的な執行法となっていないと批判されている(14)。それは、結局「法規と施行の間の架け橋の実施細則がおくれ、質が高くないことは、教育行為の規範性について弱法化を招き、教育法規の権威性を弱める(15)」こととなる。

周大平は、こうした「第三階層」の教育法の未整備状況の原因を「政府部門側にまだ『依法治教』の正確な意識がなく、各部門間がテリトリーにとらわれ、全体を見失っている(16)」ことにあると指摘する。実際、各部門が実施細則を制定するとき、往々にして意識的に自己の組織に不利な状況を回避して、具体問題に関してあいまいな規定上の文字を表述し、自己の行為の責任に回避の余地を残すといわれている。このように「第三階層」の教育法が量と質の両面において未整備の状況は、中国の教育法の全体が「不定性の法」である要因となると考えることができる。

また、図中の最下層に位置づく「第四階層」の教育法すなわち教育部（旧国家教育委員会）や国務院の他の部により制定される通達（「通知」・「意見」・「方法」・「規定」等）あるいは中央中国共産党の指示や通知も、「第三階層」の教育法と同様な法的位置と法的価値をもつとされる。この場合、特に後者の指示や通知は、歴史的には「党と国家の重要政策を規定し、行政法規としての効力をもつ(17)」といわれる。実際、一九六六年から一九九二年の二十七年間にわたり制定された「通知」は全部で九百十四件に及ぶ（第一章　表1-3参照）。特に「文化大革命」が終わり、中央教育行政機関が「教育部」から「国家教育委員会」に組織変えされて以降（一九七八年）は、その数は多く年平均約五十八件に及ぶ。さらに、数の多さに加えてこれらの「通達」は「第三階層」の教育行政法規や教育行政規則の執行のため、特に地方の教育関係機関（人民政府・教育部、各種学校等）に対する指示・管理・監督のための文書としての価値をもつ。また、これらはその一方で「第二階層」の部門教育法や「第三階層」の教育行政法規や教育行政規則の欠落を補ったり、あるいはそれに代わる国家的な教育政策の規範として機能しているともいえる。中国の研究者の中にはこれらの「通達」すなわち政府関係の決定の指示や通知も広く「教育法規」の範囲に含める学説もあり、その意味では、これらの「通達」も中国の教育法体系を構成する「第四階層」の教育法と位置づけられるといえる。

しかし、一方これらの「通達」はその規範形式はあくまで政策指示（文書）であり、法規範ではない。これまでの中国の教育政策は、歴史慣習的にはこうした中央政権の指示により運営され、それが一定の教育政策の方法的価値を形成したとしても、「法の有力保障がないので、教育管理体制は不安定[19]」であった。実際、政策指示の多くは「社会の政治関係、階級関係の調整を中心とした原則性のスローガン（「口号」）[20]」が中心とされる。また、その政策指示の制定は、「審議手続きが完全ではなく、合法性に欠けて[21]」、「厳格な手順や一定の技術を経ないで、その執行には強制性がない[22]」。したがって、政策指示に代わる合理的な国家規範としての法に（教育）社会関係の規制のための合理性を求め、その科学的な法の体系化を目指すことが求められる。

なお、これらの中央の教育法律・教育法規・教育行政法規・教育行政規則・通達以外に地方の教育立法の存在がある。この地方教育立法は先に述べたように中央の教育立法に対して法形式上下位法に位置づくが、実質的には中央の教育立法に先行したり、あるいは中央の教育立法のモデルとなる場合があり、中国の教育法体系中において重要な法的位置を占めるといえる。しかも、近年教育行政の地方分権化の進行によりその法的役割への期待は大きい。一般に、「中国の法制は、中央の立法だけではなく、地方の立法を基軸として現実につくり出している秩序（実定法秩序）がある[23]」とされる。したがって、地方教育立法は中国の教育法体系中においては「第五階層」の教育法群となるといえる。

以上、中国の教育法体系においては、下位法が上位法に先行し、上位法の欠落を補ったり、それに代わって一定の国家的な教育政策規範として機能している構造があることがわかった。この構造は、主に教育法制史において法よりも支配者の言説（指示・命令・講話等）が優位する「人治国家」的な政策上の慣習の影響によると推察される。それは、個々の時代において政権の変動が大きく、実際的な教育政策が大きくその影響を受け、計画的・恒常的な公教育運営の遂行が困難な状況においては不可避的なことと考えられよう。また、一方で「行政命令・紅闘文件（中国共産党の戦略的指示文書）が教育を管理した長期習慣[24]」が教育法観念を希薄にした法文化がある。しかし、そうした方法による国家の教育政策の社会的規範の形成は、教育法の合理的な法体系すなわち教育法のタテ（法形式的順序性）とヨコ（法内容の分類と法の連携）の体系化に関して大きな問題をもつといえる。実際、「現行の教育法体系にはまだ形式がない[25]」といわれる。また、実際に教育法の法体系化は「それは行政法の全体の一部分であって、さらに実践の観点からみても内容が複雑で単一の体系として構成するには無理がある[26]」といわれている。また、政治の手段として第二義的位置を占めることの帰結として、政治の趨勢に左右される法体系は不安定なものとならざるをえない。また、教育法規が教育政策との関係において、教育政策規範として位置づき、教育政策の実施すなわち教育政策の具現化のための執行法として位置づいていないことが問題とされる。この点、中華人民共和国教育法の制定は、そうした中国の教育法の法体系の整備と確立において重要な法的位置と法的価値をもち、「中国の教育法体系の整備法[27]」として、「教育立法活動の計画性と科学性を高め、盲目性と随意性を排除[28]」するものとして期待されている。

注

（1）羅宏述「略論教育立法的幾個問題」『教育評論』、一九八八年、一六頁。
（2）孫燦成「我国教育法制建設的戦略重点——地方教育立法——」『中小学管理』、一九九五年六月号、四頁。
（3）孫燦成、同論文、六頁。
（4）同論文、五頁。
（5）劉大友「関於自治州自治条例有関教育規定的総述」『民族教育研究』、一九九四年、一七頁。
（6）孫綿涛・黄偉「試論教育法分類的方法論問題」『教育評論』、一九九四年、九二頁。
（7）木間正道『現代中国の法と民主主義』勁草書房、一九九五年、五一頁。
（8）羅宏述「略論教育立法的問題」『教育評論』、一九八八年、二一頁。
（9）同論文、同頁。
（10）李連寧「我国教育法体系争議」『中国法学』、一九八八年、七六頁。
（11）同論文、七七頁。
（12）同、同頁。
（13）周太平「教育法規的実施細則厳重滞后帯来什么」『瞭望』、一九九六年、一〇頁。
（14）同論文、一一頁。
（15）同、一二頁。
（16）賀東凡・蘭宗六『中国教育行政学』人民教育出版社、一九九六年、二六頁。
（17）王旭・徐高「試談我国的教育与法」『光明日報』、一九八八・一二・一②。
（18）「中国教育法制思想：叢伝統向現代化転変」『上海高教研究』、一九九五年、二九頁。
（19）同論文、三二頁。
（20）胡肇開「我国必須加強教育立法」『中国教育学刊』、一九九四年、九二頁。
（21）王召学・張伝楨・隊鵬生「対中国式社会主義法律体系的探討」『法学研究』、一九八三年、一八頁。
（22）李連寧、前掲論文、七八頁。
（23）劉冬梅「論依法治教的途径」『教育評論 Educational Review』、一九九六年、五頁。
（24）国家教委師範教育司組編『教育法専読』北京師範大学出版社、一九九六年、五九頁。
（25）李連寧、前掲論文、七九頁。

(26) 同論文、同頁。
(27)「国家教育委員会主任朱開幹就教育法（草案）答本報記者問」『人民日報』、一九九五・二・一〇①。
(28) 同誌。

第三章　中国の法理論と教育法理論の変容と中華人民共和国教育法

中華人民共和国教育法の成立過程に関して、同法がどのような教育法制の歴史過程の中で成立したか。また、現実にどのような制定過程において立法化されたかをみた（第一章）。また、現実に同法が教育法体系（教育立法体系も含めて）の中でどのような法的地位や法的位置をもつかをみた（第二章）。これらは、いわば、中華人民共和国教育法の法としての特質や固有性を、歴史的位相と現実的位相の中の位置づけを相対化し、実証的に検証するという目的による。

ところが、一方、同法の特質や固有性はそうした歴史過程や法体系上の位置づけという実証的な分析のみではその全体が明らかとは言えない。やはり、法としての特質や固有性の分析は、直接にはその法の規範論理の法的価値の中身の考察が重要と考える。それは、具体的には同法の法規範論理の法解釈学的分析により行われるもので、本書は「第II部　中華人民共和国教育法の法理論」においてその分析を予定している。

本章では、しかし、同法の直接的な法規範論理の分析に先立ち、同法を含めた近年の中国の法の理論と教育法の理論の構造を考察したい。それは、中華人民共和国教育法が中国の教育制度・政策や教育運営のための教育社会の法規範であるとしても、同法が大きく現代の中国法の一つであり、そこに現代中国法としての共通な変容と特質をもつからである。

また、さらに近年中国では教育法学としての学問の発展とともに、教育法規の法解釈学を中心とする法律科学の生成がみられ、そこに教育法規の固有な法的価値や法理論を考察する理論の成立がある。

以上のことから、本章では近年の中国の法理論と教育法理論の変容とその構造を考察することとする。

第一節　社会主義的法理論のパラダイムの転換

中国では、「法の本質」論争による法理論の変容があった。それは、実際には一九八〇年代に生じた法概念に関する論争、いわゆる「法の本質的属性」をめぐる論争をいう。この場合、法の本質は支配階級の意思の反映であるとするのが従来からの説であり、現在でも支配的見解となっている。しかし、これに対して、法の本質は階級性のみでは説明できない。あるいは、階級性ではないとする異論が生じた。これらの異論は多様な内容をもつが、中でも法の本質を社会性に求める主張が代表的である。したがって、「法の本質」論争は主に法の本質を階級性とするか、社会性とするかという二者の対立論争としての内容をもつといえる。

法の本質を階級性にみるという説（以下、階級説と略す）は、マルクス主義的史的唯物論にいう社会構造論を前提として、いわゆる社会構造論上の生産力及び生産関係を規定する土台（下部構造）と、それにより規定される上部構造のうち、法が後者である上部構造に帰属するという「上部構造」説を基本としている。その上で、他の上部構造に帰属する社会要因と異なる法の本質特性を、国家権力を媒介とした支配階級の利益・階級意思の表現であるという点に求める。このとき、階級意思とは、社会の運動・歴史を貫く階級闘争の所産として得られる階級イデオロギーであり、その具体的反映は国家を通じて獲得される法律という形態をとると理解される。その点、階級説は法を史的唯物論を前提とし、さらにその機能を労働者階級と広範な人民の意思の体現に置くという点で、法の本質把握においてある種の闘争理論的・政治的要素をもっている。例えば、唐琮揺は、「我が国の社会主義法の階級性は、それがプロレタリアート独裁の権力を通じて表現される労働者階級（工人階級）の階級意思であることにある」(1)とし、「我が国の法は労働者階級（工人階級）の意思に他ならないのであって、その他いかなる階級の意思の表れでもありえない」(2)という見方をとる。

しかし、この階級性説に対していくつか批判が生じてきた。例えば、劉瀚・呉大英は、「我が国の法は労働者階級の意思のみを体現すると考えるのは実際の情況に合致しない」(3)とし、その理由として、「階級状況の根本的変化」(4)をあげる。この「階級状況の根本的変化」とは、「文化大革命」から歳月が過ぎ、「敵対階級がもはや存在せず、階級闘争はもはや主要な矛盾ではない」(5)という階級社会の不存在を指摘する。階級社会では確かに法の本質は階級性であるといえるが、しかし、法は階級社会のみに特有な現象ではない。したがって、階級性の概念のみにより法の本質を規定することは限定的であると理解される。そこで、法の本質を規定する「階級性」より広い概念として、「社会性」が登場した。法の本質を「社会性」にあると主張する学説（実際は多様だが、ここでは「社会性」説として統合する）の特徴は、第一に法を単なる階級闘争の道具としてみる観点に対する批判として主張された点にある。孔慶明は、「法律は階級抑圧の道具である」(6)という見方は、長年来、人々がもっとも一般的に理解するところであるが、それが法学理論と法律実践を狭い枠の中へと制限し、「法の下の平等」や「司法の独立」等の問題を扱うことを「禁区」としてしまったと指摘する。それは、法が支配階級にとっては支配の道具であるという認識が、実はこれまでの法を被支配階級にとっては抑圧の道具であるという法否定論と連動するものであることを指摘するものである。そこには、国家・社会の建設のための法の機能的価値を「道具論」を越えて求めるという法機能論的観点があるといえる。また、「社会性」説の特徴は、第二に法の本質規定に関して史的唯物論的な社会構造論から離れたということがあげられる。それは、法を規定するものを国家・階級・人民という伝統的な社会主義社会の構成要素であるとする一元的認識ではなく、より開かれた社会関係要素や変化の要素により規定しようとする多元的認識をいう。この多元的認識への需要は近年の中国社会の変化に対応して、「新しい傾向の多様な法現象、また、それに伴う技術的規範等の多数の法規範の制定に対応して新たな法理論の模索」(7)を求める法への価値認識がある。例えば、近年の社会状況特にその変化は「階級状況」として存在するよりも「経済状況」として説明することが実態的であるという主張がある。張宗厚は、「法を規定するものは階級『意思』ではなく、経済『関係』である」(8)と端的に指摘する。

それは、現実に一九八〇年以降特に経済関係法を中心とした国家法制定が大量の数にのぼったことと無関係ではない。一九八〇年以降、中国政府は経済体制改革によって生じた新しい社会諸関係を法的に規制することを中心的な立法政策として、国内経済では、経済契約法や企業法等を制定し、対外経済では合弁企業や外資系企業に関する法律等、経済体制改革の動向を直接反映する法律が制定されている。その他、一九八二年に改正された憲法では、私営企業の存在や土地使用権の譲渡を承認する規定が新しく設けられている。これらの一連の経済改革に連動する立法化の動きは、当然に法の本質規定に関して大きな外的影響を与えたと理解され、法理論の解明は、「経済改革を方向づける『社会主義』の理念を模索する重要な理論的課題の一つである」(9)とも言われる。

さて、法の本質規定に関して、法の「階級性」認識を批判することから始まった「社会性」説は、その後より多元的で多面的な法理論の解明に展開していった。むしろ、史的唯物論上の社会構造の帰属論という古典的枠組みから離れて、社会主義法の科学的理論の追及へ展開したと考えられる。それは、法を国家と人民の予定調和的関係を規定する統治思想の規範ではなく、それをも相対化したなかで法自体の客観的法則性を科学的にみようとする法の見方の成立を意味する。そして、「中国法の自発的・内部的変化のメカニズムをみる」(10)という視点から、これまでの伝統的な社会主義法の古典的な法概念についての再検討が生じた。その転換は、法を国家と法の関係理論として説明することから、法自体の理論としてとらえる視座への移動であり、また国家を直接的契機としない法の存在構造を追求する理論的枠組みの定立をいう。その代表的な命題となるものとして、「法制」、「権利」等の概念定義やそれにもとづく理論変容があげられる。

まず、中国における「法制」は「多義的な概念であり、文脈により『法律制度』・『法秩序』・『適法性』を意味する」[11]と解釈されている。さらに、伝統的な中国の社会主義法理論の範疇では、「法制」は国家権力すなわちプロレタリアート階級の権力が法律の制限を受けない権力であることを前提とするものであり、むしろ、「プロレタリアート階級が自らの社会主義体制を維持し、強化するために確保される法秩序[12]」であると理解されてきた。それは、また中国のこれまでの法学の通説として、「法制」を「社会主義的適法性[13]」という概念と同義語的に解釈することに象徴的である。この「社会主義的適法性」は、資本主義体制下における「法の支配」や「法治国家」の概念に相応するものではなく、あくまで社会主義国家権力自体は法の制限を受けず、むしろ社会主義国家権力がその政権を維持し、強化するための安定した法秩序の有様を説明する概念である。したがって、その概念は立憲主義、とりわけ権力分立主義を基礎原理とする資本主義社会の「法治国家」とは異なるものと考えることができる。本来「法治国家」概念は、絶対主義下での警察国家を否定し現れたもので、具体的には国民の自由権を保障するための自由主義的原理を内包する法思想から生じたものである。さらに、それはブルジョア民主主義法原理であり、市民の権利と自由を基底にすえた権力制限の原理として成立したものである。したがって、ここで注意しなくてはならないのは、近年、中国の法理論において説明される「法治国家」を単純に先に述べたブルジョア民主主義法原理の範疇の法概念と解してはならず、その基底に「社会主義的適法性」にもとづく「法律適合的統治レジーム[14]」という社会主義法原理を内包した要素があることを認識しなくてはならない。

それは、端的には法が権力自体を制限できるかという部分に関わる。中国国家の最高の法規範である中華人民共和国憲法は、その第五条でその点を以下のように規定する。

「すべて国家機関、武装力、各政党、各社会団体および各企業・事業体は、憲法および法律を遵守しなければならない。……略……いかなる組織または個人も、憲法および法律を超越する特権をもつことはできない。」

この場合、「すべての国家機関」には最高国家権力機関（全国人民代表大会）が含まれ、また「各政党」には社会主義建設事業を指導する執政の中国共産党が含まれ、さらに「いかなる組織または個人」の中には中国共産党の各級組織および最高指導者が含まれるとされる。その意味では、法規定上中国の「法制」は権力制限の原理性をもち、「法治国家」の原理性に接近したと考えることができる。この規定は従来の中国の憲法には存在しなかったものであり、近年の中国の国家政策が「党政分工」の原則（中国共産党の政治と国家の行政の分離）にもとづき、さらに「執政党および党と国家の重要な権力を掌握する指導者が、重大な政策決定において憲法と法律に違反すれば、国家と人民に災難をもたらす」[15]という過去の反省に立脚しているといえよう。さらに、新しい中国共産党規約（一九八二年九月）は、「党はかならず憲法と法律の範囲内で活動しなければならない」とし、胡耀邦総書記（当時）が、第十二回全国人民代表大会で「中央から基層にいたるまで、すべての党組織と党員の活動は国家の憲法と法律に抵触してはならない。党は、人民の一部分である。党は、人民を指導して憲法と法律を制定するが、いったん国家の権力機関により採択されたならば、全党はそれを厳格に遵守しなければならない」[16]と報告している。以上は、先の憲法（第五条）に規定された国家権力と法との「法治国家」的な関係を中国共産党自身が承認・確認する意味をもつ。

しかし、一方その憲法の監督権は未だに制度化及び規範化されていないという実態がある。また、憲法中に規定された「四つの基本原則」の解釈権や公定権は、中国共産党が掌握している。その一方で、社会主義的民主主義の原理性として、人民が国家権力を掌握し管理するという原則が、「大前提」としてそうした矛盾性を克服しているという法観念（思想）がある。したがって、「法制」の法理論の変容すなわち「法治国家」的な法制度理論への展開は、現在においても困難な課題を抱えている。それは、また「法の指導理念が法にとっては外在的である政治理念として存在している」[17]という中国の伝統的な法秩序の継承を意味している。すなわち、現在も法に優位する政策の存在を容認する法文化・法意識があるわけである。

社会主義法的な法理論の展開の事例は、「法制」のみならず「人権」（基本的人権）の法規定及び法概念規定の変容にもみることができる。もともと、中国の法理論において、「人権」は前国家的な自然権ではなく、資本主義的の階級対立を止揚した社会体制において初めて実現され、国家により保障される権利であった。したがって、特に「自由権」は「国家からの自由な領域というブルジョア的虚構[18]」の世界の次元のものであり、実質的には存在しなかった。仮に憲法及び法律上に自由権的な法規定が存在するとしても、それは実際の自由の行使の手段を国家が所有もしくは管理していたり、その自由の行使の目的が「社会主義体制を強固にさせる目的[19]」に限定されていたり、さらにその法規定自体が「反体制・反人民分子には自由を許容しないという論理[20]」を内包するものであったといえる。つまり、自由権の国家的承認は、あくまでも「（国家の）『目的』から逸脱した『自由権の行使』を異常な行為として抑圧する[21]」ために行われたといえる。

これまでの社会主義法では市民の基本的権利は「基本権」として理解され、「人権」の概念は資本主義のものと理解されていた。この場合、「中国における人間の自由や権利の概念は、きわめて長期にわたりヨーロッパとは異なるコンテクストにより概念化され、作用してきた[22]」といえる。この「基本権」は、「社会主義国家の形成・発展の過程に能動的に参加する権利[23]」を意味し、社会主義国家の「共同形成権[24]」とみなされている。その意味では、「基本権」は社会権の範疇に属する。しかし、この場合にもその「基本権」にいう国家権力の行使に積極的に参加し、社会主義の建設に役割を果たすという権利性は、国家権力による承認と監督により制限されたものであると考えることができる。実際、実質的な一党支配体制では政治への参加は狭く限定される。例えば、先に制定された七五年憲法では、「公民の基本的な権利と義務は、中国共産党の指導を擁護することにある。」（第一二条）と規定され、そこに「基本権」の原則を規定している。この規定は、しかし、本来公民と国家の関係を規定する憲法が公民と党の関係を規定している問題性をもった。この場合、党の擁護は政治態度の問題であり、擁護するかどうかは人民大衆における党の威信と人民自身の自覚や自発的意思から生じるものであるはずである。したがって、この法規定はそうした党の擁護を法規範により強制しているという問題性をもつ。さらに、またここで規定される権利と義務は概念上明確に区別されておらず、極端には党を擁護する義務が与えられることを公民の権利と解するという矛盾がある。また、中国の法律体系全体において、「憲法典では基本権がうたわれながら、下位法令による権利や自由の範囲はその規定が不明確である」[25]法実態もある。いずれにしても、「基本権」の現実態には中国共産党の政治的支配による内在的制約が働いているといえよう。

さて、近年の中国法では国民の「人権」をこれまでの「基本権」から新たに「公民権」として再構成していく展開が生じた。この「公民権」概念の特徴は、「基本権」と異なり権利主体を一応明確化した点にある。これまで、中国の法律は「人民」の概念を使用してきた。それは、「人民」の概念が歴史段階においては社会構造上経済的条件の変化により、また革命の性質や革命の任務の変化により変化する中で、常に「社会主義建設期において、社会主義建設事業に賛成し、擁護し、参加するすべての階級・階層および社会的集団」[26]をひとまとまりに括った歴史性による。「人民」の概念は、その意味では「歴史的概念であり、同時に政治的概念」[27]であった。しかし、近年法制化の政策進行とともに、世界各国に通用し、権利・義務を規定するのに適切であるという理由にもとづき、「公民」概念が使用されるようになった。そして、「公民」概念は「歴史的かつ政治的概念だが、すぐれて法律的概念」[28]であると解された。しかし、この「公民」概念もそこに権利性を付与し、「公民権」として概念規定する段階になると、先の「基本権」と同様の政治性を強くもつ歴史的社会主義的な法概念となる。薫成美は、「公民権」を「中国人民が中国共産党の指導のもとに、獲得したもので、権力の階級的本質により規定される」[29]権利と定義する。さらに、実際の「公民権」の内容について、「権利とは国家の憲法と法律が確認する公民が何らかの行為を実現する可能性を指し、このような行為は国家の保護を受ける。義務は、国家が公民に対して履行しなければならないことを要求する一種の責任[30]」と定義する。すなわち、「公民権」も「基本権」と同様に体制的制約原理をもち、「国家との関係を離れては是認されない権利[31]」としての制約性をもつといえる。

しかし、近年中国の法理論はやはり大きく変わろうとしている。対外的には世界人権思想への対応により、対内的には市場経済の導入により、少なくとも資本主義的な人権への接近が求められているといえる。特に、後者の市場経済の導入は、少なくとも自生的な市民法の生成を促しているといえる。それは、本来「市場」が「生産者と商人の出会いの場[32]」であり、両者に経済関係を通じた対等な権利と義務の法的関係を求めるということを指す。つまり、市場経済社会は、経済的関係を主として権利主体としての「個人」を出現させ、その「個人」は近代的個人としての権利を保障させる法的関係を求める。すなわち、「市場の経験が理念的に要求するものは、個人の自由と法的平等である[33]」。以上のように考えれば、今後の中国の法理論は市場経済の導入に伴って資本主義法の一部承認を不可避的に求められるといえる。それは、労働法・経済法・教育法のさまざまな社会関係法の立法化に現れるとともに、国家と公民の関係における権利と義務の法思想例えば「人権」の法思想の変容となって現れるといえよう。

以上、近年の中国における法理論の変容をみた。法の本質を「階級性」とみるか、「社会性」とみるかという法の本質論争に始まり、しだいに法の「社会性」を承認する過程で、これまでの社会主義法の法理論の展開がいくつか生じた。それは、「法制」・「人権」（「基本権」・「公民権」）等の法概念の見直しや再定義を直接には示すものであるが、その基底に国家権力と個人の権利との社会的関係を本質的に再定義するという意味で、社会主義法の本質が変化する要素をもつものであったといえる。この場合、中華人民共和国教育法は、その法規範の中心の一つとして「公民」の教育を受ける権利をいかに定義し、保障するかという重要な「人権」思想を内包している。したがって、当然に法理論の変容は中華人民共和国教育法の法としての理論と価値を規定するといえよう。

第二節　現代中国における教育法理論の形成

近年、中国では市場経済の導入により経済関係を中心とした社会関係の変容が起こった。そして、その社会関係を新たに合理的に制御する国家規範として法への需要が生じた。つまり、近年の中国の法の実態と理論は明らかにこれまでの社会主義法とは異なる変容を示しているといえる。そうした変容は、しかし、単に経済法の領域のみではなく、教育社会関係を規制する教育法の領域についても、一定の影響を与えている。むしろ、教育法規は教育と市場経済の関係において、「立法者が依然として計画経済の時代を意識しているのであれば、教育と市場経済体制は相脱離の関係」[34]となり、そこに、新しい教育法規の社会的価値とその価値を定立する教育法理論の課題が生じた。ここでは、主に教育法の法理論の変容を中心として、中国の教育法の法理論の形成を考察する。

法理論の変容により、教育法の法理論も当然に何らかの変容を示しているといえる。それは、端的には教育法の固有性・独立性をどう考えるかという思考により成立するものであり、その展開が近年の中国の教育法学の成立に発展している。まず、「教育法規」の概念定義に関して、特徴的な変化がみられる。これまで、「教育法規」の概念は多くの場合「統治階級の意思の反映であり、国家の強制力の保障により実施され、普遍的な拘束力をもち、教育方面における人々の行為を調整するもの」[35]と定義されていた。さらに、教育法規は教育政策の法規範化されたものであり、「党と国家の領導者が正式会議において示す政策性のある文件」[36]とする定義があった。この場合、教育法規は国家権力の教育意思の規範化された形態のものであり、教育を媒介とした国家統治の手段として定義される。それは、これまでの法をその階級性と道具性の視点から捉える伝統的な法理論の影響によるものといえる。しかし、近年、その教育法規の概念に関して、以下のように異なる定義[37]が生じてきた。

「教育法規は、広義には国家権力機関や行政機関が制定・公布する関係教育機関方面の規範性をもつ文件をいう。」

「教育法規は、教育方面の法律、行政法律、規章、地方性法規等、各種の規範性をもつ文件の総称をいう。」

「教育法規は、教育関係を調整し、人々の教育方面の関係と行為の一種の調整標準を確定させるものをいう。」

「教育法規は、教育主体、教育の客体、教育条件・環境等いくつかの方面の教育法規の総称をいう。」

以上の教育法規の定義は、従来の定義と異なり教育法規のもつ国家統治のための権力性や階級性を含まず、むしろ教育法規の現実態を重視し、その社会性や機能性を中心に合理的に定義された傾向をもつ。それは、教育法規を『口号性』（スローガン性）や『将来性』の提唱のものではなく、国家と社会の実在の法律義務を規定するもの[38]ととらえる法合理主義の成立をいう。

さらに、近年教育法の法体系に関して他の法体系と異なる固有性を追及する教育法学固有な法理論の追求が生じた。従来、教育法の法体系に関しては、「大量の関係の公衆衛生、教育、住居その他の公共事業の実体法や全体からみて、それは、行政法の一部分であり、さらには実践の観点からみても内容が複雑で、それは単一の体系として治めるには無理がある[39]」と考えられていた。つまり、伝統的には教育法は行政法の一部であり、あくまで「共同の国家利益を体現する[40]」公法に属する法領域のものとして認識されていた。しかし、市場経済の浸透により経済法を中心とした私法の出現と同時に、国家の行政管理関係の範疇とは異なる社会関係が教育世界にも生じてきた。それは、例えば私立学校の出現や学校経営の自主権の法的保障等である。したがって、教育法に対して行政法とは異なる固有性をいかに認識するかという新しい教育法認識が生まれた。

麗渭栄は、教育法の特質について行政法との違いを中心として三点にわたり指摘している。[41] それは、第一に教育法は教育社会関係を調整するという点である。この場合、教育法の調整の対象となる事実は、教育単位の教育行為やそれにより生じる社会関係であり、それらは国家の行政管理行為すなわち行政作用とは必ずしもいえないとする。また、第二に教育法の調整の原則は、行政法が行政民主・行政法治・行政統一・行政効能を調整原則とするのに対して、教育と社会の関係の適応や教育の客観的規律そして全面的発達の「合格人材」の養成や民主的学校経営を調整原則とすると指摘する。さらに、第三に教育の責任に関して、その責任主体や責任の構成さらに責任の種類に関して行政の責任とは異なる責任の理論があるという。

以上のことは、さらに教育法が単に行政法との比較においてどのような違いをもつかという点を越えて、教育法自体の法としての固有性の追求に展開していく。近年、教育法を広く「文教科学技術法」に含め、その「文教科学技術法」は「主要には文化・教育・科学技術方面の法律を意味し、その目的はすべて智力の開発であり、その法の特質は智力開発法としての法的内容にある[42]」とする主張がある。また、何端昆は、「教育法は特有の教育関係をもって調整の対象とする。そこには、特有の法律関係の主体と法律の基本原則がある。また、相応の処理方式があり、それは現代国家の法律体系の中の少なからず一つの独立した法律部門を形成する[43]」と主張する。さらに、労凱声は「教育法と行政法の関係は、それほど簡単に母法と子法の関係ではなく、統制と分別の関係でもなく、憲法の下では明らかに独立の法である[44]」と指摘する。

これらの指摘は、教育法の固有性の追求を踏まえて教育法学の学問としての固有性・独自性の主張に展開していった。米桂山は、「教育法学は法学により教育科学を基礎として、教育法律現象及びその規律を対象とする一つの周辺性のある法学分支学科である[45]」と指摘する。また、何端昆は、「教育法学は教育法律規範を研究する一つの学科である」[46]と指摘する。以上の指摘は、教育法学の学問としての固有性をその研究対象としての教育法律現象や教育法律規範の固有性に求めるものであるが、その対象としての教育法律現象や教育法律規範は、それほど明確に限定できるものではない。実際、経済改革を中心とした社会改革により、「教育の領域内の各種の社会関係は日増しに複雑になり、教育法の調整の対象とする範囲は不可避的にその他の法律部門と交錯する」[47]新たな法現象が生じている。したがって、教育法学の学問的固有性は、「教育法規範のみが対象ではなく、単なる法規解説次元ではなく」[48]、新たな教育法現象を対象とするものでなくてはならないとされる。それは、教育法学の研究対象が、「教育法律規範でも、教育法律現象でもなく、教育法律事実と教育法律価値を含む固有な教育法現象である」[49]ことを意味する。この点、教育法学を「教育法律現象を研究対象とする学問である」[50]とする定義が生じた。この場合、特に教育法律価値の確定に関して近年教育法学の学問的課題を指摘する論調がある。忻福良は、その点に関して以下のように指摘する。

「教育法律は工具としてみてはならない。それは、教育行政部門が学校・教師・学生の教育を管理する道具ではない。そこに重要なのは、公民の教育権、学校の学校経営権、教師の教学権等の権益の合法権益の法律保障を行うことにある。その意味では、教育法は行政法・管理法ではなく、学校法人と公民や教師の保護法である。」[51]

ここで重要なことは、教育法の固有性を単にその教育法現象の固有性に求めるのではなく、その教育法現象を中核的に規定する法律価値に求め、その法律価値を明確にいくつかの教育権の法律保障に定立している点である。むしろ、教育法の固有性をそうした教育権の設定とその法的保障に求めている点が重要といえよう。先に、中国の近年の法律理論の変容の特徴として、「人権」思想への接近をあげた。この場合、教育法の領域においても、教育における人権すなわち「教育を受ける権利」の法的保障は、資本主義的人権論への接近による法理論の変容の一つとして生じたと考えることができるとともに、教育法学の固有性を新たに規定する教育法規範及び教育法現象の法的価値として認めることができる。実際、近年これからの教育法学及び教育法理論の定立の課題として、教育権の概念規定やその法理論を考察することが、中国の教育法学の新たな学問的課題として意識されはじめている。

隊建範は、公民の教育を受ける権利は、「基本人権の重要な組成部分である」[52]と指摘する。さらに、個人の教育を受ける権利は、個人が社会生活及び社会発展の要求に適合する権利であり、その基本特性はいくつかの要素をもつという。その教育を受ける権利の基本特性とは、第一にその権利が一定の社会ニーズをその本源とし、社会ニーズ性をもつこと。第二に、その権利が個人により差別されないこと。すなわち性別・信仰・身体等により差別されず、すべてに平等に保障されるという普遍性をもつこと。第三に、その権利は異なる知能の段階に応じた区別性をもち、その教育方法はその能力発達に応じて異なることと主張する。この隊建範の主張は、いわゆる法治国家における一般的な教育権（学習権）の基本原則の理論と同質の内容をもち、近年の中国の教育法理論がこうした教育権思想を中核として資本主義的な教育法理論に接近する傾向があることがわかる。その背景には、先の法理論の変容で述べたように中国の全体的な法の理論が資本主義国における「基本的人権」の法思想を受容し、その政策化や社会実践を国家政策の一つとして推進していることがあげられる。実際、中華人民共和国教育法は条文中に児童・生徒の教育を受ける権利と義務に関して中心的に規定するとともに、児童・生徒の教育を受ける権利の法的保障の規定やそのための法的措置に関して、これまでとは異なる展開を示している。例えば、児童の権利条約の批准について、「児童の権利は、抽象的概念ではなく、毎日遭遇している法的実態問題だ」[53]として、児童の権利保障の見方を変えることが一部主張されている。その意味では、教育を受ける権利の法的保障と措置は、今後の中国の教育法政策の中心課題であるとともに、それにより中国の教育法理論が他の社会法理論と異なる中心命題になると考えることができる。

しかし、一方この「教育を受ける権利」の法思想は、単純な形でこれからの中国の教育法理論を形成する中心命題になるかどうかについては、考慮しなければならない点もある。それは、これまでの中国の人権思想がそれほど単純に資本主義国家の「基本的人権」思想に展開するとはかぎらないということを意味する。例えば、一般に「教育を受ける権利」は、人・機関・団体の教育に関する権利や権限を総称したものであり、それ自体多義的で曖昧な法概念であるが、資本主義国家における「教育を受ける権利」は、少なくとも国家と個人の関係において、個人の教育を受ける権利の保障とその権利保障のための国家という関係が一定の法律関係（権利と義務の関係）を構成してきた。したがって、極端には後者の国家の教育権は、国民の教育権を保障する義務の範疇において派生する公教育運営の義務を前提として生じるものであり、あくまで国民の教育権を担保する義務を前提とする権限に限定されるものであるという認識がある。実際、教育権は一般に「教育を受ける権利」もしくは「学習権」とイメージされ、「（国家が）教育をする権利」という認識は低い。さらに、教育権の内容についても、それは国家に対して教育を受ける権利の保障を求め、要求する社会権的部分のみではなく、国家権力の介入・干渉により自由を侵害されないことを求める自由権的部分を内包している。中国における教育権の法意識の実際には、「権利を享受することと義務を履行することが重なって」[54]、実質的な権利保障が具現化されていない。また、一九八二年憲法では、「公民は教育を受け、国家建設に貢献する義務を負う」（第四六条）と規定され、公民が教育を受けることは国家に対する義務として意識されている。それは、逆にいえば、公民は学習者としてではなく、国家に対して教育を受ける「義務」を負う「受教育者」としての立場にあることを意味する。この点、近年の教育権の立法化は一方で「旧来の『人治』国家に近代的な装いを凝らした『法理』を導入し、『人治』国家の中央集権体制を法的に合理化[55]」した国家権力政策の範囲内のもので、結局のところ「家父長制国家の『教育』法治[56]」の制限から抜け出ていないと考えることができる。

以上のように、教育権を資本主義国家における法思想の範疇でとらえたとき、中国のこれからの教育権思想が資本主義国家、換言すれば自由主義国家の教育権と同一の権利思想として定着もしくは接近する可能性はかなり困難な部分をもつと考えることができる。近年の中国の教育権の概念定義すなわち「個人が社会生活及び社会発展の要求に適合する権利」[57]という法思想は、詳細にみれば、「社会発展の要求に適合する権利」であるが、その社会発展の要求は実際には中国国家政府自体が設定する。したがって、国家権力が設定する社会発展に適合しない中国人民の教育権は、「教育権」から排斥・除外される可能性をもつ。いわば、中国の人民の教育権は国家権力を前提とし、その権力が承認する権利・権限内に制限されたものとして考えることができる。

この点、先の隊建範は教育権の実現の過程を「個人の価値の発現と実現過程であると同時に社会価値の発現と実現過程であり、個人の価値と社会（全体）の価値の統一体現」[58]であるという。しかし、ここで言う個人の価値と社会の価値の弁証法的統一の論理は、伝統的な中国の社会改革思想に根ざすものであり、その本質はあくまで国家による社会価値の設定により個人の価値を規定するという社会主義国家的な社会理論にある。したがって、教育における社会価値の設定の主体が国家権力側にあり、個人の学習による価値はその国家により設定された教育価値の枠内に制限されたものとなる。つまり、先に述べた近年の中国の教育権の法思想は、国民の教育権が国家の教育権により枠付けられる構造においてのみ許容されるという伝統的な社会主義法の限界をもつといえよう。その点、中国の今後の教育法理論の固有性の追求、換言すれば教育法学の新たな定立は、大きな課題を内包していることとなる。

注

（1）唐琮揺「社会主義法是工人階級意志的体現」『法学研究』、一九八〇年第一期、九五頁。
（2）同論文、同頁。
（3）劉瀚・呉大英「也談法的階級性——与周鳳挙・唐琮揺二同志商榷——」『継承制論争』、一九八〇年第三期、三二一七頁。

（4）劉瀚・呉大英、同論文、三二八頁。
（5）野沢秀樹「中国の転換期における法理論――法の階級性論争をめぐる若干の理論問題――」『社会主義における「改革」の諸相』（社会主義法研究会編『社会主義法研究年報』第七号）、法律文化社、一九八五年、一六七頁。
（6）孔慶明「法律怎様表現統治階級的意志」『法学研究』、一九八〇年第三期、五六頁。
（7）季衛東「法社会学未開拓の奥地――中国法の多元的経験――」、千葉正士編『アジア法の環境――非西欧法の法社会学――』アジア法叢書一九、成文堂、一九九四年、九〇頁。
（8）土岐茂「法」『変動する社会主義法――基本概念の再検討――』（社会主義法研究会編『社会主義法年報』第一〇号）、法律文化社、一九九一年、一三頁。
（9）木間正道『現代中国の法と民主主義』勁草書房、一九九五年、五〇頁。
（10）季衛東、前掲論文、九二頁。
（11）木間正道、前掲書、五一頁。
（12）季衛東、注（7）の論文、九三頁。
（13）小口亮太・木間正道・田中信行・國谷知史『中国法入門』、三省堂、一九九一年、一七四頁。
（14）木間正道「適法性（合法性）と法治国家」『変動する社会主義法――基本概念の再検討――』（社会主義法研究会編『社会主義法研究年報』第一〇号）、法律文化社、一九九一年、三六頁。
（15）小口亮太他、前掲書、一七七頁。
（16）『人民日報』一九八二・九・三〇①。
（17）土岐茂「中国社会主義法」『アジアの社会主義法』（社会主義法研究会編『社会主義法研究年報』第九号）、法律文化社、一九八九年、一九頁。
（18）大川睦夫「人権」、前掲『変動する社会主義法――基礎概念の再検討――』、九八頁。
（19）篠田優「自由権と社会権」、同書、一一〇頁。
（20）篠田優、同論文、一〇九頁。
（21）同論文、一〇九頁。
（22）天児慧『東アジアの国家と社会Ⅰ――溶解する社会主義大国――』東京大学出版会、一九九二年、五五頁。
（23）大川睦夫、前掲論文、九九頁。
（24）同論文、一〇二頁。
（25）同論文、一〇二頁。

(26)薫成美著、西村幸次郎監訳『中国憲法概論』アジア法叢書五、成美堂、一九八四年、一三〇頁。
(27)薫成美著、西村幸次郎監訳、同書、同頁。
(28)同書、同頁。
(29)同書、一三五頁。
(30)同書、一六四頁。
(31)同書、一三五頁。
(32)今村仁司「現代化と市民精神の形成」、北京市友苑中外文化服務中心編『近代化を探る中国社会』東方書店、一九九六年、五二一頁。
(33)今村仁司、同論文、五五頁。
(34)忻福良「中国教育法制建設：観念的審視与更新」『高等師範教育研究』、一九九四年、一五頁。
(35)張玉堂「関於我国教育法規研究的幾個問題」『四川師範大学学報（社会科学版）』第二一巻第二号、一九九四年、七二頁。
(36)袁自煌「我国現行教育政策述評」『遼寧高等教育研究』、一九九四年、二五頁。
(37)張玉堂、前掲論文、七三～七四頁。
(38)劉芸兵・夏英斉「試論『教育法』的規範涵義」『云南教育学院』第一一巻第六号、一九九五年、一五頁。
(39)上海法学所編『国外法学知識訳叢：憲法』知識出版社、一九八一年、三四九頁。
(40)労凱声「論教育法在我国教育法律体系中的地位」『北京師範大学学報（社会科学版）』、一九九三年、九六頁。
(41)麗渭栄「当前開展教育法学研究的幾個問題」『法学』、一九九三年、一六頁。
(42)同論文、一七頁。
(43)何端昆『中外教育法知識』遼寧大学出版社、一九八七年、八頁。
(44)労凱声、前掲論文、九七頁。
(45)米桂山・金友明主編『教育法概説』学苑出版社、一九八九年、九六頁。
(46)何端昆、前掲書、一二頁。
(47)同書、一三頁。
(48)張理智「也談教育法学的研究対象」『江西教育科研』、一九九六年、一一頁。
(49)張理智、同論文、一三頁。
(50)譚暁玉「我国教育法学：発展過程与存在的問題」『武漢大学学報（哲学・社会科学版）』、一九九五年、一二二頁。
(51)忻福良、注（34）の論文、一七頁。

(52) 隊建範・秦鵬「受教育権争議」『新疆大学学報（哲学・社会科学版）』第二四巻、一九九六年、五二頁。
(53) 呉貽谷「略論教育的優先発展」『武漢大学学報（哲学・社会科学版）』、一九九五年、九二頁。
(54) 周大平「教育法規的実施細則厳重滞后滞来什么」。
(55) 牧野篤「『人治』の国の教育『法治』——「中華人民共和国教育法通則」（草案）の解説にかえて——」『国民教育研究集録』第一号、国民教育研究所、一九九〇年、一四五頁。
(56) 牧野篤、同論文、同頁。
(57) 隊建範・秦鵬、前掲論文、五二頁。
(58) 同論文、五三頁。

第四章　中国の教育理論の変容と中華人民共和国教育法

先に中華人民共和国教育法の特質を考察する前提として、現代の中国の法理論と教育法理論の変容や構造を分析した。そこでは、大きく国家規範としての社会主義法が資本主義法の導入の影響を受けながら変容する部分と変容しない部分の両面をもつこと、さらに教育法も例えば子どもの人権や学習権の保障と国家主義の相克性をもつことが明らかとされた。以上は、大きく中華人民共和国教育法の特質を規定するといえた。

しかし、一方、中華人民共和国教育法はそれが教育に関する国家規範であり、その規範論理の中に中国国家の教育理念・教育目的そして教育価値を強く規定していることから、大きく国家の教育規範としての部分をもち、国家による教育価値の理論づけの検証が必要といえる。つまり、中華人民共和国教育法は法規範論理と教育規範論理の両面をもち、相互が規定しあう関係により一つの大きな教育法規範論理を構成しているわけである。

したがって、本章では同法の特質を規定するもう一つの国家規範としての教育規範の理論の変容と現在のその理論構造を考察することとする。なお、考察は教育の価値理論を対象とする学問としての国家的承認をもつ中国の「教育学」の学問としての考察枠組みの変容と現実を対象として、その過程での教育価値の理論の在り方を考察することとする。

「文化大革命」（一九六六〜一九七六、以下「文革」と略す）から今日まで、およそ中国の教育科学の中心となるのは、教育の作用と価値についての認識の変化であろう。それは、単純には「教育とは何か」という「歴史的・実践的に一定の意味内容を含んだ不断の問い」[1]である「教育の本質」の探求を意味する。「教育の本質」の探究、それは、社会主義的教育科学のセオリーにしたがえば、マルクス主義の柱石・弁証法的唯物論にいう社会構造を形成する二層構造のどちらに教育が帰属するかという形式で表される。この時、二層構造とは一般に階級の地位とその相互作用を直接に規定する経済的諸関係を意味する「土台」（＝下部構造）と、その「土台」に強く規定される法律的および政治的諸制度や宗教的・哲学的な規範・イデオロギーを意味する「上部構造」により形成されている。

中国の場合、少なくとも「文革」期までは、教育が明らかに「上部構造」に帰属するという説（以下、単に教育の「上部構造」説と略す）を定説としてきた。この定説は、単に学問上の限られたステートメント（「学説」）ではなく、「文革」期までの中国のすべての教育政策・制度の絶対的な制度理念として支持されるとともに、教育と教育制度の社会的階級支配を正当化するゆるぎない教育法則として定式化されていた。

しかし、「文革」から今日までの間、開放経済に代表される経済優先政策の中で、社会主義的な経済法則は修正され、いわゆる「土台」の経済構造を規定する「生産力」や「生産関係」の構造・範囲の再定義が進行し、結果として教育を含む様々な社会事象の帰属論に変化が生じてきた。例えば、経済政策に呼応した教育政策として、教育投資政策が重要視され、教育が生産部門であり、教育投資は生産（性）投資であるという考え方が生じた。このとき、これまで教育がその階級性の視点から絶対的に「上部構造」に帰属するとした社会主義的教育法則にある種のゆらぎが生じてきた。

ここでは、こうした中国の教育科学の「ゆらぎ」の実態を近年の教育科学論争、特に、「教育本質論争」に探ることを目的とする。そこには、「上部構造」説やそれへの批判を内容として、教育を「土台」（詳細には、その構成要素としての「生産力」）に帰属するという説（以下、単に教育の「生産力」説と略す）、さらに元となる社会構造論の図式から離れて、教育を現象論的に規定する諸説等、教育の本質に関して様々な論争がある。この「教育本質論争」は、単に社会的に限られた集団（教育学会）の争論のレベルのものではなく、これまでの中国の社会主義的教育法則のパラダイムの転換をもたらす思想的大事件であり、同時に今後の中国の教育政策・制度の方向性を決する指標であると考える。

なお、こうした近年の中国の教育科学パラダイムの構造転換の理論検証は同時に、世界的なレベルの教育制度研究、具体的には教育制度変革にもとづく教育科学パラダイムの事例的・実証的研究としての価値をもつと考える。この場合、現代中国の社会主義的教育法則の変化が特に社会主義的な社会科学の価値追求から経済的な効率追求へと、制度変革の目的自身のレベルで変化していることが注目に値する。そこには、教育制度変革にもとづくパラダイムに関して、従来の社会主義的教育制度変革のパラダイムと形容される「葛藤パラダイム」では説明できない次元がある。すなわち、端的には少なくとも現象的次元において「葛藤パラダイム」から「均衡パラダイム」への接近の流れがあり、その意味においては現代中国の「教育本質論争」の理論的構造の検証は、グローバルな教育制度変革のパラダイム変容(2)の事例的・実証的研究としての価値をもつと考える。

第一節　「教育本質論争」と教育の「生産力」説

(一)「教育本質論争」の契機と教育学史的展開

「教育本質論争」の契機は、一九七八年に発表された経済学者干光遠の論文「重視培養人的研究」（『学術研究』、一九七八年三期、二五～二九頁、その後『光明日報』、一九七八・一一・二三に転載）にある。経済学者干光遠は、自らが教育学に関して「外行」（素人）であり、その教育論が単に自身の学習者としての体験と（共産）党の教育改革への関心から物申すにすぎないと前置きしながらも、これまでの定説・教育の「上部構造」説に対して以下のような疑問を投げかけた。

「教育という社会現象の中には、いくつか上部構造に属するものを含むが、しかし全体的に言って教育が即上部構造であるとはいえない。教育と上部構造とはイコールではない。同様に我々はまた学校も即上部構造であるとはいえない。学校は上部構造ではない。現在通用している『教育は完全に上部構造である』というのは不完全である。上部構造とは何であろうか。(3)」

この疑問は、これまでソビエト教育界の影響のもと、「教育は上部構造に属する」という観点をもってきた教育界に対して大きな影響を与えることとなった。少なくとも一九五七年から「文革」期をピークとして教育の「階級闘争の道具」観が大勢を占め、教育が無産階級への政治的役割をもち、学校が階級闘争の主要基地であり、教学・知識は「唯生産力論」として批判され、学習それ自体も階級闘争を意味した「上部構造」説に基づく教育理論は、それへの学問的関与をタブーとして、ましてや批判を「修正主義」として糾弾した強権性をもっていた。(4)干光遠の疑問は、明らかにこうしたこれまで(4)の教育理論の強権性と権威性への挑戦であったと考えられる。

彼の教育本質論批判は、以下の二点にある。第一に、これまでの教育本質論が前提とした史的唯物論にもとづく社会構造論上の区分について、その区分が「男女差においては独立しえても、親子関係においては独立しえない関係と同様(5)」に、単独に存在するものではないとする点。第二に、教育の本質の見方に関して、それを哲学や道徳と異なる一種の社会現象および機能の面から捉えた点。以上の批判にもとづき、彼は教育の本質への学問的研究の必要を主張する。それは、具体的にはこれまで上部構造に属するとされた教育が、上部構造的部分と非上部構造部分に分かれること、例えば「後世への知識伝授の生産経験・文化科学知識等これらは教育に属する一種の主要な機能であって、数学科・物理科・科学科等の教学方式は上部構造のものではない」[6]と指摘し、教育の機能論的分析を主張する。さらに、これまでの教育の上部構造説に対して、資本主義の教育の上部構造を単に社会主義を破壊するものとして排他的に否定するのではなく、資本主義の上部構造がどのようなものであるのかを学問的に吟味する視点が必要であると指摘する。例えば、教師の教育労働に関して、これまでそれを非生産労働とした見方に対して、労働を物質資料の加工とみる限定された教条主義的労働観にたつ短絡的論理を否定し、社会消費のニーズを満足させる労働と同様に教育労働を、新しく物質と文化のニーズに対応する「生産物質的労働」の範疇に加えた。[7]

以上の観点から、干光遠は最終的に教育の「生産力」説を主張する。それは、「人」が「生産工具」とならぶ「生産力」の主要な要素の一つであり、教育はその「生産力」の要素である「人」の「労働力」を訓練することによって、「労働力再生産」の手段として機能するというものである。こうした観点は、当時において経済改革にみられる社会と経済の新たな関係に呼応するものであり、教育がその経済的機能の側面から語られたという理論的特徴をもつ。それは、「文革」の教育政策上の根本的誤りを、教育を上部構造に属するもの、そして階級闘争の「工具」とみた「左」（四人組）の教育思想にあったとする総括を越えて、「国際上、資本主義国の経済発展の鍵は、教育を生産力にみたことにある」[8]とする経済政策に呼応する教育経済政策思想（「教育投資」）に対応するものであった。その意味では、当時の教育経済政策と意識の流れは「教育本質論争」のもう一つの契機すなわち外的影響要因といえる。

さて、干光遠の主張の教育学界への影響は、最初現象的には『教育学』の教科書編集に現れたといわれる。それは、一九七八年に華中師範学院・河南師範学院・湘南師範学院・武漢師範学院・甘粛師範学院の五大学の共編の『教育学』を指す。当時、「文革」直後の教育学及び教育学研究の再建の課題は、『教育学』の教科書の編集であったといわれる。実際、特に一九八〇年代は「教育学教科書の時代」[9]と言われ、一九七八年から一九八八年のおよそ十年間で発行された教育学テキストは七十八冊に及ぶ。[10]これまで、「文革」期までの教育学の教科書に関しては、ソビエト教育学の翻訳書としてカイロフの『教育学』（人民教育出版社、一九五〇年）が一般的であった。同書は、一九五〇年の初版発行（一九五七年七版改訂）以来、「文革」期の例外を除いておよそ二十年にわたり中国の教育学の基本的理論書としての地位を占めてきた。なお、「文革」期の例外とは、「文革」当時の教育学が「基本的には学問としての体系性はなく、単なる『（毛沢東）語録学』であった」[11]（括弧内筆者記入。以下同様）という状況を理由とするが、加えて当時カイロフ教育学に対して、例えば同書（第一章総論）中の「教育は純粋には人類現象である」という部分について、「この定義は、一つの重要な基本的事実を見失っている。階級社会においては、教育は階級闘争の現象である。教育は階級闘争の求めにより派生するもので、抽象的な『人』の求めではない」[12]と解釈する等、批判的であったことがあげられる。しかし、ともかく「文革」期の例外を除いて、カイロフ教育学教科書が強く支持された理由としては、当時体系的な社会主義的な教育学のテキストが同書しかなかったという事情があげられる。また、さらに大きな事情として毛沢東の教育学がある種の政治的なスローガンであって、本来の教育学の理論がなかったこと、さらに解放区の教育思想があくまで経験主義的な言説であって、時空的な制限がみられたことがあげられている。[13]その意味では、ソビエト教育学への傾倒は、当時社会科学全体がそうであったように自然的な「潮流」であるといえた。

しかし、このカイロフの『教育学』については、その後いくつかの批判が生じてきた。それは、社会主義国民教育制度の原則を理論提示するものであったとしても、その内容上例えば「学校の国家所有性」や「全面発達の理論」が必ずしも中国の現実と適合しない点にあった。例えば、中国においてはすべての学校を国家負担することは不可能であり、劉小奇による一九六〇年代の「二つの教育制度」政策、すなわちソ連型の正規化路線の教育制度（国家財政負担の「全日制学校」中心）から、中国の国情に基づく独自の大衆化路線の教育制度（民営の「半耕半読学校」中心）への修正があった。[14]また、「全面発達の理論」に関してもその具現化としてカイロフのいう二十一科目もの教科目の編成は不可能とされた。また、カイロフ教育学の理論提示それ自体の方法がマルクスの教典の引用に終始するある種の教条主義・形式主義であったことの非科学性が批判されるに至った点があげられる。[15]

それは、一方において一九七七年からの鄧小平の「実践を真理の唯一の標準とする」[16]をスローガンとする「四人組」批判キャンペーンに現れる改革・解放運動に呼応するものであり、教育学及び教育学研究の改革・解放の流れといえた。この時期、詳細には例えば、一九七八年一二月一八日の中国共産党十一届三中全会から一九八一年前後は「四人組打倒」の運動論からしだいにマルクス主義教育倫理の「再考」に移っていった教育学の「解放思想の段階」[17]期といわれ、例えば、以下のような時代総括がある。

①教育理論研究のある種の「禁区」を突破して、「実践」が教育理論と思想を支える唯一の標準であることを確立した。[18]②教育本質論の争論は、いろいろな観点があるが、現代中国の「四化」建設の戦略基礎であることについては一致している。[19]③これまでの革命家の言論を用いた解釈や党の支持・政策を教育科学に代替する形の形而上学的方法から脱却した。[20]

なお、この時期、教育科学の組織化の次元においても、一九七九年と一九八三年前半に全国教育科学計画会議が開催され、教育学会の回復がはじめられている。また、一九八二年前半には全国十六の省市で高等師範院校や（総合）師範大学や教育研究所が設立され、二十八の省市・自治区であいついで（地方）教育学会が設立されている。この時代は、教育学史上の「一つの『百花盛開』の教育研究の『春天』がやってきた」[21]と形容される時代であった。

このような思想的変化の過程において、先に述べた五院校の共同の編集になる『教育学』は、カイロフの『教育学』に代わる「文革」以降の教育学と教育学研究の改革・解放の理論書としての期待をもって注目されたわけである。実際、同書は一九七八年から一九八七年のおよそ十年間で、二百万冊を超えるベストセラーのテキストとなり、発行量において大きな影響力をもった。

具体的な編集は、中国二大新聞の一つ「光明日報」の誌上討論の形式で行われた。[22]討論参加者は先に述べた華中師範学院等五校の関係者のみならず、その他全国二十五の省市の師範学院や教育科学研究所の関係者百四十人以上を含めて行われた。ここでの検討の中心にされたのが「教育の本質」であり、具体的には教育の帰属に関する諸説(「生産力」説・「上部構造」説・多因素多属性説・特殊範疇説等)が主張された。「教育の本質」論争はここから始まった。

(二)　教育の「生産力」説の理論構造と考察枠組み

教育本質論争の中心は、教育の「生産力」説であった。経済学者・于光遠の教育科学への疑問としてスタートした教育の「生産力」論は、一九七七年までのおよそ十年の間、それへの教育学者の批判や受容の過程を通じて一定の理論の構造を形成してきた。ここでは、以下、教育の「生産力」説の全体的な理論の構造と力点を説明してみる。

教育の「生産力」説の論拠は、現代社会においては、教育の機能と作用がある種の意味上一定の条件下では「生産力」であるとする機能論的認識にある。その主張の力点は以下のように整理される。

①　教育は労働力再生産の手段であり、労働力は生産力の主要な要素である。

この主張は、最初「これまで無視されていた」[23]マルクスの教育認識、例えば「教育は生産能力を高める」あるいは「(労働力は)体力と知力の総和である」とする教育労働思想を引用する形で強調される。このマルクスの古典の引用という形の「再定義」は、当時の「文革」批判のキャンペーンの流れに呼応するものであり、同時に「文革」による「左」の干渉からの解放を意味する社会科学全体の学問的「潮流」でもあった。[24]その意味においては、教育の「生産力」説は新説ではなく、マルクスの生産労働理論を再評価するにすぎないという指摘もある。[25]例えば、「文革」以前において、教育と生産労働の結合がすでに論議されていた。しかし、当時のマルクスのいう教育と生産労働の結合の理論は、「当時、労働者階級による階級闘争の一方法として、労働者の子弟の具体的学習の機会の獲得としてのもの」[26]であり、実際「文革」期においては、それは、「知識階級分子改造の一種の政治手段とされていた」[27]とされ、教育と生産労働の関係理論は、階級闘争的・政治的スローガンとしての意味あいが強かった。

しかし、この教育の「生産力」説により近年新しくテーゼされる教育と生産労働の関係理論は、教育が労働能力の「訓練」の機能をもつとするこれまでにない現象論的な機能論からの解釈として新味をもつ。しかも、特にここで重要となるのは、「労働力は体力と知力の総和である」とする定義の強調にある。これまで「労働力」（労働能力）の解釈は、物質資料の労働のみを生産労働としてそれ以外の労働を否定することを前提としていた。それは、非生産労働を資本主義（資本家の剰余価値）否定の概念として使用するこれまでの社会主義的労働価値観によるものであった。ところが、経済開放の下、新たな経済社会の物質と文化に対応する高度な知識を必要とする知的労働の比重が高まり、従来の「労働」の範疇上の再定義が必要とされたのである。そして、教育の作用は、そうした知的労働力の形成が科学知識や生産技術の学習を媒介として成り立つことから、新たな労働力再生産の手段としての関係にたつと解釈された。

② 科学は生産力であり、教育がそれを可能にする。

教育が労働力再生産の手段であるということは、直接には労働者の科学知識および科学的生産技術の学習によって、生産力それ自体が発展・拡大することを意味している。したがって、科学が生産力になるためには「知識」が「労働力」に転化するための媒介として教育の作用を必要とする。このことをこれまでの社会主義的な労働概念の範疇で捉えるとすると、物質資料の労働すなわち生産物質的労働を定義する前提となる「物質」に科学が転化する意味づけが必要とされる。なお、生産力説の中には論者によりこの意味づけを十分に行わないで、「科学技術は生産力である」とするマルクスの言説を短絡的に「教育は生産力である」とする定義にスライドさせるケースが一部みられる。ここで重要となるのは、科学が教育を通して物質資料に転化し、現実の生産力をつくるという点である。この物質資料への転化すなわち「物化」には二つの方法があるとされる。[28]一つは、科学が教育を通じて直接に労働力それ自体に「物化」されること、換言すれば科学技術の知識をもつ労働者が形成されることをいう。もう一つは、その労働者が労働を通じて科学を間接的に生産工具や労働対象に「物化」させることをいう。こうした「物化」のプロセスにおいて、教育の作用は科学の生産力の転化への重要な要因であり、生産性をもつと解釈された。こうした解釈は、近年の中国の経済発展の指標が、生産手段を構成する労働手段の技術的・科学的発達に応じた労働者の知的能力の向上にあり、「古代の『体力』や『経験』から『知力』・『科研』に変化し、今やそれが第一になっている[29]」とする認識にもとづく。

以上の解釈は、現在の時点では中央レベルの公式見解として通用するに至っている。例えば、一九九一年に『人民日報』（四・二二①）に掲載された江沢民の論文「科学技術は第一生産力である」では、現代の生産が科学技術を物化することによってより重要な生産力になりえるとともに、教育が潜在的な生産力である科学技術を生産者（労働者集団）への伝播によって現実の生産力の媒介となると説明されている。なお、こうした教育の生産力論は経済発展地区において特に支持されている。[30]

③　教師は労働者であり、教師の労働は生産労働である。

教師の労働は本来生産過程において進行する「労働経験・知識を伝える労働[31]」が分化したものであり、それが教師の専業であると考える。教師の労働は間接に労働対象に作用するけれども、労働者全体としての一つの器官をつくり、異なる部門から共同の労働に参画する。また、教育の生産物は教師の労働が受教育者の知恵・才能・品格に転化したものであり、受教育者をして一つの要因とするならば、結果的に教育もまた間接的な生産力になると解釈された。

また、一方で弁証法的唯物論上の物的生産と人的生産の関係を物的生産と人的精神生産と解釈し、教育を「一種の特殊な精神生産力である」(32)とする主張もある。ここでは、教育は受教育者（＝労働者）の労働＝生産における生産物に対しては間接的生産力であるのに対して、受教育者の精神（意識形態・世界観・価値観等）を生産する面においては直接的生産力であることを強調する主張(33)となっている。ただし、教育が人間の精神を生産するという論調は、「文革」以前の教育観にもすでにみられ、教育のイデオロギー「教化」としての機能が重要視された経緯がある。それは、ある種の「上部構造」説の主張する教育の階級性の説明と呼応する点であり、ストレートに教育の「精神生産」性を強調することはやや危険な傾向があることに注意しなくてはならない。

ともかく、これまで教師の労働に関しては、マルクスの生産労働理論による厳格な解釈すなわち剰余価値を創造する生産物質産品を産む労働のみを生産労働とする社会主義的労働理論により、その労働の生産労働性は否定されていた(34)。それは、教育理論上これまでの伝統的な教育観念が「教育を『準消費性』の行為であり、社会福利として教育労働を『脱産人員』（非生産者）・『非工人』（非工場労働者）・『精神貴族』さらには『資産階級の知識分子』とみる『左』的偏見」(35)に支配されていたことを表す。それは、現代においても一部、社会主義社会では労働力は商品ではないという労働の商品化否定の歴史的観点により支持されるとともに、教育は精神文明の建設に服務するゆえに商品化できないという教育労働の古典的な聖業観念の形で教育界に残存している(36)。

しかし、一方において社会経済の成長のための教育の機能・役割への認識の政策的転換に呼応して、教育労働の商品化理論が現実には有利に経済機構を調整し、国民経済の統合バランスを促進する機能をもつとする認識(37)に転換したと考えられる。結果、資本論等の再解釈を通じて教師労働の労働能力を訓練する特殊機能性への認識を前提に、教師労働の消費品への服務性や使用価値性がクローズアップされ、教師労働の生産性、生産労働性が主張されることとなった。

④　日本・西ドイツの戦後の経済成長は教育の力による。

日本・西ドイツの戦後の経済復興の成功は大量の教育投資と教育資本の活用によると認識された。さらに、具体的な教育投資による経済収益は理論的には教育経済学的資産で予測できると構想された。この背景には、開放経済下の経済政策レベルでの資本主義的経済政策論の超階級的な導入の流れがあり、その流れのなかで、これまでの古典的マルクス主義的経済学の中での「生産力」の再定義が生じた。それは具体的には、「生産力」を構成する要素である「(人間)労働力」そして「生産手段」(「労働対象」・「労働手段」)が、時代的・社会的な知識と技術の影響を受け、これまでのような絶対的・固定的なものでなくなったこと。例えば、「生産手段」のなかの「労働手段」は開放経済下の中国社会経済のもとでは、明らかに科学技術と現代管理に影響を受ける生産水準の指標を意味すると解釈され、同時に「(人間)労働力」は「物的投資」以上に重要な「人力投資」に直接の影響を受けると解釈された。以上、社会経済的な外的状況の影響のもと、「生産力」の再定義による理論変容の延長線上に、「教育の生産力」説は位置づくという形で、その論拠を示した。

第二節　「教育本質論争」と「上部構造」説

(一)　「上部構造」説の理論構造と考察枠組み

ところで、教育の「生産力」説の批判対象とした「上部構造」説とはどのようなものであろうか。それは、大まかには建国以来「文革」期までの中国の社会主義的教育科学の法則を説明する定式化された理念であり、その意味では「学説」ではなく、「文革」期までの中国の教育科学の旧パラダイムとしての抽象性をもつ。さらに、この「上部構造」説は、建国から「文革」期まで政治社会的な影響のもと、いくつかの理論的変容を過程としてもっており、理論としての一貫性を厳密には欠くものといえる。例えば、建国から一九五六年の旧ソビエトのマルクス主義的教育科学の「移植」期の「上部構造」説と、一九五七年から一九六〇年の「大躍進」期の新しい教育科学体系の確立期および一九六一年から一九六四年の実質的な教育科学研究の始動期にみられる毛沢東及び毛沢東主義にもとづく「上部構造」説には若干の相違がみられる。

しかし、学説としての抽象性と不統一性という理論的欠陥はともかく、先に述べたようにこの「上部構造」説が、教育の「生産力」説を始めとする近年の中国の新しい批判対象としてまとめられることは事実であり、その意味においては旧パラダイムとして批判対象化（概括化）が可能であろう。以下、「上部構造」説の論拠をまとめるとともに、被批判の論理を整理してみる。

①　歴史唯物主義観点からみれば、教育は経済形態の変化に呼応して変化した。(38)

この主張は、明らかに史的唯物論的にみた教育と経済形態の関係史を説明するものである。例えば、その経済形態を生産手段（労働対象・労働手段）と生産力との結合による生産の仕方である経済様式にみれば、原始共同体的、古代的、封建的、資本主義的、社会主義的という五種類の経済形態が存在する。そして、教育は実際にその経済形態に影響されて五種類の大きな形態をもった。(39)歴史通貫的にみれば、確かに教育と経済形態の関係性はある意味において理論化でき、教育を経済形態にあくまで影響される経済形態外の現象として存在するとした点において、(40)少なくとも「土台」（「生産力」）ではない教育の属性的部分は説明されよう。

②　教育の本質を規定する教育目的は、政治経済の決定するところのものである。(41)

ここでは、教育の本質をある意味において理念的価値規範として確認できる次元に存在する「教育目的」のレベルで確認・説明することを目的としている。このとき、教育目的は教育の任務・内容・方法・形式のすべてを制御し、作用させる教育体系全体の「核心」および「根本標識」であり、それが同時に国家的な維持・発展の目的であるという意味において、必然的に統治・支配階級の利益と意思を集中的に体現する「上部構造」的属性が主張される。

③　教育が受教育者に伝達する社会科学や道徳の観念さらに知識伝授の思想と方法はすべて意識形態（イデオロギー）の範疇に属し、したがって上部構造のものである。(42)

ここでは、教育により伝達される人類の「知識」に関して、マルクス主義的社会科学により説明される「教育観」にもとづく認識が説明されている。すなわち、マルクス主義的社会科学における「知識」が、資本主義諸国における学校教育の「知識」と異なる点が強調されているわけである。それは、以下の毛沢東による「教育内容」に対する階級論的理解に示されている。

「学校教育、文学芸術これらはすべて意識形態であり、上部構造に属する。そして、これらはすべて階級性をもつ。ところで、自然科学は二つの領域に分けられる。すなわち、自然科学それ自体からいえば、階級性をもたない。しかし、誰がいったい自然科学を研究・利用するのであろうか。その研究や利用の主体の思想と目的に支配される結果として、自然科学はやはり階級性をもつのである。(43)」

それは、科学的社会主義にもとづく「科学」が概念や仮説の検証により事実の客観的法則を明らかにし、一群の基本法則をもとに理論体系を構築するというわれわれ世界の「科学」ではなく、階級闘争上のある種の理論的武装、すなわち科学研究の武器であり、自然と社会の一切の科学を正しい世界観と正しい認識方法へ導く科学の社会主義的イデオロギーそのものであることを意味している。それは、端的にはわれわれ世界の「社会科学」とは異なるマルクス主義的「社会科学」の純粋性から認識されるイデオロギーと同義の「科学」であり、その意味で「上部構造」の一部に帰属することとなる。

以上が「上部構造」説の論拠である。その主要な教育の本質規定の特徴は、史的唯物論によるマルキシズム的な歴史的必然論と、階級闘争という形而上学的決定論により、教育のある種の階級的機能が概念論的に主張されるところにある。それは、教育の見方に関して、われわれ世界の学問的レベルではなく、先に述べたように大いなる「科学的社会主義」の世界観の範疇で再構成された概念論のレベルがすべてとなる。もちろん、現象としての教育の存在はあるが、それは極端には支配階級がその知識支配を維持し、特権と文化的ヘゲモニーを維持するためにコントロールする理論的武装（闘争）の道具として観念される。その観念構造にしたがえば、逆に教育は政治社会的な諸制度に依存し、経済的・政治的社会秩序の絶対命令にしたがって変化するのみである。

全体からみれば、「上部構造」説は、教育と社会の政治・経済との密接な本質関係を主張し、教育のもつ階級性を論証した。社会主義理論において、その「本質関係」や（教育の）「階級性」は確かに存在し、その主張は正しい。しかし、上記の説明からただちに教育が上部構造に完全に帰属するという結論に至る点において、理論上の短絡性がある。その短絡性は、大きくはマルキシズム的な歴史認識や階級闘争論に連なるマルキシズム弁証法的な現実認識にみられるある種の「古い社会科学」の概念論から生じている。教育の「生産力」説は、「上部構造」説の、その「概念」性を突いた。

例えば、「階級社会において、教育は上部構造の属性をもつ」とする結論に大きな問題がある。それは、第一に教育の階級性は一定の歴史発展階級の教育と社会の関係を説明するにすぎないことを意味している。具体的には、先に述べた史的唯物論的にみた教育と社会（特に経済形態）の関係史は歴史上すべて上部構造への帰属史として説明するには無理がある。実際、原始社会と未来の共産主義社会には、少なくとも理論上において「階級性」は存在しない。しかし、「上部構造」は存在し、教育は「上部構造」に帰属する立論は成立する。つまり、「階級性」をもつことが、教育が「上部構造」に帰属する絶対条件ではないことが指摘されるわけである。

第二に、教育の本質を実際にその現象・作用上の構成要素からみたとき、すべてを「階級性」の視点が把握することに限界が生じる。教育の方法・技術・教育内容（特に自然科学領域）、教育運営に関してはそれ自体に「階級性」はなく、したがって「上部構造」に帰属しない部分をもつ。「上部構造」説批判側は、こうした非階級的な教育要因の存在を指摘するとともに、それらを「超階級的」なものとして説明した。

(二)　弁証法的唯物論からの離陸

さて、経済学からの「生産力」説による「上部構造」説批判としてスタートした「教育本質論争」であったが、この「論争」はしだいに論争上の照準をスライドさせる展開となっていく。具体的には、「上部構造」説対「生産力」説の対立論を、総体的に批判する視点の発生である。それは、「上部構造」か「生産力」のどちらかに属するかという史的唯物論上の帰属論ではなく、教育の本質を教育科学の課題としてみる教育科学論を意味する。

「教育本質論争」の初期、経済学からの教育の「生産力」説は、旧パラダイム・「上部構造」説への批判の発生源として論争上重要な位置を占めるが、実は、論争の課題である教育の本質規定に関しては必ずしも明確なものを示してはいなかった。それは、一方で「生産力」説が「過去の教育本質における『左』の思想を克服した」(44)という功績を認めつつも、他方でそれが、「上部構造」説と同様に、史的唯物論上の帰属論の範疇のものであるという批判である。

その批判の第一は、帰属論にみられる本質論は、教育と社会の関係論であって、必ずしも教育事象の内部的な本質規定論ではないという点である。それは、事象の間の本質的関係を事象自身の本質的属性と混同しているという批判でもある。(45)例えば、「上部構造」説は、その「階級性」という関係属性により、教育と社会の本質関係を説明する。しかし、それでは逆にその本質関係が、階級の生成・発展・消滅という一定の歴史発展段階に操作されることとなり、本来の「本質属性」といわれる「事象の最も一般的・普遍的・安定的性質[46]」が説明されないこととなる。このことは、「生産力」説についても同様にあてはまる。教育の現象のすべての形式と内容が共同属性として生産力であるわけではない。例えば、直接に生産工具を使用する一定経験と労働能力をもつ人の教育が生産力であるとしても、軍事・法律・政治について、官民・法官・兵士を教育することは生産力とはいえない。また、医療・体育・衛生・音楽・戯曲・芸術などの教育は、生産力という属性をもたないのである。

批判の第二は、帰属論には本質の固有性の説明がないという点である。本来、本質を規定する特徴として、一つの事象をその原因や根拠によって他の事象と区別できる属性の存在があるはずである。この点、もし教育の本質が上部構造であるというのならば、教育と同様に上部構造に属するといわれる政治・法律・宗教・芸術等との総体的な「差」が問題とされる。教育が他の事象と同様に上部構造に属するという次元では、『上部構造』に属する」ということを教育の本質と規定するには無理があろう。つまり、「上部構造」への帰属性は、教育の本質規定の属性ではなく、教育のもつ機能・作用上の性格を説明するにすぎないこととなる。この点は、「生産力」説も同様であり、教育と同様に生産力に属するといわれる生産工具・労働力・科学技術等に対して、教育がどのような相対的な「差」を属性としてもつかは明らかではない。

以上の帰属論への批判は、単なる教育の本質の規定方法の相違の次元を超えている。それは、教育の本質の前提となる「教育」それ自体をどのように認識するかに関して、これまでのマルクス主義哲学にもとづく教育研究方法のもつ非科学性を批判する展開をもっており、さらに史的唯物論による構造把握を、教育の本質規定ではなく、教育の現象的属性の一つを明らかにするにすぎないとする限界を指摘するものである。実際、マルクス主義的歴史主義を運用しての教育研究が近年影をひそめてきたといわれる。それは、「歴史観は一種の具体的研究方法であって、研究理論枠ではない[47]」という史的唯物論とは異なる歴史研究の方法論の転換を意味している。

教育本質論争はあえて時期区分すれば、前期は史的唯物論にもとづく社会構造論の範疇での帰属論争の時期であり、後期はその史的唯物論から離陸して、新たな教育学の形成を目的とする真の教育科学論争の時期と考えることができる。この後期は、教育本質論争が「初期から『高原期』に」[48]入ったといわれることを考えれば、教育学という学問の固有性と結びついて、「教育の本質を質的・科学的に規定する」[49]方法の理論の形成の時期と考えることができる。その方法理論の形成はどのようであろうか。

第三節　社会主義的教育科学のパラダイム転換

(一)　新しい教育科学の成立

教育学が教育現象を研究対象とする学問であることは自明のことである。しかし、これまでの中国の教育学は、その教育現象に対して、「注釈的な解釈学にすぎず、教育現象に盲目的のみならず、教育実践に対して無力」[50]であった。それは、中国の教育学が「『対象となるもの』についての客観的な分析ではなく、主観的・論理的な注釈的な分析に終始した観」[51]があったからである。その「主観性や論理性」は、一面社会主義教育がマルクス主義を指導思想の原則としたことから生じたものであり、その教育実践上の指導思想がそのまま教育理論に「単純化」されたという事情による。「教育本質論争」の前期の「帰属論争」は、明らかに「マルクス主義の教育研究方法論上の援用に関しての誤りを論理的に批判した」[52]といわれる。その「帰属論争」の「成果」を受けて、以後、新たな教育学の方法論の形成が展開されていく。

方法論の形成は、まずは研究対象の設定から始まった。それは、改めて「教育現象」を教育学の研究対象として設定する抽出・説明の理論の形成を意味しており、同時に作業としては「教育の本質」の概念規定を行うことを意味していた。以下、いくつかの教育学からの教育本質規定のテーゼを解説しよう。

①「教育の本質は、人間形成するという社会実践である。[53]」

この観点は、「現在最も普遍的で、流行の観点である[54]」とされている。この説は、他の社会現象と異なる教育現象の特点を、さらに教育現象の内部矛盾から生じるその本質を強調するところに特異性をもつとされている。この説にしたがえば、教育は概念形成の社会現象ではなく、一種の独立の基本的な「社会実践」であり、さらに「人間形成」が他の社会実践とは異なる教育という「社会実践」の固有性を示す根拠となる。人は教育の対象であり、教育は人身発達の主要な要因である。どんな歴史段階においてもその普遍性は変わらず、さらに「人格形成」という教育の固有性は維持されている。そこには、本質規定の条件としての「事象」の「普遍性」と「固有性」が意識されている。

②「教育の本質は、『知識伝授』である。[55]」

この説の重要な点は、「社会化」という概念を使ったところにある。従来、社会主義的教育学は、教育の機能に関してその国家的・社会統治の機能を当然のように重要視し、実際的には教育のもつ国家権力の維持と安定のためのはたらきを価値と認識してきた。その点、教育の価値認識は、権力の維持と安定のための「イデオロギー教化」の手段的価値におかれ、もう一つの価値である人間の自己実現の個人内過程にある「社会化」的価値を考慮しなかった。もちろん、これまでにも「社会化」という概念の使用はなくとも、個人の成長と学習による自己実現を重要な教育の機能価値と主張する教育論は多くあった。しかし、その自己実現の最終ゴールはあくまで社会主義社会人の完成形であり、結果的には国家社会が求める人間の形成であり、個人内における教育の機能を価値表示するものではなかった。

この説では、教育の存在価値に関して、個人内における機能的価値と個人外（「社会」）における機能的価値の両者の弁証法的止揚が意識されている。その関係は、社会の発展（「改革」）のニーズと個人の発展（「発達」）のニーズの相互矛盾、換言すれば社会要求と個人の心理水準の間の葛藤であるとされている。[56] この点、教育の作用がある種超階級的にもつ構造的矛盾が意識されるとともに、国家イデオロギー思想や階級思想の呪縛から自由な教育科学的観点からの教育本質認識の視点が初めて生じたと評価できる。

以上の他、教育学からの教育本質規定はさまざまなものがある。例えば、「教育は社会労働力の生産実践活動」・「児童の個性化を指導する・促進することが教育の本質の規定」・「教育は人類自身の生産実践」・「教育は人類が自身の建築と改造を加速する社会実践」・「教育は人類が選択する能力の伝授」・「教育の本質は、その社会性・階級性・生産性・科学性・芸術性等の各種の属性の統一」等。[57]

ところで、以上の教育学からの教育本質規定は、先に述べたように、あくまでも教育科学という学問の形成のための対象の確定のためのものであって、前述の帰属論争にみられたような教育の普遍的存在性の根拠を問うということを課題とするものではない。つまり、教育の本質規定は、それが最終目的ではなく、科学としての成立の前提条件として、対象の確定が大切という次元のもの、すなわち教育科学としての学問の成立と展開の手段にすぎないと考えられた。したがって、教育の本質論は、「教育科学の研究対象とは何か」という問いの内容にスライドしてしまったと考えることができる。この時点で、教育本質論争は、思想的・哲学的な教育の存在価値論から、学問的・科学的な教育の対象論へ変容したとみることができる。

ところで、先に述べた教育学からの教育本質規定、より正確に述べれば教育科学成立のための教育の対象（概念）規定論は、当然に予定されていた次の段階、すなわち教育科学の学問的固有性の追求に移っていった。

教育哲学の研究者・林淑端は、こうした教育学の固有性を、「個人と社会の発展の関係の矛盾」[58] の解明に求められると指摘する。それは、対象論の観点から教育学の固有性を追求することを前提として、その対象を「教育現象及びその規律」に求め、さらにその「教育現象」の考察枠組みを示すものである。教育学の固有性を、個人と社会の発展関係の矛盾の解明に置く視点は、この時期における教育学全体の共通認識（通説）[59]であったといえよう。教育学の対象問題は、客観世界における矛盾問題であるとして、「教育学の研究対象を明確にするには、この領域の学科が研究する特殊矛盾を明確にし、そこから何が教育かを明らかにする」[60]ことが重要と意識された。そして、その特殊矛盾とは、社会発展の要求と新世代の心身発達の間の矛盾と考えられていた。この特殊矛盾は、人々の主観認識に対して客観存在を提示して、教育規律の客観性とともに本質性をもつという意味で、「教育本質論の理論的鍵」[61]になると解釈された。それは、これまでの教育本質論争における関係構造に置き換えれば、教育の客観的存在が、「生産力でもなく、上部構造でもなく、むしろ両者の『仲介』となる特殊な社会現象（属性）[62]」の位置にあることを指摘するものである。そして、教育の本質の根拠は、「他の社会現象と異なる固有な（教育）現象の法則性」[63]にあるわけである。

研究対象の確定を意識して後、中国の教育科学は、「独自の社会主義的教育科学体系を組み立てようとする動き」[64]として、教育学研究の全国的組織化、すなわち教育関係学会の設立化を進めた。実際、一九七九年以降中国においては、全国的組織体制をもつ「中国教育学会」（一九七九・四）の設立を始めとして、現在の時点（一九九三・九・一）でおよそ三十四の教育関係学会が設立され、教育学研究者の人口も総数で約十七万人を超えてきたといわれる。[65]こうした学会設立の動きの背景には、これまでの教育学の学問的あり方への反省があった。その反省は、従来の教育学が資産階級を否定・批判することを最大目的とする「『無産階級の教育政策』に帰結・集約された」[66]学問であったことへの反省である。

金一鳴と袁振国は、この「反省」を、過去四十年の教育理論に関する歴史的・批判的分析の結果にもとづき、今後の教育関係学会の運営のあり方との関わりで以下のように指摘している。[67]

①　教条主義を否定・批判

これまでのマルクス教典の引用を方法とするマルクス主義的教育思想の絶対化・単純化を否定すること。

②　政治・政策に対する相対的独立性を保持

これまでの教育理論は、政治的宣伝や政策の正当化論的解釈作用をもっていた。この点、理論研究は、決策機能・解釈機能・批判機能をもつこと。

③　学術民主の気風

これまでの教育理論上の重大問題は政府要人の一言で圧制されていた。学問的「争論」を、学術民主を気風として異なる理論的観点により成立させること。

以上のような「反省」にもとづき、それぞれの教育関係学会は自らの学問領域の対象の確定と方法論の形成をめざしていった。例えば、教育行政関係学会の場合、これまで研究対象上の「禁区」とされていた教育法制や教育政策を、積極的に批判・分析しようとする「学術民主」と、政策の追認や教条主義的姿勢の否定のための「科研学風」が期待されている[68]。その背景には、「これまでタブーとされてきた教育政策、換言すれば教育政策に関する決定・執行・評価に関して積極的に分析することが現象・ニーズとして出現[69]」してきた「改革」の学問的ニーズがある。

こうした教育科学の動きは、広くみれば、教育学の模式（モデル）が閉塞型のマルクス主義的教育思想体系から開放型のそれへ移行した傾向の現れと考えられる。この開放型マルクス主義的教育思想は、そのよってたつ基本的な教育原理（世界観・社会観にもとづく教育原則）においては、マルクス主義的思想を指導思想としながらも、実際の対象設定と分析行為においては、社会環境の変化に影響された教育現象の変容と教育価値の多様化を考慮して、「多元的」および「超越的」な考察枠組みと技術的方法の変容を促していった。

(二) 新しい教育科学の課題

中国の新しい教育科学の課題は、端的には社会改革としての教育改革に対応した教育理論の形成である。この社会改革としての教育改革は、主要にはその内容を、一九八五年の中国共産党・中央委員会による『教育体制改革に関する決定』(一九八五・五・二七)にみることができる。そこでは、「今後の情勢の成否を決定する一つの重要な鍵は、人材であり、人材問題を解決することが必ず経済発展の基礎上において、教育事業を一つの大きな発展に導く」と主張され、「『人材』論とその具体化のための制度整備という枠組みをもって(70)」教育のもつ人的投資(マンパワー・ポリシー)の価値が前提としてアピールされている。

こうした教育の経済効果を指標とする教育改革の理念は、大きくは「文革」以降の経済改革の路線と同調するものである。例えば、一九七九年の「農業生産責任制の強化・充実に関する中央・中共の決定」(一九七九・九)にもとづく「農業責任生産性」は、これまでの統一分配・統一計算による集団請負体制から、個別及び経営集団の契約による自主的経営体制を保障した。また、その後一九八四年の「経済体制改革に関する中央・中共の決定」(一九八四・一〇)は、これまでの計画・統制経済から資本主義的な市場経済への移行を認め、商品経済下の自由競争のメカニズムを許した。こうした一連の経済政策は、当然に教育からの経済効果を期待し、その教育改革の柱として教育投資政策が位置づけられることになった。また、教育改革への経済政策の影響は、直接的な教育経済学的な要因のみではなく、それに付随する形でいくつかの教育制度(大学入試制度・就職配分制度等)や教育組織(学校管理制度等)の改革にみられた。

したがって、新しい教育科学の課題は、そうした経済改革と同調・連動する教育改革のための理論の形成を中心とし、具体的には経済政策に呼応した教育政策及び教育現象の分析を使命とする傾向にあったといえる。

実際、「文革」以降から現在までの教育科学のなかでめざましい発展を遂げた学問領域として「教育経済学」がある。「中国経済学界のヌーベル・バーグ[71]」と評される万以宇をオピニオン・リーダーとする一部の経済学者集団は、「教育領域内の経済現象と規律を科学し、教育と経済の相互作用の規律を研究する[72]」ことを目的として、教育の経済効果の証明と可能性の追求を目指した「教育経済学」を成立させた。すでに、「文革」以降現在までの研究成果として、いくつかのものがあげられている。

例えば、経済発展における教育の作用効果を、国際比較や歴史分析から論証するとともに、就学率・経済増長率・資源利用率・実際収入水準と教育効果の関係を教育経済指標として理論化した。また、過去の教育の「生産力」説を発展させ、教育投資が生産性投資であり、「純消費ではない[73]」ということ。そして、「他の生産性投資に対して教育投資が重要である[74]」ことを論証した。さらに、実際の教育投資の経済効益を計測するとともに、その経済効益を高める方法を提言した。

また、さらに近年「教育経済学」と並んで急速な発展を遂げた学問領域として「教育管理学」がある。この教育管理学は、教育の経済効果のもととなる「人的資本」の形成の場となる学校を中心として、その組織管理の経営合理化の理論と方法の形成を課題とした。実際には、先の「教育体制改革に関する決定」により、学校組織管理に関して、これまでの学校内部の中国共産党・学校党支部（書記）の一元的管理（「党政不分」）が、校長を実質の管理責任者とする二元的管理（「党政分開」）に変更指示された。その管理システムの変化に対応して、固有な中国の学校経営合理化論が展開されているわけである[75]。その背景には、近年の中国の「社会問題解決のための最重要課題（方法）として『管理』がある[76]」とする認識の広がりと、それに対応する新しい社会科学へのニーズが当然のように存在する。

ところで、中国の新しい教育科学の課題は、以上述べたように、単純には社会科学に対応する教育改革の理論と方法にあると考えられた。そして、実際にはその社会改革が経済改革を中心とするものであれば、教育と経済との関係の相互関係が、すべての教育科学の研究対象となる。その場合、教育科学は「改革」という実践への「理論」の貢献をすべての課題として、経済改革中心の教育改革の前進への「応答」の「理論」を提示することで存在価値をもつと考えられた。

しかし、教育改革のための教育理論の形成はそれほど容易でも、単純でもなかった。それは、近年の中国の教育問題が、すべて先に述べた経済改革に影響された教育改革から生じたものであることに起因している。例えば、教育における「競争」の問題、教育の「商品化」の問題等は、中国の教育社会に初めて生じた問題であり、歴史上、中国の教育学が初めて直面する問題であった。しかも、その問題は、その背景に社会主義思想と制度の再検討を課題として内包しており、単なる「問題解決的探究（problem solving）」を越えて、「学問分野的研究（disciplinary inquiry）」を問うという本質論的な学問課題であった。こうした新しい問題に、中国の教育学者はどう決着をつけていこうとしているのだろうか。

近年、中国の教育改革は、経済改革の中心であった点で、大きな誤りを犯したという世論が多く生じた[77]。実際、国家教育委員会委員長である李鉄英もこの十年の教育改革の総括として、その失敗を認めている[78]。それは、実際には、近年の教育投資が経済過熱とインフレのなかで停滞していること。就学を拒否して「銭儲け」に走る小・中学生の中退率が上昇していること等、さまざまな現象面に及ぶ。こうした社会現象は、一般には商品経済政策の教育への悪影響と理解されている。しかし、それは単なる「悪影響」の結果ではなく、最初に立てられた教育改革の理念と方法自体に、改革の実現を疎外する要因の存在の可能性があったと考えることもできる。

例えば、教育投資の近年の停滞について、確かに、教育を含む非生産部門（特に基本建設（設備投資）部門）に対する投資は、通常の生産性投資に比して当初優遇されてきた。しかし、その「優遇」は、「文革」による「人民の償いとしての精算メカニズム[79]」としての特殊な事情にもとづくものであった。さらに、非生産性投資は、本質的には強い生産性を帯びており、ほとんどの場合社会的生産過程に回帰することはなく、わずかに間接的効果を及ぼすにすぎないという性質をもつ。そのことは、近年の中国の三大不安定要素（物価高騰・財政赤字拡大・国際収支赤字）の原因の一つとして非生産性投資の膨張があったという結果に証明されている[80]。さらに、中国の教育投資が、国家財政支出中心の限られた投資システムであり、その投資比率は財政収入全体の変動に影響されるというシステムの事情もある[81]。以上のことは、経済改革の失調が教育改革に連動した結果と考えることができる。

また、先に述べた「『銭儲け』に走る小・中学生の中退率の増加」現象は、端的には教育投資の教育効果に対する国家的期待と人民的期待のズレと考えられる。それは、教育経済学的見方をすれば、教育投資による便益効果を外部便益としての国家的・社会的収益でみるか、内部便益としての個人的収益でみるかという評価基準の相違を意味している。この場合、中国の教育投資はその国家財政支出中心の教育投資という限られたシステムであること（逆に言えば、個人の教育投資システムは社会主義的理念としては一応否定される）と、「平等」理念を標榜する社会主義的教育制度をもつことから、当然に外部便益としての国家的・社会的収益を教育投資の評価基準（「期待」）とする。このとき、他方で市場経済の導入の影響のもと、生活経済の次元（「商売」）での「投資」に対する個人的収益観を身につけてしまった人民大衆にとっては、そうした社会的収益性を標榜する政策としての「教育投資」が「生活外」の単なる国家事業と見えたとしても不思議ではない。例えば、「教育投資」への期待があったとしても、それは「豊かさを求める国民心理にもとづく成果をあせる気持ち」[82]の表れであり、教育投資が生産性投資としては不可測性をもち、結果の表出が長期的であるという特性の認識にまで及ばないものである。また、「学歴と収入の負の相関」[83]（「脳体倒掛」）という中国の歴史的な知識階層への疎外化の現象の残存は、より教育投資への個人的期待を裏切る要因となった。「読書無用論」という学習否定論が流行し、「向銭看」（拝金主義）というもう一つの価値観が生じたことは、その結果現象といえよう。

さて、以上のような教育改革の失敗として生じたさまざまな教育問題に対して、教育学自身はどのように学問的に対応していくのだろうか。歴史上新たに生じた教育（問題）現象を、これからの中国の教育学は学問対象としてどう分析していくのだろうか。

趙鵬程は、「教育経済学」を批判して次のようにいう。

「『教育経済学』は、経済科学領域における一分野であると同時に、教育科学領域における一分野である。このとき、前者・経済学のアプローチは、あくまで『経済学』の理論と方法を応用して、教育経済現象を分析するものであり、教育本来の法則と理論は不問にされている。これに対して、教育学は（単純には）教育の角度から、教育の規律と作用すなわち教育と経済の相互関係の規律や教育の経済性法則の分析を目指す。(84)」

ここでは、これまでの「教育経済学」が、直接的な教育の経済効果の数量的（計測的）な分析から、投資効果の範疇で教育を扱ってきたことへの批判があるとともに、教育学が、より積極的に「教育経済現象」を研究対象として設定し、分析することへの課題の提示がある。例えば、労働市場における人的市場理解に関して、それを教育投資の利用率や合理配分（資源）論の観点で見る立場に対して、それが労働者の再生産のプロセスの規律であり、現代教育と現代経済の対立・統一の関係として教育科学的に分析すべきと説く。つまり、「教育経済現象」に対する教育科学的分析の課題提示の必要性が主張されているわけである。

さらに、教育学による「教育経済学」批判は、研究対象論のレベルのみではなく、研究価値論に及ぶ。魏新は、「教育経済学」のリーダーである万以宇へ次のような批判を行っている。

「教育価値論は、国家中心価値論と個人中心価値論に分かれる。この場合、万以宇を中心とする経済学者は、国家の政治・経済・文化に必要とする「人材」論を中心に、『体制』・『目標』・『人』の三層次論を展開した。しかし、その三層次論でとらえられる『人』研究は、最高層レベルのものであって、『要素としての人』を意味する。この点、組織内における個人としての人間の文化・参加など、意識の形成の部分が不問にされている。『現代化』は労働者の全面発達・養成・精神と文化のニーズにより決まる。それは、『人』を『社会生活的主人』として、その思想観念・倫理原則あるいは人と人との道徳関係を重要な研究対象としなければならないことを意味する。[85]」

さて、以上にみられた「教育経済現象」に対する教育学からの積極的な学問的なアプローチは、すでにいくつかの「教育経済現象」の事例に対してのインテンシブな研究につながっていった。それは、歴史上社会主義国家としての中国に初めて生じた「教育現象」に対して、それを研究対象とする教育科学がどう対応していくかという意味で、正に新しい教育科学の課題の設定といえた。例えば、「教育における『競争』」という新たな教育社会現象に対する教育科学の取り組みがある。

そこでは、「『教育競争』は教育理論・実践上の新課題である[86]」として、「競争の社会的価値を追求し、正確な競争観念をもつ[87]」ための研究視点がある。例えば、「教育競争」の定義に関して、「社会システムとの関係により生じる天然現象[88]」とか、「普遍的な社会現象であり、社会発展の動力[89]」さらには「人間相互作用の特定の行動様式[90]」とする概念規定がある。それらは、「競争」が社会主義教育の特性ではないが、社会主義教育も「競争」によって発展すべきであるとする理論展開があり、その意味では「初級段階論」のもつあいまいな正当化論と類似性をもつ。しかし、さらに、これらの教育競争研究が一歩進めて「社会主義教育競争」の特性について、例えば、「一種の積極競争であり、共同育人を目標とする[91]」と分析する点に、新しい教育科学の課題認識の表れを感じる。

「教育における競争」の問題は、市場経済導入を進める経済改革が、教育の社会過程に派生させたいわば「教育のなかの商品経済」の現象の問題と考えることができる。教育改革の初期、教育における商品経済のシステムと理論の導入は、教育投資論の過熱を背景として無批判に受け入れられた傾向にあった。しかし、本来社会主義のイデオロギーにおいて、「競争」概念は、資本主義国家の資本蓄積と搾取の問題性を指摘する標語であり、逆に自らの社会主義発展理論としての「競争」を現在の中国国家が導入することの決着の付け方すなわち正当化理論の提示が、今教育科学に求められたと考えることができる。

「文革」以降の「教育本質論争」が、中国の教育学にとって思想的な「大事件」であったとすれば、その思想的「大事件」をも呑み込んでしまうような政治的大事件が一九八九年六月四日に起こった。いわゆる「天安門事件」である。この「天安門事件」の衝撃は、中国政府の事態解決の方法の野蛮さへの驚愕にとどまらず、その後の教育政策の展開（Uターン）による教育現場への権力的制御を進行させたことにある。一九八九年の『人民日報』（八・一二⑤）の社説では、「天安門事件による動乱と反革命暴動は、学潮に起因し、ひいてはこの四十年間の教育思想と方法、特に価値の変動にあり[92]」として、教育界に反省を求めている。また、同年九月の『光明日報』（一九八九・九・九①）では、「和平演変的戦略のひとつとしての教育利用を警戒して、政治思想工作の反省と徹底[93]」を教職員集団に提示する李鵬首相の談話を載せている。

さらに一九九〇年三月三一日の『中国教育報』（①）では、国家教育委員会・委員長の李鉄英の教育政策の転回の理念が説明されている。その理念転回は、「党の教育管理を堅持し、教育の社会主義方向を堅持し、マルクス主義・毛沢東主義による学生への思想政治教育を堅持し、正確な政治方向を守ることを教育工作の第一とする[94]」ものである。実際の政策は、主に「反社会主義勢力が進行する主要な場所[95]」である大学を中心として、法・指示の制定（改正を含む）を含めて[96]党による学校管理及び教職員の思想管理を強化する内容となっている。

さらに、教育政策のUターン化の影響は教育現場にとどまらず、教育学会にも及んでいる。一九八九年の中国教育学会・第二次座談会では、『「文革」以後十年の教育理論が、政治服務・階級闘争の工具としての教育の考えを否定し、経済機能・生産機能を論じてきた結果として、資産階級自由化の弊害が生じた。[97]」と総括され、自由化を警告し、社会主義方向を堅持・強化する教育学の課題が提起されている。さらに、同年一一月の中国教育学会第三次全国学術討論会では、中国政府の事件対応を支持し、これまでの教育研究の反省と「無産階級に奉仕し、和平演変の陰謀を阻止する[98]」新たな教育学の課題が決議されている。また、一九九一年の全国教育科学八五計画重点課題評議会では、「開放経済下における学問動向としての西側の理論的導入が、資本主義の弊害理論を知らない青年(若手研究者)に政治思想上の混乱を生じさせた[99]」と総括されている。

こうしたUターン政策に対応した教育学界の姿勢は近年の教育学全体の研究動向に影響を与え、マルクス主義的教育価値論・目的論の再考や、社会主義的教育制度理念である「教育における『平等』」の再考等を内容とする論文が多くみられる。全体に「生産力」説を批判し、再び「上部構造」説に回帰する研究現象がみられる。それは、現象的には教育学研究のUターン化と形容できる実態をもつ。

中国の教育科学は、再びその科学としてのアイデンティティを喪失する学問不毛の時代に回帰し、多くの教育研究者は再びその口を閉ざそうとしているのだろうか。

張燮・張祥云は、多くの教育学研究者に対して、「社会生活の安全考慮からの雑念をすてて、『真理』を認識すべき[100]」と説く。その「真理」の探求は、権威や社会的偏見の束縛を受けない「内心の自由」と科学研究における精神気質により可能であると主張する。また、成有信は、「学問の自由が、教育科学発展の重要条件であることを今こそ認識すべき[101]」と主張する。具体的には、教育学研究の組織体制に関して、「教育行政の外で相対的に独立した機構であって、その単位の管理者は教育科学者で、研究課題の決定者も教育科学者であるべき[102]」と説く。また、趙呂先・元龍詞は、教育科学の停滞は「民主的空気がなく、理論研究が現行の政策・法令・管理の解釈と宣伝に変成し、批判の権利と義務を放棄した[103]」結果と主張する。

以上の研究者の存在と主張は、「文革」期以降現在までの教育科学の発展が決して「幻想」ではなく、一部の真正の研究者の科学世界に「果実」として定着したことを予感させる。今後は、いったん根付いた「学術民主」と「科学精神」により、新たな中国の教育科学が、国家支配イデオロギーとしての権威主義・権力主義とどう対決するか、そのストラテジー（戦略）の展開が注目される。

注

（1）小川利夫・中尾正三「教育本質」、小川利夫・柿沼肇共編『戦後日本の教育理論（上）』ミネルヴァ書房、一九八五年、一五頁。
（2）大野雅敏『教育制度変革の理論』有信堂、一九八四年を参照。
（3）干光遠「重視培養人的研究」『学術研究』、一九七八年三期、二五頁。
（4）康万棟「関於教育本質問題討論的情況」『天津教育学院院報（社会科学版）』、一九八六年、五八頁。
（5）干光遠、前掲論文、二七頁。
（6）同論文、二八頁。
（7）干光遠「社会主義制度下的生産労働与非生産労働」『中国経済問題』、一九八一年、一〇四頁。
（8）干光遠、注（3）の論文、二九頁。
（9）隊元眩「中国教育学七十年」『北京師範大学学報（社会科学版）』、一九九一年、五二頁。
（10）「党的十一届三中全会以降中国教育学的回顧与展望」『教育研究』、一九八六年、一二頁。
（11）張暁鵬「関於教育学大系・形成的歴史考察」『江西教育科研』、一九九二年、四九頁。
（12）「誰改造誰？――評凱洛夫的《教育学》――」『紅旗』、一九七〇年第二期、一五頁。
（13）金一鳴・袁振国「対四十年教育理論研究的歴史反思」『華東師範大学学報（教育科学版）』、一九八九年、一一頁。
（14）新保敦子「現代中国における社会変動と人間形成」『新たな社会変動』（岩波講座現代中国第三巻）、一九八九年、一四六頁。
（15）隊元眩「教育学不是記問之学、而是使人聡明之学」『教育研究』、一九八九年、八九頁。
（16）「実践是検検真理的唯一標準」『光明日報』、一九七八・五・一一②。
（17）張敷栄「教育理論研究的回顧与展望」『教育研究』、一九八八年、七九頁。

(18)余立「根拠実践是検検真理的唯一標準、探討教育工作中規律」『教育研究』、一九七九年、二五～二七頁。魯浩等「他们究意要〃改造什么〃〈誰改造誰〉」『教育研究』、一九七九年、三六～四一頁。
(19)「補好真理標準討論一課教育問題要来一次大討論」『教育研究』、一九七九年、一六～二二頁。
(20)「革命専師的論述能代替教育科学研究吗？」『文匯報』、一九八〇年五期、五一～五六頁。
(21)話烔華・李錫槐「我国教育科学研究的歴史発展与当前特点」『教育論還』、一九八六年、七頁。
(22)「教育学理論問題的探討」『光明日報』、一九七八・一一・二三④。
(23)王洪美「近十年教育論的討論的総述」『山東師範大学学報（社会科学版）』、一九八九年、八九頁。
(24)話昭鯖・李練傘、前掲論文、四頁。
(25)翟葆奎・陳桂林・叶潤『中国教育科学的回顧与展望』教育科学出版社、一九八八年、一〇四頁。
(26)伝維利・楊民「正確理解馬克思的〃教育同生産労働相結合〃的具体措置」『東北師範大学学報（教育版）』、一九八六年、八九頁。
(27)周志超・銭超「教育与生産労働相結合新論」『江釦教育研究』、一九九〇年、一三頁。
(28)成有信「論現代教育与科学技術是第一生産力」『教育研究』、一九九二年、八頁。
(29)同論文、一一頁。
(30)郭紹昌・羅士権「論教育的経済価値」『広州日報』、一九九二年、五八頁。
(31)干光遠、注（7）の論文、一〇二頁。
(32)寥明偉「教育是一個特殊的精神生産力」『教育研究』、一九八七年、五六～五九頁。
(33)李理「什么是精神生産力」『国内経済動態』、一九八四年第七期、一五頁。
(34)干光遠、注（7）の論文、一〇二頁。
(35)林澤龍「樹立現代教育観念（上）」『課程・教材・方法』、一九八六年、一八頁。
(36)張天麟「教育効能与教育商品化」『教育研究』、一九八六年、一二頁。
(37)龍海波「論教師労働的商品性」『教育研究』、一九八六年、八頁。
(38)凱洛夫編『教育学』人民教育出版社、一九五〇年、一五～一九頁。
(39)加里寧『論共産主義教育（中文版）』解放社、一九五一年、八八頁。
(40)H・N鮑徳利夫「関噐作為社会現象的教育的専門特点的争論総結」『人民教育』、一九五二年五月号、六五頁。
(41)同論文、六七頁。
(42)同、七一頁。
(43)『毛沢東選集』一巻本、人民出版社、一九六七年、五九〇頁。

(44) 黄済「価値論和教育価値的幾個問題」『北京師範大学学報（社会科学版）』、一九八八年、一二頁。
(45) 李大偉「試評教育本質争論中存在的問題及出路」『教育研究』、一九九二年、四三頁。
(46) 洪宝檜「関於教育本質問題的理論研究（上）」『高等教育研究』、一九九一年、二〇頁。
(47) 張彬賢「教育理論研究中的歴史感」『教育研究』、一九九〇年、五八頁。
(48) 李大偉、前掲論文、四五頁。
(49) 孫喜亭主編『教育学問題研究概述』天津教育出版社、一九八九年、一二二頁。
(50) 伝興国「現代教育発展対教育科学研究的挑戦」『教育科学論務』、一九九〇年、一〇頁。
(51) 呉志超「関於教育学的対象和体系問題」『教育研究』、一九九一年、二〇頁。
(52) 鄭暁鴻「対教育科学的幾点反思」『広西師範大学学報（哲学・社会科学版）』、一九八九年、八六頁。
(53) 王希堯「評〝教育是人類自身的生産実践〟」『教育研究』、一九八七年、一二頁。
(54) 李大偉、前掲論文、四三頁。
(55) 新乃静「教育的本質与帰属」『教育研究』、一九八二年、五二頁。
(56) 凌娟「教育是促進個体社会化過程」『教育研究』、一九八二年、二三頁。
(57) 李大琉、前掲論文、四三～四四頁。
(58) 林淑端「略論教育学的研究対象及其特点」『黒龍江教育学院学報』、一九九二年、八頁。
(59) 孫喜亭、前掲書、七五～八五頁。
(60) 呉志超、前掲論文、二〇頁。
(61) 同論文、一九頁。
(62) 陳金泉「教育：経済基礎与上層建築的中間橋梁」『南昌教育学院学報』、一九九一年、四七頁。
(63) 王兆纥「教育内部矛盾初探」『教育科学論務』、一九八八年、二四頁。
(64) 王智新「中国教育学会と教育理論研究動向」『教育学研究』第五七巻第四号、一九九〇年、六六頁。
(65) 同論文、六三頁。
(66) 成有信「教育科学的発展和学術自由」『教育研究』、一九八九年、六四頁。
(67) 金一鳴・袁振国、注（13）の前掲論文、一二～一四頁。
(68) 篠原清昭「中国の教育行政学会」『日本教育行政学会年報』一九、教育開発研究所、一九九三年、二〇二頁。
(69) 張斌賢「教育政治学的思考」『教育研究』、一九八九年、七二頁。
(70) 牧野篤「〔解説〕『現代化』の岐路に立つ中国の教育」『教育改革研究』第四号、名古屋大学教育学部、一九八六年、一一二頁。

(71) 矢吹晋『中国解放のブレーン・トラスト』蒼蒼社、一九八七年、九四～一〇五頁参照。
(72)「教育経済学」『簡明教育辞典』広西人民教育出版社、一九八六年、五一二頁。
(73) 李建尉「論教育的生産性是財富之源」『教育経済学論集』安徽教育出版社、一九八六年、六六頁。
(74) 黄静波「論智力投資的基本特性」『経済科学』、一九八三年第三期、一六頁。
(75) 篠原清昭「現代中国の学校管理論――『校長責任制』の分析を中心として――」『日本教育行政学会年報』一五、教育開発研究所、一九八九年、二五四～二六八頁。篠原清昭「現代中国の学校改革――『校長責任制』の実現過程――」『日本教育経営学会紀要』第三九号、第一法規、一九九四年、八二～九七頁。
(76) 張復荃「教育管理与社会進歩」『管理世界』、一九八五年、一八三頁。
(77)「対教育失誤原因的一些思考」『光明日報』、一九八九・五・五③。
(78)『人民日報』、一九八九・三・二五②。
(79) 岡部達味『中国近代化の政治経済学』PHP、一九八九年、七七頁。
(80) 中国経済体制改革研編『中国の経済改革』（石川賢作訳）東洋経済新聞社、一九八八年、一九頁。
(81) 篠原清昭「現代中国の教育投資論――社会主義的教育経済学の成立と展開」、日本教育行政学会、一九九一年、大会発表資料。
(82) 劉福国・万明春「略論傾斜於経済与教育発展失誤的関係」『教育科学論壇』、一九八九年、一九頁。
(83) 李嘉「新〝読書無用〟論一個経済根元的解析」『教育研究』、一九八八年、一六五頁。
(84) 趙鵬程「対『教育経済学』学科独立性的認識」『教育科学論壇』、一九八九年、二〇頁。
(85) 魏新「評厉以寧的教育価値観」『教育研究』、一九八九年、七二～七三頁。
(86) 馬声達「関於教育競争的探討」『教育論叢』、一九九〇年、二七頁。
(87) 鄭維偉「論教育競争与競争教育」『光明日報』、一九八八・一・二八③。
(88) 銭朴「教育競争現象的社会透視」『教育研究』、一九九二年、二〇頁。
(89) 鄧才彪「浅淡商品経済条件下的教育競争」『山東師大学学報（社会科学版）』、一九八九年、四三頁。
(90) 馬声達、前掲論文、二八頁。
(91) 同論文、三一頁。
(92) 張承先「冷静地思考教育的過去和未来」『人民日報』、一九八九・八・一二⑤。
(93) 李鵬同志在慶祝教師節表彰大会上的講話「堅持堅定正確的政治方向、発展我国的教育事業」『光明日報』、一九八九・九・九①。
(94) 李鉄英「在国家教委一九九〇年工作会議上的講話」『中国教育報』、一九九〇・三・一三①。
(95) 同。

(96) 例えば、以下のものがある。
〈中共中央関於改革和加強中小学徳育工作的通知〉
〈中共中央関於改進和高等学校思想政治工作的決定〉
〈高等学校学生行為準則〉
(97) 中国教育学会第二次座談会述要「亟待討論的幾個教育理論問題」『光明日報』、一九八九・一〇・一八③。
(98) 趙呂先「〝鼓頸〟、〝奇進〟――中国教育学会第三次全国学術討論会側記――」『教育研究』、一九九〇年、三三頁。
(99) 「全国教育科学〝八五〟規画重点課題評審会」『教育研究』、一九九一年、二三頁。
(100) 張燮・張祥云「論教育研究的誠実性、競争性与杯疑精神」『中国教育学刊』、一九九二年、三頁。
(101) 成有信、注(66)の前掲論文、七頁。
(102) 同論文、七頁。
(103) 趙呂先・元龍詞「論教育理論研究中的創新与引進問題」『教育科学』、一九八九年、二頁。

第II部　中華人民共和国教育法の法理論

第五章　教育目的の法理論

第一節　伝統的国家教育思想と「教育目的」の立法化

中華人民共和国教育法の立法化の動機が、先の立法者意思にみられるように近年の教育改革を推進するための教育政策の法規範化にあるとしても、そこには当然に教育の理念・目的の次元で一定の教育思想の表明がある。むしろ、同法はその社会主義法としての法的性格において当然に国家のための教育目的の法規範化である部分をもち、そこに現代中国がもつ教育の国家思想を最大公約数的に確認することができる。この場合、その教育思想は現在市場経済化を背景とする経済改革の影響により、大きな理論的転換の過渡期にある。その理論的展開とは伝統的なマルクス主義的社会構造論の範疇でいえば、教育の本質に関して、それが経済的社会関係に規定される上部構造に位置するという上部構造論から、経済的社会関係自体を直接に規定する生産力であるととらえる生産力論への展開を意味している。こうした教育思想の展開は、国家法としての同法に、ナショナルな次元における国家教育意思としてどのように規定されるのであろうか。

中華人民共和国教育法の「第一章　総則」は、いわゆる同法の基本原則の表明にあたる部分で、中国の教育及び教育制度の目的・目標・方法理念が原則的・理念的に規定されている。まず、第一条は同法の立法目的を規定する。

「第一条　教育事業を発展させ、全民族の素質を高め、社会主義の物質文明と精神文明の建設を促進するため、憲法にもとづき本法を制定する。」

この場合、「物質文明」が、物質財富の増長による物質的生活様式を意味するとすれば、「精神文明」は教育・科学・文化知識により高められた人類の理想・道徳・文明行為の所産を意味する。[1]従来（文化大革命以前）、中国において、教育は後者である精神文明の建設に働くことが意識されても、前者である物質文明に影響を与えることはあまり意識されなかった。むしろ、教育は物質文明とは直接の関係性をもたず、精神文明の範囲内においてその機能を果たす限りにおいて国家的な承認を受けてきたと解することができる。それは、旧来の社会主義国における教育の機能が、国家権力維持のための道具すなわちイデオロギー「教化」の道具として位置づいていたことに明らかであろう。したがって、本法が教育の作用の対象として「精神文明」に加えて「物質文明」を置いた点に、すでに現代の中国国家が規定する教育目的に一定の変容を認めることができる。それは、教育の発展が科学技術の進歩を生み、生産力の増長につながり、最終的に社会主義の現代化建設に貢献するというシェーマにもとづくものである。同法制定以前までの段階において、「教育は必ず社会主義建設に服務し、社会主義建設は必ず教育に依存」（一九八五・五・二七『中共中央関於教育体制的決定』）する関係が強調され、「教育科学文化は物質文明建設の前提であり、人民大衆思想の道徳水準の重要要件」（一九八六・六・二〇『中共中央関於社会主義精神文明建設指導方針的決議』）であると表明されてきた。また、現代中国の教育改革の理念と方法を規定するとされる『中国教育改革和発展綱要』（一九九三・二・一三　中共中央・国務院）においても、「教育は社会主義現代化建設の基礎であり、教育を優先発展戦略の地位に置く」ことあるいは「教育を社会主義現代化建設のサービスとして堅持し、生産労働と相結合させ、経済建設に関して自覚してサービスの中心に置く」ことが主張されてきた。こうした一連の流れをみると、現代中国の教育目的は、その社会主義国家形成の方法次元で旧来の社会主義国家の国家イデオロギーの維持・強化の本質を残しながらも、経済発展のための人材養成という教育投資の資本主義的教育理念に接近したと考えることができる。

こうした教育理念の変容は、社会的には「文化大革命」以降の市場経済下の経済改革に影響されているが、それは単に経済により規定された現象的変容ではなく、教育理論それ自体の変容による。先に考察したように（「第四章中国の教育理論の変容と中華人民共和国教育法」）、近年の教育理論は、教育の本質を生産力とみる説を主流としている。それは、教育の価値を従来の「労働者階級による階級闘争の一方法[2]」とみたり、「知識階級分子の改造のための一種の政治手段[3]」とみる階級闘争論の範疇でとらえる教育政治論から、経済改革を背景とする生産力論の範疇でとらえる教育経済論でみる方向に転換したことを意味する。

しかし、その教育目的はその方法的次元においては資本主義的人材論に近いとしても、その教育目的自体を規定する国家思想自体はあくまで社会主義的思想を前提としている。したがって、そこには伝統的で固有な社会主義的教育目的が存在していたと解することもできる。例えば、伝統的な社会主義教育理論において、「『教育目的』は政治経済の決定するところのものである[4]」と解する解釈が一般的であった。ここでいう教育目的は、実践的次元における目的ではなく、教育の任務・内容・方法・形式のすべてを包括し、統合した教育体系全体の理念的次元における目的を指す。それは、教育体系を包括する国家体系、換言すれば公教育運営システムを下位システムとして、それがより上位のシステムである国家政治システムに統合・包括される形となり、その国家政治システムの理念として国家目的に収斂される統合的構造をもつ。つまり、伝統的には、教育目的は国家政治理念に包括される統治理念の一つであるという性格をもつこととなる。

例えば、同法第三条は「国家は、マルクス・レーニン主義、毛沢東思想を堅持し、中国の特色ある社会主義理論を建設することを指導し、憲法が確定した基本原則に従い、社会主義事業を発展させる」と規定している。この場合、「憲法が確定した基本原則」とは憲法の前文にある以下のような内容をいう。

「今後の国家の根本任務は、集中的に努力して社会主義建設を進行させることにある。中国の各民族・人民は中国共産党の領導下において、マルクス・レーニン主義において、毛沢東の思想の指導にもとづき、人民の民主専制を堅持し、社会主義の進路を堅持し、不断に社会主義の各制度を完善にし、我が国を高度文明・高度民主の社会主義国家として建設する。」

したがって、国家による教育目的の遂行が「憲法が確定した基本原則」にもとづくということは、それが第一にマルクス・レーニン主義と毛沢東さらに近年その思想キャンペーンが展開されている鄧小平思想にもとづき社会主義教育理論を建設・指導すること。第二に、その方法として「中国共産党の領導下で」社会主義の教育事業を発展させることを意味することとなる。これについて、当時の国家教育委員会主任（日本の文部科学大臣にあたる）の朱開幹も、「憲法の前文にある中国共産党の国家作用（行政）に対する指導的・監督的立場を堅持することである」(5)と説明している。しかし、その点、中国憲法論のレベルで多くの中国法研究者が指摘するように、現行の中国憲法が中国共産党の政治的意思にもとづく政策の法規範化されたものであると解するならば、「憲法の確定した基本原則に従い、社会主義を発展させる」ことは、国家イコール中国共産党による政策理念を法的に表明し、公認することを指す。

第二節　社会主義的教育思想の変容と「教育方針」の立法化

つぎに、同法は第五条において、教育方針を規定する。

「教育は必ず社会主義現代化の建設のために努め、生産労働と相結合し、智・徳・体等の全面的に発展した社会主義事業の建設者と後継者を養成しなければならない。」

この規定は、憲法中の「国家は、青年、少年、児童について品徳、智力、体育等の方面の全面発展により養成する」（第四六条）とする規定から導かれたものである。さらに、近年の中国の教育改革の国家規範とされる『綱要』の中の「党の教育工作への領導を堅持し、教育への社会主義方向を堅持し、智・徳・体の全面発展の建設者と後継者を養成すること」を継承しているといえる。また、この規定はすでに他の教育法律である「中華人民共和国義務教育法」（第三条）や「中華人民共和国未成年者保護法」（第五条）の法文中にも、「社会主義建設人材」として法定されている。第五条に示された教育方針は、教育目的を達成するための方法の指針を意味し、具体的には教育目的を達成するため、教育と生産労働の相結合と智・徳・体の全面発展を内容として、社会主義国家の建設者と後継者の養成を方法として、社会主義教育事業が達成され、その結果として社会主義現代化が完成するという「四層の意思が緊密に関連している」(6)という政治的・政策的論理構造を背景にもっている。したがって、その分国家法としての形式的合理性よりも政治的社会性を意識したプログラム規定的な条文となっている。

この場合、同条にいう「教育と生産労働の相結合」と「智・徳・体の全面発展」は、中国の伝統的・社会主義的な教育方法を指すものであり、建国期から現在まで一貫した承認を得てきた。例えば、建国期には、中国共産党は「教育方針」について、「われわれの教育方針は受教育者に智・徳・体のいくつかの方面で、社会主義の覚悟をもつ有文化の労働者をつくること」（一九五七・一「関於正確処理人民内部的矛盾的問題」中央・中国共産党）と明確に規定している。また、「文化大革命」後においても、「智・徳・体の全面発展を堅持し、又紅又専（共産党の思想を堅持し、同時に専門を学ぶ）知識分子と工人・農民が相結合して、脳力労働と体力労働が結合する」（一九八一・六　中共中央「関於建国以来党的若干歴史問題的建議」）ことが、「教育方針」として継続的に表明されている。それは、またそれぞれの時代における国家首脳の言説の承認でもある。例えば、教育により完成される社会主義国家の理想的人民の像について、毛沢東は「智力・徳・体の全面発展により社会主義の覚悟と文化をもつ労働者」を理想とした。また、鄧小平は「無産階級革命事業の後継者」を、江沢民は「理想・道徳・文化・規律と中国の特色ある社会主義事業の建設者と後継者」を理想像として言及している。また、現在においても李鵬が、「中国の教育方針は概括して三つある。第一点は、教育が現代化・世界・未来に向かうべきこと。第二点は、智・徳・体の全面発展を強調すること。第三点は、教育は必ず社会主義建設に奉仕すること」（一九八六・六・一「面向二十一世紀教育国際検討会」での講話）と述べるなど、一連の国家首脳の言説の次元における社会主義人民の理想像は、そのまま教育方針の国家的承認に連なっていった。そして、最終的には一九九〇年の中国共産党第十三回全国大会において、「教育は必ず社会主義現代化建設に奉仕し、必ず生産労働と相結合し、智・徳・体の全面発展した建設者と後継人を養成する」（一九九〇・一二・三〇　中共中央「関於制定国民経済和社会発展十年計画和『八五』計画的建議」）ことが、全体決議され、それが同時に第五条にそのまま文言上も引き継がれた。

この場合、「智・徳・体」に関して、「智」とは詳細には先の『綱要』にいう「科学文化知識・技能とその発展能力に加えて科学態度や探索精神」をいう。また、「徳」とは、単に品徳のみではなく、政治素養や思想素質をいう。さらに、「体」については体格・体質や体育上の身体適応能力のみではなく、知識・技能に相関性のある高尚な情操が含まれるとされている（一九九五・六・一「学校体育工作条例」、一九九五・六・五「全民健身計画綱要」）。なお、法案作成段階において、「智・徳・体」に加えて「美育」と「労育」を加えるべきかという議論があったとされる。この「美育」と「労育」は、すでに『綱要』の中に「学生の健康な審美観念と審美能力についての美育は、高尚な道徳情操を陶冶し、全面発展した人材を養成する」と指摘され、芸術関係の教科指導計画の国家基準とされる「芸術教育総体計画」（一九九二・二・一）にも、「現在（若者が）通俗音楽を好む傾向があり、芸術の鑑賞能力が低くなる傾向」があり、「美育」としての音楽教育の充実が課題として指摘されている。また、「労育」についても、『綱要』で「労働の観点と労働技能教育を強化することは、学校の養成目標の重要な課程と内容であり、各学校は労働教育を共学計画に入れ、制度化、系列化しなければならない」と指摘されている。しかし、政治局の段階で検討した結果、これまでの「智・徳・体」に限定した中国共産党の伝統的な「教育方針」観が重視され、最終的に「智・徳・体等」と「等」を加えることで終結したとされる。[7] また、第五条中の「後継者」の字句を省くべきとする議論があったといわれる。それは、法解釈上「建設者」と「後継人」は同一人であると解釈され、並列に記すことに合理性がないという批判であった。しかし、「後継人」（中国語で「接班人」と記す）の概念が、中国共産党の思想の後継者であるという政治的意味をもち、それを積極的に残すべきとの党側の主張により結局は残されたとされる。[8]

いずれにしても、同条に規定された教育方針は、伝統的な社会主義的公民（「人民」）形成論の方法理念を国家規範化したものとなっている。この場合、伝統的な社会主義的な人民形成の理念の公言的表明は、それ自体プログラム規定的な性格をもつため、現実の教育社会の実態と乖離することが予想される。実際に、教育現場では経済改革の影響によりいくつかの資本主義的教育病理（受験競争社会、私立学校ブーム等）が蔓延し、さらに児童・生徒の国家観・社会観・民族観の次元で、社会主義的人民としての自覚が後退し、「改革開放以来、資産階級思想が資本主義の物質文明に伴って侵入し、大衆が教育を受ける目的は、『個人奮闘』、『自我設計』の極端な個人主義にもとづきそこには国家を敬愛する『大抱負』や『社会責任感』がない」[9] 社会状況が生まれたといわれている。この場合、現代の中国の教育政策は、制度や政策の改革のみならず具体的な教育の内容や方法の次元で、実際には学校教育の教育課程の改革の次元で徳育教育や愛国主義教育を重視する方向が検討されることとなった（中央中共「関於加強和改進学校徳育工作的若干意見」、「愛国主義実施綱要」）。現在、「学校徳育の地位・任務・主要方針・原則は権威性と安定性をもたなくてはならない。必ず相応の法律法規を制定し、教育者、受教育者と社会関係方面の共同の法規範として形成」（一九九四・八「関於進一歩加強和改進学校徳育工作的若干意見」）されなければならないとして、学校徳育の法制化、具体的には「学校徳育法」の立法化が求められている。この場合、学校徳育法は「徳育自体に教育の階級性と社会性があることから、我が国の社会主義教育をその他の国家の教育と区別する」[10]法規範になると指摘され、社会主義教育法としての固有性を構成することとなる。

つぎに、社会主義教育の教育内容に関して、以下の第六条と第七条が規定されている。

「国家は、教育を受ける者の中に愛国主義、集団主義、社会主義の教育を進行させ、理想、道徳、紀律、法制、国防と民族団結の教育を進行させる。」（第六条）

「教育は、中華民族の優秀な歴史・文化・伝統を継承し、高揚し、人類文明の一切の優秀な成果を吸収しなければならない。」（第七条）

まず、第六条では教育が「精神文明」の建設に奉仕することが改めて確認されている。この規定は、直接には憲法第二四条の以下の規定を受けている。「国家は、愛祖国、愛人民、愛労働、愛社会主義の公徳を提唱し、人民の中に愛国主義、集体主義と国際主義、共産主義の教育を進行させ、資本主義、封建主義その他の腐敗思想に反対する」（憲法第二四条）。

この場合、「愛国主義」は中国国家の存立基盤である伝統的、社会主義的思想であり、同時に五十五の少数民族から成る多民族国家である中国を統一する方法理念である。また、「集体主義」は人民を常に国家との関係的立場に位置づけ、ある種国家への奉仕精神を醸成する思想であり、同時に近年の中国の「拝金主義、享楽主義、個人主義」[11]の社会腐敗現象を抑制する思想観念として期待されている。同条は、この二つの思想観念を尊重し、それにより社会主義思想の形成に結び付け、中国の社会主義教育の本質が、イデオロギー教化すなわち「精神文明の建設」にあることを強く規定する。そして、つぎの第七条はそのイデオロギー教化の中心命題として、「中華民族」思想を位置づけ、「中華民族」概念を新たな国家統合のキーワードとして規定する形となっている。このとき、「中華民族」思想は、明らかに「愛国主義と社会主義を本質的に統合する」(一九八九年の国慶節での江沢民の講話から)方法次元の思想であり、その意味では国家統治のための政治的概念としての性格をもつといえる。

近年、中国は一方において市場経済化による伝統的な社会主義システムの変動、他方において「天安門事件」に代表される人民の官僚主義批判と脱イデオロギー化が進行し、政治における求心力の減少と遠心力の拡大が、国家自身のアイデンティティ・クライシスとして生じている。[12] その状況では、過去人民を統合した外敵に対するナショナリズムは、すでに「外敵の不在」と「内なる外敵(資本主義化)の出現」により、国家統治の精神規範としては機能しなくなった。そこに、新たにそれに代わる国家統治の精神規範として、この「中華民族」思想が登場したと考えられる。近年、中国はこの「中華民族」思想を人民統治の原理思想として国家的承認を与えるとともに、より積極的に愛国主義キャンペーンにのせ、学校教育の次元で積極的に展開している。この場合、「中華民族」という概念は、国内統一のため、体制維持のため出された政治的概念である。したがって、中華人民共和国教育法という法規範にこうした政治概念を規定化することは、同法自体が法治国家における合理的社会規範であるよりも、人治国家における国家的政治規範としての性格をもつことを意味しているといえる。

以上、中華人民共和国教育法における教育目的の法理論は、旧来の支配者の言説がそのまま社会的・規制的規範として有効性をもった人治国家的時代の中国的・伝統的慣習に支配されている部分を残していることがわかった。それは、現在の「教育法」が「人治と法治の併存[13]」であることを意味している。

しかし、一方法規範次元におけるナショナルな教育目的と異なり、教育社会の実態次元における社会的実態での教育目的は、現在市場経済下の経済改革に影響を受け、教育改革の進行とともに大きく変容してきている。例えば、伝統的な社会主義教育目的の一つである全面発達論についても、その主体論の部分で変化している。それは従来の「農民的、政治主義的、共同体的、集団主義的[14]」な主体論が、「労働者的、経済主義的、分業的、個人主義的[14]」な主体論に変化した。その背景には、市場経済化や開放経済に影響を受けた教育投資論の人材論の登場がある。そして、人民の教育意識の次元では、学歴と職種・賃金の相関性を意識した学歴信仰や個人主義的教育投資観の成立に現れている。以上のことから、現在の中国の教育目的は、明らかに法規範により規定されたナショナルな教育目的と、教育社会、特に人民の教育意識に定着した教育目的との間に二次元的な乖離がみられる。この場合、重要なことはこの二次元的な教育目的の乖離は、近年みられる学歴主義の蔓延や学校格差の社会的拡大の社会現象の一般化とともに変化し、最終的に後者の人民の教育目的が前者の国家の教育目的に修正を迫る展開が予想としてあるということである。問題は、その時点において、前者の法規範により規定された教育目的が、その形式論理性と伝統的なナショナリズム性を維持することができるか。実際、法規範としての教育目的が国家主義から個人主義へ展開することがどのように進行するのか。その時点で、中国は再び教育思想の危機の時代を迎える。

注

（1）『毛沢東撰集』一巻本、人民出版社、一九六七年、五九〇頁。
（2）伝維利・楊民「正確理解馬克思『教育同生産労働相結合』具体措置」『東北師範大学学報（教育版）』、一九八六年、八九頁。
（3）周志超・銭超「教育与生産労働相結合新理論」『江蘇教育研究』、一九九〇年、一三頁。
（4）『光明日報』、一九九五・三・二二。
（5）朱開幹「教育法与教育事業改革和発展」『教育評論』、一九八八年、四頁。
（6）匡第春・陶清澄「認真学習和領会『教育法』中関於『培養目標』的規定」『教育探索』、一九九六年、八頁。

（7）中華人民共和国教育法の草案作成の政府委員の一人である労凱声（北京師範大学教授）に対する筆者のインタビュー（一九九七年一〇月一二日）より。
（8）同。
（9）鄙渝・徐光霞「試論教育需求変化対大衆選択受教育行為動向」『天府新論』、一九九七年、六八頁。
（10）黎彬「関於学校徳育立法的叱点思考」『江西師範大学学報（哲学・社会科学版）』、一九九七年、七〇頁。
（11）張世柵「加強我国教育法制建設」『陣地』、一九九四年、六五頁。
（12）毛利和子「中国のアイデンティティー・クライシス」『現代中国論三、市場経済化の中の中国』日本国際問題研究所、一九九五年、四頁。
（13）价福良「中国教育法制建設―観念的審視与更新」『高等師範教育研究』、一九九四年、一八頁。
（14）王坤慶『現代教育哲学』華中師範大学出版社、一九九四年、五六頁。

第六章　教育制度の法理論

教育制度とは、一般に教育に関するいろいろな組織、機構、仕組みなどをいう。それは、教育活動の組織化という次元でいくつかの社会発達段階をもち、例えば初期段階においては日常生活や生産生活に融合し、独立の社会制度として存在しない段階がある。しかし、今日世界的な教育状況を概観すると、多くの国の教育は、教育活動の組織の段階において最終的な完成された段階、すなわち学校体系の成立とそれを運営する教育管理制度、教育行政制度や教育財政制度が体系的に法整備されている段階にあるといえる。この場合、中国の教育制度は歴史的にはそれぞれの時代の政権の指示により変化し、政治的影響による変動が大きかった。その意味では、法による制度化の次元では発展途上国的な段階にあり、現在ようやくその法的整備が開始された段階にある。教育法学的意味において重要となるのは、教育制度が国家的・社会的承認を得るのは、国家により法律及び規則により根拠づけられた時点であるということ。つまり、一国の教育の制度化は、国家による法規範による認定により完成するということと、その場合に認定の基準・方法・内容が、その国の教育制度の固有性を決定し、そこに教育制度の法理論が存在するということにある。以下、そうした点を踏まえて、中華人民共和国教育法における教育制度の法理論を考察する。

第一節　学校教育制度の法理論

本法の「第二章　教育基本制度」は、いわゆる幼稚園・小学校・中学校・高等学校・大学等の学制系統と、九年制義務教育制度・職業教育制度・成人教育制度等の各種の教育制度を規定する。まず、本法第一七条では基本的な学校教育制度に関して以下のように規定する。

「国家は、就学前教育、初等教育、中等教育、高等教育の学校教育制度を建立する。国家は、科学的な学制系統を実行する。学制系統内の学校その他の教育機関の設置、教育形式、修業年限、募集対象、養成目標等は、国務院あるいは国務院により権限を委譲された教育行政部門が規定する。」

本条は、学制系統と学校教育の制度的内容について規定している。この場合、学制系統については本法以外の国家教育法規でそれ全体を直接的に規定するものはない。それは、新中国成立時に当時の政務院の命令として施行された「関於改革学制的決定」（一九五一・一〇・一　中央人民政府政務院）による学制（以下「一九五一年学制」と略す）をベースとして、途中において「文化大革命」により完全に破壊されながらも、いくつかの政変と教育政策の変容の影響を受けながら、教育部や国家教育委員会による規程・決定・通達等により修正され現在のものとなっている。なお、それ以前の学制については一九〇二年清国期に制定された「欽定学堂章程」があるが、それは高等教育段階の学校である「大学堂」の卒業資格（称号）として「科挙」の称号を与え、さらに高等教育機関が大きくは当時の官吏の養成・研修機関として機能していた点があり、「完全には科挙制度を克服できなかった」(1)点で、近代的な学制といえない。むしろ、科挙制度の歴史的存在が中国の学制の成立を長く阻害したということができる。

表６－１　学校教育制度関係の主要な教育法律・法規及び通達等

学校種別	法律・法規・通達名
幼稚園	幼稚園工作規程（試行）（1989.6.5 国家教育委員会，以下国教委と略す） 幼稚園管理条例（1989.9.11 国教委） 国家教育委員会関於幼稚園管理条例和幼稚園工作条例的実施意見（1989.12.16 国教委）
小学校	小学生守則（1981.8.26 教育部） 教育部関於全日制六年制小学教学計画的安排意見(1984.8.15 教育部) 小学生日常行為規範（1991.8.20 国教委） 小学生日常行為規範的通知（1991.8.20 国教委）
中学校	中学生守則（1981.8.26 教育部） 全日制普通中等専業学校設置暫行方法（1986.10.18 国教委） 普通中等専業学校招生暫行規定（1988.3.14 国教委）
小学校・中学校	中華人民共和国義務教育法（1986.4.12 全国人民代表大会，以下全人大と略す） 学校体育工作条例（1990.3.12 国教委） 学校衛生工作条例（1990.6.4 国教委） 小学・初中国防教育綱要（試行）（1992.2.19 国教委） 中華人民共和国義務教育法実施細則（1992.3.14 国教委） 九年義務教育全日制小学・初級中学課程計画（試行）和24個学科教学大綱（試用）的通知（1992.8.6 国教委）
高校	関於改革都市中等教育機構，発展職業教育的意見（1983.5.9 教育部，労働人事部，財政部） 国教委印発「現行普通高中教学計画的調整意見」的通知（1990.3.8 国教委）
大学	中華人民共和国学位条例（1980.2.12 全人大） 中華人民共和国学位条例暫行実施方法（1981.5.20 国務院） 普通高等学校招生暫行条例（1987.4.21 国教委） 普通高等学校招生統一考試管理規則（1988.11.24 教育部） 普通高等学校本科専業設置暫行規定（1989.4.4 国教委） 民営高等学校設置暫行規定（1993.8.17 国教委） 中華人民共和国高等教育法（1998.8.29 全人大）
成人学校	掃除文盲工作条例（1988.2.5 国務院） 高等教育自学考試暫行条例（1988.3.3 国務院） 放送電視大学暫行規定（1988.5.16 教育部） 国務院関於大力発展職業教育的決定（1991.10.17 国務院） 中華人民共和国職業教育法（1996.5.12 全人大）

ところで、各学校の設置・教育形式・就学年限等の学校教育制度については、右のような教育法律・教育法規等がそれぞれ学校種別ごとに規定し（表6-1）、やはり学校教育制度を直接的・包括的に規定する教育法律はない。この場合、教育制度はそれらの教育法律・教育法規あるいは教育行政部門の指示・通達・命令等の集合的な法制度として存在するとともに、ある部分、政治及び政策的な意図による国家制度として存在しているといえる。

学制を中心に学校教育制度を考察してみる。学制について、学校体系図で示せば以下の図6-1のようになる。まず、「学前教育段階」（Pre-school Education）の学校として幼稚園が位置づく。それは、「学校教育の準備段階」と規定され、小学校附設の「学前班」は実際には小学校入学前の準備教育を行う。その在園期間は一年から三年に分かれており、均一ではない。小学校は「小学」と呼ばれ、五年制と六年制さらに中学校と接続する九年一貫制の三種類に分かれる。この場合、小学校の就学年限については建国以降五年制と六年制のどちらを採るかについて、変化が大きかった。「一九五一年学制」の段階では、「小学校の就業年限は五年に限定する」（一九五二・三・一八　中央人民政府教育部「小学暫行規程（草案）」）とされ、五年制が中心であった。しかし、この五年制は、それ以前の学制（一九二二年学制（壬戌学制））が六年制で、小学校は初級（四年）と高級（二年）の二段階に区分され、「広大な労働人民の子女、農民の子女が完全な初等教育を受けることを妨害」（一九五一・一〇・一　中央人民政府政務院「関於改革学制的決定」）していると批判され、改正されたとされる。しかし、その後「小学五年一貫制は、執行状況からみると教師の資質力量、教材等の条件整備が不足し、継続的に執行することが困難である」（一九五三・一・一　中央中共「停止推行小学五年一貫制」）ため、再び六年制が承認された。現在では、全国的には五年制・六年制と九年一貫制の三種の小学校が併存している状況となっている。なお、今後全国的には六年制に統一する方向が「中華人民共和国義務教育法」の制定とともに、進行している。

初等教育の基礎の上に前期中等教育段階の学校として、継続的に中等普通教育を実施する「普通初中」と、職業

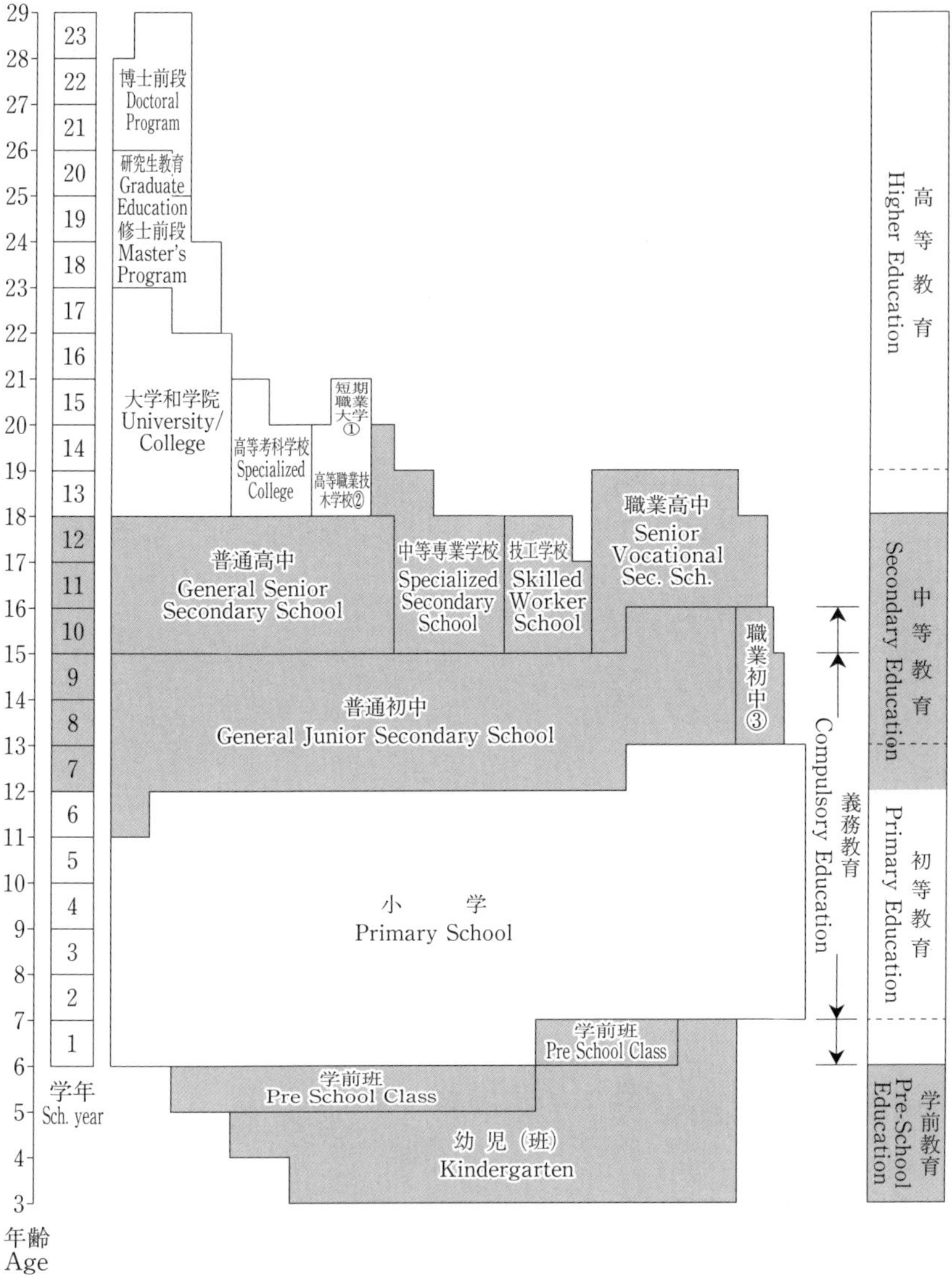

『中国教育地図集』上海科学技術出版社，1995年より抜粋。

図６－１　現代中国の学校体系図

教育を実施する「職業初中」が位置づく。この場合、「職業初中」（Junior Vocational School）は、職業技術教育を目的とする中等専門学校、技術労働者学校、農業中学等から成る。さらに、後期中等教育段階の学校として、普通高中・中等専業学校（Specialized Secondary School）・職業高中（Senior Vocational Secondary School）・技工学校（Skilled Worker School）が位置づく。この場合、初等中等教育段階から普通学校と並んで義務教育学校として承認されている「職業中学」の存在が、中国の特色ある学校体系の特徴といえる。

これまで、中国の教育制度は歴史的・伝統的には二つの教育制度（労働制度）を採用してきた。このことが、現在の「職業中学」の存在を直接・間接に規定している。この「二つの教育制度（労働制度）」は、全日制の学校教育制度と全日制の工場・機関等での労働制度の中間に「働きながら学ぶ」あるいは「学びながら働く」という「半工半読」の教育制度（労働制度）を組織化し、学校教育における職業教育と社会教育（成人教育）における職業教育を同時に充足しようとするものであった。それは、国家の経済条件において全日制学校の設置費用の負担が当時困難であったこと。さらに家庭の経済条件において特に労働者の家庭の子どもの就学費の負担と就労獲得費の放棄が問題視されていたことを理由としており[2]、経済政策を重視した学制であったといえよう。そして、実際の学校体系上の学校設置については、歴史的には一九五八年にいわゆるこれまでの旧ソ連型の学制を廃止し、新しく中国固有な教育制度を創設する時期に、劉少奇の提唱により実施されたとされる。しかし、「二つの教育制度」による学制は、その後「文化大革命」期に向けて、それを「ブルジョア階級の複線型教育体系の亜種[3]」であるという毛沢東派の批判を受け、すべてを普通学校とし、すべてを「半工半読学校」とするいわゆる解放区型学制に統一され、結果的に初等及び中等教育段階の職業系学校がすべて廃止された。この学制改革は、どちらかと言えば「劉少奇派の経済建設重視による国家建設方針と、毛沢東派の政治革命の継続による国家建設の方針とが対立[4]」した結果により生じたものであり、いわゆる当時の中央政権での「資産階級」路線と「無産階級」路線の政争の結果であると考えることができる。

しかし、「文化大革命」以降一九八〇年に再び「職業中学」が復活する。また、全日制と半工半読学校の併用、いわゆる「二つの教育制度」も復活した。その理由は一九八五年の「教育体制改革に関する決定」によると、「中等教育構造を調整し、職業技術教育の発展に力を注ぐ」ことが、これからの中国の教育改革の五つの柱の一つとして強調されたことによる。この柱では、「現実には、職業技術教育は現在のわが国の教育事業の中で最も脆弱な点」であり、「教育領域における最も手薄な領域である」という反省にたち、これからの社会主義現代化建設に対して、「良好な職業技術教育を受けた多数の中級・初級技術者、技能工及びその他の良好な職業訓練を受けた都市・農村労働者の必要に迫られている」と指摘している。これ以降、中等教育における普・職比率の是正と職業教育・技術教育の進行や拡充が提唱され、学制上中等職業技術教育が重点化され、それを担う中等職業学校の基幹としての役割が強調され、特に義務教育終了後の後期中等教育段階に「高級中学」等の普通学校と並んで「職業中等学校」や「農業中等学校」の設置化が進行し、現在に至っている。

つぎに、高等教育段階については、一九七七年に「文化大革命」中停止されていた大学入試が再開されるとともに、各種の条件整備が進められた。学生定員を増加させるとともに、一九八一年に「中華人民共和国学位条例」を他の国家教育法に先駆けて制定し、「文化大革命」以降に入学した者の大学及び大学院進学を保障する体制を整えるとともに、これまでの学生に対する授業料免除、全寮制、さらに「高等教育機関の学生募集計画と卒業生就業分配制度を改め、高等教育機関の運営自主権を拡大する」（「決定」）ことが強調されている。こうした一連の大学改革は、「開放型で全球通用型の人材」(5)を求める人的投資論を背景として、大学に「高等教育機関は高度の専門的人材を養成する」（「決定」）機能を求めるものである。それは、一方において「学歴・資格を中心とした『知』の中央集権体制をよりいっそう強化する」(6)という批判を受けるが、結果的には学校体系のもつ人材配分機能を強化することに

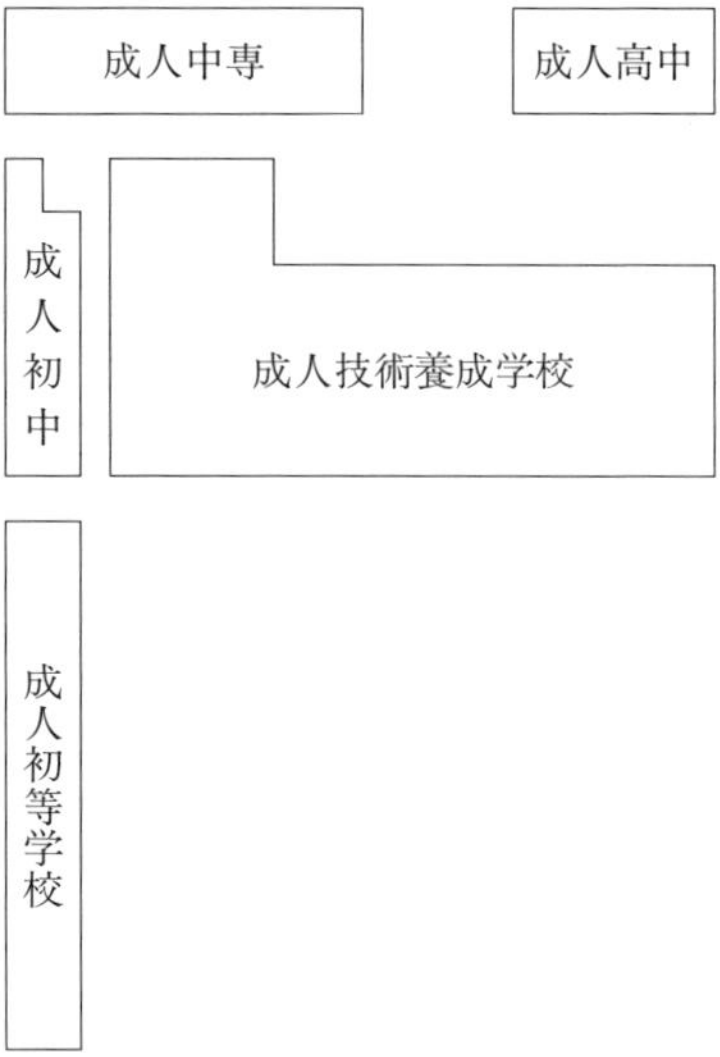

図6－2　中国の成人学校体系図

なったと考えられる。なお、中国は近年高等教育に関する国家法として「中華人民共和国高等教育法」（一九九八・八・二九　全国人民代表大会）を制定した。同法は、すでに国家教育委員会の通達等により事実上承認されている私立大学について、「国家は、企業事業組織、社会団体及びその他の社会組織と公民等の社会力量が法にもとづき高等学校を設置し、高等教育事業の改革と発展に参加し、支持することを鼓励する」（第六条）と規定し、いわゆる私立大学の設置を法的に承認した。さらに、大学に対して「法により高等学校中の科学研究、文学芸術の創作とその他の文化活動中の自由を保障する」（第一〇条）として、学問の自由を承認し、さらに「高等学校は、社会に対して、法にもとづき自主的な学校運営を行い、民主管理を実行しなければならない」（第一一条）として、大学の自治も承認した。

ところで、中国の学制には以上の正規の学校教育領域の全日制学校で構成される学校体系の他に、社会教育領域あるいは成人教育領域の全日制あるいは定時制学校で構成される成人学校体系が複線的に存在する。図で示せば図6－2のようになる。

これらの成人学校体系は、「文化大革命」により就学できなかった成人や、特に農村地域における義務教育未修了者の成人に対して、普通教育そして一定の職業教育さらに特定の文盲者に対する社会補償教育を目的として制定されたもので、普通学校体系とは別枠の学校体系を構成する。その意味では、中国の学校体系は実際にはヨコ軸において二元的な構造をもつといえよう。それは、先に述べた伝統的な中国の教育制度の構造の影響、すなわち普通教育制度と職業教育制度の二元的構造が、現在の普通学校体系と成人（職業）学校体系の二元的構造に連鎖していると考えられる。

以上、学制を中心として学校教育制度について考察した。この場合、中国の学校教育制度は建国から現在までの政治的変動の影響を受け、その都度の教育政策の変化により規定される傾向があり、まだ十分な完成形をもたないと指摘できる。先に考察した学校体系にみられる普通学校体系と成人学校体系の複線的二元体系の存在は、歴史的には「二つの教育制度」の連続により存在するが、現在それは複数の各論法・施行規則的法規あるいは通達等で拡散的に規定され、統一的・包括的な規定をする国家教育法はない。また、学校教育制度についても、個々の学校種別ごとの施行規則的な法規や通達は多くあるが、日本の学校教育法のような全体を包括する国家教育法はない。その意味では、特に学校教育制度領域については、それを全体的に統合する方向での法整備が今後課題になると考えられる。

つぎに中華人民共和国教育法は、第一八条より第二四条にかけて、義務教育制度（第一八条）、職業教育制度及び成人教育制度（第一九条）、国家教育試験制度（第二〇条）、学業証書制度（第二一条）、学位制度（第二二条）、教育監督制度（第二四条）をそれぞれ規定している。ここでは、以下それぞれの教育制度の法理論について考察する。

第二節　義務教育制度の法理論

中華人民共和国教育法第一八条は、義務教育制度について以下のように規定する。

「国家は、九年制義務教育制度を実行する。各段階の人民政府は、適齢の児童・少年の就学に対して各種の措置を保障する。適齢の児童・少年の父母あるいはその他の保護者及び関係する社会組織や個人は、適齢の児童・少年に規定された年限の義務教育を受けさせ、完成させる義務を有する。」

義務教育の制度化は、近代国家においては法律によって教育に関する権利・義務が確定されて初めて成立する。その意味では、この条文は、文字通り義務教育制度の実行を規定するものであり、あわせて父母等に対して義務教育を受けさせ、完成させることの義務を明確に規定するものである。中国の場合、近年まで義務教育の普及は完全ではなく、「(教育の)機会均等の原則の追求は、一応は毛沢東も理想社会の中にそれをイメージしたが、歴史的には漫長的であった」[7]といえる。また、国家法次元において義務教育制度は規定されず、そのことが比較(教育)法上大きな問題であったとされる。したがって、本条文の法的価値は大きい。しかし、義務教育制度は、すでに実際には本条の規定に先立って「中華人民共和国義務教育法」[8](一九八六年)により立法化されており、本条は同法を前提として、改めて義務教育制度を法的に確認するものである。したがって、義務教育制度の法理論は、詳細には本条の前提となる中華人民共和国義務教育法を考察することにより明らかになるといえる。

その中華人民共和国義務教育法では、まず「国は、九年制義務教育を実施する」(第二条)と規定し、国が全国的に義務教育の制度化を行うことを明確化している。九年制義務教育の実施については、教育政策上すでに一九八〇年代より「教育体制改革に関する決定」（一九八五・五・二七　中国共産党中央委員会）において、中華人民共和国義務教育法の立法化が予定されていた。この場合、中国政府は義務教育を法律制度として成立させることにより、同時にその普及を教育政策上果たすことを予定していたといえる。

つぎに、同法は「国、社会、学校、家庭は、法により学齢児童、少年が義務教育を受ける権利を保障する」（第四条）として、明確に就学保障義務を規定する。これまで、義務教育に関しては、例えば建国期に「計画的にしだいに普通教育を実行し、人民の文化水準を高める」（一九四九・九・三〇『中華人民共和国政治協商会議共同綱領』）ことや、「学校は、しだいに工農子女と工農青年に門戸を開かねばならない」（一九四九・一二・二三「第一次教育工作会議」）ことが指示された。また、一九八〇年以降においても一九八二年憲法で「初等義務教育を普及する」（第四六条）ことが規定され、さらに中国共産党が「決定」において「九年義務教育の措置をとる」ことを教育改革の一つの柱として表明してきた。しかし、これらの指示や表明は、憲法の規定も含めてあくまで義務教育制度の実行を教育政策上の方針として理念的に唱えるものであり、その法的保障の実質と形式をもつものではなかった。

義務教育制度の法理論は、その法的保障の実質と形式を規定する法的責任の理論を意味するといえる。中華人民共和国義務教育法は、その点、まず地方責任制（第八条）にもとづき、「地方の各級人民政府は、合理的に小学校や前期中等学校を設置し、児童、少年、少女を近くの学校に入学させなければならない」（第九条）として、地方政府に対する義務教育諸学校の設置義務と就学させる義務を規定する。さらに、父母等に対して、「学齢に達した子女またはその保護する者を期日に従って入学させ、規定年限の義務教育を受けさせなければならない」（第一一条）として、就学させる義務を規定する。この場合、「就学させる義務」は、地方人民政府と父母等の両者に共通に課せられる法的責任であり、それは比較教育法上共通に義務教育に関する法理論の中心となる。しかし、同法の法理論において特徴的なのは、その法的責任を監視し、罰則適用によりさらに法的責任を追求する一定の可罰性を与えている点である。例えば、同法の施行規則にあたる中華人民共和国義務教育法実施細則では、以下のように詳細な罰則規定を置いている。

「第三八条　以下にあげた事実に該当する場合には、地方人民政府あるいは関係部門がその管理権限により、関係する責任者に対して行政処分を与える。

(1) 職務上の怠慢または過失により期日までに義務教育の実施計画の目標が実現できない場合。

(2) 特殊な原因がなく、期日までに義務教育を実施する学校の運営条件の要求を満たさない場合。

(3) 学生の退学に対して未だ必要な措置により解決をしていない場合。

(4) 正当な理由がなく、該当地区あるいは該当の学校で義務教育を受ける適齢の児童・少年の就学を拒絶した場合。

(5) 学校校舎、運動場の賃貸や貸し出しあるいは他への転用により、義務教育の実施を妨害した場合。

(6) 法律による審査を経ない教科書を使用して、不良な影響を起こした場合。

(7) その他義務教育の実施を妨害した場合。

第三九条　以下にあげた事実に該当する場合、地方人民政府あるいは関係部門がその管理権限により、関係の責任者に対して行政処分を与える。情状が重く犯罪を構成する場合は、法により刑事責任を追求する。

(1) 義務教育の財政支出を侵犯、悪用、乱用した場合。

(2) 職責をおろそかにし、校舎を倒壊させ、教師と児童・生徒に障害や死亡に至らせる事故を生じさせた場合。

第四〇条　適齢児童・少年の父母あるいはその他の保護者が未だ規定に応じて子女あるいはその他の被保護者に義務教育を受けさせない場合、都市においては市の管轄の人民政府あるいはその指定する機関、農村においては郡級の人民政府により、批評教育が実行される。教育を受けることを依然として拒否し、その子女あるいは被保護者を就学させない場合、具体的情況をみて、処罰したり、かつその子女あるいは被保護者を就学させるその他の措置を取らなければならない。」

以上の罰則適用は、基本的には学齢児童・少年の就学する権利の保障と父母及び地方人民政府の就学させる義務の履行を同時に保障する措置である。しかし、比較法上義務教育の実施に関してこのような法の強制性や可罰性を含む立法化は、まれである。その点、義務教育の普及の政策次元において、特に地方への普及がさまざまな問題を抱えている実態があり、同施行規則は義務教育の普及のための政策の効果をあげるという政策目的を重視した政策規範性を強く持つといえる。そして、その教育政策の強化はあくまでも国家による強制にもとづくものであり、その国家による強制は直接に地方人民政府や学校そして保護者等に対する就学させる義務の法的強制の形態をとった。その意味では、ここに規定される「義務教育」の法理論は、あくまで国が一定の教育を受ける義務を国民に強制的に課すことを本質とする近代国民国家成立以前の制度的な本質をもつといえよう。実際、学齢児童・少年に対して中華人民共和国義務教育法は、「年齢が満六歳に達した児童はすべて、性別や民族、人種の別なく入学し、規定年限の義務教育を受けなければならない」（第五条）と規定し、教育を受ける者に対しても「教育を受ける義務」の強制を行っている。この点、近代国民国家の成立と発展の過程で実現される義務教育は、教育を受ける権利の承認とそのための国の義務という権利・義務関係の法理論をもつ。それは、近代国家以降の義務教育の法理論が国家による強制教育ではなく、国民の教育権保障を本質としているからである。しかし、中国の場合、「義務教育」における「義務」は、国家が地方（人民政府）・学校・保護者に対して就学の法的責任を一方的に課す法的内容となっている。その意味では、国家自身に対する就学保障のための法的責任の存在が重要な課題となる。

しかし、一方、中華人民共和国義務教育法においては、国家の就学保障のための法的責任は明確ではない。実際には、「義務教育の実施に必要な事業費と基本建設資金」（第一二条）の措置保障や、特別に「経済的に困難な地区の義務教育実施経費に対して、補助金を与える」（同条）等の財政保障の責任に限られ、いわゆる公教育事業全体の運営責任は規定されていない。このことは、先に述べたように義務教育事業の行政責任が、基本的には「地方責任制」（第八条）を原則とするからである。一部において「国が義務教育に用いる財政支出の増加比率は、財政経常収入の増加比率を上まわらなければならない。また、在籍生徒一人あたりの平均教育費用を次第に増加させなければならない」（第一二条）とする規定がみられるが、これは国家の教育財政政策の努力目標的な政策規範性を意味する。

以上のことから、中国の義務教育制度の法理論は近代国家にみる教育権保障の次元ではなく、国家による教育の強制と普及の政策次元において、国家政策統治の政治性と効率性に規定されて存在する「強制性をもつ教育制度である」(9)といえる。

第三節　職業教育制度の法理論

中華人民共和国教育法は、職業教育について以下のように規定する。

「国家は、職業教育制度や成人教育制度を実行する。各段階の人民政府、関係する行政部門及び企業事業の組織は、公民が職業学校教育あるいは各種の形式の職業研修を受けることを措置し、発展させ、保障しなければなら

ない。（以下略）」（第一九条）

ここでは、職業教育制度が国家が定めた法律制度であることと、その条件整備を人民政府・行政部門・企業事業組織に義務づけたことを大まかに規定している。しかし、成人教育制度と並んで職業教育制度について単独に条文化しているのは、「生産力の発展の水準と社会需要からみて、教育機構の発展戦略上の重要性があるから」(10)と考えられる。実際、中国政府は中華人民共和国教育法が制定されて後、職業教育領域のみを単独に国家法として立法化し、職業教育制度の国家制度としての重要性を認めている。それは、一九九六年に制定された「中華人民共和国職業教育法」（五・一五全国人民代表大会）であり、職業教育制度の法理論は同法にみることができる。同法は、「職業教育を発展させ、労働者の素質を高め、社会主義建設を促進するため」（第一条）、「各級各類の職業教育と各種の職業学校の教育と各種の形式の職業訓練育成」（第二条）に対して制定された。さらに、職業教育及び職業教育制度について以下のように規定する。

「職業教育は、国家の教育事業の重要な構成部分であり、経済、社会発展と労働就業の重要なルートである。国家は、職業教育を発展させ、職業教育改革を推進し、職業教育の質量を高め、社会主義市場経済と社会進歩の需要に適応する職業教育制度を建立し、健全にする。」（第三条）

この場合、重要となるのは、「社会主義市場経済と社会進歩の需要に適応する職業教育制度」とは何であるかという点である。「文化大革命」以降の教育改革の流れの中では、義務教育制度の実施と並んで職業教育は重要な柱の一つに位置づけられていた。一九八五年の中共中央「関於教育体制改革的決定」では、中等教育機構の調整において職業教育を発展させることを以下のような意味において重視した。

「社会主義現代化建設は、高級科学技術の専門家を必要とするのみならず、良好な職業技術教育を受けた初級・中級の技術人員、管理人員、技術者と、良好な職業養成を受けた都市の労働者を切迫して必要としている。このような労働技術集団がいなければ、先進的な科学技術と先進的な設備は現実的な生産力にならない。しかし、職業技術教育は現状では我が国の教育事業全体の中では薄弱な環境にある。この場合、必ず切実で有効な措置を採りこの状況を改変し、職業教育が一つの大きな発展をすることに努めなければならない。」

職業教育の領域が「薄弱」であることは、実際には「文化大革命」期において、それまで中国の学校体系の特徴と言えた「二つの教育制度」（二つの労働制度）が完全に破壊され、中等教育の単一化（職業学校の普通学校への改組）が政治的に進行し、結果として職業技能の低迷がその後も生じたことをいう。実際、八〇パーセントの職工が初中（中学校）程度に達しておらず、工業部門の専門技術職員が全職工の二・八パーセントに過ぎず、技術の科学化に対応できず、現代化建設を阻害していることが指摘されている（一九八一・二・二〇　中共中央・国務院「関於加強職工教育工作的規定」）。中国国家は、そのため「八〇年代の中等教育改革は職業教育が中心」（一九八〇・一〇・七「国務院批准教育部・国家労働局関於中等教育機構改革的報告」）であることを意識し、普通教育と並んで職業教育の改革を重点的に行った。例えば、農村については、農業生産責任制の実行を背景として農業技術の向上のため、一九八〇年より「文化大革命」中停止されていた「農業中学」や「職業中学」を再開し、一九九〇年までに農村の各種職業中学の生徒数が普通高中（普通高等学校）を上回ることが目指された（一九八三・五・五　中共中央・国務院「関於加強和改革農村学校教育若干問題的通知」）。また、都市については、特に後期中等教育の段階を意識し、いくつかの普通高中を職業中学に改組し、職業中学を新設し、普通高中の教育課程に職業教育系の教育課程を加え、普通教育と職業教育の併存という過去の「二つの教育制度」の政策化が進行した（一九八三・五・九　教育部・労働部・財政部・

国家計画委員会「関於改革城市中等教育機構発展職業技術教育的意見」)。

しかし、近年の職業教育にみられる「二つの教育制度」の政策化は、「文化大革命」以前の方法にみられた、学校教育体系と社会（成人）教育体系の二元的構造をもととしながらも、学校教育体系の中においては、「文化大革命」期において職業学校を普通学校に統合・改組し普通教育の単一化を行った方法ではなく、初等・中等・高等の三種の職業学校において卒業生と在学生の二層に職業教育を行うという「三種教育分流モデル」[11]を採用している。それは、「初等中学以降を重点とする異なる段階の教育分流を実施し、職業学校教育と職業研修を同時に建立、健全にし、かつその他の教育と相互に関連づけ、職業教育体系を協調的に発展させる」(「中華人民共和国職業教育法」第一二条）ことに有効な方法だからである。そのため、「職業学校教育は、初等、中等、高等職業学校教育に分」け、「初等、中等職業学校教育は、初等、中等職業学校に分けて実施する」(同条)。また、近年の職業教育にみられる「二つの教育制度」の政策化の特徴は、これまでの国家を唯一の設置主体とする「学校の国家所有制」を改め、「農村、企業、事業組織、社会団体、その他社会組織及び公民個人」(第一七条）に対して広く職業学校の設置を認め、いわゆる民間活力の導入を推進している点にある。特に、企業に対しては「単独あるいは連合で職業学校、職業研修機関を設置することができる」(第二〇条）ことを認めている。これは、経済の市場化により人材育成が国家の責任であることに加えて、経済主体である企業自身の責任でもあることを規定するものであり、そこに資本主義的な職業教育体系への接近があり、近年の中国の職業教育制度の変容をみることができる。

第四節　成人教育制度の法理論

中華人民共和国教育法は成人教育について以下のように規定する。

「国家は、多種の形式の成人教育を鼓舞し発展させ、公民に対して適当な形式の政治・経済・文化・科学・技術・業務教育や終身教育を受けさせる。」（第一九条）

中国では、成人教育は「正規の全日制学校の青少年以外に、成年公民に実施する各種の類型と形式の教育を行う[12]」ことと広く定義されている。この場合、注意しなければならないのは、その成人教育の概念・目的・内容・方法が日本の社会教育やヨーロッパの成人教育と異なるという点である。中国における成人教育の目的はおよそ二つある。①労働者に対する学校教育の補完教育、②識字教育としての文盲一掃教育である。そのうち、主要な目的は「完全に初等、中等教育を受けていない労働者に対する基礎教育を行うこと[13]」すなわち、①労働者に対する学校教育の補完にあるといわれ、成人教育の中心が成人に対する基礎的な学校教育の補完教育を内容とする特殊なものといえる。一九八一年より中国政府は、「初中（中学校）卒に達していない全国の工場労働者（全体比で約八〇パーセント）の約六〇から八〇パーセントを初中卒にする」（一九八一・二・二〇　中共中央・国務院「関於加強職工教育工作的決定」）方針を掲げ、「文化大革命」により初等教育を受ける機会を奪われた成人に対する基礎教育を現在まで実施してきた。

また、中国の成人教育の目的は識字教育としての文盲一掃にもある。一九九〇年の中国の全国人口審査統計では、十五歳以上の文盲・半文盲は農村地区において、女子に多くおよそ一・八億人に達し、社会主義建設事業の一つの厳しい制約要因となっている。そのため、文盲一掃は、九年義務教育の完全実施と並ぶ大きな教育政策課題であり、国家の教育改革の「二基目標」（一九九四・九・一　国家教委会「関於在九十年代基本普及九年義務教育和基本掃除青壮年文盲的実施意見」）とされ、そのための国家法として「掃除文盲工作条例」（一九八八・二・五　国務院、一九九三・八・一改正）が制定されている。その条例では、九〇パーセント以上の人口地区で文盲率を五パーセント以内にすることを目標として、具体的に全国を経済条件と教育条件の程度・格差により三つの地区に分け、段階的に文盲一掃の教育政策を推進することを規定している。このとき、特に文盲者・半文盲者を多く抱える農村については、小・中学校の児童・生徒を「農村の巨大な智力資源であり、農村文盲一掃の重要力量」（一九九〇・六・四　国家教委会「関於農村中小学参加掃除文盲工作的報告」）として利用し、文盲一掃活動へ参加させる政策を展開している。なお、この文盲一掃の事業の運営及び実施の責任は、義務教育事業と同様に地方責任の原則を踏まえて「各段階の人民政府、基層大衆性をもつ自治組織と企業事業組織」（中華人民共和国教育法第二三条）や「文盲一掃の教育能力をもつ公民」（同条）にあると規定されている。

以上、中国の成人教育の特徴は、他の発展途上国と同様に教育の恩恵を受けていない者に対しての基礎教育や識字教育の普及にある。したがって、成人教育制度を規定する法理論は、「文盲教育を受ける権利」を保障する教育福祉的価値と、人材育成による国家経済の発展のための教育経済的価値の両者を含むといえる。そして、それは中国の全体の教育制度が全日制の伝統的な学校体系モデルから、「教育の終身化、教育形式の多様化、受教育面の広範化により、成人教育、職業教育など横への広がりを拡大した[14]」ことを意味する。

第五節　教育試験制度及び学業証書制度の法理論

教育試験制度については以下のように規定されている。

「国家は、国家教育試験制度を実行する。国家教育試験は、国務院教育行政部門により種類が確定され、かつその教育試験の実施が国家から批准された機関により実施される。」（第二〇条）

これまで、中国においては「試験に関する組織管理とその規律違反に対する処罰行為に対しては、国家試験を行う行政機関が制定する各種の行政性文件に依存し」[15]、「法律上の試験制度には、立法のおくれや執法の厳格性がないという問題がある」[16]と指摘されていた。したがって、現在の教育試験制度は国家による教育管理制度の重要な構成部分である。教育試験を行う各種の機関（学校及び企業その他）は、まず教育試験の実施に関して、国家による批准審査を受け、さらにその試験方法・手続きそして結果に関してさらに国家による評価と監督を受ける。その種類は、①統一入学試験（高校入試・大学入試）、②学歴証書試験（「高等教育自学試験」、「中等専業教育自学試験」）、③水準試験（「普通高等学校卒業試験」、「漢語水準試験」、「外語水準試験」）に分かれる。この場合、①統一入学試験は、公民に対して非義務教育段階の教育を受ける機会を獲得させることを目的としており、一種の公平競争の条件と公正な選抜の手段により最大限に公民に教育の機会均等の原則を適用するものとされている。しかし、「文化大革命」後の中国においては、一九七七年に試験制度が回復された後、学制の建て直しと同時に経済改革における人材育成が進学を助長し、「少なからず高校が進学主義に走り、その部分で教育規律錯誤の方法が生じた」（一九九一・二・二一　国家教委会「関於印発『高中卒業会考后普通高校招生全国統一考試工作実施方案（試行）』的通知」）。そのため、中学校や高校において「進学のみで、労働条件を阻害する傾向があり、徳育・体育・基礎知識と能力を軽視し、学生に過重な学習負担を課す受験体制化と、親が進学率のみで学校や教師を評価する」（一九八三・一二・三一　教育部「関於全日制普通中学全面貫徹党的教育方針・糾正片面追求進学率傾向的十項規定（試行）」）学歴主義的教育病理現象が生じた。そのため、中国政府はこうした学歴主義是正のため、高校や大学の全国統一試験の制度化を行い、特に試験科目と内容の平準化を行い、送り手である中学校や高校の「偏面追求進学率[17]」による受験指導体制化を抑制したと考えられる。つまり、統一入学試験制度は、一方において教育の機会均等の原則の原理性をもち、他方において眼前の受験競争社会化を抑制するという政策性をもった制度として立法化されたといえる。

また、②学歴証書試験と③水準試験は、国家が公民に対して一定の教育水準を具有していることの法律効力のあるオフィシャルな認定を行うことを目的としており、進学・就業・昇格に関して一定の資格制度としての社会効果を求めるものといわれている。しかし、これらの試験も近年の受験競争社会化により「徳・智・体・美・労の全面発達が不正常で、文科系カリキュラムに偏った偏化現象があり、少なからずの学校がただ少数の進学有望な学生を尊重しすぎて、大多数の学生を阻害し、放任し、進学率の低い学校の運営の積極性が侵されている」（一九九二・二・一一「国家教委会印発『高中会考工作会議紀要』的通知」）状況を是正するためのものであり、その意味では、先の①統一試験制度と同様に受験競争社会化を教育政策上抑制するための教育制度として存在するといえる。なお、この制度は同時に国家の教学計画の執行を強化・徹底し、偏科現象を抑制し、国家による各学校の教学管理を強化し、さらに国家による学校評価のための制度でもある。

ところで、この学歴証書試験は内容上中華人民共和国教育法がつぎに規定する学業証書制度と連動している。同法第二一条では、学業証書制度について以下のように規定している。

「国家は、学業証書制度を実行する。国家の批准を経て設立あるいは認可された学校及びその他の教育機関は、国家の関係規定に照らして学歴証書あるいはその他の学業証書を発行する。」

この学業証書は、種類としては大きく学歴証書と非学歴証書に分かれる。このとき、学歴証書は卒業証書・修了証書・中退証書を内容とし、非学歴証書は企業等からの派遣研修による成人の研修修了証書等を内容とする。この学業証書の制度化は、受教育者の受けた学校教育及びその達成した知識水準と能力水準を公的に保障し、証明することを目的としている。しかし、同時にそれは特に学歴証書に関してその公布資格の認定・評価等を通じて国家が学校を管理する学校管理制度の一つでもある。こうした国家による学校管理の制度化の背景には、近年の私立学校の出現があり、「専業証書と学歴証書が曖昧化され、誇大広告による過度な学生募集、学校の規模超過とそれに伴う教育管理の低下」（一九八九・一二・三〇　国教委・人事部「関於加強成人高等学校教育試行『専業証書』制度管理的若干意見」）がある。また、この学業証書制度は特に非学歴証書としての成人の専業証書に関して、学校管理制度であるとともに労働政策上の人事管理制度である部分をもつ。企業等は、実際この制度を雇用者の昇格・昇給の評価基準に充てるとともに、専業証書制度の発行は、学校に研修派遣した企業等の申請により生じるシステムとなっている。

その意味では、この専業証書制度は学校への研修委託制度にもとづくものであり、人事管理上すなわち人員選抜や昇格人事における企業等の評価制度にもとづくといえる。実際、近年では司法機関である人民法院も審判委員養成のための研修委託と資格認定のため人事管理上の目的からこの制度を利用している（一九九二・六・二四　最高人民法院・国家教委会・人事部「関於加強法院系統成人高等学校『専業証書』教学班管理的通知」）といわれる。また、検察院も、「幹部教育のための有効な法律制度」（一九九二・八・二〇　最高検察院・国家教委・人事部「在全国検察系統継続実行『法律（検察）専業証書』制度的通知」）として利用し、この制度は「我が国の国情に符合する」（一九九二・九・一　国家教委・人事部「関於継続発展『専業証書』教育的通知」）人事管理制度として評価されている。

第六節　学位制度の法理論

中国において、学位とは「国家あるいは国家に授権された教育機関が個人に与える一種の終身の学術称号」(18)と定義される。そのための制度すなわち学位制度は高等教育の発展・維持のための教育制度であるとともに、「国家が専門人材の成長を促進し、各専門学科の学術水準を高める」(19)ための国家による学問管理制度としての特徴をもつといえる。

表6－2　学位の資格と基準

学位の種類	資　　格	水　　準
学　士	高等学校本科の卒業生で，成績優秀な者。	比較的に良好に該当の学科の基礎理論・専門知識と基本技能を掌握している。 科学研究活動に従事したり，専門の技術の仕事を担当する初歩能力をもっている。
修　士	高等学校と科学研究機関の研究生，あるいは研究生と同等の学力をもつ者で，修士学位の課程試験を論文答弁を通して，成績が合格に達した者。	該当の学科において堅実な基礎理論と系統的な専門知識を掌握した者。 科学研究の活動に従事したり，専門的な技術活動の独立の責任を担当する能力をもつ者。
博　士	高等学校と科学研究機関の研究生，あるいは研究生と同等の学力をもつ者で，博士の学位の課程試験と論文答弁を通して，成績が合格に達した者。	該当の学科上で堅実に広大な基礎理論とその系統に深い専門知識をもつ者。 独立して科学研究の活動に従事する能力をもつ者。 科学あるいは専門の技術における創造性のある成果をもつ者。

それを前提として、中華人民共和国教育法では、学位制度を以下のように規定している。

「国家は、学位制度を実行する。学位授与組織は、法により一定の学術水準あるいは専門の技術水準に達した人員に対して、相応な学位を授与し、学位証書を発行する。」（第二二条）

この場合、学位制度の詳細はすでに一九八〇年に他の国家教育法に先駆けて制定された「中華人民共和国学位条例」（一九八〇・二・一二　全国人民代表大会）に規定されている。同条例では、学位の種類を「学士、修士、博士の三級」（第三条）に分けるとともに、それぞれの学位の資格要件（第四条、第五条、第六条）を上（表6-2）のように定めている。

それぞれの学位は、高等学校や研究機関により授与される（ただし研究機関は学士を授与できない）（第八条）が、その学位授与機関は、国務院の設置する学位委員会の審査と監督により学位授与の権限をもつ。さらに、学位授与機関は組織内に「学位評定委員会を設立し、関係学科の学位論文答弁委員会を設置しなければならない」（第九条）とされている。この場合、学位評定委員会の構成員の名簿は学位授与単位により提出され、主管部門（国務院の学位委員会を指す）の批准を受け、学位論文答弁委員会には、「必ず外部の単位の関係の専門家を参加」（同条）させなければならないとされている。なお、国務院はすでに学位の授与を批准した単位に対して、確実に学位授与の学術水準を保障することができなくなった場合には、その学位授与の資格を停止あるいは取消することができる」（第一八条）とされている。

中国の学位制度は、歴史的には「安価な選抜システム」[20]であった科挙制度の長期の存在により、大学の成立とともに遅れた。しかし、「文化大革命」の後の人的投資の経済政策は、学力及び技術力の高い優秀な専門職の養成を求め、大学改革の推進と人材選抜の基準としてこの学位制度の立法化を行ったといえよう。実際、他の国家教育法に較べて「中華人民共和国学位条例」の制定はかなり早かった。また、中国の学位制度は国家による大学管理制度の方法の一つとしても機能している。それは、先に述べたように学位授与単位である大学の学位授与権限が、国務院（学位委員会）により審査・批准され、日常的な監督を受けるシステムであることに明らかであり、それは国家の大学評価制度としての機能をもつといえる。なお、近年の私立大学の設置の自由化によりその機能はより重視されているといえる。

第七節　教育督導制度の法理論

教育督導制度とは、本来教育視学制度をいう。しかし、現在中国において執行している教育督導制度とは「実質上は行政監査と管理の重要機能であり、国家が教育に対して行う監督や指導の有力手段[21]」としてある。それは、単に学校を対象とした教育管理・監督の制度ではなく、「下級人民政府の教育工作、下級教育行政部門を学校の工作に対して、監督、検査、評価、指導を行う」（一九九一・四・二六「教育督導暫行規定」第二条）制度であり、「地方政府の教育工作にマクロな指導と監督を進行」（一九九一・五・二　全国教育督導工作会議における国家教育委員会副主任の談話）する教育行政監査制度にあるといえよう。

まず、教育督導の機関として、中央では国家教育委員会が「教育督導の職権を行使し、かつ全国の教育督導工作の管理」（「教育督導暫行規定」第四条）にあたり、地方では「県級以上に等しく教育督導機関」（同規定同条）が置かれる。この場合、中央の教育督導機関（国家教育委員会内部に設置された教育督導司）は、国家的な教育督導工作の方針・政策・規則・計画・指導方針を制定し、全国の教育督導工作を組織し、指導する。また、地方の教育督導機関は、「各省、自治区、直轄市の人民政府」（第六条）により設置され、その下級の人民政府の教育工作に対して行政監査を行う。

この教育督導機関には、それぞれ実際の教育行政監査を専門的に行う特別職としての専門職として「督学」が置かれる。この督学は、「社会主義教育事業に忠誠を尽くし、高い教育水準をもち、大学の本科の労働あるいはそれと同等の学力をもち、十年以上教育工作に従事したこと」（第一一条）を任用条件とする。この督学は、実際の教育督導に際して被督導単位の関係会議に列席したり、立ち入り調査をしたり、その単位に資料の提出と報告を求め（第一四条）、さらにその違反行為に対して制止する権限をもつ（第一五条）。督学は、任務が完了した後は被督導単位に対して督導結果・意見・建議を報告でき、被督導単位は正当な理由がなければ、その意見や建議を受け、実際の教育工作を改善する義務が生じる。その義務を怠った場合や執行を拒否した場合には行政処分が課される（第一九条）。

この教育督導制度は、本来義務教育制度と一掃文盲制度の具現化のチェックのために制定されたといわれる。一九八六年に中華人民共和国義務教育法が制定されたが、実際の義務教育の完全化や文盲一掃の実現は、地方責任の原則により、完全に地方に任された状態にあった。したがって、その実現にはそれぞれの地方の経済格差があり、全国一律に完全実施とはならない状態がある。実際、地方においては教育行政担当者に関して「法制観念が希薄で、『有法不依、執法不厳、違法不究』（法があってもそれに基準とせず、法の執行に厳格性がなく、法律違反があっても追求しない）の法現象がある」[22]ことが問題とされてきた。特に、その場合地方人民政府（教育部）の教育行政担当者の教育政策能力や政策態度については、例えば教育行政軽視の精神風土もあり、何らかの行政監督を必要としたといわれる。教育督導制度は、その場合義務教育制度を中心としたさまざまな教育制度の地方における実施についての行政監査制度であり、教育制度を監査する制度として特徴をもつといえる。なお、実際には教育督導機関は一九九四年の時点では、全国の二十九の省や市、三百六十九の県そして二千五百二十六の町村に設置され、督学については専任職が九千九百七十四人、兼任職が一万百十三人が就任している。[23]

注

（1）労凱声『教育法論』江蘇教育出版社、一九九〇年、八四頁。
（2）国家教育委員会師範教育司組編『教育法専読』北京師範大学出版社、一九九六年、四二頁。
（3）同書、五六頁。
（4）牧野篤「『人治』の国の教育『法治』——『中華人民共和国教育法通則』（草案）の解説に代えて——」『国民教育研究所研究集録』第一号、一九九〇年、一五頁。
（5）翁文色「論鄧小平的教育行政思想」『高等函授学報（哲学・社会科学版）』、一九九六年、三八頁。
（6）牧野篤、前掲論文、一七頁。
（7）檀伝宝「中国教育機会均等問題的決定及対策思考」『教育科学』、一九九四年、二一頁
（8）石川啓二「中国の新しい義務教育法、全文」『季刊　教育法』エイデル研究所、一九八七年、一四四～一四六頁。
（9）国家教育委員会師範教育司組編、前掲書、六一頁。

(10) 同書、六五頁。
(11) 許義海「浅談両種教育分流模式」『教育与職業』、一九九七年、八頁。
(12) 国家教育委員会師範教育司組編、前掲書、五八頁。
(13) 同書、五九頁。
(14) 李連宇「我国教育法体系争議」『中国法学』、一九八八年、八一頁。
(15) 李長城「我国考試立法争議」『徐州師範学院学報（哲学・社会科学版）』、一九九五年、一二三頁。
(16) 同書、一二二頁。
(17)『光明日報』、一九九五・六・五②。
(18) 国家教育委員会師範教育司組編、前掲書、六一頁。
(19) 郭斉家主編『教育法（全書）』人民教育出版社、一九九六年、一五九頁。
(20) 唐寅『現代中国における地方教育行政改革に関する研究――教育督導制度の成立と地位』（九州大学提出博士論文未刊）、一二一頁。
(21) 簞盛裕「教育執法問題研究」『基礎教育研究』、一九九六年、三頁。
(22) 同論文、五頁。
(23) 唐寅「上海市の教育督導評価指標」、九州大学教育学部教育経営・教育行政学研究室『教育経営・教育行政学研究紀要』第二号、一九九五年、八二頁。

第七章　学校の法理論

本章では、中華人民共和国教育法の「第三章　学校及びその他の教育機関」（第二五条～第三一条）の部分について考察する。同章は、全体に学校の設置主体・構成要件・設置手続き等の基本要件を定めるとともに、「民営学校」の承認、学校の権利・義務や学校の法人資格さらに学校の管理制度について規定している。従来、中国ではこのように学校の法律要件については明確な法規定がなく、学校は、「学校の国家所有制」の原則の下、基本的には、国家を設置者として中国政府や中国共産党の通達や政治的指示により包括的であいまいな管理により存在していたといえる。しかし、近年学校は学校設置の自由化により、国家のみではなく、地方、企業事業組織、社会団体・組織及び個人等広範囲に拡大した。そのため、学校は単に国家の所有物ではなく、設置者によりその社会的存在が規定される社会組織であり、学校自体を共通に規定する社会規範が新たに必要とされるようになったと考えられる。この場合、中華人民共和国教育法により学校の法律要件や法人資格を立法化したこと（特に私立学校の存在を承認したこと）は、近年の学校設置の自由化の流れにより生じたものであり、同時に法による学校の存在の社会的確認と国家的な管理が必要となり、そして、そこに同法の社会的価値が生じたと考えることができる。なお、それは同時に社会主義的教育法の法理論の資本主義的教育法への接近であり、これまでの伝統的な社会主義教育制度の基本理念とされた「学校の国家所有制」が転換されたことを意味するといえる。以下、ここでは学校設置の自由化と学校法人の法理論を中心として考察することとする。

第一節　民営学校の法的承認と社会主義的公教育の変質

中華人民共和国教育法は、学校の設置者に関して以下のように規定する。

「国家は、教育発展計画を制定し、学校及びその他の教育機関を設置する。国家は、企業事業組織、社会団体、その他の社会組織及び公民個人に対して、法にもとづき学校及びその他の教育機関を設置することを鼓舞する。」（第二五条）

同規定は、これまで明確ではなかった国家以外の学校の設置者を法的に認めた点に特徴をもつ。従来、中国政府は直接に国家あるいは地方政府が設置する学校以外の学校、例えば国有企業、農村自治組織（旧人民公社）や公民個人が設置する学校については、「学校の国家所有制」の原則により包括的な国家管理の従属物と観念してきた。したがって、あえて国家以外の学校設置者を規定するこの条文は、伝統的な社会主義教育制度の制度原理の一つである「学校の国家所有制」を修正する意味をもち、他の条文に比してその法的内容の重要性があるといえる。

「企業事業組織、社会団体、その他の社会組織及び公民個人」により設置された学校をどのように法的に規定するか。そこには特に、その設置者の相違により国公立学校と私立学校のように類別化することに関して困難な問題がある。それは、これまでの中国の学校成立史の事情から複雑な展開があったと推察される。例えば、一九五九年の建国前においては、「小学校教育の発展は、必ず国家による包括的な管理思想を打破して、都市においては自治組織（「街道機関」）や工場企業による学校設置、農村においては大衆の集団による学校設置や私人による学校設置」

（一九五七・三・一三「北京招開第三次全国教育会議」における教育部報告）が積極的に教育政策として提唱された。このことは、当時において「広大な人口と経済失調で、小・中学校教育が完全には国家により掌握できず、『都市居民』、『工鉱業企業』、『機関』、『団体』、『院校』及び『合作社』等により、多種多様な学校設置の形態を採らざる得なかった」(1)という事情がある。以上の結果として、現在においても「不明瞭な形で『民営学校』が残った」(2)とされる。そのため、「公と私による分法は、中国の（学校の）多元的に発展した学校類型を、科学的に分類することに関して無理がある」(3)といわれる。

現在、中国では、「企業事業組織、社会団体、その他の社会組織及び公民個人」により設置された学校は、「民営学校」あるいは「社会力量学校」と広く定義されている。この場合、「民営学校」は「国家機関や国有企業事業組織以外の各種の社会組織から公民個人が、自己資金により」（『民営高等学校設置暫行規定』第二条）設置する学校と定義される。また、「社会力量学校」は、「国家は、集団経済組織、国家事業組織とその他の社会力量組織が法規定にしたがって各種の教育事業を行うことを鼓舞する」（『中華人民共和国憲法』第一九条）という憲法上の規定を前提として、企業事業組織、社会団体及びその他の社会組織と公民個人が非国家財政性の教育経費を利用し、設置する学校（『社会力量学校運営条例』第二条）と定義され、両者はほぼ同様の意味をもつ。ただこの点、詳細にみれば、その設置主体の範囲に関して、「民営学校」には国有企業事業組織が含まれないのに対して、「社会力量学校」には国有企業事業組織が含まれる。しかし、実際上は国有企業事業組織が設置する職工学校や職工子弟学校が「社会力量学校」の対象から除外されているケースもあり、結局のところ「社会力量学校」はほぼ「民営学校」と同義的な概念として法律上明確な区別がなく現在使用されているといえる。なお、実際の学校種別ごとの法規名としては、「民営学校」を冠するのは高等教育機関を対象とする「民営高等学校設置暫行規定」のみであり、初等・中等及び職業学校を対象とする関係法規はほとんど「社会力量学校」を冠する。

いずれにしても、中国政府は近年国家あるいは地方政府以外の社会組織により設置された学校を法的に承認し、さらに管理する法整備を進めている。ここで重要なことは、こうした「民営学校」（「社会力量学校」も含む。以下同様）の法的認定と法的管理が、これまでの社会主義的教育制度とどのような関係にあるかという点にある。

従来、「民営学校」は歴史的、社会的には存在しながらも、法律上、制度上明確な承認は得られていなかった。それにもかかわらず、現在農村地方を中心に不明確な形で民営学校として残った。例えば、広西省・博白県の場合、現在でも特に山間僻地の地方で農山村の自治組織が設置した民営学校が多く、全県の小・中学校四百四十四校のうち、五十八校で全体の一一・六パーセントに達する。(4) また、近年の現象として、都市部を中心に公民個人により設置される民営学校（この場合「私立学校」にあてはまる）が増加し、その数は全国の小・中学校全体の〇・五パーセント（約二千校）にあたるといわれている。(5) なお、「私立学校」は、「私営企業と公民個人により設置・運営される学校」(6)と定義される。

こうした歴史的な民営学校の存在や近年の都市部を中心とした私立学校の急増により、国家はそうした民営学校（私立学校）の存在を無視できず、しだいにその社会的存在の承認、さらに一定のマクロな管理が求められるようになり、「民営学校に関する明確な教育法規定がない」(7)ことが問題とされるようになった。そのため、中国政府はまず「社会力量学校運営若干暫行規定」（一九八七・七・七　国家教委）を制定し、民営学校の性質や地位、学校運営者の基本任務、審査許可、教職員資格、広告、学業証書、経費・学費・資産、学校財産監査等、民営学校の学校基準や学校運営原則を定めた。同時に、学校財政的な面の法的整備のため、「社会力量学校運営財務管理暫行規定」（一九八七・一二・二八　国家教委・財務部連合）を制定し、民営学校の財務管理の原則、財務の機構・人員、収費、会計帳簿等について詳細に規定した。その他、特に私立大学の設置を承認するため、一九九三年に「民営高等学校設置暫行規定」（一九九三・八・一七　国家教委）を制定し、私立大学の設置基準や申請手続き等について明確化するとともに、学校設置に関して外国資本の導入を特別に承認するため、「中外合作学校運営暫行規定」(一九九五・二・一　国家教委)を制定した。また、地方においても以上の国家教育法の制定と前後して、「社会力量学校運営条例」・「社会力量学校運営管理条例」・「社会力量学校運営管理方法」等の民営学校に関する教育関係法規が制定されるようになった。[8]この場合、先の中華人民共和国教育法(第二五条)は、そうしたこれまでの中国政府の民営学校政策を確認するものであるとともに、民営学校の存在を一九八二年憲法にもとづき国家法の次元で法的に承認したものとして重要性をもつといえる。なお、近年では、以上の民営学校関係の教育法規を包括する国家教育法として、新たに一九九七年(七・三一)に「社会力量学校運営条例」[9]が制定された。

同条例は、これまでの民営学校関係の教育法規群の欠陥を克服するために制定された。その欠陥とは、第一に、従来の民営学校関係の教育法規が教育部(旧国家教育委員会)レベルの教育法規であるため、他の行政法規との間で競合があったこと。第二に、法内容において、実質性や操作性がないこと。例えば、一部において「処罰」・「罰則」の規定がなく、違法行為に対する制裁がなく、法としての強制力を欠き、「暫行」・「試行」の法律名に示されるように期限不明で法としての安定性を欠いたり、その法内容が「多く『政策性語言』により抽象的で実施性がない」[10]と指摘されている。さらに、第三に、法としての具体性がないこと。例えば地方教育法規として制定された民営学校関係法規の多くは、詳細にみると、すでに国家教育委員会が一九八七年(七・七)に制定した「社会力量学校運営若干暫行規定」の模倣が多く、その地方の実際状況に応じた具体性に欠ける内容となっている。したがって、近年制定された「社会力量学校運営条例」(一九九七・七・三一)は、そうしたこれまでの民営学校関係の教育法規の欠陥を克服し、包括的・総合的及び機能的に現在の中国の民営学校を規定する重要な国家法として機能するとともに、中華人民共和国教育法に規定された民営学校に関する条項をより具体化した国家法となるものといえる。

ところで、こうした民営学校の法的承認や法整備の進行の一方において考えなくてはならないのは、中国政府がこれまでその存在を公的に承認しなかった民営学校をあえて承認し、さらに積極的にその設置を奨励する政策に変化した理由である。中国政府は、まず一九八二年憲法で「国家は、経済組織、国家企業事業組織とその他の社会力量が法律にもとづき各種の教育事業を起こすことを鼓舞する」（第一九条）と明確に規定し、民営学校を建国後初めて法的に認知した。さらに、一九八五年の『決定』では、「地方は、国営企業、社会団体と個人に対して学校運営を鼓舞、奨励する」と具体的に指示するとともに、国家が学校設置に関して「多種の方法、他形式の社会資本による学校経営と民間による学校経営を鼓舞し、国家の包括的な学校経営の方法を改善」（第五全人大第十四次会議における江沢民の報告）する政策を公言してきた。さらに、中国政府は教育改革の基本方針を規定する「綱要」において、私立学校を含む民営学校に対する政府の方針が「積極鼓舞、大力支持、正確指導、加強管理」の「十六字方針」にあることを明言している。

こうした政策変容は、しかし、本質的には近年の経済改革に連動した教育改革の一つとして学校設置の自由化を推進するという現代的な政策技術の次元と、中国固有な公教育制度史（特に学校成立史）における歴史的次元の両者の要因によると考えられる。第一に歴史的に従来から存在する民営学校（特に地方農村地区の学校）に関して、その学校の施設・設備の不備、無資格教師（民営教師）の存在そして就学児童・生徒の中退等さまざまな教育問題があり、その改善のための規制的措置が求められたということがある。そのため、中国政府はこれらの民営学校の存在をまず国公立学校の補充になるものであり、「社会主義教育事業の構成部分である」（「社会力量学校運営条例」第三条）として正式評価し、いわゆる公教育機関の一つとして正式に認めた。そして、それが公教育機関であることを理由として、その設置、教学管理、運営、財務管理等に関して国家的な規制管理にもとづく是正を求めるという政策化を図ったと理解される。つまり、そこにはこれまで民営学校が国家の管理から離れ、無秩序的に存在していたこと。そして、そのことによりさまざまな教育問題が全国的な社会問題として歴史的に派生したことに関して、一定の政策的措置が求められた背景があったと理解される。第二に、民営学校の存在に関して法的承認が認められるようになった事情として、中国における教育財政的事情がある。一部の論者は端的に民営学校の存在及び増加が「政府投入の不足をカバーし、同時に異なる社会階層の需要を満足させる」[11]と主張する。近年、中国の教育財政は従来の国家を唯一の教育財政負担主体とする伝統的なシステムから、設置者負担主義あるいは受益者負担主義を導入する教育費集積システムに変容してきている。この場合、民営学校（特に都市部における私立学校）の増加は、教員給与費や施設・設備費及び授業料等に関して、明らかに国家の教育財政負担を軽減するものとして承認されるといえる。

さて、民営学校の法的承認が、以上のようにいくつかの理由によるとしても、そのことは単に教育政策の技術的操作の次元に止まらず、それに付随して伝統的な社会主義的教育制度理念の変容を促したと理解される。それは、いわゆる伝統的な社会主義的教育制度原理である「教育の機会均等の原則」の転換である。実際、近年都市部で急増している個人設置による民営学校、特に高い授業料を徴収する高所得者層の子弟を対象とするいわゆる「高収費学校」の存在は、中国の一般人民の意識においては「貴族学校」と呼ばれ、大きな反感が生じている。これらの「貴族学校」は、優れた施設・設備と優秀教師の編成さらに一般の学校では教育課程上編成していないコンピューター教育や外国語教育を科目設置していることを宣伝し、高額な入学金・授業料等を徴収する。実際、広東省では「貴族学校が徴収する教育回収金は十二億元を超え、少なからずそのうちの半分以上の学校が市場取引きの方法を導入している」[12]と報じられている。また、都市部を中心としていわゆる国家あるいは地方人民政府が設置主体となる重点学校（特に大学の附属学校や実験学校）についても、入学試験に関して特別に寄附金により入学許可をする「選校生」制度を実行し、それが「重点学校の学生募集規模と社会需給の矛盾」[13]として問題化している。こうした「貴族学校」の増加や、「選校生」制度をもつ重点学校の存在は、一つに「一人っ子政策」により子どもへの教育投資費が拡大したことや、市場経済の開放下において高所得の個人経営者が、その浮遊所得をその子弟の教育投資費に回すという家庭及び社会の教育費構造の変化に影響されている。しかし、今後、こうした学校の増加は、必然的に家庭経済上の教育費の消費の階層格差が、公民の子弟の就学に影響を与えるという資本主義的学校格差の社会現象が、中国社会に蔓延することを意味し、伝統的な社会主義的教育制度原理（「教育の機会均等主義」）が転換することを意味する。

ところで、民営学校の法的承認により社会主義的教育制度原理が転換することとは、現象的には営利を目的とした民営学校の存在の承認により、伝統的な社会主義的な公教育原理である教育の非営利性が崩壊するという点がある。この点、中華人民共和国教育法は「いかなる組織や個人も営利を目的として学校その他の教育機関を設置してはならない。」（第二五条）と規定する。また、学校が「国家の関係規定に照らして費用を徴収し、かつ徴収費用の公開をすること」（第二九条）を、学校の法的義務の一つとして規定している。この部分、さらに直接に民営学校を対象とする国家管理法である「社会力量学校運営条例」においては、以下のような財産・財務管理への監督・管理の強化に連なる。

「教育機関は、法により財務、会計制度と財産管理制度を建立し、かつ行政事業単位の会計制度の規定に照らして会計帳簿を置かなければならない。」（第三四条）

「教育機関の収費項目とその標準は、教育機関により関係行政機関に提出され、審査機関による審査と意見の提出を経て後、財政部門、価格管理部門が職責分工の原則により、その教育機関の教育と教学資本及び補助の実際状況を根拠として確定される。」（第三五条）

「教育機関は、その存在期間は法によりその財産を管理、使用できる。ただし、他に流用したり、担保とするこ

とはできない。」（第三六条）

「教育機関の備蓄は、ただ教育投入の増加と学校運営条件の改善のためのみとし、分配や校外投資に用いてはならない。」（第三七条）

「教育機関は、毎年会計年度終了時に、財務会計報告を制作し、かつ審査機関の要求を根拠として、社会会計審査機関にその財務会計状況の会計審査を委託し、審査機関にその審査結果の報告をしなければならない。」（第三八条）

さらに、こうした民営学校の財務管理に関しては以下のような法的制裁措置が、「法律責任」として課される。

「設置者が出資をごまかしたり、あるいは教育機関成立後にその出資をさっ引いた場合、審査機関によりその改正の責任が求められる。その改正を拒絶した場合には、その出資金と同額あるいはさっ引いた額の二倍以下の金額が罰金として課される。情状が重い場合には、審査機関により学生募集の停止、学校運営許可証の取り上げが責任により課される。」（第五一条）

「教育機関が、審査により承認された費用項目と標準を超えて費用をみだりに徴収した場合、審査機関により期限を付してその超過分の金額の返還が課される。かつ、財政部門、価格管理部門により法律・法規により処罰される。」（第五三条）

以上の規制強化は、民営学校に対してその会計処理や財政運用に関して正常な運営を法的規制や法的監督・管理さらに法的制裁等により抑制する一連の法的技術的措置であると考えられる。しかし、実際には一部の民営学校（特に「貴族学校」）においては、高額な授業料の徴収を課す現実があり、完全には民営学校の営利性を制限することはできず、法的管理に限界があることも事実である。また、一方中国政府の側においても、こうした民営学校の存在が「民間の教育資源の潜在力を掘り起こし、政府の教育の重責を軽減する」[14]という意識や、「政府投入の不足をカバーし、異なる社会階層の教育ニーズを満足させる」[15]という意識があり、民営学校の推奨は教育における市場経済の積極的な導入であり、教育における競争主義による教育の質の向上を招くという政策意識がある。このような実態傾向は、大きくみれば近年の中国の社会改革が急激な市場経済の導入により進行し、その方法論のプラグマティクな適用を教育改革に早急に求めた結果といえよう。その意味では、民営学校は、「我が国（中国）の経済体制改革の当然の産物」[16]であり、「社会主義の市場経済体制の改革に符合している」[17]といえる。現在、「民営学校」の存在価値については、「有益補充説」と「併重説」の二つの観点がある。[18]この場合、「有益補充説」は、基礎教育と高等教育段階において「民営学校」が積極的に国家及び地方政府の公教育事業の補充となるという主張を意味している。それに対して、「併重説」は「民営学校」が学校教育以外の領域すなわち職業教育領域や成人教育領域において（ただし、軍事・警察・師範の学校を除く）、中心的に教育事業主体となるという主張を意味している。この場合、どちらの主張を採るかについては、今後の社会市場における「民営学校」の動向により決定づけられる部分が強く、また中国政府も市場動向に依存した予測の段階にあるといえよう。しかし、そうした教育市場に依存する政策態度は、「社会大衆の教育ニーズと教育投資は矛盾し、短期的には教育問題の解決はつかない」[19]という問題性を残すこととなり、その部分について公教育運営に対する国家の責任の再定義を中華人民共和国教育法は課題とするといえる。

第二節　学校の法人格化と「国家所有制」の原理の転換

中華人民共和国教育法に規定される学校の法理論の特徴として、学校の法人格化がある。同法は、設置者の別を問わず国内にあるすべての学校及び教育機関に対して、その法人格性を認め、以下のように規定している。

「法人条件を備える学校及びその他の教育機関は、設立の批准あるいは登記手続きの日より法人資格を取得する。学校及びその他の教育機関は、民事活動中においては法にもとづき民事上の権利を享受し、民事責任を負う。学校及びその他の教育機関の国有財産は国家の所有に属する。学校及びその他の教育機関が設置する学校運営上の産業は、独立して民事責任を負う。」（第三一条）

同法同条は、学校の法人化において、一般の社会組織の法人格性を規定する「中華人民共和国民法通則」第三七条を適用した。この「民法通則」第三七条は、「法人は、民事権利能力と民事行為能力をもつ。法により独立に民事権利を享有し、民事義務をもつ」と規定し、さらにその法人を大きく企業法人と非企業法人に分け、またその社会組織としての属性により機関法人・事業単位法人・社会団体法人に分ける。この場合、学校法人は非企業法人に属し、「非生産性と非営利性をもつ事業単位法人」[20]にあてはまると解釈される。このとき、「民法通則」にいう法人は、民事権利を享有する主体資格をもつ。その民事権利とは、財産に関する権利として所有権・占有権・使用権・収益権・処分権をもつとともに、債権、知識産権及び名称権や名誉権等広範囲に及ぶ。したがって、学校法人の場合も民事活動中においては民事権利を享有し、民事責任を負い、特に「校営産業」については独立して民事責任を負うと規定した。この場合、学校法人（特に国公立学校）は、「民法通則」にいう法人と較べてその民事権利に関して特徴をもつ。その特徴とは、大きくは、「民法通則」にいう法人と比較して、その民事権利が制限されていることである。それは、第一に学校の資産が国有財産であり、国家が所有権をもつ点である。したがって学校は、財産に関する権利に関しては所有権（収益権・処分権も同様）がなく、部分的な使用権と占有権をもつにすぎない。しかも、その使用権・占有権には「用好、管好」（うまく使い、うまく管理する）の管理・使用の義務や「流用・破壊・私用」

の禁止の義務が、所有権者（国家及び地方人民政府）に対する法的責任として課され、制限されている。第二に「校営産業」に対して学校は所有権をもたないという点である。この場合、同法同条は「校営産業」に対しては独立した民事責任をもたせ、民事権利能力と民事行為能力を与えているが、それは学校と離れた独立の法人資格として認定するものであり、学校自体の法人資格に繋がるものではない。むしろ、学校は教育活動の安定性を維持、保障するため、学校本体に対して連帯的な民事責任（連帯保障責務）は負わないと解釈され、実際にも学校の教学・科学研究資産は校営産業の担保とはならない。それは、学校法人に対する権利の制限が、学校が法人として「二重の主体資格をもつ『特殊法人』である」[21]ことから生じていることを指す。つまり、学校法人は民事法律関係では民事上の権利・義務をもつが、同時に行政法律関係では行政法上の権利・義務をもつという二重性である。

しかし、一方、学校の法人格性は「民事財産の権利からのみ学校法人を理解すれば、学校法人の社会意義を正確に理解したことにならない」[22]とも指摘されている。むしろ、これまで学校は、その所有権のみならず運営権もすべて国家に属する完全な「国家の所有制」にあったことを考えれば、部分的な制限はあれ、積極的に学校の独立性、すなわち学校の国家に対する相対的な自治性・自律性を承認したことは急進的な変革にあたると考えることができる。近年、中国政府は学校の法人化を教育改革に有益な方法と捉え推進した。そのため、学校の法人格化は、一定の教育の市場化を目的とした学校改革の展開により生じたと考えることができる。そして、同法同条による学校の法人化の法規定は、「学校の法律地位は、『中華人民共和国教育法』に規定する全局性のある重大問題である」[23]という意味において、立法上重要な部分を構成する。実際、中華人民共和国教育法の法案説明の段階では、以下のように学校の法人化の趣旨が述べられている。

「社会主義市場経済条件下においては、法律上から学校の自主権を規定し、学校の法人地位を確定し、それが社会主義市場経済体制の需要にもとづく現代教育制度の必然的な要求である。草案は、わが国の基本的な国情から出たもので、国外の学校の法律地位及びその権利・義務の規定を参考として、学校及びその他の教育機関の享有する権利と履行しなければならない基本義務を規定している」（一九九五・三・一八　第八届全国人民代表大会第三次会議での国家教育委員会主任・朱開幹の草案説明より）。

ここで重要なことは、学校の法人化が「社会主義経済体制の需要にもとづく」という点である。近年、中国では行政組織（特に地方の人民政府やそれにより設置された外部的行政組織）に関して「行政法人」という新しい概念が行政法上登場した。(24) これは、これまでの浪費現象と官僚主義の弊害を除去し、各行政機関が独立財政運用を基本として、さらに「党政分開」（政治と行政の分離）を保障実現するため、国家から相対的に独立した組織としての法的地位をもつことを求めたためといわれる。実際、営利性をもつ行政法人・国有企業に関してはその所有権は国家に帰属するものの、占有権、使用権は法人としての企業に属し、さらに製品企画・製造・販売等に関する経営権については企業自身に属する形に改められた（一九九二・五・三「全民所有制工業的管理組織転換条例」国務院）。この改革には、従来の国家所有制にもとづく国有企業の経営方法では、市場経済下における競争に対抗できないという危惧があった。それが、国有企業自体の管理に関して国家による包括的管理から、企業自身による資本主義的な経営管理へ展開する理由となったと考えられる。

学校も同様である。学校の施設・設備等は国有財産であり、その所有権は国家に属するが、日常的な教育活動を中心とした学校運営に関しては、国家から相対的な自治性・自律性にもとづく経営管理権を学校自身に法的に認める方向が追求された。そのため、中華人民共和国教育法第三〇条は、「学校及びその他の教育機関の設置者は、国家の関係規定に照らしてその設置する学校あるいはその他の教育機関の管理体制を確定する」とともに、「学校の教学及びその他の管理運営は、校長の責任にもとづく(25)」と規定した。さらに、学校はその財政運用に関して部分的に独立採算的な負担を強いられるようになった。それは、教職員の給与や施設・設備の維持費等に関して、従来の国家負担主義から設置者負担主義へ教育財政システムが展開し、学校自身が個別に財政負担を負う政策に変化したことを理由としている。以上のことを考えれば、中華人民共和国教育法に規定された学校の法人格化は、経営合理化を求める行政組織改革と、学校を主体とした教育財政改革により生じたものであり、学校組織はある意味で「内外環境の変化に影響される開放型の社会技術系統(26)」の社会組織に組み換えられたといえる。

しかし、いずれにしても学校の法人格性は、中華人民共和国教育法により法的に認知され、学校の法的主体性は確定した。そして、同法（第二八条、第二九条）はつぎにその法人格性の要件として権利と義務について規定する。

「学校及びその他の教育機関は、以下の権利を行使する。

(1)　規約に照らして自主管理をする。

(2)　教育教学活動を組織し、実施する。

(3)　学生あるいはその他の教育を受ける者を募集する。

(4)　教育を受ける者に対して、学籍管理を進行し、奨励あるいは処分を実施する。

(5)　教育を受ける者に対して相応の学業証書を発行する。

(6)　教師及びその他の職員を招聘し、奨励あるいは処分を実施する。

(7)　その組織の施設や経費を管理し、使用する。

(8)　すべての組織や個人の教育教学活動に対する不法干渉することを拒絶する。

(9)　法律・法規に規定するその他の権利。国家は、学校及びその他の教育機関がその合法権益が侵犯されないことを保障する。」（第二八条）

「学校及びその他の教育機関は、以下の義務を履行しなければならない。

(1)　法律、法規を遵守する。

(2)　国家の教育方針を貫徹し、国家の教育教学の標準を執行し、教育教学の質量を保障する。

(3)　教育を受ける者、教師及びその他の職員の合法権益を保護する。

(4)　適当な方式により、教育を受ける者及びその保護者に対して、教育を受ける者の学業成績及び関係の状況の了解について便宜を提供する。

(5)　国家の関係規定に照らして、費用を徴収し、費用項目を公開する。

(6)　法にもとづき監督を受ける。」（第二九条）

以上の学校の権利と義務の内容は、諸外国の教育法規と比較した場合、大きな特徴をもつ。それは、まず第一に、学校の権利と義務に関してこれほど明確に法規定化したものはみられないということ。第二に、その権利と義務が広範囲にわたること。例えば、権利に関しては、学校の自主的な運営権にもとづき自主管理権や教育教学実施権を認めるとともに、学生に対する募集権や学籍管理や奨励・処分の権利、さらに学業証書の発行権、教職員の人事権、そして施設・設備や経費の管理・使用権等を広く認めている。一方、義務についても、国家の法律を遵守し、監督を受ける義務や国家の教育方針を貫徹する義務、さらに教育を受ける者や教職員の合法権益を維持する義務、教育関係情報や学校関係費目の公開義務等広範囲に及ぶ。この場合、教育を受ける者や保護者に対する教育関係情報そして学校徴収費用項目の公開の義務は、比較的特殊な規定といえる。第三に、権利として規定された項目に関して、権利としての実体、換言すれば権限としての法的利益性が薄く、場合によりそれが「義務」と言い換えられる抽象性があること。例えば、教育教学活動を実施することや学籍管理を執行すること、さらに施設・設備を管理すること等は、法により享有される権限的規定内容という実質性がみられない。また、学校運営自主権自体も「本質上は一種の公共的義務である」[27]ともいえる。それは、学校運営自主権の実現はあくまで「国家・社会の公共利益に符合する」(「中華人民共和国教育法」第八条)ことを条件として求められていることにある。つまり、この場合の「国家・社会の公共利益」とは、形式論的には国家利益と全体社会人民の共同利益であるが、実質的には全体社会の人民利益は国家利益に適合し、統合される制限された利益を意味する。したがって、学校の運営自主権にもとづく自主的・自律的活動は国家利益に奉仕することを義務づけられ、学校運営自主権は少なくとも国家に対して相対的な法的関係にたつものではないと理解される。

以上のように考えれば、同法第二八条に例示的に規定された学校の権利は、むしろ、一定の理念を法的に主張する啓示的内容であったり、それがそのまま「義務」と言い換えられる抽象性がみられる。それは、「義務」についても同様であり、例えば法律・法規を遵守することや法の監督を受けることは、法的義務以前の国家及び社会に対する宣言の範疇のものであると解釈される。この点、こうした立法化にみられる条文のプログラム規定的構成の傾向は、伝統的な中国の立法史に共通する特徴ともいえる。しかし、いずれにしても中国の学校は、この中華人民共和国教育法により権利と義務をもつ法人格性をもつ法的主体として、その設置者の相違にかかわらず共通に認定されたといえ、そのことが大きな特徴といえよう。

ところで、先にも述べたように学校の法人化とそれに伴う学校の権利と義務の法的認定は、学校の相違にかかわらず、すべての学校に適用される。例えば、国公立学校に関しては、特に大学に関して、すでに一九九二年から教育政策上「政府と学校との関係上、立法を通じて、しだいに大学の法人地位を確立する」(一九九二・九・一　国家教育委員会「関於加快教育改革和積極発展高等教育的意見」)ことが指摘された。一九九三年の『綱要』では「政府と学校の関係上、政教分開(政教分離)の原則により、立法を通じて、しだいに大学の権利と義務を明確にし、大学を主に社会的には自主独立の学校運営の法人実体とする」ことが目指されてきた。この場合、学校法人化は「学校における政教分開、党政分開の有効形式である」[28]と評価されたといわれる。以上の大学を中心とした学校法人化は、その後大学以外の学校として高校・中学校・小学校すべてに適用されるに至る。また、民営学校については、それが多くの場合非行政機関であり、また学校の運営責任者を明確化する必要から、当然に国公立学校以上にその法人化が求められたといえる。特に、前節で述べたように設置形態と運営形態において多様に存在する民営学校を統一監督・管理するという必要性は、必然的にその設置者（特に単位）に法人資格を求め、学校組織の法的責任（義務）を明確化することから生じたと考えられる。

つぎに、学校の法人化は学校自身に一定の法人資格とその資格取得のための手続きを求める。そのため、中華人民共和国教育法は、以下のように学校設置の基本条件と設置・変更・廃止の手続きの原則を規定した。

「学校及びその他の教育機関を設立するには、必ず以下の基本条件を備えなければならない。

(1)　組織機構と規約を備えている。

(2)　合格教師を備えている。

(3)　規定された標準に符合する教学の場所と施設・設備等を備えている。

(4)　必要な学校経営資金と安定的な経費財源を備えている。」（第二六条）

「学校及びその他の教育機関の設立・変更・廃止については、国家の関係規定を照らして審査・批准・登録あるいは報告の手続きを取らなければならない。」（第二七条）

この学校設置の基本条件や設置等の手続きの規定は、そのまま学校の法人資格認定のための条件と手続きの原則を意味するとともに、「正常な教育管理秩序を維持し、受教育者の合法権益を維持するための規定」[29]でもある。この場合、実際の学校の設立等の手続きは学校の種別や設置主体の相違により多様で、その根拠法も異なる。例えば、義務教育諸学校の設置等は、「中華人民共和国義務教育法」に規定された「地方負責・分級管理」（地方責任・分権管理）（同法第八条）の原則にもとづき、「中華人民共和国義務教育法実施細則」に規定されている。それによると、義務教育諸学校の設立は、「⑴適齢児童・少年の数量に適合する校舎及びその他の基本的な教学施設を備えていること。⑵編成標準に応じて配備された教師と義務教育法の規定の要求に符合する教師集団をもつこと。⑶一定の経済能力をもち、規定の標準に照らしてしだいに教学機器、図書資料と文化娯楽、体育、衛生器材を配備すること」（同規則第八条）を基本条件としなければならない。また、「民営学校」の場合は、「社会力量学校運営条例」により「教育法、職業教育法に規定する基本条件」（同法第一四条）をその設置の基本条件とし、設置者の資格、就任予定の校長・経営責任者・教師等の資格、資産等（第一六条）、実際には国公立学校とは若干異なる条件が課されている。

また、設置等の手続きについては、国公立学校の場合、義務教育諸学校のうち全日制小学校・中学校の他、九年一貫制学校、初級中等職業技術学校、各種の形式の簡易小学校あるいは教学組織（班あるいは組）、盲童学校、聾唖学校、弱智児童補習学校（班）、工読学校等は、基本的には県クラスの教育局あるいは人民政府により報告・審査され、実際には簡素化された手続きによる。しかし、一方「民営学校」の場合、学歴教育と文化補習、就学前教育、自学試験の補習を行う教育機関は、県級以上の人民政府の教育行政部門が国家の規定する審査権限により審査し、職業技能の養成を主とする職業資格研修、技術等級研修のための教育機関の設置は、県級以上の人民政府の労働部門が国家が規定する審査権限により審査し、かつ同級の人民政府の教育行政部門に報告することが義務づけられている。

その点、「民営学校」については、国公立学校に比して設置及び法人認定の規制は強いといえる。なお、近年、法人資格の認定の手続きを簡素化すべきであるという主張もある。この場合、先の中華人民共和国教育法第三一条の規定に関して、「法人条件を具備する学校は、批准あるいは登記の日より法人資格をもつ」とする条文を「学校は、批准及び登記の日より法人資格をもつ。」に改正すべきと主張する。[30]この主張は、現在ある学校の設立認可と法人認定を同一化すべきというものである。

以上、学校の法人化を中心として中華人民共和国教育法の関係規定を考察した。ここで重要なことは、学校の法人格化が民営学校のみならず国公立学校を含めてすべての学校を対象とする点である。その背景には、大きく近年の中国の経済改革に連動した社会改革の動きがある。それは、近年の中国の社会組織（企業組織、行政組織を問わず）の社会的存在の次元で、「市場経済化により利益の主体化が生じ、それぞれの社会単位が責任・権限・利益の相統一の利益実体をもった」[31]ことがある。また、一方で「教育経費の厳重な不足の一方で潜在的な巨大浪費の矛盾状況があり、いかに教育経費の浪費を減少させ、効益を高めるか」[32]が追求される教育の市場化がある。この場合、学校の法人化は市場経済化による利益（負債）の主体化を方法として、教育の市場化を目的とした立法政策の次元のものと考えることができる。それは、しかし、これまでの学校の「国家所有制」にもとづく学校の所有権と経営権の統一的な国家主義的管理法理論を変化させ、「民営学校」については、学校の所有権と経営権の二つをともに「民」に帰属させ、国公立学校については、「所有権」と「経営権」を分離するという新しい学校の法理論をテーゼしたという点で、少なからず教育法理論的な展開をもったと解釈される。そして、そうした固有性をもつ中華人民共和国教育法は、明らかに「単一の行政法という範囲の伝統的な観点を越え」[33]た特殊法としての法的性格をもった。

しかし、一方において中国の学校の現実には内陸部の山間僻地の小・中学校に典型的にみられる状況として、学校施設の老朽化、設備の不備、無資格教師の存在、さらに過度な学校集金の実態がある。この場合、学校の法人格化は教育の市場経済化に対応した教育財政政策としては有効とされても、それが地方や学校に直接に財政負担（責任）を強いることが問題とされる。つまり、そこにある種の地域間格差や学校間格差が生じ、これまで社会主義教育制度において重要視された「教育の機会均等主義」あるいは「教育における平等主義」が形骸化する実態がある。それは、教育の市場化を目的とした「学校の法人化」の立法化が、一方で伝統的な社会主義教育制度の理念を事実上形骸化させるという本質的問題でもある。

注

（1）劉慶華「試論私立学校的定位教育立法問題」『云南教育学院学報』第一一巻、一九九五年、六六頁。
（2）同論文、六七頁。
（3）左衛民・田承春「民営学校的幾個法制問題探析」『四川師範大学学報（社会科学版）』第二三巻、一九九六年、三八頁。
「民営学校」をいかに分類するかは、中国国内においても統一されてはいない。一部の論者は、経営資金の出資形態と経営方式を基準としていくつかの類型化を行っている。この場合、経営資金の出資形態を基準とすると、「民営学校」は公民個人投資・企業事業単位投資・社会団体投資の類型化が可能となる。また、経営方式を基準とすると、（完全）独立経営方式・相対独立経営方式の類型化が可能となる（「探討民営学校発展対策、深化教育体制改革――全国民営学校専題学術研討会総述――」『教育研究与実験』、一九九五年、四〇～四三頁）。しかし、この分類では、例えば特定の民営学校に関して、その出資が単独の組織や人でない場合や、設立時とその後の運営に関して出資形態や経営方式が変化する場合があり、完全に妥当するわけではない。その点、実際的観点から「民営学校」を「民営公助」（設立時は政府関係部門が財力・物力を支援するが、その後は自治運営）・「民営企助」（企業単位の職業高校や研修センターの施設・設備を借用して、私人が学校運営）・「公設民営」（公立学校が民営学校を設置・運営）・「私人運営」（いわゆる「私立学校」に妥当）に分類する主張もある（江蘇省教育委員会政策研究室「正確把握市場機制在民営学校運営中的作用」『教育研究』、一九九五年、一三頁）。また、さらに「私立学校」の概念定義に関して、学校運営主体が政府かどうかの基準、私有制や公有制の所有制の基準さらに財政負担の主体を基準により確定させるべきという主張もある（徐広宇「関於民営学校若干問題的法律思考」『教育科学』、一九九五年、七～九頁）。
しかし、いずれにしても複雑な設立事情と多様な形態により存在する民営学校を整合的に分類することはかなり困難であるといえよう。

（4）鼓広栄「広西民営小・中学校現状調査研究報告」『基礎教育研究』、一九九六年、二四頁。
（5）周南照「国家発展教育的重要政策――鼓励社会力量学校運営――」『光明日報』、一九九五・一一・一②。
（6）王志強「有関民営教育幾個問題的思考」『光明日報』、一九九五・一一・一〇②。
（7）鳥智・隊暁明・羅文標・王国栄「我国私立学校的問題与対策研究」『妬板花大学学報』、一九九七年、四一頁。
（8）呉停風「社会力量学校運営立法中的問題与対策」『教育研究与実験』、一九九六年、一一～一二頁。
（9）上海市教育委員会政策法規所編『教育政策法規学習手冊』文彙出版社、一九九八年、二〇三～二一二頁。
（10）呉停風、前掲論文、八頁。
（11）李守福「学校能否『国有民営』」『教育研究』、一九九六年、二四頁。
（12）戴自更「高値学校需要監督」『光明日報』、一九九五・四・一〇②。
（13）丁鋼「民営学校――何去何従――」『探索与争鳴』、一九九六年、一〇頁。
（14）朱源星「対高収費民営学校的思考」『探究』、一九九六年、五頁。
（15）同論文、六頁。
（16）江蘇省教育委員会政策研究室「正確把握市場機制在民営学校運営中的作用」『教育研究』、一九九五年、一二頁。
（17）周南照、前掲論文。
（18）徐広宇「関於民営学校若干問題的法律思考」『教育科学』、一九九五年、七～九頁。
（19）李守福「学校能否『国有民営』」『教育研究』、一九九六年、二五頁。
（20）国家教育委員会師範教育司編『教育法専読』北京師範大学出版社、一九九六年、一二頁。
（21）同書、一四頁。
（22）鄙淵「論『学校法人』」『貴州民族学院学報（社会科学版）』、一九九六年、四頁。
（23）李風清『求実』人民教育出版社、一九九五年、一九頁。
（24）張高鶩・張樹義『走出低谷的中国行政法学』中国政法大学出版社、一九九一年、八六頁。
（25）この部分、いわゆる学校内部管理体制としての「校長責任制」の導入を意味する。ただし、この「校長責任制」の形態は学校種別やその学校の設置者の違いにより異なる。例えば、国公立学校については小・中学校や高校については基本的な「校長責任制」であるが、大学については中国共産党の大学内部組織である（大学）党委員会領導下の校長責任制となっている。また、「民営学校」については理事会領導下の校長責任制となっている（注（3）の論文、三八頁）。この場合、「校長責任制」を直接同法に規定しなかった理由としては、「校長責任制」の形態が学校種別により異なることと、大学における「党委員会領導下の校長責任制」について、「立法上の慣例において、法律条文中に直接に党の基層組織を規定しない」（王善万「社会主義市場経済下的中国教育体制改革」

『北京師範大学学報（社会科学版）』一九九四年、四五頁）ためとされる。

(26) 労凱声『教育法論』江蘇教育出版社、一九九三年、一九七頁。

(27) 国家教育委員会師範教育司編『教育法専読』、八九頁。

(28) 同書、九〇頁。

(29) 同、九二頁。

(30) 山東・石性剛「学校運営効益論」『教学与管理』、一九九六年、三頁。

(31) 同論文、四頁。

(32) 同、四頁。

(33) 趣東苑「実施『教育法』推動教育改革」『人民日報』、一九九五・八・二八①。

第八章　児童・生徒の受教育権の法理論

これまでの教育法規と異なる中華人民共和国教育法の特徴として、児童・生徒の教育を受ける権利と義務が明確に規定された点がある。歴史的にみて、中国の教育は階級闘争や生産闘争の「工具」であり、教育が「児童の価値や権利の実現の価値と機能を保障するという点については語られなかった」[1]し、また実際に「文化大革命」期まで「長期にわたる『左』の影響で受教育権思想が発展しなかった」[2]とされる。しかし、同法の制定において、中国政府は「児童の権利は、抽象的概念ではなく、毎日遭遇している法的実態上の問題」[3]であることを意識するとともに、教育法規の固有性を児童・生徒の教育を受ける権利の保障に置く法観念が生じてきた。それは、教育法規の法的価値について、「統治階級の意思の反映である」[4]と観念する伝統的な階級論的な法道具論から、より近代法にいう「人権」思想に接近してとらえる近代法思想が生じてきたことをいう。この場合、「教育立法の根本変化の歴史は、受教育権の発展の変化の歴史」[5]であるといえる。中華人民共和国教育法はその法思想的転換の中心に位置づくわけである。

本章では、以上のことから同法の「第五章　教育を受ける者」（第三六条～第四四条）を中心として、児童・生徒の受教育権の法理論の構造と特徴について考察する。

第一節　教育の機会均等主義の法理論

中華人民共和国教育法では、まず教育の機会均等主義にもとづく「公民」の受教育権の保障に関して、以下のように規定する。

「中華人民共和国の公民は、教育を受ける権利と義務をもつ。公民は、民族・種族・性別・職業・財産状況・宗教信仰等の違いにかかわらず、法にもとづき平等に教育を受ける機会を享有する。」（第九条）

この規定は、すでに公民の教育を受ける権利と義務を規定した「中華人民共和国憲法」（「中華人民共和国公民は、教育を受ける権利と義務をもつ。国家は、青年・少年・児童を育成して、品性・智力・体位等の全面的な成長を図る。」（第四六条））にもとづいて定められたものであり、憲法上の「公民の教育を受ける権利と義務」を改めて確認する形になっている。この場合、現行憲法（「八二年憲法」という）以前の「文化大革命」期に制定された憲法（「七五年憲法」という）では、「義務」の内容を先に、「権利」の内容を後に規定し、公民が教育を受けることは国家に対する「義務」としての性格を強くもっていた。「権利」と「義務」の概念の区別があいまいであり、用語概念の使用上、権利と義務を混同している状況があった。しかし、これは単なる文言解釈上の「混同」ではなく、そこに一定の当時の国家権力（中国共産党支配）の統治レジームにもとづく固有な立法操作と法解釈論があったと推察される。例えば、七五年憲法では、教育を受ける権利と義務も含めて「公民の基本的な権利と義務は、中国共産党の指導を擁護することである」（第一二条）ことを前提とした。このことは、公民の「権利」が「義務」と同様に中国共産党の指導を擁護するという意味で、国家権力に対峙する個人的権利という実質をもたず、むしろ国家権力に包摂・統合される体制的制約原理性をもったと考えられる。それは、極端には、公民の権利は個人に保障される「権利」ではなく、中国共産党を擁護する名誉ある義務を恩恵的に与えられることを「権利」とするという転倒した規範性をもったことを意味する。この背景には、大きく当時の中国社会において、法は支配階級の意思の反映であり、「プロレタリアート独裁の権力を通じて表現される労働者階級（工人階級）の階級意思である」(6)という階級説にたつ伝統的な社会主義法思想があった。近代法にいう「基本的人権」はその存在を否定され、それに近い法概念としての「基本権」は、ただ「社会主義国家の形成・発展の過程に能動的に参加する権利」(7)としての価値をもち、対国家への要求権としての内実をもたない社会主義国家の「共同形成権」(8)として観念された。この時期、長期にわたった「左」の思想は「個人に対して社会（国家）への義務を強調し」(9)、「受教育の権利の範囲と内容は比較的に低い」(10)状況を作ったわけである。

したがって、八二年憲法により公民の教育を受ける権利と義務を明確に規定したことには重要な法的意義があるといえた。しかし、この段階では教育を受ける権利は「一種の憲法上の権利であり、法律実施上の有効な保障がない」(11)といえた。また、八二年憲法自体、教育に関する規定はわずか七ヵ条（第四条・第一九条・第二三条・第二四条・第四五条・第四六条・第四七条）をもつのみで、「憲法上に教育が完全に規範化されていない」(12)と批判された。したがって、教育の「根本法」としての中華人民共和国教育法の制定は重要な価値をもった。そして、児童・生徒の受教育権に関して、同法の第九条により「教育の機会均等主義」を確定させたことには重要な法的意義があったと解釈される。

つぎに、中華人民共和国教育法は「教育の機会均等主義」の保障のため、より具体的に「性別」・「財産状況」・「身体」・「職業」等における「教育における平等」を広く規定する。まず、同法（第三六条）は以下のように規定されている。

「教育を受ける者は、入学・進学・就職等の方面に関して法にもとづき平等の権利を享受する。学校と関係行政機関は、国家の関係規定に照らして、女子に対して入学・進学・就職・留学派遣等の方面に関して、男子と同様の平等な権利を保障しなければならない。」

この規定は、前半に教育における平等の原則、後半に女子の教育における平等を規定するという二重構造性をもつ。このことは、しかし、両者が内容上分離しているわけではなく、前半の教育における平等の原則が、特に後半の女子の教育において適用されることを強調するためであるといえる。実際、女子の教育に関しては、「三つの三分の二」[13]があるといわれる。それは、およそ一億の文盲者の三分の二が女子、およそ二百万の未入学児のうち三分の二が女子、三百万の退学・休学者のうち三分の二が女子である状況を指す。さらにこの状況は、農村地区や少数民族地区において顕著であり、「中華人民共和国義務教育法」が制定され、学齢児童・生徒の義務教育を受ける権利が保障された後も、「女子教育は依然として我が国九年義務教育の薄弱環境の難中の難」[14]であるという実態がある。こうした背景には、中国という国家の歴史的慣習制度や家制度において、父権思想、婦人蔑視の旧伝統・旧思想があり、それが家父長的国家の基盤を作ったという歴史性がある。

しかし、「文化大革命」以降、中国政府は新しい婚姻法（一九八〇年）を公布し、婦人の合法的権益に対して特殊な保護を規定するとともに、その保護が「封建思想及びブルジョア思想と闘争するためであり、広範な婦人の積極性を発揮させ、四つの現代化建設のためにいっそう大きな貢献をなすのに有利である」[15]と認識するようになった。そして、新憲法（八二年憲法）では、「中華人民共和国の婦人は、政治・経済・文化・社会過程などの各生活分野で、男子と平等の権利を享有する」（第四八条）、「国家は、婦人の権利と利益を保護し、男女の同一労働・同一報酬の原則を実行し、婦人幹部を育成、抜てきする」（同条）と規定され、婦女子の権利性がより明確に法的保障を受けるようになった。さらに、中国政府は、特に婦女子を対象とした固有法・特殊法である「婦女権益保障法」を制定し、一層の権利保障のための法整備を進めた。この「婦女権益保障法」では、婦女子の教育を受ける権利を具体的に規定するとともに、入学・進学方面における男女の機会均等と同等条件下での競争を明確に規定した。先の中華人民共和国教育法第三六条が、教育における平等原則と女子の平等権利の両者を規定しているのは、こうした男女平等の法整備の歴史性による。なお、近年リクルートの市場化の進行の中で、就職における「男女平等の権利保障の空話」[16]が新たな男女差別として進行していると指摘されている。

つぎに、中華人民共和国教育法は経済面における教育の平等を以下のように規定する。

「国家・社会は、入学条件が符合するにもかかわらず、家庭経済上困難な児童・少年・青年に対して各種の形式の補助を提供する。」(第三七条)

このとき、「各種の形式の補助」とは、具体的には「助学金制度」・「奨学金・貸学金・勤工検学制度」をいう。「助学金制度」は、少数民族地区や貧困地区そして寄宿学校のある地区の初級中等学校(中学校)や小学校の児童・生徒を対象として、当地の人民政府が行う奨学金制度をいう(一九九五・七・七　国家教委・財政部「関於健全中小学学生助学金制度的通知」)。中華人民共和国義務教育法では、すでに「国は奨学金を設立し、貧しい生徒の就学を助ける」(同法第一〇条)と規定しており、その制度は経済困難な状況にある児童・生徒に対して義務教育段階における就学を保障し、中退を防止する措置として制度化された。

つぎに、「奨学金・貸学金・勤工検学制度」は、普通大学学生に対する経済的補助の制度である。このとき、「奨学金」は優秀奨学金・専業奨学金・定向奨学金に分かれ、優秀奨学金は智・徳・体の全面的に発達した「品学兼優」の学生を対象とし、専業奨学金は師範・民族・体育・航海等の専門学科の学生を、そして定向奨学金は卒業後に辺境地区・経済貧困地区の炭鉱・鉱山・石油・地質・水利の事業に従事する予定の学生を対象とする（一九九一・一一・一五「普通高等学校本・専科学生実行奨学金制度的方法」）。また、「貸学金」は貧困学生に対して高等教育（専門）を受けさせるために設立された一種の制度（一九九一・一二・一「普通高等学校本・専科学生実行貸款制度的方法」）である。このとき、貸学金は国家が無利息で貸与し、その最高金額は人民の一般生活水準あるいは学生の学習及び生活需要により確定され、その返済は卒業後就職先の単位組織が二年から五年の期間内に返済する形となっている。さらに、「勤工倹学」制度は「各層各種の学校が運営する工場・農場における経済収入」[17]の一部を学生の奨学金に充てる制度をいう。それは、直接の補助金としてではなく、むしろ先の奨学金や貸学金に充当される学校の自主財源と捉えられる。以上、中国政府は経済格差による受教育の不平等の是正として、各種の補助制度を設立した。しかし、これらの補助制度は、国家が全体的及び直接的に国家負担により賄う部分は少なく、先に述べたように「助学金」については地方人民政府、「奨学金」等については関係の大学自身が自己負担するシステムにあることから、実質的には国家により地方人民政府や学校（大学）に対して就学補助を強制する制度ともいえる。その点、例えば、「助学金制度」について言えば、その負担財源は各地の人民政府の教育事業費であり、その不足部分は教育基金や学校の「勤工倹学」収入で自主的に賄うとされている。したがって、当地の人民政府の財源格差によりその保障に地域格差がある。また、その補助対象とされる「教科書代、雑費、寄宿費等」については、近年教員給与費（諸手当て）に関して国家財政削減による学校への財政負担転嫁があり、「乱収費」の社会現象があり、それ自体が大きく家庭の教育費を圧迫し、逆に児童・生徒の受教育権を侵害している状況がある。

ところで、経済との関係において児童・生徒の受教育権を規定する重要な法規として、「禁止使用童工規定」（一九九一・四・一五　国務院令）がある。この法規は、「近年、沿海地区を中心として一部の企業や個人営業者が、十六歳未満の青少年を反社会的に雇用する傾向があり」（一九八八・一〇・五　国教委・農業部・国家工商行政管理部・中華全国総工会発布「関於厳禁使用童工的通知」)、「国家機関・社会団体・企業事業組織・個体工商戸・農戸・都市居民（以下個人という）」（同規定第四条）に対して、「十六歳未満の青少年」（同第二条）を使用することを「我が国の社会主義制度では絶対に許されない」（同通知）として、禁止するものである。これに違反した場合、県級以上の労働行政部門から行政処分が課される。また、その対象となるのは単に「童工」を使用した単位や個人のみならず、十六歳未満の者を「童工」にした父母あるいは保護者、さらに「童工」に関わった職業紹介機関及びその単位や個人も含まれる（第一一条）。この法規は、青少年に対する労働規制法である部分と、「中華人民共和国義務教育法」との関係では、十五歳までの青少年の受教育権を保障するための教育保障法としての部分をもつ。特に、その父母あるいは保護者に対して児童・生徒自身の受教育権を保護するため一定の制裁措置を採っている点に関して、児童・生徒の受教育権の保障を目的とする教育法規としての実質をみることができる。

つぎに、中華人民共和国教育法は障害者の受教育権を以下のように規定する。

「国家・社会・学校及びその他の教育機関は、障害者の心身の特性や必要に応じて、教育を実施し、かつ補助や便宜を提供しなければならない。」（第三八条）

中国政府は、障害者の受教育権の保障のため、すでに「障害者教育条例」（一九九四・八・二三　国務院令）を制定している。この条例は、「中華人民共和国障害者保障法」（一九九〇・一二・一八　全国人民代表大会常務委員会）にもとづき、障害者の教育を受ける権利を保障し、障害者の教育事業を発展させるため」（同条例第一条）に制定され、障害者教育を実施し、国家の教育方針を貫徹し、かつ障害者の心身特性と需要を根拠として、全面的にその素質を高め、障害者が平等に社会生活の創造条件に参加する」（第二条）ことを目的としている。それは、「さらに一歩我が国の障害者の教育を受ける権利を平等に保障し、障害者の教育事業の発展を促進する」[18]ためとされる。ここでは、国家にとって障害者教育が「国家の教育事業の構成部分である」（第三条）ことが確認されている。その上で、各層の人民政府に対して、「障害者の教育事業の領導を強化し、障害者教育事業の統率計画を強化し、しだいに障害者教育経費を増加させ、学校運営条件を改善する」（第一四条）ことを義務として求める。さらに、適齢の障害児童・少年の父母あるいはその他の保護者に対しては、「法にもとづきその子女あるいは被保護者が義務教育を受けることを保障する」（第一四条）ことを義務として求めている。しかし、障害者の受教育権の保障にともなう「義務」は、詳細には国家自身には課されておらず、地方人民政府や父母（保護者）が直接にその法的責任（義務）を負い、それを国家が監督・監視する法的システムとなっている。その意味では、障害者の受教育権は、直接国家に対してその条件整備の保障を求める生存権あるいは社会権的権利としての性格が薄い権利と解釈される。

その他、中華人民共和国教育法は「違法な犯罪行為を行った未成年者」に対しても以下のように一定の受教育権の保障を規定している。

「国家・社会・家庭・学校その他の教育機関は、違法な犯罪行為を行った未成年に対して、教育を受ける条件を創らなければならない。」（第三九条）

この場合、中国では十二歳以上十七歳未満の青少年で犯罪行為を行った者に対しては、「工読学校」に収容し、労働教育（職業教育）を内容とする矯正教育としての労働教育を課すシステムをとっている。この「工読学校」は、「違法及び軽微な犯罪行為をした学生に対して教育を施すことにより、思想・道徳・文化・規律のある一定の生産労働技術と職業技能のある社会主義公民を育成すること」（一九九一・五・二五「関於當好工読学校的叱点意見」）を目的としている。「工読学校」における労働教育は、中国における伝統的な犯罪者の更生を目的とする矯正方法であるとともに、そうした青少年を一定の生産労働技術と職業技能をもつ社会主義公民に育成する上で、「国家」に貢献する公民育成の有効な方法と位置づけられている。なお、この「工読学校」卒業後は、軍隊への入隊さらに就業を保障するとともに、学習成績が良ければ普通中学に戻り継続して学習することも保障されている。

近年、中国では市場経済の弊害として社会風潮上「人々の精神が空虚となり、思想動力不足、拝金主義、享楽主義、利己主義が蔓延し」（一九九六・五・四　中共中央「関於加強社会主義精神文明建設若畧主要問題的決議」）、社会犯罪が増えた。そして、そうした社会病理（「精神汚染」）が青少年の非行を増加させている。そのため、非行青少年対策としていわゆる「少年法」の立法化が予定されている。また、学校教育においても、徳育重視の教育を進行させるとともに、「愛国主義、集体主義、国家主義、共産主義の教育を進行させ、弁証唯物主義と歴史唯物主義の教育を進行させ」（八二年憲法第二四条）るため、「教育の階層性と社会性を重視した[19]」「学校徳育法」の立法化を進行させている。

これらの立法化の進行の背景には、市場経済の社会的影響がある。市場経済は中国社会にとって「双刃の剣[20]」である。それは、一方において競争を動力として経済効益を高め、各種の資源の合理的開発や配分を行い、科学技術を実現し、物質財富の増長を促進する。しかし、他方において「社会犯罪、黒社会勢力を強化し、人々の文化危機をもたらす[21]」面をもつ。この場合、中華人民共和国教育法は、前者を促進するための教育改革法であるとともに、精神汚染をなくし、社会主義公民としての国民強化を行う国家による人民管理法としての機能をもつ。今、後者の機能が再び重視され、「国民素質教育の法制化が現代化の中心[22]」として求められている。

以上、児童・生徒の受教育権に関して、中華人民共和国教育法は性差、経済、身体的障害さらに犯罪青少年に関して、いわゆる「教育における平等」の原理の法的確認と保障を規定している。この「教育における平等」の原理は、「平等」の理念自体が社会主義国家である中国の伝統的な制度原理であることから必然的に導き出される。しかし、近年、この「平等」原理は開放経済のもとでの市場化を背景とする「自由」原理に影響を受け、大きく変容しようとしている。それは、経済の市場化により生じる「競争社会」が多面的に「不平等」な社会現象を生じさせていることを意味する。教育社会も例外ではなく、特に「教育における不平等」の教育現象は、経済における所得格差と強く連動して、就学・進学における不平等格差に強く現れている。さらに、その「不平等」は一方で「大衆が教育を受ける目的を個人奮闘、自我設計を宗旨とする」[23]ある種の個人主義的競争主義を煽り、教育における階層格差を生じさせている。したがって、中華人民共和国教育法に規定された「教育における平等」の原理による法規範は、教育社会における「不平等」な社会現象との間で乖離し、法規範としての正統性が形骸化し始めるという問題を生じさせている。その意味では、中国政府は今後「新しい敵」である「教育社会における不平等」な社会現象を抑制するため、新たな「教育における平等」の保障のための法整備を必要とするといえよう。

第二節　児童・生徒の受教育権の法理論

教育権すなわち教育を受ける権利の法的保障は、教育法が他の法律と異なる固有な特殊法であることの原理性を示す。実際、中国の教育法研究者の中には、教育法の固有性を「行政法・管理法ではなく、学校法人と公民の保護法である」[24]点に求める主張がある。つまり、教育法は教育を受ける権利の保障のための法規範であるという部分で、その法としての固有性と社会的規範としての価値を強くもつと考えることができる。ここでは、そうした意味で教育を受ける権利に関してどのような法理論を形成しているかを中心に中華人民共和国教育法の特徴を考察してみる。さて、中華人民共和国教育法はその立法段階から「児童の権利条約」をはじめ世界の教育法から「教育を受ける権利」を学び、従来とは異なる形で、教育を受ける権利の保障を積極的に規定した。具体的には、同法第四二条と第四三条において、教育を受ける者の権利と義務に関して以下のように規定している。

「教育を受ける者は、以下の権利を享有する。⑴教育教学の計画策定の各種の活動に参加し、教育教学の施設・設備・図書資料を使用する。⑵国家の関係規定に照らして、奨学金・貸与金・助成金を獲得する。⑶学業成績や品行上において公正な評価を獲得し、規定の学業を完成した後に相応な学業証書、学位証書を獲得する。⑷学校より与えられた処分に対して不服の場合には、関係部門に戒告を提出し、その身体権・財産権等の合法権益を侵犯した学校や教師に対して、戒告を提出するかあるいは法にもとづき提訴する。⑸法律、法規に規定するその他の権利」（第四二条）

「教育を受ける者は、以下の義務を履行しなければならない。⑴法律・法規を遵守する。⑵学生として行為規範を遵守し、教師を尊敬し、良好な思想品徳と行動習慣を養成する。⑶学習に努力し、規定の学習任務を完成する。⑷在学する学校あるいはその他の教育機関の管理制度を遵守する。」（第四三条）

これまで、中国の法律において教育権に関して詳細に規定するものはなく、「中華人民共和国憲法」や「中華人民共和国義務教育法」に一部規定されたのみである。それは、「基本的人権」概念が法概念として存在しなかったり、仮に「基本的人権」概念に近い権利があったとしても、それは国家により前提的・自明的に保障されるべきものとして、あえて法規定上に明文化される必要性がないとする社会主義国的事情による。したがって、今回上記のように教育を受ける権利と義務に関して詳細に規定することには重要な意味があるといえる。特に、教育権の社会権的側面を強く規定している点に特徴がある。例えば、「教育教学の計画策定の各種の活動に参加」する権利や「学習活動に関する公正な評価を要求する」権利は、教育を受ける者を主体とした積極的な社会権としての法的性格をもち、「参加教育教学活動権[25]」と称され、比較法的にも斬新な法規定といえる。さらに、「教育教学の施設・設備・図書資料の利用」権や「奨学金・貸与金・助成金の獲得」権の法規定は、教育を受ける者に対して直接に教育の条件整備的要求権を規定するものとして特徴をもつ。

また、この場合、児童・生徒の保護されるべき権利として、受教育権以外に「人身権」・「財産権」を規定している点、さらにその侵犯に対して学校や教師に戒告を要求する権利や提訴権を規定している点は、一九八九年に国連で採択された「児童の権利条約」にある意見表明権や不服審査権を積極的に導入する形となっており、革新的な法規定となっている。この場合、「人身権」には、健康権・姓名権・名誉権・栄誉権・肖像権の他に知識産権中の精神的権利として署名権や発表権もあると解釈され、かなり広範な人格権の解釈がある。実際、「未成年者保護法」では学校の教職員が受教育者の人格を尊重する義務として、体罰の禁止と人格や尊厳を侵犯してはならないという規定がある。また、同時に教育を受ける者の権利保障は、中華人民共和国教育法の「第九章　法律責任」にある学校設置者や管理者の刑事責任や民事責任の規定につながる内容となっている。具体的には、施設・設備の安全管理（第七三条）や学校の設置（第七五条）さらに学生募集（第七六条）及び費用の徴収（第七八条）に関して、法律責任を問う形で教育を受ける者の権利の法的保障がある。この点、従来中国の行政法は「党及び国家の政策規範であって、国家公務員は公務を執行するとき、それに違反しても犯罪の程度にまで至らない場合、法的責任は追及されず単に行政内部の紀律違反として処理されるか。または自己批判により解決される」(26)という時代があった。その意味では、本法が行政機関の法的責任を明確化した点で、そこに行政法の発展があるといえる。

また、一方教育を受ける者の義務に関する規定は、比較法的にみてもユニークな内容となっている。一般に、教育権に関する義務規定は、教育を受ける権利を有する人間（特に学齢児童・生徒）の保護者（親権者）や国家等に対して、当該の人間に教育を受ける権利を保障することを義務として課す形のものであり、教育を受ける人間に直接に一定の内容の義務を課すことは少ない。中華人民共和国教育法の場合、上記にみられるように直接に教育を受ける者に対して、法律・法規や学校等の管理制度を遵守することや、教師を尊敬することあるいは学習に努力すること等をすべて「法的」な義務として規定している点に特徴がみられる。また、その義務は国家から教育を受ける者に要求する義務としての特性をもち、そこに「国家制度としての鮮明な階級性」[27]をみることができる。

ところで、中華人民共和国教育法に規定された教育を受ける者の権利の規定は、これまでの社会主義法的な法理論との関係でどのような意味をもつのであろうか。近年、中国においても世界の人権思想に呼応して、「人権」概念を容認する新たな傾向が認められる。それは、「人権」を資本主義法の領域のもので、あくまでもブルジョア的なものであると排斥した捉え方とは明らかに異なるものである。これまで、社会主義法の領域については、近代市民社会のもとでの法治国家でいう「基本的人権」は直接には存在せず、大まかには「基本権」として理解されてきた。この「基本権」は、「前国家的な自然権ではなく、資本主義の階級対立を止揚した社会体制において初めて実現されるもの」[28]であるとして、階級性をもつ権利として認識されていた。逆に、「人権」は、ブルジョア的権利であり、「ブルジョア的私有制を土台としており、資本主義的生産関係の産物であり、ブルジョアジーの権利を内容としている」[29]と解された。そこには、「人権」思想に関して「労働力を平等に搾取することが資本家の人権」[30]と主張する反資本主義法の法思想がある一方で、社会主義社会（中国）には本質上人民に危害を加える人権問題は存在しないという楽観論的法観念があったといえよう。

しかし、開放経済の下、資本主義的な市場経済の導入により生じた新しい経済的な社会関係においては、これまでの単純な国家と人民の予定調和的関係では説明できない権利と義務の法的関係が生じ、その新たな社会関係を制御するものとして立法化政策が進行したといえる。それは、教育現象の領域についていえば、教育の国家所有の時代には顕在化しなかった教育の平等主義の崩壊現象の問題である。この教育の平等主義の崩壊は、文盲人口の増大や義務教育就学率の低迷といった伝統的な問題から、近年の経済変動により生じた「盲流」（出かせぎ）の子弟の不就学や「貴族学校」ブーム等の新しい問題まで広範囲に及ぶ。中華人民共和国教育法に新たに規定された教育権は、こうした流れのなかで新しい教育的社会関係を制御する社会規範として規定された。したがって、その法理論は法を単に「労働者階級と人民の意思を体現している」と捉える古典的社会主義法思想の領域から、「法は社会性、人民性、階級性などの重層的な構造[31]」をもち、その意味で「国家によるコントロールだけではなく、個人個人のダイナミックな関係づけの営為にもとづく社会の自己組織化を射程に入れた[32]」多元的な法思想の領域で捉える必要をもった。

したがって、社会主義法における教育権の法理論を、その社会現象の変化から単に立憲主義的国家の法理論に接近したものと捉えることには注意を要する。この場合、単純な比較法的考察ではなく、「中国の法現象に潜む普遍的要素を追求して発見する[33]」考察が必要とされる。それは、教育権の範疇で考えれば、その権利思想の本質を単に実定法上の規定の解釈の次元ではなく、その規定の背後にある法と国家の関係や法と社会実態の関係において、構造的に捉える必要を意味している。例えば、中華人民共和国教育法に規定された教育権は、果たして近代社会の法治国家にいう社会権的教育権と自由権的教育権と同一の範疇のものであろうか。例えば、社会権的教育権の側面についていえば、教育法のそれが国家に対して個人の生存や生活の保障を要求する基本的人権としての法理念を有しているか。すなわち国家に対する個人の生存権としての教育権の内実が問題とされる。この点、秦鵬は、教育権を「個人が社会生活及び社会発展の要求に適合する権利[34]」と規定する。それは、教育権を国家社会の需要性により規定されるものととらえる見方であり、個人の価値と社会（国家）の価値の統一体現ととらえる社会主義的権利の範疇に教育権をみる捉え方であるといえる。このことは、憲法解釈論においても、基本的人権が『四つの基本原則』を枠とする人民の民主的権利として捉え、近代立憲主義の原則から取り入れられるべき一般的意味での個人の自由と権利の概念とはずれている[35]」ことを意味している。すなわち、社会権的教育権の側面においてみれば、中国の教育権はわれわれのいう生存権的権利とは異なるものであるということになる。実際、詳細にみると先の教育を受ける者の権利の具体条項においては直接に国家に対する要求権を規定するものはない。それらは、主に学校の設置者・管理者である地方人民政府や学校に対する要求権の内容をもつ。この場合、国の法的責任は、地方への教育行政管理上の権限委譲や学校への自主的管理権の委譲により回避される構造となっている。また、教育政策の実態においても、さまざまな教育の不平等問題の解決は、特に教育財政負担を中心に地方及び学校に任されるシステムとなっている。

また、自由権的教育権についていえば、直接には教育法の規定中には存在しない。それは、中国の法理論において自由権的法思想が存在しないためである。中国に存在する人権は、先に述べたように「基本権」としてのものであり、それは前国家的な自然権的権利ではなく、あくまで資本主義の階級対立を止揚した社会体制において実現され、国家により保障される権利なのである。したがって、国家により初めて与えられるものではなく、国家の成立以前から自然法的な権利とされる自由権は、理論的には否定される。また、人間の自由に対する欲求は生まれながらの人間性に内在するものであり、人間が「個人」としての価値を確立するために最初に獲得する権利とされる自由権は、同様な意味において「個人」を基本的には認めず、中国共産党の指導のもとで権力の階級的本質により規定される「人民」及び「公民」観により、否定される。この場合、「『人民』は『公民』に較べて歴史的概念であり、同時に政治的概念」(36)であり、人民の権利とはすなわち国家権力の階級意思を体現する社会集団の国家形成権を指すといえる。したがって、教育権の面でみれば、例えば児童・生徒の学習の自由や教師の教育の自由は、個人的・基本的権利としては存在しないこととなる。そこには、「国家からの自由な領域」の設定をブルジョア的虚構とみる見方があり、国家と人民の対立は存在しないという予定調和論がある。それは、極端には私法の存在を否定し、公法と私法の区分は資産階級が自らの階級意思を体現するものととらえるレーニンの社会主義法律観から導かれているともいえる。実際、過去の「天安門事件」にしても、多くの大学生が主張した教育権は必ずしも国家からの自由を求める権利ではなく、国家への条件整備要求の権利であった。この点、教師の教育権限についても同様な指摘ができるといえる。(37)

以上、教育法にみられる社会主義的教育権は、その内実においては従来の社会主義法の伝統的・保守的な法理論から離脱するものではない。実定法上の規定においては詳細で革新的な教育権の規定を示すが、教育権の本質においては国家権力の需要に符合する社会権的教育権であり、その法的責任の主体に国家権力は含まれない。また、教育権のもう一つの本質とされる自由権的教育権すなわち国家権力からの教育の自由は存在しない。中国における受教育権は、「義務」と相対する「権利」として区別できるものではなかった。それは、受教育権が対国家への相対的な法律概念というより、社会主義国家の形成に参加し、働く「名誉ある義務」としてのイデオロギー性をもつためである。実際、中華人民共和国教育法全体に、国家権力（中央政府）が教育を受ける者の権利保障の法的責任主体として規定されることは少なかった。むしろ、国家権力は地方人民政府そして保護者等に対して、教育を受ける者の受教育権の権利保障の法的責任を命令・監督する間接的な責任主体として存在するにすぎない。それは、「国家は、『公民』の権利を侵害するものではないという国家権力に対する暗黙の前提(38)」があり、その「暗黙の前提」が家父長制国家の教育統治の理念となっているからである。

現代中国における社会主義的教育法の法理論は、近年の立法政策の展開の中で急速な進行を遂げている。その進行は、おそらく経済改革を中心とした社会改革の影響の下変化する教育の社会構造を制御するというニーズにもとづいている。その意味では、社会主義的教育法としての固有性は、これまでのように単に「経済的被規定性や階級性をもつ(39)」ことに求めるのではなく、「資本主義的」な法理論をプラグマティクに適用するある種の法の多元化と多元主義への転換の法思想に求めなくてはならない。この多元主義は、おそらく複数の思想・原理・文化の面でそれぞれ独立した思考と行動様式の同時存在を積極的に評価し、中国国家・社会の発展の活力源にするという思考にもとづく。しかし、この多元主義は一方で必然的に、国家主権の絶対性を否認し、人間の目的追求の多元性を求める多元的国家論を誘発していく。それは、つまり多元主義自体が固有の国家思想や固定的な権力自体をもいくつかの価値の一つとみる相対主義的評価認識に支えられているためである。その意味では、今後社会主義的法であることの固執と権力的操作がどのような展開により変化していくのか。そして、その変化を正当化する法理論がいかに形成されるのか。今後の中華人民共和国教育法の実施の過程の法現象の変化の分析が重要となる。例えば、立憲国家にいう「『法治国家』は本来は国民の自由を保障する自由主義的原理を本質としている」[40]とされる。また、「国家からの自由は究極的には体制の構造改革を求める」[41]と思われる。さらに、市場開放による市場経済化は、「市民社会と市民精神の形成を促進し」[42]究極的には市場の経験が「個人」の自由と法的平等の法思想・法意識の形成を生む展開が予想される。それは、「市場化における商品経済の理論が、社会・政治の民主化と個人の政治意識の形成を高め」[43]、真の民主化が「経済意識から自由・平等のイデオロギーを形成する」[44]可能性をもたらす。つまり、「商品生産と商品交換のプロセスにおいて、自由・平等な競争原則が濃い平等観念と民主意識を養成する」[45]わけで、その過程で教育を受ける権利の保障法としての教育法規の法原則が構築される。その意味では、今後の中華人民共和国教育法の実施が法治国家的教育政策を推進していく過程で、内在的制約の原理をもつ教育権が展開し、教育体制自体の構造変革をせまる可能性が期待される。

注

（1）劉焱「増強児童権利保護意識、全面認識教育機能」『教育研究』、一九九六年、三三頁。
（2）労凱声『教育法論』江蘇教育出版社、一九九〇年、一〇一頁。
（3）呉貽「略論教育的優先発展」『武漢大学学報（哲学・社会科学版）』、一九九五年、九二頁。

(4) 唐琮揺「社会主義是工人階級意志的体現」『法学研究』、一九八〇年第一期、九五頁。
(5) 労凱声、前掲書、九二頁。
(6) 唐琮揺、前掲論文、九六頁。
(7) 大川睦夫「人権」『変動する社会主義法――基礎概念の検討――』(社会主義法研究会編『社会主義法研究年報』第一〇号)、法律文化社、一九九一年、九九頁。
(8) 同論文、一〇二頁。
(9) 労凱声、前掲書、一〇一頁。
(10) 同書、一〇二頁。
(11) 同、一二五頁。
(12) 羅宏述「略論教育立法幾個問題」『教育評論』、一九八八年、一六頁。
(13) 『光明日報』、一九九五・三・二一⑦。
(14) 国教委師範教育司組編『教育法専読』北京師範大学出版社、一九九六年、一三八頁。
(15) 張維平『教育法学』東北朝鮮民族教育出版社、一九九〇年、一三八頁。
(16) 国教委師範教育司組編、前掲書、一三九頁。
(17) 王輝員主編『実用教育大詞典』北京師範大学出版社、一九九五年、三四九頁。
(18) 「中国教育改革和発展綱要」(中央中国共産党・国務院)、一九九三・二・一三。
(19) 黎斌「関於学校徳育立法的幾点思考」『江西師範大学学報(哲学・社会科学版)』、一九九七年、七一頁。
(20) 王仲孝「国民素質教育法制化的現実必然性」『徑博師専学報』、一九九七年、六三頁。
(21) 同論文、六三頁。
(22) 同、六四頁。
(23) 鄙渝・徐光霞「試論教育需求変化対大衆選受教育行為的動向」『天府新論』、一九九七年、六八頁。
(24) 斤福良、前掲論文、二〇頁。
(25) 国教委師範教育司組編、前掲書、一三七頁。
(26) 張結『中国行政法の生成と展開』信山社、一九九六年、二四頁。
(27) 薫成美著・西村幸次郎訳『中国憲法概論』アジア法叢書五、成文堂、一九八四年、五四頁。
(28) 大川睦夫「人権」、前掲書、九九頁。
(29) 壇伝宝「中国教育機会均等問題的現実及対策思考」『教育科学』、一九九四年、二頁。

(30) 同論文、四頁。
(31) 同、三頁。
(32) 労凱声「論教育法在我国教育法律体系中的地位」『北京師範大学学報（社会科学版）』、一九九三年、四六頁。
(33) 李衛東「法社会学未開拓の奥地」、千葉正士編『アジア法の環境』アジア法叢書一九、成文堂、一九九四年、三〇頁。
(34) 陳建蓬・秦鵬「受教育権争議」『新彊大学学報（哲学・社会科学版）』、一九九六年、二四頁。
(35) 小口亮太・木間正道・田中信行・國谷知史『中国法入門』三省堂、一九九一年、一六頁。
(36) 薫成美著・西村幸次郎訳、前掲書、五七頁。
(37) この点、詳細には以下の論文を参照されたい。
篠原清昭「現代中国の教員政策――『中華人民共和国教師法』の分析――」『日本教育行政学会年報』二一、教育開発研究所、一九九五年、二三七～二五一頁。
(38) 小口亮太他、前掲書、一八頁。
(39) 藤田勇「社会主義法の基礎的概念の再検討」『社会主義法年報』一〇、法律文化社、七頁。
(40) 大川睦夫、前掲論文、一〇一頁。
(41) 同、一〇一頁。
(42) 今村仁司「現代化と市民精神の形成」、北京市友苑中外文化服務中心編『「近代化」を探る中国社会』東方書店、一九九六年、五一頁。
(43) 王仲孝、注（20）の論文、六三頁。
(44) 李達明「教育的経済化与人的全面発展」『南通社会科学』、一九八九年、二三頁。
(45) 労凱声、前掲書、一〇八頁。

第Ⅲ部　中華人民共和国教育法の法現象

第九章　中華人民共和国教育法と教育の機会均等原理の法現象

中華人民共和国教育法の法理念として、教育の機会均等の原理がある。この教育の機会均等の原理（主義）は、本来近代社会の教育法制度の基本的原理の一つであり、いわゆる個人の自由と平等を原理として、諸個人が自らの能力に応じてその社会的地位を獲得するという近代社会の基本原理を基盤とする。これまで、中国の場合、教育の機会均等の原理は、伝統的な社会主義的教育政策や理論において、「教育における平等」と認識された。そこには、「不平等は資本主義の産物であり、社会主義は一人一人が平等な社会であり、平等は社会主義の一つの重要な原則であり、社会主義には『不平等』は存在しない」[1]という社会主義的ドグマがあった。このドグマは、当時の中国社会の極端な平均主義性向を煽り、人民の教養として浸透した。そして、歴史的な「人治国家」に固有な支配者の超法規的な言説による教化により、強く維持された。このとき、その「教育における平等」の信仰的ともいえる信念は、「イデオロギーとしての社会主義が間主観的な『事実』であった」[2]ように、虚構的事実として存在した。しかし、それは「教育の機会均等の概念理解に偏差」[3]をもたらすことなく、「教育における不平等」の事実・現象を隠蔽し、少なくとも支配者の意識において国家的な教育政策の課題となることはなかった。その後、「文化大革命」が終結し、支配者による理念的な平等の絶対化の主張が抑制されるとともに、これまで隠蔽され、潜在化していた「教育における不平等」の現象、具体的には義務教育の不完全、就学における地域格差や男女格差、危険校舎の存在等の教育社会現象が顕在化した。さらに、近年の新しい「教育における不平等」の社会現象が加わった。それは、経済改革に連動した教育改革により派生した現象であり、いわゆる教育の市場化の結果として生じた資本主義国的な教育の不平等現象である。いわゆる私立学校ブーム、「選校生」問題、「童工」問題等の社会現象である。

中華人民共和国教育法の制定は、教育社会において現象として生じているこれらの「教育における不平等」を是正することを目的とした。そのため、その条文中に公民の教育を受ける権利と義務の確認を前提として、公民に対して「民族・種族・性別・職業・財産状況・宗教信仰等の違いにかかわらず法にもとづき平等に教育を受ける機会を享有する」（第九条）ことを規定するとともに、「九年制義務教育制度を実行」（第一八条）し、教育を受ける者に対して「入学・進学就職等の方面に関して法にもとづき平等の権利を享受する」（第三六条）こと。「在校学生の人数に応じて平均の教育費用をしだいに増長させ、教師給与や学生一人当たりの公用経費の逐増を保障」（第五五条）すること等を規定した。同法に規定された条文は、教育の機会均等の原理にもとづく「教育における平等」を、従来の社会主義思想のもつ伝統的・観念的で非現実的な万人平等主義ではなく、教育を受ける権利の国家的保障として現実的な保護主義にもとづき規定するものであり、そこに教育の機会均等の原理の国家的受容の転換が生じたといえる。

しかし、一方、現実の中国社会にある真に古い「教育の不平等」現象（就学における男女格差や地域格差等）は、そうした中華人民共和国教育法の制定とその法執行の努力によっても完全には払拭できてはいない。また、近年の新しい「教育の不平等」現象（私立学校ブームや「童工」問題等）は、むしろ、教育の市場化等を政策規範として推進する中華人民共和国教育法それ自体が起因となっていると解釈することもできる。例えば、同法は義務教育諸学校の設置や維持の財政負担を地方や学校に転嫁することを規定したり、私立学校の設置の規制緩和等を規定した。こういった教育政策が、逆に教育社会の側に「応試教育」（受験教育）体制化や「読書無用論」（学校ばなれ）化といった教育病理現象を生じさせたと考えることもできる。この点、中華人民共和国教育法にある法理念としての教育の機会均等の原理は、一方において伝統的な非現実性をもつとともに、他方において「教育における平等」の理念から「教育における自由」の理念に転換させた変則性をもつと考えることができる。

中華人民共和国教育法が、その法的規制の対象とした教育社会の教育現象はどのような問題点と構造をもつか。そして、その教育現象は同法とどのような関係にあるか。この検証は、単に条文の法理論の不整合性を検出することでは不十分であり、現実の中国の教育社会の現象を実証的に考察し、同法の法理論とそれが対象とする教育社会現象の葛藤や相克の構造をみることにより可能といえる。本章は、それを目的とする。

第一節　「教育における平等」の法現象

中華人民共和国教育法にある教育の機会均等の原理は、まずは義務教育制度の完全実施の形で規範化された。同法は、以下のように規定する。

「国家は、九年制義務教育制度を実行する。各段階の人民政府は、適齢の児童・少年の就学に対して各種の措置を保障する。適齢の児童・少年の父母あるいはその他の保護者及び関係する社会組織や個人は、適齢の児童・少年に規定された年限の義務教育を受けさせ、完成させる義務を有する。」（第一八条）

この場合、これまで（文化大革命以前）中国における義務教育の普及は完全ではなく、「（教育の）機会均等の原則の追求は、一応毛沢東も理想社会の中にそれをイメージしたが、歴史的には漫長的であった」[4]とされる。したがって、同法による義務教育制度の完全実施の法規範化は、教育の機会均等の原理の実質的保障として重要な社会的意味をもったと理解される。このとき、義務教育制度の完全実施の方法は、同法より先に制定された「中華人民共和国義務教育法」（一九八六・四・一二）及び「中華人民共和国義務教育法実施細則」（一九九二・三・一四）によりつぎのように規定された。まず、義務教育事業を初等教育と前期中等教育の二段階に分け（中華人民共和国義務教育法第七条）、それぞれについて「地方責任制、各級管理制」（同法第八条）にもとづき「国務院の管理・監督、地方人民政府の責任により、省、市町村の分級管理」（実施細則第三条）となった。この場合、「地方の各級人民政府は、合理的に小学校や前期中等学校を設置し、児童、少年、少女を近くの学校に入学させなければならない」（同法第九条）として、従来国家的事業であった義務教育制度の実施責任の委譲を受けるとともに、具体的には義務教育諸学校の設置責任や当該地区の学齢児童・生徒への就学させる義務を負った。このとき、教育財政上では「義務教育の実施に必要な事業費と基本建設資金は、国務院と地方各級人民政府が責任をもって措置し、保障する」（第一二条）と規定され、地方人民政府はいわゆる設置者負担主義の適用を受けた。なお、義務教育実施のための財政負担に関して国の役割は、「経済的に困難な地区の義務教育実施経費に対して、補助金を与える。各種の社会組織や個人が自発的に寄付し、援助することを奨励する。教員養成や財政面で、少数民族における義務教育の実施を援助する」（第一二条）等、特殊な領域での奨励・援助及び補助金提供といった補助的部分に後退した。以上、義務教育制度の完全実施を目的とした方法（政策）は、実際には義務教育諸学校の設置・管理権を国家から地方へ権限委譲するとともに、同時に財政負担を中心とした制度の運営・維持の責任を「設置者負担主義」の適用により地方に負わす形で設定された。それは、単に義務教育制度運営の技術的な方法の変化に止まらず、伝統的な中国の教育制度原理の一つである学校の国家所有制を大きく転換させるものであったといえる。

さて、こうした義務教育制度実現のための技術的変化あるいはその前提となる教育制度原理の転換を社会規範化した中華人民共和国教育法（中華人民共和国義務教育法）は、現実に義務教育制度の実現に有効に機能するであろ

表9－1　義務教育における入学率（「文化大革命」後，1978～1995）

西　暦	小学校　入学率			中学校　入学率		
	学齢児童数（万人）	入学者数（万人）	入学率（%）	小学校卒業者数（万人）	中学校入学者数（万人）	入学率（%）
1978	12131.3	11585.4	95.5	2287.9	2006.0	87.7
1980	12219.6	11478.2	93.9	2053.3	1557.6	75.9
1985	10362.3	9942.8	96.0	1999.9	1367.0	68.4
1986	10067.5	9702.1	96.4	2016.1	1402.0	69.5
1987	9750.9	9477.2	97.2	2043.0	1410.9	69.1
1988	9623.9	9351.4	97.2	1930.3	1359.0	70.4
1989	9699.1	9450.7	97.4	1857.1	1328.4	71.5
1990	9740.7	9529.7	97.8	1863.1	1389.2	74.6
1991	9806.6	9594.8	97.8	1896.7	1435.1	75.7
1992	11156.2	10845.5	97.2	1872.4	1491.7	79.7
1993	11432.0	11170.9	97.7	1841.5	1505.6	81.8
1994	11949.6	11758.2	98.4	1899.6	1644.9	86.6
1995	12375.4	12192.5	98.5	1961.5	1781.1	90.8

国家統計局編『中国統計年鑑』中国統計出版社，1996年，637頁より。

うか。この場合、重要なことは同法が規制の対象とする教育社会の実態側において存在する「教育における不平等」の社会現象がどのように存在し、そしてどのような構造にあるかという点にある。

表9-1は、文化大革命後の義務教育段階における学齢児童・生徒の入学率の推移を表す。それをみると、逐年ごとに小学校・中学校ともに入学率が徐々に増加し、いわゆる「中華人民共和国義務教育法」に規定された教育を受ける機会の平等保障の法理念は、一定の法効果を示していると評価される。それは、「長期にわたる『左』の影響で受教育権思想が発展しない」[5]で、非現実的な観念論の範疇でのみ「教育における平等」が語られていた時代と異なり、少なくとも「中華人民共和国義務教育法」による「法治国家」的な教育政策が一定の社会効果を示したことを示している。

しかし、一方詳細にその入学率を分析すると、そこに一定の地域格差があることがわかる。例えば、図9-1によると、小学生の入学率は都市部・市町部・農村部の三地域により一定の格差を生じさせている。特に、農村部

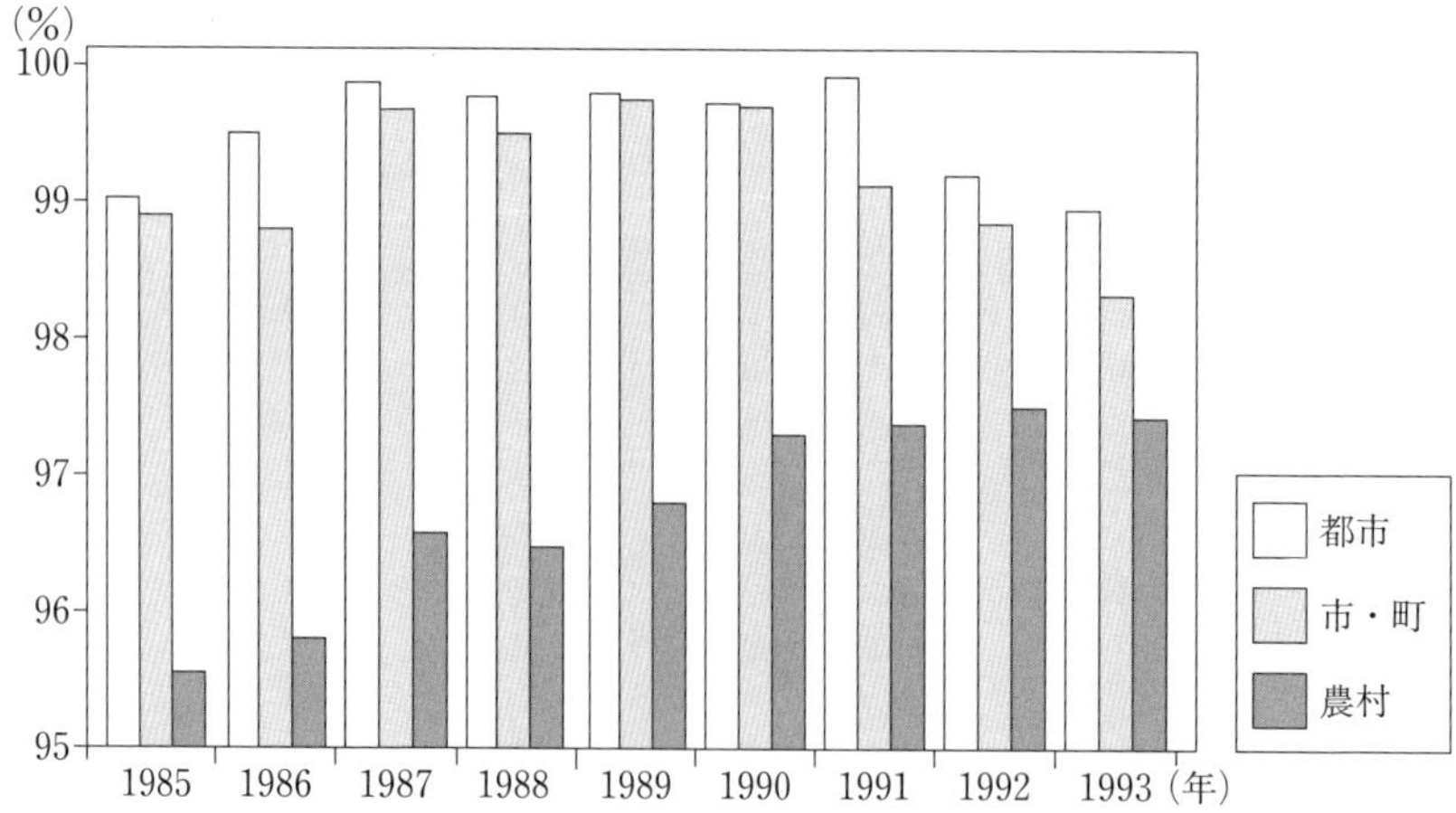

『中国教育地図集』上海科学技術出版社，1995年，31頁より。

図 9－1　小学生入学率の地域比較（1985～1993）

に関してその入学率は前二者に対して低い。これを、特別市や省別の地域差でみれば、例えば一九九六年の統計資料では全国の小学生入学率が九八・八一パーセントのところ、入学率の高い地域は北京市（九九・九三パーセント）、上海市（九九・八八パーセント）等の大都市や開放経済の進行している省にみられる。その一方、少数民族の多い地区や、山岳地方を抱える省である青海省（八九・六〇パーセント）、西蔵省（七三・五四パーセント）に就学率の低さがみられる。(6) また、別の調査によれば、全国の都市と農村の比較で、都市において純入学率（新規入学者の入学率）九四・二一パーセント、総入学率（復学者の入学率も含めて）一二一・〇パーセントそして在学率九五・〇パーセントであるのに対して、農村においては純入学率（八四・一パーセント）、総入学率（一二七・七パーセント）、在学率（九〇・七パーセント）がともに低い結果となっており、そこに「新しく形成された不合理な社会差別がある」(7) と指摘されている。

　こうした就学率の地域格差は、実は伝統的な「教育における不平等」現象の一つであるといえよう。そして、この地域格差は、国家政策的要因や地域文化的要因そして地域経済的要因により複合的に規定されているといえる。例えば、国家政策的要

表9－2　教育経費の地域格差

指　数　値	地区差異係数	1990	1991	1992	1993
一人当たりの教育経費	最大格差率	4.44	4.65	4.61	5.27
	偏差系数	0.5295	0.5084	0.4865	0.5597
一人当たりの予算内の教育経費	最大格差率	5.29	5.25	4.93	5.70
	偏差系数	0.7266	0.7895	0.6782	0.7290
小学生一人当たりの予算内の教育事業費	最大格差率	7.82	7.03	5.77	8.77
	偏差系数	0.8289	0.7982	0.6715	0.8027

『中国教育経費年度発展報告』(1991～1994),『中国統計年鑑』(1991～1994) より筆者が作成。

因としては、これまで都市においては初等・中等教育は基本的には国家投資によるのに対して、農村地域では農民自らの自己投資に委ねられ、「制度面での厳然とした差別的待遇[8]」が国家政策として実行されていた。さらに、地域経済的要因として農村の親の教育意識について、「就学」を家内労働における予備労働力を強制的に奪脱する中央政策と捉える意識があり、自給自足の小農経済を基礎とする社会観念により形成された「保守性・閉鎖性・平均主義」が、「就学」を社会的階層移動の手段とみることを抑制し、むしろ、「階層差が教育により再生産される[9]」構造にあったと理解される。こうした「就学」の閉鎖性は、「学歴と社会的地位及び給与所得が、必ずしも相関関係にない[10]」という農村の社会構造と戸籍などの諸制度によって封印した都市住民と農民との関係の階層差により強固であった。

さらに、近年の中国の経済改革は、例えば経済特区や開放都市さらに北京市・上海市等の特別市を多く抱える東部沿海地区、中規模市や中規模産業地区を抱える中部そして山間僻地等の辺境地をもつ西部の三地区間で、その改革の進度と深度を変え、伝統的な経済の地域格差をさらに拡大させ、同時に教育における不平等を再生産しているといえる。それは、具体的には地域の経済力がそのまま地域の教育財政力に反映され、いわゆる教育の条件整備に関して地域格差を生じさせていることを意味する。例えば、上の表9-2は教育条件整備のための教育経費の地域格差を示している。この場合、全体に「一人当たりの教育経費」の地域格差がまず問題とされるが、詳細には各省・自治区・直轄市の人民政府の直接的な教

表9－3　地域別の経済指標と教育指標

経済地帯区分	社会労働生産率(元/人)	一人当たりの農業総生産値(元/人)	一人当たりの国民収入(元)	地区人口に占める農村全国人口(%)	一人当たりの受教育年限（年）		15歳以上の総人口に占める文盲・半文盲者(%)	
					1982年	1990年	1982年	1990年
東部発展地区	3,045	623	1,577	4.80	5.81	6.71	19.31	12.91
中部次発展地区	2,103	507	1,005	8.42	5.28	6.24	21.30	14.75
西部不発展地区	1,685	442	842	13.53	3.23	4.31	29.27	24.27

馬立天主編『中国人口生活質量研究』北京経済学院出版社，1992年，300頁，302頁。

育条件整備費を意味する「一人当たりの予算内の教育経費」において、さらにそれが小学生を対象とした場合に、それぞれ顕著に教育条件整備費の地域格差を大きく生じさせている。詳細には、一九九三年の時点で上海市の「一人当たりの教育経費」は貴州省の五・二七倍で、北京市の「小学生一人当たりの予算内の教育事業費」は安徽省の八・七七倍となっている。なお、このとき、上海市の一人当たりの国民生産値は貴州省の九・三五倍で、北京市は安徽省の四・六八倍にあたり、教育条件整備費は直接的に地域の経済力に規定され、地域格差を生じさせているといえる。つまり、「予算内教育事業費」の地域格差は、「地方人民政府の教育投資の努力の差異を表す[11]」というが、現実はそうした意識努力では超克できない次元の問題の中にある。

さらに、地域の経済格差は教育の条件整備の格差に止まらず、そこから派生して結果的には地域の教育水準と相関をもつこととなる。上の表9-3は、地域の経済指標と教育（水準）指標を表すものであるが、両者に関して大きな相関性を認めることができる。例えば、経済指数の高い「東部発展地区」に対して、低い「西部不発展地区」の「一人当たりの受教育年限」は二年以上相対的に低い。また、「文盲・半文盲率」もおよそ両地区で一〇パーセント前後の格差がある。さらに、重要なことは、この格差が一九八二年と一九九〇年の間でそれほど変動していないということ。むしろ、「文盲・半文盲率」については増加している実態にあるということである。このことは、地域の経済格差が主に教育の条件整備費の格差を媒介として、最終的に地域の児童・生徒の受教育権保障の格差を生じさせていることを推測させる。[12] さらに、地域の経済格差の拡大が、最終的に児童・生徒の受教育権の保障の格差の拡大を招いていることを推測させる。

なお、全国的に実施された学力調査の結果においても、大きな地域格差があることが報告されている。そこでも、東部地区・中部地区・西部地区に関して、東部・中部・西部の順に学力水準が下がる傾向にあることが示された。この原因については、「西部地区では、小学教師の教学水準が低く、教育方法が劣っていて、そのことが確実に学生の成績に決定的な要素となっている。この他、校舎不足、教学設備の不備等も必然的に影響している[13]」といわれ、教育の条件整備の格差が大きく指摘されている。

ここで重要なことは、中華人民共和国教育法は、中華人民共和国義務教育法の具現化を方法として一方において義務教育の完全実施のための法規範であり、「教育の平等」保障を目的とするが、他方において小・中学校の教育管理に関して、地方に「教育の自由」を認め、教育財政運営における権限委譲（責任転嫁）を改革として行った政策規範であるという点にある。それは、国家が義務教育の制度の財政的保障の責任いわゆる国庫直接支出から地方の自主財源依存に切り換えるという中華人民共和国教育法の行政法的規範が、もう一つの中華人民共和国教育法のもつ学習権保障（義務教育の完全実施）を内容とする教育法的規範の実質を阻害し、形骸化させたということとなる。すなわち、「地方への負担委譲の法政策化は、その一方で経済の地域格差により、教育の条件整備の地区間格差を拡大し[14]」、最終的に「分権化の改革が地区間の教育の質の格差を拡大[14]」したと考えることができる。そこに、新しい教育の自由化政策が古い教育の不平等を拡大再生産するという葛藤的な法現象がある。

第二節　「教育における自由」の法現象

中華人民共和国教育法は、教育の機会均等の理念をその法規範の中心命題と位置づける。しかし、その法命題の実現のため「教育の平等」の保障と、「教育の自由」への展開という異なる法としての目標をもつ。この場合、中華人民共和国教育法がもつ後者の「教育の自由」化という法的目標は、同法が「経済主導型の教育を法的に実現しようとする志向を包括的にくくり返す構造」[15]をもっていることから導かれるものであるといえる。それは、中華人民共和国教育法という法規自体が経済改革に連動する教育改革の政策規範として制定されたという事実と、同法の法内容において例えば社会の経済発展（人材需要）と直接的に連動する人材選抜システムとしての学校体系の法整備、さらにその学校内に市場経済の基本原理とする「自由競争の原理」の導入、そして「学校」の設置と生徒募集あるいは「教師」のリクルート等に関して「教育の市場化」が意図された点にその本質をみることができる。つまり、同法の法的命題の一つとして「教育の市場化」が存在するわけである。ただし、ここで留意しなければならないのは、中華人民共和国教育法が法命題として仕組んだ「教育の市場化」は、すべて一方的に法あるいは中国政府の政策意図の通りに進行するものではないという点である。つまり、本来「市場」そのものが法や政策の規制から独立に、市場経済の自己増殖の論理により無軌道に発展する要素をもつことを考えれば、現在の市場化された教育社会がすでに中華人民共和国教育法に仕組まれた法命題の理論とかけ離れた状態にある可能性もある。ここでは、市場化された教育社会が中華人民共和国教育法により意図された結果か、意図されなかった結果か。その相違はともかく、市場化された教育社会のさまざまな社会現象が、同法の規制対象であり、同時に法執行の結果現象である点を考慮し、中華人民共和国教育法の法現象として分析することとする。

教育の市場化は、国際的には新保守主義体制下の新しい経済政策の教育政策版として共通に表面化してきた。その方法的特徴は、公教育運営に関して国家政府の財政負担を抑制するため、学校設置・維持に関する規制緩和を方法として（国家以外の）設置者負担や受益者負担を増すという点。さらに、教育制度の最適効果や学校の教育力の向上さらに学習者の自己学力の発展を、競争主義の導入によりそれぞれの制度間・学校間・学習者間に任せるという点にある。そこには、従来「国家財」あるいは「公共財」としての性格を持っていた教育という財を、「規制緩和」や「競争主義の導入」を方法として、「私有財」に転化させるという特質がある。この場合、財としての教育に対する国家及び社会の規定の転換があるという意味において、教育の市場化は教育を国家・社会・個人の関係において構造的に変化させるに十分な要素をもつ。さらに、同時に中華人民共和国教育法という教育法規範が、国家・社会・個人の教育を媒介とする教育（社会）関係を規制する国家及び社会規範であることを考えれば、教育の市場化による教育社会現象の構造や本質は、教育法規範の命題と強い相関をもつこととなる。

中国における教育の市場化による社会現象は、人民の所得階層により区別された二極的な現象として生じたと考えられる。一つは所得階層の高い人民の教育社会に現れた「応試教育体制化」（学歴社会化）であり、もう一つは所得階層の低い人民の教育社会に現れた「読書無用体制化」（脱学校化）である。この二つの社会現象は、端的には教育投資者あるいは教育消費者としての人民の経済能力の差により生じたものであり、そこに経済差別化により両極分化した教育病理現象としての特徴をもっている。

(一)　「応試教育体制化」（学歴社会化）の社会現象

高所得階層の人民の側に「応試教育体制化」（学歴社会化）の社会現象として、「選校生」問題、「貴族学校」問題等がある。この場合、「選校生」問題とは、「保護者が高い経済代価により、子女を重点小・中学校に入学させる機会」(16)

である「選校」が北京市や上海市あるいは経済特区の大都市の高所得者層に広まり、社会問題化したことをいう。この重点学校は、九年義務教育制度が制度化される以前から実質的に大学進学に連結する特別な進学校として存在し、特に重点初級中学（中学校）は「全市を学区として、いわゆる優秀な子どもたちが集中し、ますます社会的評判が高まり」[17]、エリート進学校化した。問題はこうしたエリート進学校の存在による学校の序列化であるが、より深刻な社会問題として生じたのがそうした重点校への「裏口入学」としての「選校」である。「選校生」問題の発生要因にはいくつかのものがある。まず、高額な「選校費」（入学寄付金）を支弁することができる高所得者の出現である。それは、市場経済のもと経営実績を伸ばした個体戸（個人経営者）であるが、一方で一般人民の側においても「一人っ子政策」により家計上教育費に支出する余裕が生じている。しかし、より重要なのはそうした保護者から高額な寄附金を上納させる重点学校側の学校経営観である。おそらく、その学校経営観は自律的な財政運営の裁量性から導かれている。それは、実は中華人民共和国教育法が意図した（義務）教育学校の管理・維持のための財政負担を国家負担から学校自身に委譲した学校財政制度の組み替えから生じている。この場合、従来一般学校と異なり重点的に特別な国家財政補助を受けていた重点学校の場合、その補助の削減は学校運営に関して大きな支障を与えた。さらに、実業系学校のように学校付設工場や学校付設企業による学校財政運用が難しいことから、結果として寄附金収入に依存する傾向が生じたといえる。

この「選校生」問題は、徐々に多くの社会的批判を受け社会問題化した。その批判は、主に「『お金』による教育の機会均等の参加と選択は、人々に不公平・不平等感を与え、心理不平衡感や反感[18]」を与えるというもので、「経済収入による入学機会の不平等を生じさせることは、マルクスに反する[19]」という社会主義的「平等主義」の理念論からのものであった。さらに、その批判はしだいに「選校生」問題を容認した政府へ向けられ、「『選校生』問題は、党と政府の大衆中の威信と社会安定に影響を与える[20]」までに至った。それは、明らかに中国政府が予定しなかった

「市場」のもつ自己増殖により生じたものであり、国家負担から受益者負担に切り換える教育財政（歳入）システムの転換を仕組んだ中華人民共和国教育法は、教育市場で暮らす低・中所得の教育消費者から予期しない反撃を受けたわけである。しかし、近年この「選校生」問題について、それが国家財政運用に有効に働く可能性があり、さらにより良い教育を受けさせたいという大衆の積極性を引き出すとして、積極的に制度化すべきという主張がある。しかし、その存在は経済格差による教育の機会の不均等を示すものであり、やはり「教育における平等」を強く規定する中国の教育制度理念、さらにそれを法規範化した中華人民共和国教育法の立法理念に反する社会現象といえた。

つぎに、高所得の教育消費者の側に生じた同様な教育社会問題として、「貴族学校」問題がある。この「貴族学校」は、優れた施設・設備で環境を整備し、高い給与で引き抜いた優秀教師で人事抑制し、さらに一般学校にはない教育課程（特にコンピュータ教育や外国語）を編成する学校で、高額な入学金と授業料等を徴収する私立学校をいう。この学校の存在も、先の「選校生」と同様に経済収入による入学機会の不平等を生じさせる現象であることから、基本的には中華人民共和国教育法の立法理念である「教育における平等」に反する。しかし、一方これらの学校の出現は同法が承認し、さらに積極的に政策化した結果でもある。同法は「企業事業組織、社会団体、その他の社会組織及び公民個人に対して、法にもとづき学校及びその他の教育機関を設置すること」（同法第二五条）を承認した。さらに、中国政府は近年（一九九七年）私立学校を対象とする包括的な教育法規として『社会力量学校運営条例』を制定し、私立学校の存在の機能性を規定するとともに、より強い法的承認を与えた。こうした私立学校の承認の背景には、その存在が「（教育財政に関して）政府投入の不足をカバーし、同時に異なる社会階層の需要を満足させる」[21]という国家財政的理由があり、さらに「教育の市場」の効果があったといえる。

ところで、「選校生」や「貴族学校」の問題は、高所得の教育消費者である人民階層に限定された問題であるが、

表9－4　中国人民の学校観（1）

質量が普通で収費が低い甲校と，質量が高く収費が高い乙校では，
あなたはどちらの学校に子どもを進学させますか。

甲　校	できれば甲校	わからない	できれば乙校	乙　校	合　計
8人（5.4%）	14（9.4）	9（6.0）	28（18.9）	89（60.1）	148（100.0）

施鉄如「学校教育経費与家庭教育投資」『広東教育学院（社会科学版）』，1989年，84頁より。

表9－5　中国人民の学校観（2）

（国公立）学校は，私立（学校）として経営できるか

完全にできる	で　き　る	少しできる	できない	合　計
586（9.0%）	1,833（28.2）	3,367（51.8）	714（11.0）	6,500（100.0）

張鉄明「大都市教育体制変革的現実操作：教育適度経営」『現代教育論集』，1995年，2頁より。

こうした教育の経済的不平等の社会現象はその基底に中国人民の学校観や教育費意識の変化を原因とする。まず、近年の中国の人民の学校観として以下のような実態（表9-4）がある。

ここでは多くの人民は、「質量が普通で収費が低い甲校」よりも「質量が高く収費が高い乙校」を選択する傾向にある。そこには、「学校」に対する人民の意識が、伝統的な平準化された教育課程と無償制による義務教育学校のイメージではなく、経済需要に適合する人材選抜機関あるいは教育市場下において消費価値を有する商品として学校をイメージする傾向があることを示している。つまり、そこには「教育はまさに最好最安定の投資」[22]の観念の形成があり、人民が求める学校は「『高質高価』な投資対象」[23]としてイメージされている。

そして、そうした学校イメージは、教育の機会均等原則にもとづく制度的価値よりも教育の市場における商品的存在価値を重視することから、当然に学校の設置形態の形式を不問にする傾向をもつ。例えば、つぎの表9-5では国公立学校の民営化の可能性について多くの人民が肯定する傾向を示している。そこには、伝統的な学校の国家所有制が私立学校の法的承認を受けて解体され、より強く個人所有制を認める方向で規制緩和され、自由化される教育改革の方向を受容する人民意識が存在することを示している。つまり、教育費

表9－6　学歴と所得の相関

学　歴	文　盲	小　卒	中　卒	高　卒	中等職業系学校卒	大学専科(2年生)卒	大学本科(4年生)卒	平　均
年間所得	3,612元	5,731	7,204	7,658	8,118	9,374	10,488	7,773.2

魏新・邱黎強「中国城鎮居民家庭収入及教育支出負担率研究」『教育与経済』，1998年，3頁より。

は本来公費でなければ、教育の平等は保障されないという伝統的な公費教育観が変化し、そこから公教育制度の原理性が解体し始めている。

ところで、以上のような学校観の変化は、教育費意識の変化、すなわち「公費」から「私費」への教育費意識に直接影響を受けていると考えられるが、その教育費意識の変化自体は「教育投資」収益の存在（予測）と（個人的）「教育投資」が可能な資産をもつ投資主体の存在がある。まず、教育投資の収益については、近年人民の所得と学歴の相関に関しては、学歴資格と採用・昇給そして給与号俸体系の関連付けを内容とする国家政策例えば公務員給与制の改革や教師資格制度等や民間企業の同様な人事管理化により、いわゆる学歴と所得の正の相関が定着化した。例えば、表9-6をみると「大学（本科）卒」の所得は、義務教育修了時点の就職者である「中卒」の所得の一・四六倍となっている。[24] こうした学歴と所得の相関の社会的事実は、着実に中国人民に一定の「高学歴志向」の教育投資意識を拡大させた。

また、教育投資主体としての人民の経済能力に関しては、経済発展により個人所得がアップするとともに、一人っ子政策により子ども一人当たりの教育費の余裕が生じたため、一定の向上が認められる。そのため、家庭経済（家計）上子どもへの教育費支出の最大可能限度額の増加が見込まれ、実際家計に占める教育費は表9-7の状況にある。この場合、家計に占める教育費支出比は、一九八七年に全国平均二・一二パーセントであったものが、一九九二年には四・九七パーセントと二倍以上に拡大した。[25] ここでみられる家庭の教育費の特徴としては、いわゆる標準的な「学校教育費」（学費・雑費・教材費等）としての

表９－７　中国人民の家庭教育費

	基本教育支出	拡展教育支出	選択性教育支出	総教育支出
小　学　生	674元(29.7%)	876(38.6)	720(31.7)	2,270(100.0)
中　学　生	988　(28.4)	1,283(36.9)	1,203(34.6)	3,474(100.0)

魏新他，前掲論文，１頁より。

「基本教育支出」よりも、家庭教師費・塾費・課外書籍費等により構成されるいわゆる「家庭教育費」としての「拡展教育支出」や、入学寄附金等の特別費である「選択性教育支出」の方が高いという事実である。

この事実は、国家の側からみれば、「家庭教育に金をかけ、学校教育に金をかけない『怪現象』[26]」であり、多くの人民が「免費教育政策に慣れている[27]」と解釈された。そして、国家による近年の教育費集積システムの転換つまり教育財政の国家負担主義から人民である受益者負担への転換は、こうした「怪現象」を根拠として中華人民共和国教育法に立法化されたと解釈することもできる。その意味では、中華人民共和国教育法による教育費構造の組み替えは、中国人民の「教育投資消費観念が固定化した[28]」という社会判断と、国家財源に吸収できる選択的及び浮遊的な家庭教育費の存在の確認を根拠として立法化されたと推測することができる。その意味では、国家による教育の市場化は、民間の教育資源の潜力を掘り起こし、発揮し、政府の教育の重責をなくすことを本質とすると解釈される。

(二)　「読書無用体制化」（脱学校化）の社会現象

ところで、先に指摘した「応試教育体制化」（学歴社会化）は、必ずしも現在の中国社会全体の社会現象ではない。それは、「応試教育体制化」（学歴社会化）の社会現象が、一定の教育投資能力をもつ所得階層の高い「教育投資者」の集団に限定されたものであり、所得階層の低い中国人民には程遠い「贅沢な悩み」と映る現象でもある。むしろ、所得階層の低い人民の側には、それと異なる固有な社会現象が存在し、それを「読書無用体制化」（脱学校社会化」と表現することができる。

その端的な社会問題として「流出生」（中退）問題がある。実際一九八八年の時点では全国の小学生の流出生数は四二八万人で、流出率は三・三パーセント、初級中学は二八七万人で流出率六・九パーセントに及ぶとされ、現在まで増加の一途を辿っている。(29) この「流出生」現象の構造的特徴の一つとして、牧野篤は経済発展の地域格差の影響を以下のように指摘する。「商品経済が発達した地区における小中学生の流出率が、商品経済の立ち遅れている地域におけるそれよりも格段に高いこと、及び商品経済が発達した地域においては、小中学生の流出率は、都市よりも農村の方が高いということである。さらに、住民の収入格差が大きく、また容易にカネ儲けのできる地域の流出率の方が、収入格差の小さい地区のそれよりも高い。(30)」

ここで重要なことは、こうした地域の特徴のうち、流出生問題の発生メカニズムの中心に容易に「金儲け」できる就労機会の存在と、低い所得階層の人民の存在があるという点である。この二つは、例えば学歴と所得の正の相関が志向される労働市場が未整備で、そのため教育投資の収益がそれほど高く意識されず、結果として教育投資を途中で放棄する保護者の「読書無用」（脱学校）意識を形成する。そして、この「読書無用」意識は、特に現在の生活に困窮する低い所得階層の家庭に集中することから、結果的には教育投資の将来収益よりもそれによる逸失利益を高く見積もる傾向を生む。しかし、ここで問題とされるのはそれらの保護者の意識に教育の機会均等の原理すなわち義務教育制度における保護者の就学させる義務という法意識が極端に欠落していることである。それは、「容易に『金儲け』できる就労機会」をつくった近年の市場経済が、中華人民共和国教育法の法理念に反する教育社会の現象の誘因となっていると考えることができる。なお、この流出生問題の中で、近年強く社会問題化した現象として「盲流」（高収入の職を求めての農村部から都市部への家族の社会移動）の子どもたちの「失学」の状況がある。

例えば、表9-8は大都市（地区）における「盲流」の子どもたちの状況を示すものであるが、六地区の全体では

表9－8　流出（入）児童・生徒の実態

	北京豊台	上海徐祉	天津河北	深框袋湖	兗臭義烏	河北朧兄	合　計
流動適齢人口入学数（人）	5,448人	9,000	11,650	21,701	4,748	335	52,882
小・中適齢在校生数（人）	94,689人	103,564	72,791	51,864	78,325	26,507	438,848
流動適齢人口／当地の小・中適齢在校生	5.75％	8.69	16.00	41.84	6.06	1.26	12.05

余就他「我国部分地区流動人口適令児童・少年入学情況調査報告」『教育研究』，1997年，21頁より。

そうした子どもたちの数は当地の小・中学生全体の一二・一パーセントにも達する。この場合、その数は地区により格差があり、経済特区である「深框袋湖」では四一・八四パーセントにも達する。[31] ここで問題となるのは子どもたちを含めた「盲流」家族の総合計である「流動人口」が「経済改革を評価するための一つの指標」[32]であり、その意味において「盲流」自体が大きな中国の経済問題・社会問題であることと、当然に「盲流」の子どもたち自身の受教育権の侵害があるという教育問題であるという複合性があることである。その意味では、この問題の解決は単に教育政策的次元ではなく、経済政策を含めた社会政策の広がりで考えられなくてはならない。

中国における「教育の市場化」は、他の国（特にイギリス・アメリカ・日本等の先進国家）と比較して異なる構造をもつ。その異なる特徴は、第一には教育の市場化の初期条件である公教育の到達度・水準が低いという点にある。このことは、先に述べたように義務教育の実施が完全ではなく、中退率や文盲率が高く、学校の施設設備等の教育インフラ整備が不十分で、さらに学校制度（体系）自体が完全に定着していない状況をもつ点に事実として示されている。第二に、少なくとも学校が人材選抜システムとして人材需要（リクルート）市場と直接的に連結するいわゆる学歴社会を完全には形成していないという点がある。第三に、教育市場の自由性が安定的に維持されるかどうかという点で、「毛沢東の負の遺産」すなわち中国共産党の政治的介入の余地をもつという点があげられる。この場合、特に先進国家における教育の市場化が、少なくともすでに公教育の制度を形において確立し（近代国家における教育）、教育権の保障を国家的な公教育責任とした（福祉国家における教育）前提において成立したものであることを考えた場合、中国の教育の市場化は公教育制度の成立と発展の段階を飛び越えた早急な改革であるということとなる。また、教育の市場化が少なくとも学歴と所得の正の相関を前提とした国民の教育投資意識の成立を前提とした国民誘導性の高い国家政策であることを考えた場合、まだ、そのシステムと意識の定着は中国の教育社会全体にはなく、部分的であるといえる。

「教育の市場化」は、教育投資のニーズが個人に生じていく過程をいう。中国の場合、その教育投資は「資本主義のみではなく、社会主義にも市場はある」[33]とした鄧小平の開放経済に代表される経済政策に機能する方向で政策化された。その真意は、「上からのイデオロギー支配・維持による統一的国家の管理から、下からの物欲を媒介とした国家的統一・維持[34]」への国家政策の方法の転換にあったと考えることもできる。それは、中央政権の側に市場メカニズムに依拠して自動的に適正な社会資源配分を進行させる統治運行方式であるという、装置としての市場経済の機能への期待があったことによる。しかし、市場経済における「市場」は、本質的には装置としての誘導性はなく、無軌道・無原則に交換利益の変動により自己増殖する生命体性をもつ。したがって、「市場は産品に依存、産品は質量に依存、質量は技術に依存、技術は人材に依存、人材は教育に依存[35]」すると構想した教育市場を媒介とした経済改革と教育改革の予定調和は、非現実的となった。そして、そうした予定調和により国家規範としてプログラム化された中華人民共和国教育法も、同様に「市場」により形成・変化する教育社会と乖離する危険性をもつこととなった。

注

（1）彭玉昆・張捷・買大光「教育平等理論内容分析与促進教育平等進程策略研究」『東北師範大学学報（哲学・社会科学版）』、一九八八年、八三頁。
（2）菱田雅晴「第十章、鄧小平時代の社会意識――『双軌制』社会の課題――」、岡部達味・毛利和子共編著『改革・開放時代の中国』日本国際問題研究所、一九九一年、三〇一頁。
（3）余秀蘭「教育機会均等的理想与現実」『高教研究与探索（哲学・社会科学版）』、一九八八年、一七頁。
（4）檀伝宝「中国教育機会均等問題的決定及対策思考」『教育科学』、一九九四年、二頁。
（5）労凱声『教育法論』江蘇教育出版社、一九九〇年、一〇一頁。
（6）国家統計局編『中国統計年鑑』中国統計出版社、一九九六年、六三八頁。
（7）張華蓉「教育資源的合理営地及有効利用是縮小基礎教育質量城郷差異的根本保証」『教育与経済』、一九九七年、二五頁。
（8）菱田雅晴「現代中国における社会移動」『V　現代中国第三巻　静かな社会変動』岩波書店、一九八九年、一二九頁。
（9）富田和広「中国農村の『階級』と教育戦略」『中国研究』二七号、中国研究所、一九九三年、一二七頁。
（10）新保敦子「現代中国社会における社会移動と人間形成」『V　現代中国第三巻　静かな社会変動』岩波書店、一九八九年、一五八頁。
（11）魏后凱・楊大利「地方分権与中国地区教育差異」『中国社会科学』、一九九七年、九九頁。
（12）馬立天『中国人口生活質量研究』北京経済学院出版社、一九九二年、三〇二頁。
（13）謝安邦・楊念魯「我国義務教育段階学生学習質量分析」『中小学管理』、一九九六年、二一頁。
（14）魏后凱・楊大利、前掲論文、一〇一頁。
（15）牧野篤『民は衣食足りて』総合行政出版、一九九五年、一九八頁。
（16）範先佐「選校与免費教育」『教育与経済』、一九九六年、二三頁。
（17）牧野篤、前掲書、二三八頁。
（18）範先佐、前掲論文、二四頁。
（19）同論文、二五頁。
（20）『中国教育報』、一九九五・一二・八①。
（21）李守福「学校能否『国有民営』」『教育研究』、一九九六年、二四頁。
（22）張鉄明「試論、教育投資消費観」『教育研究』、一九九六年、三六頁。

(23) 施鉄如「学校教育経費与家庭教育投資」『広東教育学院（社会科学版）』、一九八九年、八五頁。
(24) 魏新・邱黎強「中国城鎮居民家庭収入及教育支出負担率研究」『教育与経済』、一九九八年、二頁。
(25) 同論文、四頁。
(26) 施鉄如、前掲論文、八六頁。
(27) 鮭胡眩「教育投資最終実現程序是制約的家庭教育投資水平的首要因素」『清華大学教育研究』、一九九七年、五一頁。
(28) 張鉄明、前掲論文、三七頁。
(29) 『光明日報』、一九八九・二・一五①。
(30) 牧野篤、前掲書、八四頁。
(31) 余就他「我国部分地区流動人口適令児童・少年入学情況調査報告」『教育研究』、一九九七年、一八頁。
(32) 加藤弘之「第九章経済改革と流動人口」『改革・開放時代の中国』日本国際問題研究所、一九八九年、二七二頁。
(33) 『鄧小平』第三巻、人民出版社、一九九三年、三七三頁。
(34) 牧野篤、前掲書、九六頁。
(35) 匡計洪「試論市場経済与教育改革」『首都師範大学学報（社会科学版）』、一九九四年、一六頁。

第十章　中華人民共和国教育法と教員政策の法現象

中華人民共和国教育法では、教師に関して以下のように規定している。

「教師は、法律に規定する権利を享受し、義務を履行し、人民の教育事業に忠誠を尽くす。」（第三二条）

「国家は、教師の合法権益を保障し、教師の労働条件と生活条件を改善し、教師の社会的地位を高める。教師の給与、報酬、福利待遇は、法律・法規の規定に照らして処理される。」（第三三条）

「国家は、教師資格・職務・招聘制度を実行し、試験・奨励・養成・研修を通じて、教師の素質を高め、教師集団の建設を強化する。」（第三四条）

従来、中国の教師の社会的身分・地位は低く、「文化大革命」期においては「脱産人員」（非生産者）、「非工人」（非工場労働者）、「精神貴族」さらには「資産階級の知識分子」として疎外されてきた。また、現在においても教員養成機関を経ない「民営教師」あるいは「無資格教師」が多い（一九八四年時点で全国の小・中学校教師の五二％）。したがって、教師問題は中国の教育改革の大きな課題の一つであり、中華人民共和国教育法においてもその政策的課題が提示されたものと解釈される。ここでの分析は、実際には同法制定の以前においてすでに立法化された中華人民共和国教師法を対象として、同法の実施過程を実証的に分析することとする。ここで課題とするのは、中華人民共和国教育法あるいは中華人民共和国教師法が構成する教師管理システム（主に教師資格制度・教師試験制度・教師職務制度等）の法理論と、実際の教師社会の問題実態（「民営教師」・「無資格教師」・「教員給与不払い現象」等）にみられる現象との乖離の構造を実証的に分析することにある。

中華人民共和国教育法に規定された教師に関する条項（「第四章　教師とその他の教育活動者」）は、実際には一九九四年一月一日に制定された「中華人民共和国教師法」（以下、単に「教師法」と略す）に基づいている。同法は、「中華人民共和国義務教育法」（一九八六年）に次ぐ「教育大法」であり、その制定は「我が国一千万以上の教師が熱望し、教育界が関心を寄せた教育発展史の新ページをひらく(1)」ものであり、さらに「教育事業の一件大事のみならず、民族の前途や国家の命運を示す大事(2)」として評価された。

おそらく、その評価の背景には、近年の中国の教育改革が経済改革に対して遅れをとっていること、そのなかでもとくに教師教育改革が、師範教育体制の歴史的閉鎖性と教職の地位や評価の社会的低迷を理由として、多くの問題と課題を抱えていることへの危機感があると考えられる。

ところで、近年、中国の社会政策にはその方法に関して従来とは異なる変化がある。それは、法に関してより積極的な政策上の位置づけ、すなわち法の政策立法化である。これまで、中国の社会政策は大まかには政治的支配者の言説が法に優位する構造にあった。いわゆる「人治国家」の歴史構造である。しかし、近年経済改革に呼応した急速な社会変動に対して新たな社会関係が生じ、その社会関係の公権力的な規制手段として、法への期待が生じた。いわゆる「法治国家」への期待である。また、立法自体が「改革精神を体現し、改革決定・政策と相結合する『先立法後改革(3)』」の政策方法が、新しい九〇年代の方法として期待されている。

本章で扱う「教師法」も、そうした意味では経済政策による社会変動に影響を受けた新たな教師社会関係を「支配者言説」に代わって制御する技術的・政策的規範であり、同時に近年の中国の教員施策の立法化の次元のものである。この点、同法は今後の中国の教員施策の改革の理念と方法を規範化した政策立法として、重要な教育施策上の位置をもつと考えられる。したがって、本章ではこの「教師法」を中心として、近年の中国の教員政策の理念と方法を分析することとする。さらに、この「教師法」が規制対象とする教師および教師社会の実態を分析し、あわせて「教師法」の政策立法としての問題点を考察することとする。(4)

第一節　中華人民共和国教師法の法理論

「教師法」の立法目的は、「教師の合法的な権益を保障し、良好な思想・品徳の修養と業務の素質をもつ教師集団を建設し、社会主義教育事業の発展を促進するため」（「教師法」第一条、以下ことわりのないかぎり「教師法」の条文に関しては条数のみ記す）と規定されている。その中心は、大まかには教師の資質・力量の向上と待遇を中心とした権利保障の二点にある。前者については、「資格と任用」（第三章）・「養成と研修」（第四章）・「試験」（第五章）から構成され、後者については、「待遇」（第六章）・「奨励」（第七章）・「法律責任」（第八章）から構成されている。この教師の資質・力量と待遇の問題は、すでに「教育体制改革に関する決定」(5)（一九八五・五・二七　中国共産党・中央委員会）や「中国の教育改革・発展要綱」(6)（一九九三・二・一　国務院）のなかで、教育改革の柱の一つとして指摘されているが、その具体的な政策内容は明らかとされておらず、「教師法」の制定はその政策内容の立法化としての意味をもつ。以下、「教師法」の規定内容からその政策の理論と方法を考察してみよう。

まず、教師の資質・力量の向上策に関して、同法は「教師資格制度」を規定している。この「教師資格制度」は、いわゆる教師の資格に関して「本法が規定する学歴を取得した者あるいは国家の教師資格制度に合格した者」（第一一条）に教師資格を付与するというものである。具体的には、まず学歴取得による教師資格に関して、学校種別ごと

表10-1　教師の学歴資格要件

学校種別	必要とする学歴
幼稚園教師	幼児師範学校以上
小学校教師	中等師範学校以上
中学校教師	高等師範専科学校あるいは大学専科以上
高校教師	高等師範院校あるいは大学本科以上
大学教師	大学本科および大学院修了

「教師法」第11条の規定より。この場合，「大学教師」についても一定の学歴資格を求めることについては，文化大革命期の10年間の大学における研究と教育のブランクの影響が大きい。現在，大学教師の再教育を目的とした大学教師研修センターが全国的にも設置されており，大学教師の研修も中国の教師教育改革の一つとなっている。

表10-2　教師の学歴状況（河北省の場合）

学校種別	幼稚園教師	小学校教師	中学校教師	高等学校教師
学歴合格率（実数）	59.43%（24.44万人）	79.01%（21.32万人）	36.06%（4.70万人）	37.3%（0.95万人）
1989年との比較	＋1.8%	＋2.35%	＋4.80%	＋2.36%

「河北省教育」『中国教育年鑑』人民教育出版社，1991年，472頁。

の教師資格に対応して、その資格要件としての卒業の基準を示した（表10-1）。

この基準の設定の意図は、中国の場合、学歴不備の無資格教師が多く（表10-2）、それが教育の質の低迷を招いているという判断による。たとえば、広西省の場合、一九八四年の時点では七百九十万人の小・中学校の教師のうち約五二パーセントの教師が学歴不合格の状況にあり、そのうち六十万人の教師は「小学校卒で小学生を教える」状況にあるとされている(7)。

また、教師資格制度のもう一つの内容としての教師資格試験は、先の学歴不備の無資格教師をフォローする制度として期待されている。それは、すでに一九八八年から「教師試験合格証書制度」として実施されており、中央行政機関である国務院（国家教育委員会）により、中学校教師資格に関して二十二科目、高等学校教師資格に関して二十科目の試験科目が設定され、全国の無資格教師に対して受験が奨励されて

いる。(8)

以上の教師資格制度の立法化は、単純にみれば学歴基準や資格試験の設定により、閉鎖型師範学校教育体制を法的規制により再強化する目的によるものと理解できる。しかし、先の学歴基準にもみられるように師範系学校以外、すなわち「高級中学校」(高等学校)や「大学(「学院」)」の卒業も広く教師資格に含めており、教師教育制度に関して「閉鎖型」と共存する形で「開放型」の導入という制定意図をみることができる。

ところで、この「開放型」の導入は単に養成段階に止まらない。つぎに「任用」に関して新しい任用制度として「教師聘任制」を規定している。従来、中国の教師の任用制は師範系学校・卒業校の配分制を採ってきた。これに対して、「教師聘任制」は「学校と教師の双方の平等の原則を循環させるべきであり、合同の聘任契約の締結」(第一七条)という個別の採用契約制すなわちそれぞれの学校による採用試験制を内容としている。すでに一部地域で実施されている「教師聘任制」に対する評価では、同制度が従来の「鉄交椅」主義(職の行政配分主義と終身雇用主義)の弊害を克服し、さらに教員人事上の「大鍋飯」現象(配分上の悪しき平均主義)を克服すると期待されている。(9)

その点、この新しい任用制はその実質において教師の採用を公的配分方式から人的市場方式に任せる意味において、教師採用の人的市場への開放化ということができ、先の資格の展開と並んで教員政策上の開放政策と考えることができよう。なお、同法では「国家は、非師範高等学校の卒業生が小・中学校あるいは職業学校で教えることを鼓舞する」(第一六条)とも規定している。

さて、「教師法」の立法目的のもう一つの柱として「待遇」改善がある。具体的には「給与」・「手当」・「住宅」・「医療」の改善を内容としている。たとえば、「給与」に関して、「教師の平均給与の水準は、国家公務員の平均給与の水準と高低があってはならず、さらに正常な普通の昇給制度を制定しなければならない」(第二五条)と規定している。教師の給与に関しては、すでに「中国の教育改革・発展要綱」(一九九三年)のなかで、「国有企業と同程度のランクに格上げし、今後三年間に平均給与を国家公務員の職種十二の中で中程度より高めにする」と指示されており、今回の「教師法」の規定はその法的確認と地方人民政府への法的規制の意味をもつ。これまで、中国の教師の給与は低く、全国の労働者の平均給与より八・二パーセント低い状況にあった。[10]そのことは、同時に社会的に「師範校」(「教職」)離れや現職教師の「下海」(流出)の現象を生じさせ、教師の質と量に関して大きな阻害要因であったといえる。

なお、手当に関しては「教齢手当」(第二六条)や「僻地手当」(第二七条)等の新設を指示し、さらに教師住宅に関して「建設・貸借・売却に関して、優先・優遇する」(第二八条)措置をとるとともに、医療に関して「当地の国家公務員が享受する待遇と同等」(第二九条)の措置をとることが規定されている。

こうした一連の教師の待遇改善の政策は、歴史的な教師に対する社会的疎外と評価の改善を目的としている。それは、文化大革命期に教師を「『脱産人員』(非生産者)・『非工人』(非工場労働者)・『精神貴族』さらには『資産階級の知的分子』とみる『左』的偏見により疎外したこと[11]や、階級闘争論的な共産主義思想のなかで、教師の教育労働を非生産労働とみる古典的な社会主義的労働観から、『脳体倒掛』(肉体労働賞賛、頭脳労働疎外)政策を採ってきたことへの反省といえよう。それは、またさらに積極的に教師の教育労働をたとえば「労働経験・知識を伝える労働[12]」と考え、生産労働の範疇に加える新しい教育労働観の形成ともいえる。この新しい教育労働観は、近年の中国の教育改革が経済改革に連動して、教育投資を柱とし、その思想として教育を「生産力」とみる新しい教育本質論[13]をもったことに影響を受けているとも考えられる。

以上、「教師法」は教育改革のための積極的な改革立法として、教師の「資質・力量」や「待遇」を中心にさまざまな政策の方法を示した。それは、法と政策の関係において近年の中国国家が「人治国家」から「法治国家」へ転換しようとする動きを背景として、教育政策について「依法治教」の方法を示すものであったといえる。しかし、一方、この「教育法」は確かに法規定上、「資格」・「任用」・「養成」・「待遇」等に関して整合的で体系的な教育管理システムを規定しているが、その法規定上の教育管理システムが適用される教育社会すなわち教師社会（実態）に有効なものとなるかどうかについていくつかの矛盾をもつ。つぎに、そうした法と現実の乖離現象さらに法規定上の法理論的矛盾の問題を中心に考察してみる。

第二節　中華人民共和国教師法の法現象

まず、「教師法」が規定する「教師資格制度」とそれが適用される教師社会（実態）の乖離と矛盾の問題を考えてみよう。

すでに指摘したように、「教師資格制度」の制度は、大きくは「学歴資格」の取得もしくは「教師資格制度」の合格を課すことにより、全国的に存在する無資格教師をなくし、教師集団全体の資質・力量の向上を果たすことを目的としている。しかし、中国において考えられる「無資格教師」は、実際には「民費教師」を指し、この民費教師の存在が教員政策上重要な課題であると考えられる。

民費教師（teacher paid by local people）[14]は、一般に農山村および僻地の小・中学校等において当地の団体（地区共産党支部や旧人民公社等）の推薦や直接に学校からの招聘により雇用された教師を意味する。この場合、その雇用形態は一定ではなく、とくにその給与については学校財源もしくは地区の集金の補助によることから、「民費教師」と呼称されている。一般に中国の教師の任用システムは、先に述べたように師範系学校（卒業校）の配分主義を採ってきた。しかし、この配分システムは、地方農山村や僻地に関しては配分の割当てに関して不公正・不公平なシステムであったとされる。したがって、地方においてはある種の自給自足的な対策として現地（地元）採用を行い、その事情から民費教師が出現したと理解される。そして、民費教師はその雇用の特殊性から待遇面や資格面において疎外された教師集団となった。

ところで、特殊な事情から出現した民費教師ではあっても、その存在は例外的なものではない。一九八七年の時点では、この民費教師は小学校教師の場合、全国約五百四十三万人のうち約二百五十三万人で約四六・七パーセントを占めるといわれる。また、その数は地域的な格差があり、たとえば北京市・天津市・上海市等の都市では一〇パーセント未満であっても、河南省・山東省・安徽省・湖北省・陝西省・江西省・甘粛省では五割を超える。(15) こうした大量の民費教師の存在は、「教師法」が対象とする「教師」のかなりの比率を占めるという意味では、同法自体に「民費教師」政策の立法化が必要とされた。しかし、同法は現実にわずかに地方人民政府に対して「国家が給与を支給する教師と同程度の職務内容と報酬に達するように、措置を採る」（第三一条）ことを指示するに止まり、抜本的な改善策は示していない。(16)

つぎに、教師資格としての「学歴資格」と「試験合格資格」は、当然にその取得に伴う再教育もしくは研修の機会を必要とする。「教師法」においても、そのため地方教育行政機関や学校に対して教員研修計画の制定・実施を義務づけている（第一九条）。実際、現職教師の「資格取得」に関しては、いわゆる教師研修機関としての「教師進修学校」と「教育学院」(17)があり、一定の教育課程の履修計画にもとづき修了者に対して「学歴」を付与するシステムとなっている。現職教師のうち「学歴」不備の該当者は、こうしたいわば「学歴研修」にしたがうことになる。しかし、この「学歴研修」については実際の運営上いくつかの問題を抱えていることも事実である。それは、第一に受入れ施設としての教師進修学校や教育学院が数において少ないこと。さらに、その施設が都市部に限られ、地域的な格差があることである。第二に、現実に「学歴研修」を受ける教師の立場からみて、実際に研修の機会が保障されていない現実があることである（表10-3）。

表10-3　研修に対する意識調査

「あなたは文化や専門的な研修を求めていますか？」

選択肢	非常に求めている	ある程度求めている	あまり求めていない	求める機会がない
比率	6％	15%	6％	73%

叶恵華「論教師的需要与教師工作積極性的激励」『景徳鎮教育学院学報（哲学・社会科学版）』，1990年，43頁。

（調査は南昌地区および景徳鎮地区の小学校，中学校教師を対象とした抽出調査で，回収率は186/200（93.0%）とされている。）

また、「学歴研修」の問題は、単に運営上の問題に止まらない。本来、中国の教員養成制度は、閉鎖型の師範教育体制を基本とするものであった。それは、閉鎖的であるという意味においての教師の「量」の面で制限的であるという問題をもつが、教師の「質」の面で専門性の深化という利点をもち、さらに、専門職としての社会的評価にプラスに作用したと思われる。しかし、今回の「教育法」による「学歴研修」による学歴取得は、それが「研修」といういわば簡略化された再教育システムにより、容易に「学歴」を付与するという形を採る点で、「質」よりも「量」を優先させたとみることもでき、この点、教師資格としての「学歴」の格差問題が懸念される。具体的には、「研修学歴」の出現による「師範系学校卒業」の相対的な格下げである。実際、師範系学校への入学者不足や師範学校の非師範化等[18]、「師範校離れ」の現象が進行している。

ところで、先に述べたように、「教師法」による教師の権利保障の中心は、給与等を中心とした待遇改善であった。しかし、現実の教師給与の問題は、単に相対的に給与の額が少ないという次元ではなく、実は給与自体が払われないという次元のレベルにある。いわゆる教師給与の「不払い問題」である。たとえば、中国二大新聞の一つである『光明日報』は「教育経費の不足と教師給与の不払いが現在各種の管理者と全社会の普遍的関心である」（一九九三・九・四①）と報じている。実際、二十以上の省や市で教師給与の不払い現象があり、一九九二年の未確認の調査ではその不払い額はおよそ十九億元（一元十六円の換算で、日本円で約百九十二億円）を超えるといわれる。

こうした教師給与不払いの理由は、直接には地方財政の支出運営が不備であること。

具体的には財政支出項目のなかで教育費（教員給与費）の位置づけが低いことにあるとされている。[19]しかし、より広く教育費すなわち教育財政全体をみたとき、そこに教育財源自体の不足という致命的な問題をみることができる。近年、中国の教育財政システムは中央から地方に中心が移った。これは、従来の国家財政補助による学校教育経費運用が、近年の経済過熱（物価高騰・財政赤字拡大・国際収支赤字）を理由とする非生産部門への支出抑止政策を背景として、地方の自主裁量に任されたことを意味する。しかし、地方の教育財源自体、これまで国家補助に依拠し、補助的に社会団体の寄付や学校の自主財源としての「勤工倹学」[20]収入等の予算外収入で賄ってきた体制では、国家補助の不足分を新たに地方一般財源からの増額で補強する措置はかなり困難であったといえる。結果、国家補助の削減分がそのまま学校教育支出の大半を占める人件費すなわち教師給与に影響を与えることとなったわけである。

また、教育経費の運用のレベルにおいても、地方財政内部での問題としてこれまで教育財政上の国家補助を一般財政へ転用したり、浪費するという不正現象があり、[21]教師給与の不払いの問題は、単に教育財政の運用システムの問題ではなく、運用者である地方教育行政担当者の教育政策認識の問題でもあった。

ところで、近年中国政府は教師の給与体系制度に関して、規定等級本俸主義から実質能力評価主義へ改正を促進させようとしている。これは、従来の国家教育委員会・「教師職務試行条例」（一九八六年）にある高級教師・一級教師・二級教師・三級教師の等級に応じた包括的・画一的な給与配分方式を、「教師の貢献の大小、教学の質の高低にもとづいて内部で給与を調整」（前述『中国の教育政策・発展要綱』）する「校内機構給与制度」[22]による能力配分方式に改めようとするものである。この考え方はすでに「教師法」の規定中にもみられ、いわゆる「手当」に関して、教師が「教齢手当とその他の手当を享受」（第二六条）することを指示している。この制度自体「教職員の収入をその工作量の大小と工作実効値により決定し、『大鍋飯』主義（「親方日の丸主義」）を打破する」[23]と評価され、教師の意欲を喚起する待遇改善と考えられる。しかし、実際の新しい給与体系（配分方式）への改正は、同時にその給与の支払いの責任が地方行政当局から学校へ転嫁（「委譲」）されたことを意味しており、学校運営上大きな社会的問題を生じさせている。それは「学校乱収費」の問題である。

この「学校乱収費」の問題とは、各学校が新しい給与制度により生じた「本俸」以外の「教齢手当」その他「授業手当」・「出来高手当」・「兼職手当」・「ボーナス手当」等の支給負担のため、これまでと異なる新しい自主財源の確保手段として児童・生徒（保護者）に対して、さまざまな名目の学校徴収金を課し、過度な負担を強いたことをいう。実際の名目は、「施設建設・補修費」・「運動場衛生緑化費」・「試験費」・「学習到達費」・「義務教育運営条件整備費」等広範囲に及ぶ。一九九三年、国家教育委員会は全国的な「学校乱収費」問題の解決のため、二十一項目にも及ぶ名目の例を挙げ、不正な学校徴収金制度の停止を通知している。[24] なお、この「学校乱収費」問題はさらに小・中学生の「流出」（退学）の原因となっているという指摘もある。

以上、教育財政上の実状を中心に、教師の待遇改善の問題性を指摘した。「教師法」に規定された給与額の引き上げや「手当」の導入は、確かにそれ自体目標的な価値をもつ。現に多くの教師は待遇改善を望んでいる。[25] しかしその現実的な保障としての財政的裏付けは、法の理念からはるかに乖離しており、そこに「教師法」のプログラム的法規定としての欠陥を認めることができる。むしろ、教師給与の格差は、教師の「下海」（転職流出）現象として一般化している現実の方が大きい。たとえば、近年の教師の流出は四十五万人を超え、全国の教師のおよそ一〇パーセントに達すると報じられている。[26] このことは、先に述べた「師範校離れ」の現象を含めて、教師給与の格差問題は、現職教師のみならず養成・採用のすべての過程に連続的に影響を与える本質的な問題であることを意味している。

「教師法」を対象として、現在の中国の教員政策の方法と内容を考察した。この場合、「内容」に関して問題とされるのは、「教師法」の法としての社会的適合性と合理性であった。実際、本文で考察したように、「教師法」が対象とする教師社会（実態）には、「教師法」に規定された教育管理システムの適用を否定および不能とする法乖離現象の傾向がみられた。それは、歴史的・現実的に疎外された教師である「民費教師」の存在、教師給与不払いの現実が意味する教師の待遇改善のための財政保障の欠落、さらに伝統的な師範教育制度の制度的価値をある面で格下げする対症療法的な「学歴研修」の制度化等の現実であった。これらの現実は、「教師法」に規定された教師改革の法理論を単に改革理念論的言説に過ぎないと評価させるに足る根拠を示していたといえよう。

また、教育政策の「方法」と考えられる「教師法」による立法政策化は、それが「人治国家」の時代の政治優位の政策と異なるものとして評価されたとしても、やはり立法を政策に先行させたもしくは同一視したという点で法の実効力や強制力に関して大きな問題をもつことが予想される。それは、民主法制の伝統がなく、法が常に階級支配の道具として認識されてきた歴史的な中国人民の法観念・法意識のなかではたして法が実効力のある社会的規範として機能するかという中国法共通の問題でもある。[27]それは、われわれ法治国家の法律主義的な政策範疇ではおそらく理解できない、法と政策の関係の問題でもあろう。

ところで、「教師法」の制定以降、中国政府は「教師法」の具現化のため、「『尊師尊教』的な法律主義と社会風土の形成のため執法機関を完善にし、執法の監督・検査を強化する」[28]とし、「教師資格条例」・「教師職務条例」・「教師資格手続法」・「教師招聘暫行規定」さらに「教師法実施細則」の立法化を国務院レベルで進めている。また、地方人民政府に関してはすでに北京市・天津市等で『教師法』の実施に関する方法規則」を規定している。[29]

以上の法政策は「軟法」[30]といわれる「教師法」の法としての実効力を強化するため、とくにその法としての強制力を補強するための措置と考えることができる。

しかし、重要なことは「教師法」の具現化の問題は、単に法としての強制力の次元ではなく、法自体の社会的適合性・合理性の次元で解決されなくてはならないということである。それは、いわば法を政策の強制化・安定化の道具として利用することではなく、法により何を保障していくか。「教師法」に関していえば、教師（集団）をいかに操作するかではなく、教師の「権利」概念をいかに理論化し、そして権利保障していくかが重要な法的課題であるといえる。この点、「教師法」はこれまでの社会主義法と異なり、少なくとも立法段階においては「国際的な教師の権利保障を意識し」[31]、教師に対しての「権利」を明確に規定している。この権利概念は、従来の法の本質を「階級性」とみるマルクス主義法学の階級意思論では外されていたものであり、その点で、近年の労働権を規定した「労働法」（一九九五・一・一）の制定[32]と並んで、新しい社会主義法の展開の可能性をみることができる。後は、こうした教師の権利保障の展開として、「教師法」の具現化が努力されることに期待したい。

注

（1）『人民日報』、一九九三・一一・三②。
（2）『光明日報』、一九九三・一一・五③。
（3）陳斯喜「九十年代我国立法発展趨勢」『光明日報』、一九九四・三・九⑤。
（4）なお、「教師法」の訳については次の拙稿を参照されたい。「『中華人民共和国教師法』の訳と解説」『季刊教育法』九八号、エイデル研究所、一九九四年、一〇八〜一一五頁。
（5）国家教育委員会編『教育体制改革文献選編』教育科学出版社、一九八五年、一〜一八頁。
（6）「中国の教育改革」『北京週報（日本語版）』二二号、北京週報社、一九九三年、一二〜一六頁。
（7）呉維芬「試論我国師資伍建設的基本途径与対策」『広西学院学報（哲学・社会科学版）』、一九九八年、一一二頁。
（8）「教師考核合格証書制度」『中国教育年鑑』人民教育出版社、一九八九年、一五八頁。
（9）詳細については次の拙稿を参照されたい。「現代中国の学校改革――『校長責任制』の実現過程――」『日本教育経営学会紀要』第三六号、一九九四年、九〇〜九一頁。
（10）王志年「関於中小学教師工資制度的探討」『甘粛教育』、一九九〇年、一一頁。

(11) 林澤龍「樹立現代教育観念（上）」『課程・教材・教法』、一九八六年、一八頁。
(12) 千光遠「社会主義制度下的生産労働与非生産労働」『中国経済問題』、一九八一年、一〇四頁。
(13) この点については次の拙稿を参照されたい。「現代中国の教育科学論争――『文化大革命』以降の『教育本質論争』を中心として――」『聖徳学園岐阜教育大学紀要』第二七集、一九九四年、一九九～二三三頁。「社会主義的教育科学のパラダイム転換――現代中国の場合――」『季刊教育法』一〇〇号、エイデル研究所、一九九五年、一一六～一二四頁。
(14) 次の文献による英訳。『簡明教育辞典』広西人民教育出版社、一九八六年、一一八頁。
(15) 『中国教育統計年鑑』北京工業大学出版社、一九八七年、二六八～二六九頁。
(16) 中国国内においてはこの「民費教師」は貧困のなかの聖職者のイメージで過去文芸上題材として取り上げられた（例、「孫子的王」（子どもの王））。また、現在でもある種の社会主義特有の美談として、その貧困と疎外のなかの労働の努力が新聞紙上に紹介されるケースが多い。（例、「為了山区的明天――記山村教劉学華」『中国教育報』、一九九四・一〇・二九③「苦寒菊香――記詞北曲阻具齋村郷小学民営教師田平菊――」『中国教育報』、一九九五・一・一三②。
なお、地方ではすでに先行する形で民営教師対策を採っているケースがある。たとえば、山西省では、生活補助金の支給、泰安市では一万七千人全員の民営教師を公営教師に移す措置を採っている。さらに福建省では民営教師一万人を中等師範学校で再教育し、その後に公営教師に移すことを検討中である。
(17) この場合、「教師進修学校」は主に市町村が設置する小学校教師を対象とする学校であり、全国で二千近く存在する。研修期間は「全脱産」（派遣による長期研修）で二年、「部分脱産」（長期休暇を利用しての聴講）で三年とされている。現在、研修生は約二十四万人とされ、「全脱産」が二五パーセント、「部分脱産」が七五パーセントといわれている。また、「教育学院」（「教育進修学院」）は主に自治区・直轄市・省が設置する中学校・高等学校教師を対象とする学校で、全国で約二百七十校存在する。研修期間は二年から四年であり、研修生となる現職教師の学歴により異なる。しかし、大きくは大学と同様に「専科」と「本科」課程に分かれ、現在約二二・五万人の研修生のうち、「専科」九〇パーセント、「本科」一〇パーセントといわれている。なお、この他教員研修機関として「中等師範学校」・「師範専科学校」・「師範大学（学院）」等の教員養成機関がある。
(18) たとえば、江西師範大学では近年学科改組を行い、「応用電子」・「商標広告」・「化学合成」等のいわゆるゼロ免的な学科を新設したと報じられている（『光明日報』、一九九三・一一・一五③）。また、師範系学校の在学生についても一部の調査で「その他の職業に変わりたい者」が七六パーセントに達するといわれている（鄭国慶「教師積極性的激励与奨励浅折」『鞍山師範学報（社会科学版）』、一九九一年、八〇頁）。
(19) 趣学礼「如何解決施欠教師工資問題」『光明日報』、一九九四・三・二②。
(20) 主に小・中学校において、労働学習と財源確保のため学校付設の工場や農場を使った生産活動をいう。

(21) 実際、先に立法化された「義務教育法」では「いかなる組織・個人も義務教育経費を着服したり、上前をはねたり、流用したり」(同法第一六条)してはならないと規定しており、不正現象が一般的問題であることがわかる。
(22) 注(9)の拙稿九一〜九二頁を参照されたい。
(23) 王明月「『結構工資』及其利弊」『湖南教育』、一九九一年、一三頁。
(24) 国家教育委員会通知「取消二十一項目小中学乱収費」『光明日報』、一九九三・一一・二九①。
(25) 例として、下のアンケート調査の結果がある。
(26) 『教育時報』、一九九四・二・二八③。
(27) 土岐茂「中国社会主義法」『アジアの社会主義法』(『社会主義法研究年報』第九号)、法律文化社、一九八四年、一九頁。
(28) 「実施《教師法》是全社会的重要任務」『中国教育法』、一九九三・一二・三一①。
(29) 『中国教育法』、一九九五・一・一八①。
(30) 陳桂中「依法治教違法必究」『中国教育法』、一九九四・一一・一九①。
(31) 王暁泉「談談我国的教師法」『光明日報』、一九九三・一一・一〇⑤。
(32) 「新法巡礼」『光明日報』、一九九五・一・六①。

「あなたは，現在教職員の積極性に影響を与える重要な要因は何だと思いますか？」

選択肢	経済待遇差	労働負担量	社会地位低	人事の不公平	学校内外の不正
比率	50%	3.9%	20.4%	10.8%	15%

車暁波「関於中学教職工需要与激励方式問題的調査研究」『教育論集』，1990年，50頁。

「あなたが現在最も追求するものは何ですか？」

選択肢	物質生活の改善	教育科学研究の成果	共産党への入党	三つとも
比率	55%	20%	2％	23%

上記の出典と同じ。45頁。

第十一章　中華人民共和国教育法と学校管理の法現象

中華人民共和国教育法では、学校管理に対して以下のように規定している。

「学校の教学及びその他の管理運営は、校長の責任にもとづく。学校及びその他の教育機関は、国家の関係規定に照らして、教師を主体とする教職員代表大会等の組織形式を通じて、教職員の民主管理と監督への参加を保障する。」（第三〇条）

この法規定自体、字句上わずかな規定であるが、そこには中国の学校管理の思想と制度を大きく発展させる重要な規範性がある。従来、中国の学校管理は、学校組織内の中国共産党支部書記支配による政治的・一元的管理（「党政不分」）を採ってきたが、近年国有企業の工場長責任制の導入を契機として、学校においても校長をナンバー一とする「校長責任制」の導入が進行してきた。この展開は、経済改革における学校経営の合理化を志向する学校改革を意味する。

この学校管理システムの展開は、実際にはすでに一九八五年の中国共産党の指示「教育体制に関する決定」（中国共産党・中央委員会）において「校長責任制」の実施が指示されている。実際、一九九〇年前後の時点においては、例えば北京市内の幼稚園・小学校・中学校の千六百八十一校（全体の七九・五パーセント、一九九〇年一〇月）、上海市内の中学校の百五十八校（全体の三九・五パーセント、一九九二年三月）が「校長責任制」を導入し、大都市を中心に定着している。また、貴州・貴陽市等いくつかの地方都市では「校長責任制条例」等、同制度の立法化を先行的に行っている。

本章では、中華人民共和国教育法による「校長責任制」がすでに中国共産党の指示により政策化され、実際に地方及び学校において定着化している社会現象を重視し、その定着化の社会過程を考察し、中華人民共和国における学校管理の法規範の法実態の現象として分析する。

第一節　社会主義的学校管理思想とシステムの転換

(一)　校長責任制の成立

一九八五年五月二七日、中国共産党は「教育体制改革に関する決定」を公布した。そのなかでは、学校管理の組織運営に関して以下のように指示されている。

「学校はしだいに校長責任制を実行するとともに、条件のそろっている学校では、校長が責任を負い、人数の多すぎることのない、威信ある校務委員会を発足させ、審議機関とすべきである。また、教師を主体とする教職員代表大会制度を設立、整備し、民主的管理と民主的監督を強めなければならない。学校内の党組織は従来のような一切の責任を負う状態から脱し、自らの精力を党の建設と思想政治工作の強化に集中すべきである。すなわち広範な教師・学生を結集し、校長の職務の執行の支持に力を入れ、……（学校を）社会主義精神文明を建設する強固な陣地たらしめなければならない」[1]（括弧内筆者記入。以下同様）

この「決定」の意図は、これまでの学校組織内の共産党支部[2]（以下、党支部と略す）支配の一元的学校管理（「党政不分」）を、党支部と校長の二元的学校管理（「党政分開」）に展開することにある。

これまでの中国の学校管理の類型は、一九四五年の解放から今日までおよそ六つに分類できる。[3] (a)校務委員会制（一九四五～一九五〇）、(b)校長責任制（一九五四～一九五七）、(c)党支部指導制（一九五八～一九六二）、(d)党委員会・教育行政部門指導下の校長分担責任制（一九六三～一九六六）、(e)革命委員会制（一九六七～一九七八）、(f)党支部指導下の校長分担責任制（一九七八～一九八五）。

この場合、文革期の(e)革命委員会制が学校組織それ自体を否定した「中国の教育史上未曾有の大動乱」[4]の産物であったことを例外として、およそその推移は国家全体の権力基盤と党の役割変化に対応して、学校組織内部の権力のシステムが再配・変動したものと考えることができる。なお、この場合一九五〇年代の校長責任制は、現在進行中の校長責任制と同様、それ以前の責任者不在（「無人不責」）の状況を克服して、学校内部管理の実質的責任と権限を校長に与えることを内容としている。しかし、現在の校長責任制が校長と学校党支部の協調関係のうえに成立するのに対して、前者の校長責任制は、その時代学校党支部の設立が一般的でなかった状況で実施されたものであり、いわば完全な「首長制」として実施された。従って、その後「たやすく校長を家長とする作法や独断『専行』[5]」が広まり、権力集中の弊害をもたらす危険性をもち、そのため廃止されたとされる。

近年の校長責任制への転換は、そうした意味では、学校党支部への権力集中を抑止し、両者の均衡のうえに実施されたと考えられる。具体的には、解放政策下における（国営工業）企業などの単位内部における新たな党政関係を指示した一九八七年の中国共産党第一三大会の「決定」に導かれているといえる。「決定」ではその点次のように指示されている。

「企業と（現在）実行している行政首長責任制の事業単位の共産党組織は、国家と党の決定に対して、本単位の中で貫徹・執行し、保障監督しなければならないが、これらの基礎党組織は党の建設を強め、思想政治工作を良くし、管理責任者に規定された職権の行使を指示しなくてはならない」[6]

以上の「決定」を受け、いち早く実行された工場長責任制では、まず工場長を正式な「工場の長」と位置づけ、中心的な地位に置き生産と経営に関する政策決定権と責任の所在を工場長に集中させている。[7]また、これまで工場長を含め工場全体を包括的に支配していた工場党支部（書記）は、その役割を工場長の職務執行の保障監督というナンバー2の地位に後退させることとなった。校長責任制の成立も、工場長責任制と同様一九七八年の中国共産党三中全会以降の農業の生産責任制をスタートとする経済責任制度という国家政策の流れに位置づくとともに、その実行において、生産向上のための経営合理化という課題を負っていると考えることができる。

(二)　校長責任制のシステム

実際の学校組織図から、校長責任制の構図をみてみる。図11-1は校長責任制のモデル図であるが、その特徴は、第一に党支部（書記）と校長の職務が権限上分配されたこと。第二に校長の統一指揮、党支部（書記）の保障監督、教職員集団の民主管理・監督の三位一体構造を編成していること。第三に各運営組織体が層別に機能分化していることである。

(1)　党政分開

学校組織が「非行政組織」と「行政組織」に明確に区分されている。[8]これは、従来の学校管理システム（先の(f)

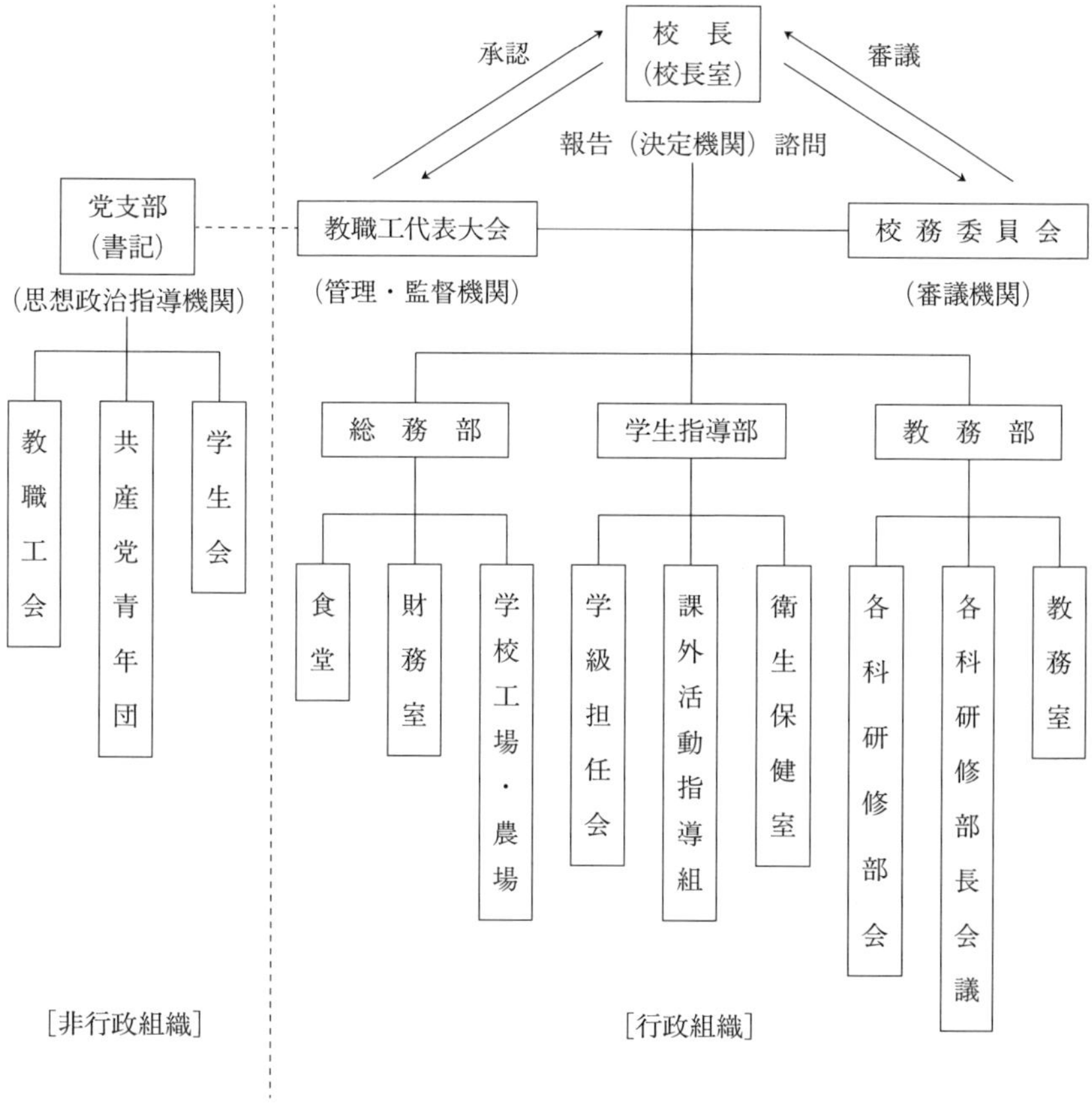

汪耀溝「浅淡中学行政机構的設置」『江西教育学院学報総合版』，1988年，75頁および陳孝薗『学校教育管理科学』光明日報社，1987年，164頁より作成。

図11-1　校長責任制の構造図（モデル）

党支部指導下の校長分担責任制）において、党支部（書記）が本来校長の専門的職務領域である管理運営領域を包摂していたことへの反省にたつものである。この点、従来管理運営の執行責任しか与えられなかった校長は、工場長責任制の場合と同様、法律上学校法人の代表者となり[9]、また、職権および職責上管理運営の責任者となった。これにより、管理運営面における非効率と責任者不在の弊害が除去されるとともに党支部（書記）の側においても、「素人が玄人を指導する」[10]ことから生じる矛盾が回避され、本来の政治思想工作に専念できるとされた。

(2)　三位一体構造

実際には、校長室・校務委員会・教職工代表大会の関連構造の機能性をいう。

まず、校長室（校長執務室ともいう）は、校長・副校長（一〜二名）・秘書（兼人事事務員）で構成され、学校内の組織・活動および人事全体を管理し、校長の統一指揮権にもとづく決定指揮センター[11]である。

つぎに、校務委員会（校務会議ともいう）は、学校内の各組織相互の情報伝達や協調を図るとともに、校長の決策を補助し、その職務の遂行を指示するため、校長の主要な決定を審議する審議機関である。従来、この組織は学校外の上級党委員会や教育行政部門の主要指示が伝達され、学習する場という性格があった。

この組織の特徴として、①校長が主催することにより委員会と校長の責任関係が持続したこと。②構成員が多いこと（正・副校長、教務主任、総務主任、党支部書記、共産党青年団、教育工会、教師代表）により、たやすく召集できること。③構成員に広がりがあり権力的でないこと等が指摘されている[12]。

さらに、「教師は学校管理の対象者であり、主体である」[13]という社会主義的学校の特徴を強調するため、具体的には校長の学校管理を民主的管理・監督し、教職員集団が学校管理に参加する機関として教職工代表大会の存在がある。校長は、日常的に自らの活動をこの組織に報告するとともに、意見を聞き、承認を得なくてはならない。

従来、この組織は直接党支部書記の主催する機関として、思想政治工作の管理機関という性格を持っていたが、校長責任制のもとでは、党支部書記から校長への権限委譲により校長の独断専行を取り締まる監督機関に変わった。それは、端的に言って従来の党支部書記による校長の業務への直接監督が、この組織の存在により、間接的（民主的）監督に変わったことを意味する。

(3)　機能分化

校長責任制は、一方で学校運営の効率化を目的としている。そのため、学校組織の合理化の方法として、具体的には「簡素化」と「機能分化」の徹底を行っている。

一般に、中国の学校管理体制は「会議制」（「委員会制」・「集体負責制」ともいう）と「首長制」（「首長負責制」ともいう）の両者をもつ(14)。この場合、前者は民主的で、全体思想を具現化できるという利点をもつが、他方責任者不在で非効率的であるという欠点をもつ。それに対して、後者は権力集中（独断専行）を招く危険性はあるものの、管理責任を明確にし、最大限に管理効能を高める。図11-1にみられる決定機関と執行機関の明確なライン系列の重視は、そうした合理化を目的として、組織を層別に職能分化したものと考えられる。近年の企業における「首長制」の導入（「工場長責任制」）は、「首長制」が「社会主義の大規模な経済建設のニーズに適合している(15)」点を重視するものであり、それは学校における「首長制」の導入（「校長責任制」）にも当てはまるといえよう。

第二節　校長責任制の構造と課題

(一) 校長の学校管理権限と職能

ところで、実際の校長責任制の実施において、より重要なことは現実に校長自身にどのような権限がどの程度保障されているかということである。校長責任制のもとでは、校長に決定権・指導権・人事権・財務権の四大権限が付与されているといわれるが、その内実について考えてみる。

(1)　決定権

決定権は、校長自らが学校の管理目標を設定し、各領域の実施案をたて、学校管理工作の一切の重大問題を決定する権利といわれる。たとえば、学校内部の各種規則制度の制定・改廃[16]、各部局の工作範囲の確定、教育改革案の変更などがあげられる。

しかし、一方校長はこれらの決定の前に自らの立案を「校務委員会」と「教職工代表大会」に報告し、それぞれ「評議」と「審議」に付さなくてはならない。その点、「一つ一つのことがらが教代会の決議を経ることにより、校長責任制が成り立たず『教代会責任制』に変わる[17]」のではという懸念がある。

だが、実際、校長が「校務委員会」と「教職工代表大会」の審議結果と意見が一致しない場合、再検討の義務は課せられるが、最終的には校長の決定が尊重されている。また、理念的にも、たとえば「校務委員会」は「審議機関であり『権力機関』ではない[18]」といわれ、また「教職工代表大会」は「教職員参加の民主管理の基本形式[19]」であることから、最終的な決定権者としての校長の権限は尊重されなくてはならないとされる。

(2)　指揮権

校長は学校の最高指揮者であり、各部門の管理層に権限と責任を授け、奨励や罰則を適用しながら、活動計画を審査・評価する。その中心は、「各部門の活動を審査し、その偏った方針・改革と実施案を是正する」[20]ことにあるが、より重要なことはやはり学校の管理運営に関する指揮権が、党支部（書記）の「指導」から校長の「管理」に転換したことにある。

しかし、現実の学校運営において、旧体制の慣行の支配が根強く、いわゆる党支部指導体制を継続している学校がいくつかある。とくに地方ではそれが顕著で、一つの地区で全体一三の小・中学校のうち、現実に「党政分開」を実施しているのが一校という状況がある。[21]この場合、地方（特に農村）の学校では校長がそのまま党支部書記であるケースが多く、「党政分開」が事実上困難な場合もある。また、現実の党支部書記と校長の二者の人間関係の面で、両者の力関係の均衡バランスが崩れることでの障害も多い。[22]

(3)　人事権

校長は、副校長の指名（「組閣」）、中層管理者（教務主任・総務主任等）の任命権をもつ。さらに、学校の設置機構に応じて校務分掌や教員構成を調整・改革する権利をもつ。また、新採用教員を招聘し、使用する権利や教職員を勤務評定し、賞罰を課す権利などももつとされる。

しかし、現行の教員人事制度は人事権自体が従来と変わらず、上級教育行政機関に集中し、統一的に管理されており、たとえば副校長の任命権がなく、管理職の昇格に伴う人事権も制限され、教員の招聘権もあまり認められていない。そのため、「〃鉄飯腕〃（「親方日の丸」）と分配制の平均主義」[23]による画一的な人事制度によって、「不合格教師」の輩出を招き、資質・力量の向上を阻害している。

この点、すでに北京市内の百二十以上の小・中学校では校長による教員招聘制が実施されているといわれ[24]、今後昇格などの人事権とそれに繋がる勤務評定権および「組閣」権の実質的保障が望まれる。

(4)　財政権

校長は、上級教育行政機関からの配分予算の範囲内で、使用案を決定する権利をもつとされる。その他、学校自らが運営する学校工場・農場をもつ場合、その収益資金を裁量により運営する権利（たとえば、「校長基金制度の設立」等）をもつ。

しかし、この場合も現実には「国家は学校の教育経費については、ただ人件費と暖房費を支出するのみで、その残りは上級（教育行政機関）が止めているといういつもの問題[25]」があるとされ、また、わずかに裁量として許された学校の自主財源の使用も、上級から「図書やサッカー・ボールのような小物まで[26]」規制されるという問題がある。以上、校長の四大権限をみたが、そこには大きな問題として「『実権』と『虚権』の隔たり[27]」がある。この「隔たり」はとくに学校管理の条件整備の領域である人事と財政に顕著である。したがって、それは上級教育行政機関の学校（校長）に対する規制の問題と考えることもできる。

ある校長は「『校長責任制』の実行のカギは（上級教育行政機関が）校長に〝放権〟（権限委譲）することである[28]」と断定する。たとえば、人事権について、上級教育行政機関の権限は「管轄地域の教育事業の発展計画と学校規模にもとづいて、教職員の編成と各種の教師の職務給を決めることに限定[29]」すべきであるという。また、ある校長は「上級（教育行政機関）がわれわれを校長に任命した以上、われわれを信じて、自主権を与え、われわれが教育をとり仕切ることを信頼すべきだ[30]」という。

表11-1　幹部（校長・党支部書記）の経歴状況

幹部の経歴の分類	教師出身	官吏出身	党機関出身
人　　数（人）	316	72	130
総数に占める百分率（%）	61	14	25

張済正・呉秀娼・陳子良『学校管理学導論』華東師範大学出版社，1984年，267頁より作成。

表11-2　幹部の教育専門活動の状況　（%）

工作種別／均値／経歴来源	教学活動類	学生との交流類	教職員との交流類
	授業の兼任 計画的授業参観 研修活動への定期的参加	学級会，課外活動 共産党青年団活動への参加や学生との個別懇談	日常的な教職員の家庭への訪問活動 学校管理問題の共同研究
教師出身	43	51	30
官吏出身	31	69	42
党機関出身	18	33	28

同書，268頁より作成。

(二)　学校管理者の資質と管理能力

権限上、いくつかの問題があるが、校長責任制の実現の可能性はやはり最高指揮者・決定者としての校長の資質と管理能力に負うところが当然に大きいと思われる。そうした意味からここでは校長（他の学校管理者も含む）の資質・能力について、中国国内の調査データを参考に考えてみる。

表11-1は、校長および党支部書記の経歴状況を表す。それによると、学校外からの異動（「官吏出身」と「党機関出身」）[31]が全体のおよそ四割を占め、多いことがわかる。

一般に、校長は上級教育行政機関の試験を受け、任命される。この方式は、しかし一面「学校の中の民主気風が大きくなり、上級が任命する校長の作法との差が日増しに大きくなり」[32]、学校内で摩擦が生じる可能性があるとされる。非教育部門からの異動は、この点教育指導上の専門性にマイナスの影響を与えるといえる。

それは、具体的につぎの表11-2に表れる。「官吏出

表11-3　学校目標管理調査表

各項指標	規　定　要　因	都市中学	農村中学	調査方法
教育効益指標	①入学率　②合格率　③卒業率 ④学生一人あたりの建築面積 ⑤教師一人あたりの学生数 ⑥学生一人あたりの平均経費	52	41	各種資料の分析 面接 会議記録
学校向上指標	①教師水準　②設備水準 ③教育水準　④経費管理水準	29	22	同上
学生質量指標	①徳　②智　③体　④美　⑤労	41	36	同
教育教学指標	①学校改善度　②補習学生数 ③公開授業次数　④経験交流次数 ⑤共産党青年団活動次数 ⑥発表文章著述量	69	47	同
学校管理指標	①学校の建築と発展 ②教師の資質向上 ③管理措置の運用 ④学校管理改革	25	19	同

李志「当前学校領導管理能力的現状与提高」『教育管理』，1988年，25頁より作成。

身」と「党機関出身」の〝外行〟（素人）グループについて、教育的専門活動の全体について活動量・研修参加などの「教学活動類」（教育活動）に顕著となっている。校長の専門的指導性は一般的に教育指導上の専門性と組織運営上の専門性を意味するが、まずは教育指導上の専門性（「教師の教師」）が先行しなくてはならない。その意味では教師からの校長への登用が当然に求められるといえよう。

つぎに、校長の管理能力の実態についてみてみる。

表11-3は、校長の目標管理（能力）の実態と評価である。[33] 全体に目標管理の達成度が農村中学と都市中学において格差があり、さらに指標別では「学校向上指標」や「学校管理指標」のレベルに達成度が低い傾向となっている。調査者は、こうした状況（とくに後者）の原因を校長自身の部門管理の不適切さにあるとして、具体的には「（校長自身の）目標管理責任と教職員の執行責任を混乱

させている」[34]と指摘している。また、「教代会における教職員の学校管理への参加が実質的に機能していない」[35]ともいう。

実際、多くの学校で校長責任制が採用されても、校長自身の職責と各部門の責任者の職責が分化されておらず、とくに各部門の具体的責任領域や達成目標（「達成状況」）があいまいである。その意味では、今後部門および職種に応じた責任制度を規則化するなど、校長に求められる組織運営上の専門性は大きいとされる。

中国の新たな学校管理制度・校長責任制は開放政策のもとでの経済合理化とその方法としての「首長負責制」の学校組織への適用として成立した。それは、しかし学校サイドにおいては下からの創造的改革ではなく、あくまで国家政策として上から下降したものであることを意味する。したがって、校長責任制それ自体の制度としての存在は、中央・国家レベルの権力基盤の変動と党政関係のバランス変動により、突き崩されるという不安定さをもっている。また、現実の制度としての定着について、本文で考察したように、たとえば校長の権限の「虚権」性や教職員の旧制度への依存的意識そして上級教育行政機関の画一的行政支配などの阻害条件が多い。

今後、制度としての校長責任制の定着と安定は、そうした阻害条件の克服にあるが、現実の可能性はあくまで校長の資質と能力に留保しているといえる。この場合、校長に求められる資質と能力に関して、まず資質は「智・徳・才・能・体」といった一般的素質と社会主義体制への忠誠心などの思想・信条といったこれまでの観念的なものから、一つの学校組織の管理者いわば実務者としての具体的資質にニーズが変化している。また、能力についても具体的な学校管理のための実践的な能力いわば科学的管理技術としての能力にニーズが変化してきている。

校長責任制の制度としての定着の可能性は、こうした新たな資質・能力の形成を基盤として成立する。そこには、革命家・英雄ではなく一人の専門家・管理者を求める学校改革思想があるといえよう。

第三節　校長責任制の理論

「文化大革命」（以下、単に「文革」と略す）以降の中国の学校改革は、主要には学校内部の組織改革を意味する「校長責任制」に代表される。この校長責任制は、単純には学校管理の最高責任者を従来の中国共産党・学校党支部書記（以下単に党支部書記と略す）から校長に交替させるものであるが、それは単なるトップの「交替」にとどまらず、学校の組織構造と管理方法の「転換」を意味するものであり、真に近年の中国の学校改革の中心となるものである。

一九八五年五月二七日、中国共産党・中央委員会は「教育体制改革に関する決定」を公布した。同「決定」は近年の中国の教育改革の政策理念となるものであるが、そのなかで学校組織運営の新たな制度として校長責任制が指示された。それは、簡略に校長の統一指揮、党支部の保障・監督、教職員集団の民主管理・監督の三位一体構造の設立を指示するものであるが、実質的にはこれまでの党支部書記による一元的学校管理（「党政不分」（政治と管理の統一」）のシステムを廃止し、校長を実質的な管理責任者とする二元的学校管理（「党政分開」（政治と管理の分離））のシステムを樹立することを指す[36]。

これまで、歴史的な中国の学校管理の形態は大まかには会議制と首長制の流れをもつが、権力構造には共産党（党支部書記）によるある種の権威主義的官僚支配の傾向をもっていた[37]。教員人事・学校財政から教育課程に及ぶ広範囲の学校管理事項に関して、党支部書記が包括的・全体的な管理・監督権を持ち、学校を支配していたといえよう[38]。その意味では、今回の校長責任制の実現は学校管理における歴史的転換の事件と評されるものといえた。重要なのは、そうした歴史的転換を意味する校長責任制というシステムが、近年なぜ実行されようとしているのか。その理由である。

校長責任制の政策化の意図は、明らかに近年の中国の社会システム（特に経済システム）における合理化の理論と方法の志向にあると考えられる。それは、第一に校長責任制が直接には国有企業の体制改革としての工場長責任制の学校への導入といえるからである。この工場長責任制は、「経済体制に関する決定（一九八四・一〇・二〇 中国共産党・中央委員会）」により、国有企業の活性化のため企業の経営自主権の拡大と競争原理の導入により設定された制度であり、実際工場長に対して企業の「生産指揮業務および経営管理業務の統一指導について全面的に責任を負う[39]」体制を与えるものである。重要なことは、工場長責任制が国有企業の経営自主権を前提とした経営合理化の方法として設定された点であり、校長責任制の場合にも同様な意味が求められたといえる。

校長責任制の政策化の意図が近年の社会システムの合理化の理論と方法の志向にある理由の第二は、やはりその制度を形成する教育科学および教育管理学が、経済政策および経済理論からの影響を受けている点[40]である。「文革」以降経済改革に呼応した経済理論からの展開として、「教育の生産力」説が主張され、具体的には教育制度に対する「生産力」形成の方法論議が生じた。いわゆる教育投資論である。この場合、学校もこれまでのような資本主義的侵略の「保塁」であり、「社会の上部構造としての性格をもつ[41]」保守的組織ではなく、積極的に労働力再生産の「工場」に等しい生産的組織とみる新たな組織改革論を求めるようになった。近年の新しい学校管理学の傾向は明らかに資本主義的な学校経営理論の導入にあり[42]、その志向は校長責任制の制度化の思想的背景として重要な意味を持つ。

ここで、以上のような背景と特徴をもつ校長責任制に関して、その実現過程の実態を分析する。この分析は、校長責任制がもつ学校管理の合理化という「制度理念」が、これまでの伝統的な社会主義的学校管理の理念・観念・慣行の実態の中で、どこまで「実現」されるかという可能性の検証を目的としている。それは、同時に日本の学校経営研究との関わりでいえば、いわゆる学校経営の合理化と民主化の関係構造の理論追求に関して、中国の校長責任制の実現が、社会主義的民主化の現実に対する資本主義的合理化の制度と実現という意味を持ち、その点でグロー

表11-4　校長の年齢構成

調査別＼年齢別	35歳以下	36～40歳	41～45歳	46～50歳	51～55歳	55歳以上	計
農村地区の小・中学校長の場合①	8.3% (27人)	13.1 (42)	20.8 (67)	25.8 (83)	20.5 (66)	11.5 (37)	100.0 (322)
地方都市の小・中学校長の場合②	7.0 (52)	25.6 (190)		62.4 (463)		5.0 (37)	100.0 (742)
教師の希望調査の結果から③	11.4 (28)		61.4 (151)		26.8 (66)		99.6 (245)

注：表中の「教師の希望調査の結果」とは，校長の属性に関する一般教師へのアンケート調査の結果を示したものである。なお，①・②・③の各調査データの出典と調査概要は以下のようである。

①　剋士冒・張正隆・嶝春洲「農村中小学校長素質及思想状況調査」『徐州教育学院報（哲学・社会科学版）』，1991年，78頁。1991年上半期に徐州省内全県に対して行われたアンケート調査。内訳は小学校長189人（ただし，九つの鎮（村）を対象とする抽出），中学校長133人，計322人の回収結果にもとづく。

②　安徽教育学院課題組「中小学校長培儺規律和管理制理制度研究」『安徽教育学院報（社会科学版）』，1991年，64頁。1991年上半期に安徽省内全県に対して行われたアンケート調査。回収率は83%（742人）。内訳は小学校長428人，中学校長314人，計742人。

③　裴宝州「最受教弗散迎焚担祥的校長対246位教弗的調査忝述」『中小学管理』，1990年，55頁。

バルな比較研究的価値を持つと考える。

第四節　校長責任制の条件

校長責任制の実現のための最も重要な条件は、その制度を実質的に機能させるための「校長」自身の資質・力量である。それは、校長責任制が、従来の委員会責任制の集団（会議体）運営と異なり、あくまで個人責任制に基づく個人集約型の運営形態のシステムであることから、当然にその個人すなわち校長個人の資質・力量が、その制度の実質を決定するという理由に基づく。その点、近年の中国の「校長」の資質・力量の実態はどうであろうか。校長責任制を実現するための十分な資質・力量を持つのであろうか。

上に示した表11-4および表11-5は、近年の校長の年齢や学歴の属性傾向を表すものである。それによると、まず、年齢に関しては地区により多少の違いがみられるものの、全体としては四十六歳から五

表11-5　校長の学歴状況

学歴別／調査別	初中以下	高等中学	中等師範	大学専科	大学本科	大学院	計
農村地区の中学校長の場合①	1.5% (2人)	17.3 (23)	31.6 (42)	33.8 (45)	15.8 (21)	0.0 (0)	100.0 (133)
地方都市の中学校長の場合②	3.5 (11)	4.4 (14)	17.3 (55)	29.9 (95)	43.7 (139)	1.3 (4)	100.0 (318)
教師の希望調査の結果から③	0.0 (0)		1.9 (4)	56.9 (123)	41.2 (89)		100.0 (216)

注：表11-4の出典と同様。ただし，中学校長のデータのみ抽出。

十五歳の範囲に五割前後占めており、歴史的傾向としては明らかな若年化の傾向にある。[43] そして、こうした「若年化」は、表中四十歳代の校長を約六割の教師が希望することから、現場教師にも支持されているものと考えられる。このことは、「文革」直後の教育体制建て直しのための改革人事の影響に基づくものだが、逆に言えばベテラン校長が少なく、『新しい』校長は若く、知識化・革命化の方面は良いが、専業化は悪い[44]」という年齢および校長キャリアに関する不安な状況があることを意味する。

また、表11-5の校長の学歴状況をみると、地区により格差があり、例えば「農村地区」の中学校長の場合、「中等師範」以下の学歴をもつ者と「大学専科」以上の学歴の者が全体の七割を超えることや、教師の大半が校長の属性として「大学専科」以上の学歴を希望する傾向があることを考えると、単なる属性傾向の差を超えた学校運営の条件の格差が生じることを懸念させる。[45] なお、表中には示さなかったが、校長の前職状況についてみると、「副校長」・「学校中層幹部（教務主任・研究主任・校務主任等）」以外から、具体的には一般教師・党支部書記や教育行政当局幹部から校長に就任したケースが五割近くあり、学校管理職のキャリアに関して問題が指摘されている。

以上の年齢や学歴の問題に加えて、直接の資質・能力の傾向をつぎの表11-6にみることができる。

校長自身の自己評価の結果を示すものだが、全体的にみて、例えば「工作成

表11-6　校長の能力評価（全体322名）　人数（%）

能力別／水準別	教育教学管理能力	決策指揮能力	組織協調能力	困難問題処理能力	社会活動能力	教育教学研究能力	工作達成度	全体能力
一級水準	33 (10.2)	83 (25.7)	83 (25.8)	72 (22.4)	95 (29.5)	43 (13.4)	43 (13.4)	20.1%
二級水準	130 (40.4)	119 (37.0)	155 (48.1)	122 (37.8)	150 (46.6)	78 (24.2)	78 (24.2)	36.9
三級水準	134 (41.6)	95 (29.5)	71 (22.0)	91 (28.3)	56 (17.4)	103 (32.0)	103 (32.0)	29.0
四級水準	25 (7.8)	25 (7.8)	13 (4.1)	37 (11.5)	21 (6.5)	98 (30.4)	98 (30.4)	14.0

注：表11-4の出典①80頁から，筆者が作成。

功」（達成度）に関して、校長の約六割が自らの職務の達成評価を「三級水平」（三級水準）・「四級水平」（四級水準）に置く結果を示しており、能力達成が不十分であることを表している。能力評価の全体傾向としても（表中の能力六項目全体の試算では）、約四割が「三級」および「四級」水準である。中でも、問題とされるのは、「教育教学管理能力」と「教育教学研究能力」といった「教師の教師」としての専門能力であり、約五割および六割といった停滞状況を示している(46)。この点、一般教師が求める校長への「管理能力」については、圧倒的に「指揮能力」を求める傾向にあり、「実務管理者としての気質と風格(47)」が校長への期待としてある。自己評価・他者評価ともに厳しい状況にある。

ところで、中国政府（国家教育委員会）にはこうした校長の資質・力量問題に対して、一九九〇年以降「全国の小・中学校長の研修・養成を強化するための政策意見(48)」等いくつかの通達を示し、校長登用試験と校長現職研修制度の制度化による政策的解決を実行しようとした。例えば、校長の「任職条件」に関して、小学校長は「中等師範」以上、初等中学校長は「大学専科」以上、高等中学校長は「大学本科」以上の「学歴」を「条件」として指示している。また、現職研修に関して、一九九二年から五年以内に全国約百万人の校長に第一次職務研修を受けることを義務づけし、さらに研修終了後の資格審査試験を課し、「職務研修合格証書」

をもつことを義務づける制度を計画した。実際、現職研修に関しては、校長の多くは研修経験がなく（先の表11‐4の出典①によると、六二・八％となっている）、研修の機会の保障への希望は強い。

しかし、制度としての任職条件や現職研修は、実態としての資質力量の向上に対して、間接的にある程度の効果を及ぼすとはいえ、当事者としての校長の意識と現実化の次元でいくつかの問題をもつことも事実である。例えば、現職研修の方法に関して、多くの校長は「脱産学習」（職場外）で「面授」（講義をうける）のために大学（専科もしくは本科）に、半年から一年通学する方法を希望する。この点、そうした長期研修を保障するシステムは現実には不可能とされ、実際には地区単位の短期の研修講座の開催が予定されているのみである。

また、研修内容に関して、校長の多くは「学校管理理論」・「教育科学理論」など、専門的・実践的内容を希望する（先の表11‐4の出典②では、研修希望の一位、二位となっている）。しかし、これに対して制度としての現職研修は、どちらかといえば政治闘争理論・マルクス主義基本原理・自由化反対・「和平演変」反対等政治学習面に重点が置かれている。この場合、中国政府は「中国共産党の領導を堅持し、社会主義祖国を熱愛しマルクス主義の学習に努力する」[49]ことを校長の任職条件とし、「正確な政治方向を首位に置き、一定のマルクス主義理論の修養を得て、マルクス主義の立場・観点・方法の運用により、学校工作の指導をする」[50]ことを研修条件としており、内容上のズレがある。そのズレは、本来国家政策としての校長の現職研修の制度化が、「天安門事件」以降の教育政策の保守化の一環であり、校長を対象とする「思想改造」の具現化[51]を目的としていることから、国家政策と現実運営のズレと考えることもできよう。

表11-7　「校長責任制」下の「党政管理」

党政関係の状態	人　数	比　　率	小　　計
とても融合している	62	42.76%	130（89.66）
比較的融合している	68	46.90	
あまり融合してない	13	8.97	15（10.35）
融合してない	2	1.38	

張来「関於学校内部党政群関係的調査分析」『中小学管理』，1992年，9～11頁。

注1：本調査の時期：1991年10・12月，調査対象北京市城区・郊区の中学幹部（校長・副校長・主任・副主任）。

注2：調査対象者の勤務校のうちいくつかは校長兼党支部書記の学校がある。実数は不明。

第五節　校長責任制の方法

校長自身の資質・力量の問題は、校長個人が校長責任制という問題の中核であることから、確かにその制度の実現条件の重要な部分を占める。しかし、仮に資質・力量の十分な校長を条件としても、なお校長責任制の実現には様々な阻害要因がある。ここでは以下校長責任制の実現方法に関して、組織運営上の問題を中心に検討してみよう。

組織運営上、校長責任制という学校管理システムは、単に校長の個人管理システムではなく、党支部書記の保障・監督作用と教職員集団の教職員代表大会による民主的管理・監督作用をうけた三位一体的な関係構造をもつ。このことは、逆に言えば、校長責任制の制度としての維持・保障の方法は、党支部書記や教職員集団との協調関係にあるということを意味する。その実態はどうであろうか。また、権限上校長の学校管理権と党支部書記の監督権や教職員集団の管理権・監督権の葛藤や競合はないのだろうか。

次の表11-7は、「党政関係」すなわち党支部書記の思想管理工作と校長の「行政」（経営）工作の関係状況を表す。表でみるかぎり、全体に「融合」の肯定率（「とても融合している」＋「比較的融合している」）が約九割と高く、党支部書記と校長の協調関係は十分であると解釈される。しかし、同調査の調査者のコメントによると、回答校百四十五校のうち、「人選上の不都合や学校規模の不合理から、（党支部書記と校長の）兼職制を実際採っている」[52]学校がいくつかあり、[53]その意味で考えると、この肯定率は「まだなお低い」と解釈される。むしろ、重要なことは「あまり融合していない」および「融合していない」とする理由として、「これまでの権限の帰属を強調したり、権欲観念が強すぎたり、正確に権力を使用したり、対峙したりすることができない」[54]ことや「どちらか一方あるいは双方に全体観念が欠乏し、システム的な利益が考慮されていない」[55]ことが上位に挙げられている点である。

党支部書記と校長の対立関係の問題は、校長責任制の開始当初から、学校の「ナンバー1論争」[56]（「主義の争・勢力の争・事業の争・利害得失の争」）として問題化されていた。それは、校長責任制それ自体が、制度理念としては学校管理の合理化を目的として、そのための方法として「党政分離」（校内における党指導・監督と管理の職能分離）を制度化し、党支部（書記）に対して、煩雑な学校管理事務から解放し、本来の思想政治活動と党建設に専念させるというものであった。しかし、これまで学校管理に関して包括的な監督権（教員人事権・教育内容決定権等を含めて）を持っていた党支部書記の側からみれば、校長責任制は、明らかに自らの権限の「剥奪」、いわゆる学校内権力の再配分システムに等しいものであったといえる。実際、「人事・資金運用・基本建設が校長に実質的に独占され、党書記の地位と権限が低下し、明らかに校長責任制は党（支部書記）の領導を『削弱化』している」[57]とする地方・党委員会側からの実践報告も多く、校長責任制の現実は、校長と党支部書記の不安定な人間関係的なバランスの上にあるといっても過言ではない。

さらに、一九八九年六月四日の「天安門事件」以降の保守化へのUターン政策、具体的には中国共産党支配の再強化政策は、校長責任制へも当然に影響を与え、大学における校長責任制（中国の場合、学長も「校長」という）が従来の党支部書記指導下の校長責任制に制度改変されたのを始め、小・中学校のレベルにおいても校長責任制が

表11-8　教職員の「民主管理」・「民主監督」への参加状況

参加状況	人数	比率	小計
とてもよい	17	11.56	96（65.30）
ある程度よい	79	53.74	
あまりよくない	34	23.13	41（27.89） （51（34.69））
よくない	7 （17）	4.76 （11.56）	

注：表11-7の出典と同様。

調査対象者147人中，勤務校に「教職工代表大会」が存在しない者が10人おり，その実数を「よくない」に算入すると表中の括弧内の数値となる。

改変もしくは凍結された事例がいくつか生じている。(58) このことは、単に「ナンバー1論争」上の問題ではなく、その背景にある中央・国家レベルにおける中国共産党の権力バランスにより、校長責任制がいつでも容易に突き崩されるという政治的要素をもった制度であるとの不安定さを示すこととなる。

次に、校長責任制の組織運営上の問題は教職員代表大会との民主的管理・監督関係にみられる。

次の表11-8は、教職員代表大会への教職員の参加状況を表す。表によると、参加状況が「よい」とする肯定率が全体の約六五パーセントにすぎず、否定率が約三五パーセントであることが問題とされる。それは、教職員代表大会という組織それ自体が、ある意味で被管理者が管理者を民主的に制御するという社会主義的学校運営の固有性を機能させる組織であり、教職員集団の実質的な「参加」の実態がなければ、社会主義的学校運営の固有性が維持できないということを意味している。同調査報告では、併せて参加が「不大理想」（それほど理想的ではない）理由の調査の結果として、以下のような内容を示している。「実質的に『民主管理』・『民主監督』へ参加する必要な制度と方法がない」、「指導が乏しく、教職員が不本意に『民主管理』・『民主監督』への参加の時間に充てている」、「二つは単なる形式であって、真面目に教職員の意見を聞いていない」。

校長責任制のシステムは、その特性が個人運営システムであるところに特徴をもつが、それは同時に教職員集団による「民主管理」・「民主監督」による制御が実質的に機能することを前提としたシステムであり、それが機能しない校長責任制は、極端には校長の専制主義的・官僚主義的運営に走る「家長式管理」[59]の危険性があることを懸念させる。この点、「管理者と被管理者の関係において、共同して社会主義事業を為す上で、両者の間に根本的な利害衝突はない」[60]とする従来の社会主義的組織論は、ある種のイデオロギー倫理としては認められても、実際の組織運営の方法論においては課題を残すこととなる。

第六節　校長責任制の可能性

校長責任制の実現に関しては、先に述べたようにいくつかの問題がある。しかし、現実には国内各地において校長責任制は実現され、新たな中国の学校管理制度として定着しつつあるといえる。例えば、上海市区内の中学校では一九九二年三月の時点で、全校四百校のうち百五十八校（三九・五パーセント）がすでに校長責任制を実施し、その進行は安定していると報告されている。[61]さらに、北京市では一九九〇年一〇月の時点で市内二千二百十五校の幼稚園・小・中学校のうち、千六百八十一校（七五・九パーセント）が校長責任制を実施しており、約八割の学校が学校管理状況が改善されたと報告している。[62]

また、貴州・貴陽市等いくつかの地方都市では「校長責任制条約」[63]を制定し、制度の定着化を政策として掲げている。ここでは、以下上海市や北京市等を中心に校長責任制の定着化が進行している事例に共通に見られる同制度実現の新たな方法について検討している。

校長責任制の定着のための新たな方法とは、「教職員招聘制」と「校内機構工資（給与）制」を指す。この両制度は、校長に「人事権」と「財政権」を実質的に保障する制度であり、「学校内部に科学的能動性と内部活力による公立の管理体制を建立[64]」するという校長責任制のサブ・システムとしての機能をもつ。

例えば、教職員招聘制はこれまで地方教育行政当局（具体的には、省・県・郷・鎮の人民大会・人民政府（地方教育局））が集約的に実施していた教職員人事を、各学校の校長の招聘の権利と手続きに委譲する形のものである。例えば、北京市の場合[65]、「二級招聘制」（二段階招聘制）という形式で、まず各職能部門の責任者（副校長・教務主任・校務分掌主任・年級組長（学年主任）・教研組長（研究主任））が直接に校長より招聘される。つぎに、学年主任などの職務部門の責任者が（職員の場合には一般に総務主任）、校長の公布した招聘原則（職務の条件と工作目標）にしたがって一般教師が作成した自薦書の提出を受け付け、教務主任に報告する。そして、最終的に校長が「校務委員会[66]」等の幹部会議を経て、最終決定するというシステムである。この制度の特徴は、これまでの「鉄交椅」（職の行政配分主義と終身雇用主義）の弊害を克服して、優秀な人材確保と労働の活性化を促す点にあるが[67]、同時に校長責任制の実現との関わりにおいては、校長が直接に教職員の人事権を持つことにより、「校長責任制の確立のための強権化[68]」として高く評価されている。

また、同制度の実行により例えば北京第五五中学校では、教職員数が百四十一名から百十七名に削減され、各教師の平均もちコマ時間が四割から五割アップしたといわれる[69]。このことは、一見教職員への荷重負担化の現象と見られるが、一方で北京市内の教職員数十三・五万名のうち編成定数を超えている一万三千九百四十五名の「人浮于事」（不合理な人員オーバー現象）があり、もちコマ標準時間十二から十四コマに対して、実際の平均もちコマ時間が八コマ時間という不合理現象を考えると、教員人事行政上の適正化に有効なシステムであり、いわゆる教員人事上の「大鍋飯」現象（分配上の平均主義）の克服にも連なる制度的効果をもつといえる。

つぎに、校内機構工資制は新たな教職員の給与体系・制度をいう。一般に、中国の教師の給与は低いといわれているが[70]、それは、従来、教職員給与に関しては国家統一規定の給与等級制が採用されていたためとされている。こ

表11-9　校内機構工資（給与）制の構造

教師工資	固定部分	基礎工資，物価手当	従　来
	職位部分	授業工資，兼職工資	校内機構工資制
	奨励部分	出来高工資，ボーナス	

注：以下の文献を参考として，筆者が作成。

装国仁「中小学人事工資制度改革的幾個問題」『内蒙古教育』，1989年，5～7頁。

王名月「『結更工資制』及其利弊」『湖南教育』，1991年，24～26頁。

の統一等級制は「国家行政機関の行政職等級に格差があり、教師労働の特性が考慮されず、その労働価値の評価が低い(71)」という問題をもっていた。中国国務院は、すでに一九九三年三月に発表した「中国の教育改革・発展要綱(72)」の中で、教職員給与制度に触れ、教職員の給与を国有企業と同等のランクに格上げし、今後三年間に平均給与を一般的職種十二の中で中程度より高めにすることを政策課題としている。そして、同時に給与の分配（調整）方法に関して、「学校は教師の貢献の大小、教学の質の高低にもとづいて内部で給与を調整すべき」と指示している。校内機構工資制は、この学校内部での給与分配・調整システムをいう。

具体的には、以上の表11-9のような給与構造になる。従来の給与体系では、国家の規定等級本俸である固定賃金（不動賃金）を意味する「基礎工資」と変動賃金を意味する「物価手当」を合計した額を「固定部分」として、他に「授業工資」と「兼職工資」の「職位部分」と、「出来高工資」とボーナスの「奨励部分」を加えた。この場合、「授業工資」とは、例えば各教師の月当たり持ちコマ数に一コマあたりの授業報奨金を積算した額であり、「兼職工資」は主任手当等の役職手当を意味する。また、「出来高工資」とは、校長の勤務評定により決定された等級の額（一級二十元、二級三十元、一九九三・一二の時点で一元約十六円）を意味する。なお、従来の「基礎工資」は、国家規定の本俸の一五パーセントを基礎として、それに経験年数を考慮した額に減額される。なお、地方によりこの積算方式はさまざまであり、例えば勝州市では「老教師」と「中青年教師」とで、前者に経験年数を考慮した「教歳工資」の比重を高くし、後者に「授業工資」の比重を高くする積算方式を採っている。[73]

こうした校内機構工資制の制度目的は、「教職員収入をその工作量の大小と工作実効値により決定し、『大鍋飯』（悪しき平等主義）の打破、待遇の改善、活力を増強し、教職員の積極性を促す[74]」ことにあるとされているが、[75]それは同時に「量から質へ」の給与積算方式への転換であり、その「質」の評価において校長による「科学管理法と手段を採用して、効率的な学校管理[76]」の可能性が広がると考えられている。その意味では、「校長責任制は機構工資制と結合している[77]」と認めることができる。

中国の学校改革の中心となる校長責任制について、その実現過程の問題実態は以下のようにまとめることができる。まず第一に校長責任制の条件となる校長自身の資質・力量に関しては、年齢・学歴といった属性傾向にみられる「若年化」や「低学歴」傾向が、実際の「管理能力」への低い評価と呼応して、校長責任制という「一長制」の定着化に大きな内在的な阻害要因となっている。なお、その問題を解決するための校長研修制度の政策化は、それが政治的意図を含む分、当事者の校長の職能成長ニーズとの間にズレをもつと推測される。第二に、校長責任制の方法となる校内組織運営に関して、つぎのように言える。校長責任制は、党支部書記との関係上、これまでの運営慣行による既得権争いおよび権限意識の葛藤を原因とした人間関係的な不安定さをもっており、それが制度実現の外在的な阻害要因となっている。また、校長責任制の前提条件とされる教職員集団の民主的管理・監督が十分に機能していないことは、校長責任制の社会主義的学校管理制度としての固有性を維持できないことを意味しており、その社会主義的学校管理制度としてのポリシーを喪失する危険性をもつ。総じて、制度実現を阻害する問題の構造は広範であり、しかも複合的であるといえる。

今後、校長責任制実現のための可能性とは何であるか。例えば、校長責任制実現のためのサブシステムとしての制度化が進んでいる教職員招聘制と校内機構工資制は、校長自身の人事権および財政権を保障し、校長の実質的な学校管理権を充実させるための制度であるが、それは同時に校長責任制と連携してこれまでの「『三鉄一大』（鉄交椅・鉄飯碗・鉄工資と大鍋飯）打破のための三位一体的制度」[78]であるといわれる。この「三鉄一大」は、これまでの学校管理における全体主義的な共産党支配がもたらした社会的弊害であるが、同時にそれは社会主義的制度理念としての「平等」原理の結果とも考えられる。この「平等」原理は、長く中国社会を思想的に維持してきた社会主義倫理であって、その観念・社会観・世界観は早急には転換できない。校長責任制及びそのサブシステムの制度としての実現の大きな困難はそこにある。

今後の校長責任制実現の社会的構造は、「平等」と「効率」のトレード・オフの構造と考える。校長責任制が、経済的合理化を基軸とする「効率」原理により、これまでの学校管理における「平等主義・平均主義」をどこまで改革できるか。それはある意味でグローバルな次元の教育制度改革的試みであると考える。その実現の本質的な条件は、中央からの強権的な指示や法制化といった政策次元ではなく、人民の社会構造に対する変革意識、換言すれば共産党一党支配体制・権威主義体制とその影響構造に対する新革命的意識の全体化にあるといえる。

注

（1）国家教育委員会政策研究室編『教育体制改革文献選編』教育科学出版社、一九八五年、一七頁。
（2）正式には、学校党支部（委員会）という。学校内で三人以上の共産党員の教職員がいれば設立できる。
（3）宗栽銘・林晶華・陳租植『普通学校管理学』四川教育出版社、一九八六年、一一四～一一七頁、参照。なお、文革以前の学校管理の推移については以下の文献が詳しい。市川博「中国プロレタリア政権下における国家権力と民衆の教育権――貧農・下層中農による学校管理と関連させて――」『世界教育史大系四　中国教育史』講談社、一九七五年、三五六～四〇五頁。
（4）梁麗儀「文化大革命期の中国教育――広東省深圳におけるケース――」、加々美光行編『現代中国の挫折――文化大革命の省察――』アジア経済研究所、一九八五年、二二七頁。

（5）宗栽銘他、注（3）の前掲書、一一五頁。
（6）肖敬若・武永尖・江山野主編『普通教育改革』人民教育出版社　一九八七年、二二二頁。
（7）「全人民所有制工業企業工場長条例」（一九八六年九月一五日）、国務院。
（8）この場合の「行政」とは、一般に組織内部における管理・運営をいうとされる。その他、類似の概念として「管理」と「領導」（本文中では「指導」と訳した）がある。このとき、「管理」はわれわれが通常いう「管理」をいい（その意味では「行政」は組織内部における事務執行に近い）、「領導」は英語でいうsupervisionおよびcontrolに近い意味と思われる（宗栽銘他、注（3）の前掲書、五～七頁参照）。
（9）米桂山「中・小学実行校長負責制的若干問題」『教育管理研究』、一九八八年、三七頁。
（10）黄清亜「党政分開后学校党的工作怎么做」『湖北教育』、一九八八年、八頁。
（11）汪耀溝「浅淡中学行政机構的設置」『江西教育学院学報（総合版）』、一九八八年、七五頁。
（12）張維漢「我校試行校長負責制的幾項改革」『中国教育報』、一九八八年、五頁。
（13）北京教育行政学院・学校管理教研室編『学校管理』教育科学出版社、一九八一年、一二一頁。
（14）宗栽銘他、注（3）の前掲書、一一九頁。
（15）同、一一九頁。
（16）一般に中国の教育法体系は不完全である。たとえば、本文でいう「校長責任制」もまだ国家法（たとえば国家教育委員会の条例）として条文化されていない。そのため、現在多くの学校で「校長責任制」の内規化が進められており、逆に統一的な規範化が遅いともいえる（何瑞昆「論教育法律現象」『教育研究』、一九八六年、五一～五二頁参照）。
（17）張鳳蘭・崇桂香「学校実行党政分開后怎祥加強党的領導」『北京教育』、一九八八年、二一頁。
（18）陳谔・陳碧波『現代農村普通教育管理』中南工業大学出版社、一九八七年、三〇一頁。
（19）賈遂「校長負責制的認識与実践」『教育管理』、一九八八年、五九頁。
（20）宗栽銘他、注（3）の前掲書、一一八頁。
（21）趙源慶・張前耀「実行校長負責制的現状与設想」『山西教育』、一九八七年、六頁。
（22）張方正・呂玉麟「略談校長負責制」『寧波師院学報（社会科学版）』、一九八八年、一〇八頁。
（23）劉効群「改革幹部人事制度的現実途径」『吉林教育』、一九八八年、一四頁。
（24）「光明日報」、一九八八・一〇・一三。
（25）沈陽皇姑区教育工会「試点学校校長談校長負責制」『教工』、一九八八年、二一頁。
（26）同、二二頁。

(27) 孫燦成「普通学校領導体制改革的観察与思考」『江蘇教育研究』、一九八八年、三一頁。
(28) 張忠「実行校長負責制的関鍵是給校長放権」『内蒙古教育』、一九八八年、七頁。
(29) 同、七頁。
(30) 沈陽皇姑区教育工会、前掲論文。
(31) この場合、「官吏出身」者は学外の教育行政機関の官員あるいは社会人学校の管理者をいう。また、「党機関出身」者は農業部門・部隊および党政機関に所属していた者をいう（本文中の出典二六七頁）。なお、本調査は一九八一年に上海市街区および近郊農村の中学校の正・副校長および正・副党支部書記五百十八名を対象に実施されたものである。
(32) 郝俊如「在中学領導体制改革中校長由上級任命不如由民主推選産生好」『山西教育』、一九八八年、三頁。
(33) 本調査は、一九八七年に黒龍江省の八つの市町村の三十二校の中学校・校長を対象に行われたものである。この場合、都市中学校、農村中学校各十六名の内訳である（本文中の出典、二二一頁）。
(34) 本文中の出典、二六頁。
(35) 同、同頁。
(36) 校長責任制の制度理念についてはすでに以下の拙稿で分析した。ここでは、特に「制度理念」に対して、その実現の「実態」を明らかにすることを目的としている。なお、中国国内において「校長責任制」研究に関しては、本文中の「決定」の引用レベルの簡略的な解説が多く、理論分析のないものが多く、改革実践に役立つものはないと指摘されている（孫燦成「試論学校管理学教材的建設目標和開発途径」『教育管理研究』、一九九一年、三一～三五頁参照）。その意味では、本研究が目的とする「実現」の試みの実証追求は「制度理念」の理論的再考の価値を持つと考える。篠原清昭「現代中国の学校管理論――校長責任制を中心として――」『日本教育行政学会年報』一五、教育開発研究所、一九八九年、二五四～二六八頁。
(37) 北京教育行政学院学校管理教研室編『学校管理』教育科学出版社、一九八一年、一二頁。
(38) 従来の校長の職務は、学校管理の執行レベルの責任者の地位にあり、以下のように規定されていた。
「校長は、学校行政の責任者、党の教育方針を貫徹・執行し、上級党委・教育行政部門と党支部の決議を執行する。」「全日制中学暫行工作条例（試行草案）」（一九六三・三　第三条）なお、ここでいう「学校行政」の「行政」とは、一般に組織内部における運営業務をいう（宗栽銘・林晶草・陳組植『普通学校管理学』四川教育出版社、一九八六年、五～七頁参照）。
(39) 国務院「全人民所有制工業企業工場長業務条例」（一九八六・九・一五）第二条。
(40) 「文革」以降の教育科学の転換については以下の拙稿で分析した。参照されたい。
篠原清昭「現代中国の教育科学論争――『文化大革命』以降の『教育本質論争』を中心として――」『聖徳学園岐阜教育大学紀要』第二七集、一九九四年、一九九～二一三頁。

(41) 張済正・呉秀娟・陳子良芝編『学校管理学専論』華東師範大学出版社、一九八四年、一一頁。
(42) 張復荃「教育管理与社会進歩」『管理世界』、一九八五年、一八四頁。
(43) 陳文博・李明明「積極完成輪訓百万校長的戦略任務」『人民教育』、一九九一年、八〜一一頁。
(44) 楊天平「関於郷鎮初中管理的調査与思考」『藍教育学院』、一九八八年、八六頁。
(45) 実際、都市部に較べて農村部の小・中学校の校長の方に、その職務への圧力感が高いという意識傾向がある（張朽基「校長心理圧力的調査研究」『教育理論与実践』、一九八八年、一二頁）。
(46) なお、この点に関して校長の日常業務が「上級による非教学任務と校内の非教学任務に忙殺され、教学に専念できない」（徐安徳「校長如何保証以主要精力抓教学任務」『中小学管理』、一九九〇年、一三頁）という主張もある。この場合、「非教学任務」とは、具体的には公債・国債の発行、党員の登録、安全管理、人口調査、教職員の住居等の福利厚生など、いわゆる学校の社会生活単位としての包括的で広範な管理事務をいう。
(47) 「国家教委提出中小学校長任職条件」『中国教育報』、一九九一・七・一八①。
(48) 呉靖・冯大鳴「校長的気質性格類型与管理風格調査報告」『中小学管理』、一九九一年、六頁。
(49) 「全国中小学校長任職条件和職位要求（試行）」『中国教育報』、一九九一・七・一八②。
(50) 同。
(51) 李明明「関於加強全国中小学校長培訓工作的談話」『中小学管理』、一九九一年、二一頁。
(52) 本文中、表11‐4下欄の論文①、九頁。
(53) この現象は、地方・農村部に多い。例えば、山西省・汾阳县の場合、小・中学校十三校のうち十二校で兼職制が採られていると報告されている（趙源慶・張前耀「実行校長責任制制約与設想」『山西教育』、一九八七年、六頁）。
(54) 本文中、表11‐4下欄の論文①、一一頁。
(55) 同論文、一〇頁。
(56) 陶祖偉・劉国偉・尹小風「談談中学的党政分開問題」『人民教育』、一九八八年、二〇頁。
(57) 江蘇省教育研究所「中小学党建工作的調査与思考」『普通教育研究』、一九九二年、二一頁。
(58) 「天安門事件」以降の校長責任制に関する政府見解としては、以下のものがある。
「必ず党政職能分開を処理し、党の領導作用の関係を発揮すべし、各級党組織と党支部の根拠として……」（一九八九・一二・一四党建設理論研究班での江沢民の談話）。

「校長は上級党委員会の領導の下で学校を運営し、徳育工作の実施を組織化し、学校党支部はその思想政治作用を十分に発揮すべし」（一九九〇・一・一二全国教育工作会議における国家教育委員会主任・李鉄映の講話）。

以上、学校党支部（書記）の思想政治活動の重要性を強調するコメントとなっているが、「制度としての校長責任制の価値は、（これまで通りに）承認され、それを維持することは共通に確認」（莉宗久「中小学應継続試行校長責任制」『中国教育版』、一九八九・一〇・一③、括弧内は筆者記入）されている。

(59) 米桂山「中小学実行校長負責制的若干問題」『教育管理研究』、一九八八年、三七頁。

(60) 秦徳林「師範学校管理的専科」『小学管理』、一九九一年、一一頁。

(61) 翁善秀「堅持和完善中学校長責任制」『中学教育』、一九九二年、七頁。

(62) 鄙甫晶「切実搞好教育改革的基礎工程」『北京教育』、一九九一年、七～九頁。

(63) 趙永照「改革学校管理体制的探索」『広州日報』、一九九二年、五・六④。なお、中央レベルでは「教育組織管理法」（全国人民大会及び同常務委員会レベル）や『校長責任制条例』（国務院レベル）の法制化の動きが近年ある（揚善徳「略論中小学的領導体制」『吉林教育科学』、一九九一年、一四頁）。

(64) 翁善秀、前掲論文、八頁。

(65) 呉華珊「対中学管理体制改革的叱点思考」『中国青年報』、一九九〇・三・一二③。

(66) 中国の学校の校務分掌組織、特に会議体組織については、以下の拙稿で解説した。参照されたい。篠原清昭「中国の学校における会議」『学校の会議読本』教育開発研究所、一九九四年、二七五～二七八頁。

(67) 金彪「関於搞好学校内部管理体制改革試点的幾個認識」『上海教育』、一九九一年、二頁。

(68) 「北京市、中小学管理体制改革提供経験」『経済参考』、一九八八・一一・一一①。

(69) 同。

(70) 王志年「関於中小学教職工資的探討」『甘粛教育』、一九九〇年、一〇～一一頁。

(71) 孫燦成「経済方法在学校管理中的運用」『教育評論』、一九八四年、三一頁。

(72) 崔黎丽「中国の教育改革」『北京週報（日本語版）』二二号、北京週報社、一九九三年、一三頁。

(73) 「胶州市一中実行動態複合工資制」『光明日報』一九八九・一・一二②。

(74) 王明月「『結構工資』及其利弊」『湖南教育』、一九九一年、一三頁。

(75) 実際、給与条件や経済待遇が教師の労働の活性化にとって高い要因であることが報告されている（賈暁波「関干中学教職工需要与激励方式問題的調査結果」『教育論還』、一九九〇年、四八～五四頁参照）。

(76) 叶恵清「関於中学実行『工資総額包干』和『結構工資』的思考」『江蘇教育研究』、一九八九年、二二頁。

(77) 王明月、前掲論文、一五頁。

(78) 叶恵清、前掲論文、二〇頁。この場合、「鉄交椅」は職業の配分主義を、「鉄飯碗」は給与（賃金）の平等配分主義、「鉄工資」は同じく給与の均等保障主義をいう。これら三つの悪しき平等主義を総括して「鉄鍋飯」主義（親方日の丸主義）といわれる。

第十二章　中華人民共和国教育法と教育投資の法現象

中国の教育改革は経済改革に連動して構想されている。この場合、その教育改革の中心は必然的に教育財政改革に置かれ、中華人民共和国教育法は、その意味で「教育投資」を正当化し、その推進のための教育政策規範としての重要性をもつといえる。実際、同法の条文上の法規定の段階においても、「国家は、財政費目投資を主とし、その他教育経費に関する多種の方式の徴収方法を従とする」（第五三条）教育財政システムを明確に規定し、さらに国及び地方政府の公教育費について「国民総生産値に占める国家財政性をもつ教育支出の比例は、国民経済の発展と財政収入の増長にしたがってしだいに高めなければならない」（第五四条）、「各段階の人民政府の教育財政費の増長は、一般財政収入の増長より高く増長させ」（第五五条）ること等を詳細に規定している。この点、中華人民共和国教育法は公教育費に関して具体的な達成目標まで規定しているという意味で、教育基本法であることを超えて（教育）政策規範としての特徴を強くもっているといえよう。

ここでの分析の課題は、したがって「教育投資」に関する（教育）政策規範性の特徴を中心にその法現象の構造を分析することにある。さらに、ここでの視点は「教育投資」に関して資本主義的な教育財政の理論と方法がいかに導入され、具現化されているかに置かれる。つまり、社会主義国・中国が中華人民共和国教育法にいかに資本主義的教育投資の理論と方法を導入し、規範化しているか。そこに、中華人民共和国教育法の法理論と法現象の関係をみるということになる。

「文化大革命」以降の中国の教育改革の特徴は、経済改革に連動した教育投資を理念的及び政策的に先行させた点にある。実際、一九八五年（五月二七日）に中国共産党（中央委員会）が公表した「教育体制改革に関する決定」（以下「決定」と略す）では、新たな改革と開放の時代に向けての教育体制の方向性が明示されているが、その中で今後の教育体制改革が経済体制改革に連動して人材政策（マンパワー・ポリシー）として展開されることを以下のように説明している。

「経済体制改革の決定に関する党の第十二回全国大会は、我が国の社会生産力の大発展のために、我が国の社会主義物質文明と精神文明の大いなる提示のために、広範な道路を開いた。今後の状況の成果の一つの重要な鍵は人材にあり、もし人材問題が解決されるならば、教育事業は経済発展の基礎の上に一つの大きな発展をする。」

その意味では、現在の中国の教育改革は教育財政改革を中心とするものであり、その教育改革理論は教育投資論を中心とすると考えられる。

ここで、重要な視点となるのは、中国における教育投資の政策と理論の導入は、社会主義的教育財政政策のシステムと教育理論の変容を促したという点にある。それは、本来資本主義的な教育政策理論に固有であった教育投資の理論を、社会主義国家である中国が導入することの特異性を検証することをいう。その導入は仮に超階級的でプラグマテイックな方法意識によるとしても、教育投資の技術に付随する資本主義的教育思想は何らかの形で中国の社会主義的な教育思想の変容を促すという仮説にもとづく。本章はその仮説の検証としての性格をもつ。

第一節　「文化大革命」以降の教育投資と教育財政構造の変容

(一) 国家の教育投資の目標と実態

教育財政は一般に公教育の公経済活動であり、国家が公教育に対して財政的関与をすることにより成立する。それは、資本主義国家と社会主義国家の相違に影響されない共通な世界現象であろう。しかし、その「財政的関与」の理念や方法及び範囲（程度）は必ずしも両者に共通ではなく、そこに一定の国際比較的な教育財政構造の特徴をみることができる。中国の場合、その教育財政は国家的な公財政事業として営まれてきた。このことを、教育投資論の範疇で述べるならば、中国の教育投資の主体はあくまで国家自身であり、社会や個人は制度的には存在しなかった。また、教育投資効果はあくまで国家の利益に働くという社会的効果に限定されるものであり、個人の利益に還元するという個人的効果は換算されなかった。それは、教育の機能が個人ではなく、個人を集合した国家に帰属することを前提とする社会主義教育制度の理念を考えれば、当然のことであろう。したがって、単純にはこれまで中国においては私有財としての教育が存在しないことから、個人としての教育投資費すなわち「私費としての教育費」は存在しないと観念されてきた。教育は学校の国家的所有を方法としてすべて国有財に帰属し、国家に独占された「公費としての教育費」のみが存在し、その分国家が唯一財政負担を負うという現在の教育財政システムが成立したといえる。

ところで、「文化大革命」以降の中国政府は、市場経済化を方法として、急激な経済改革を推進した。すべての社会制度改革は経済改革に連動して展開された。教育改革も例外ではなく、教育政策の中心は人的投資政策として規定され、教育財政政策が教育改革の中心として展開された。そして、「文革」以降の教育財政政策は、端的には国家財政上の教育財政費の拡大を課題として展開された。例えば、一九八五年の「決定」では以下のように具体的に教育財政費の拡大の目標を規定している。

「教育事業の発展においては投資が増加しないことは良くない。今後、一定期限内に中央と地方政府はその教育歳出の増長に関して一般財政収入の増長を越えなければならない。かつ、在校学生人数の平均の教育費もしだいに増長させなければならない。」

ここで示された二つの教育費の増長は「二つの増長」と呼ばれ、以後の教育財政政策の基本目標となった。さらにその後、その目標は具体的に数値化され、教育財政政策の達成目標として拡大された。例えば、現代の中国の教育政策の重要な国家規範といわれる「中国教育改革和綱要」（中共中央・国務院、一九九三年二月一三日。以下、「綱要」と略す）と「中華人民共和国教育法」(1)（一九九五年三月一八日。以下、「教育法」と略す）では以下のように規定されている。

「しだいに国民総生産値に占める国家財政中の教育経費支出…（中略）…の比率を、本世紀末までに四パーセントまで到達させなければならない。計画、財政、税務等の部門は相応の政策措置をとり、真剣に実現しなければならない。

各級の政府は、必ず『教育体制改革に関する中共中央の決定』が規定する「中央と地方政府の教育支出の増長は、財政経常収入の増長を上回り、かつ在校学生の人数に応じた平均の教育費用をしだいに増加させなければならない」という原則を、真剣に貫徹しなければならない。そして、教師給与と生徒一人当たりの公用経費が毎年増加することを保障しなければならない。各級の財政支出に占める教育経費の占める比率を高め、『八五』期間に

表12-1　国民総生産値（ＧＮＰ）に占める国家予算内教育支出費

	1978年	1979	1980	1981	1982	1983	1984	1985	1986
予算内教育支出（億元）	75.05	93.16	114.15	122.79	137.61	155.24	180.88	226.83	274.72
ＧＮＰ（億元）	3624.1	3998.1	4517.8	4773.0	5193.0	5809.0	6962.0	8989.1	10201.4
予算内教育支出／ＧＮＰ（％）	2.07	2.33	2.52	2.57	2.64	2.67	2.60	2.52	2.69

	1987	1988	1989	1990	1991	1992	1993	1994	1995
予算内教育支出（億元）	293.93	356.66	412.39	462.45	532.39	621.71	754.90	1078.78	1193.8
ＧＮＰ（億元）	11594.5	14922.3	16917.8	18598.4	21662.5	26651.9	34560.5	46532.9	57277.3
予算内教育支出／ＧＮＰ（％）	2.46	2.39	2.44	2.49	2.46	2.33	2.18	2.19	2.08

国家教育委員会編『中国教育総合統計年鑑1994年』高等教育出版社，1995年，３頁，『中国教育系費統計資料1994年』中国統計出版社，1995年，２頁及び『中国統計年鑑』中国統計出版社，1996年，42,232頁より筆者が加工。

しだいに全国平均が一五パーセント以下になってはならない。」（「綱要」）

「国民総生産値に占める国家財政性をもつ教育経費の支出の比率は、国民経済の発展と財政収入の増長にしたがってしだいに高めなければならない。具体的な比率と実施の手だては国務院の規定による。全国の各段階の財政支出総額中に占める教育経費の比率は、国民経済の発展にしたがってしだいに高めなければならない。」（「教育法」第五四条）

以上、中国の教育財政政策は、公教育費の拡大という目標を国民総生産値に占める国家の教育財政費の比率を四パーセント以上にすること、また一般財政支出に占める教育財政支出を一五パーセント以上にすることという具体的な数値に置き換えることにより、よりリアルな形の目標達成を目指すこととなる。

さて、それでは実際に近年の教育財政の実態において、上記の公教育費の拡大、特に具体的な数値目標は達成さ

表12-2　予算内教育支出と一般財政収入

	1978年	1979	1980	1981	1982	1983	1984	1985	1986
予算内教育支出（億元）	75.05	93.16	114.15	122.79	137.61	155.24	180.88	226.83	274.72
一般財政収入（億元）	1132.26	1146.38	1159.93	1175.79	1212.33	1366.95	1642.86	2004.82	2122.01
予算内教育支出増長速度（%）	—	24.1	22.5	7.6	12.1	12.8	16.5	25.4	21.1
一般財政収入増長速度（%）	—	1.2	1.2	1.4	3.1	12.8	20.2	22.0	5.8
予算内教育支出／財政支出（%）	6.7	7.3	9.3	10.8	11.2	11.0	10.6	11.3	12.5
財政支出／GNP（%）	30.9	32.1	28.5	23.9	23.7	24.3	24.4	24.3	21.6

	1987	1988	1989	1990	1991	1992	1993	1994	1995
予算内教育支出（億元）	293.93	356.66	412.39	462.45	532.39	621.71	754.90	1078.78	1193.8
一般財政収入（億元）	2199.35	2357.24	2664.90	2937.10	3149.48	3483.37	4348.95	5218.10	6242.20
予算内教育支出増長速度（%）	7.0	21.3	15.6	12.1	15.1	16.8	21.4	35.0	17.2
一般財政収入増長速度（%）	3.6	7.2	13.1	10.2	7.2	10.6	24.8	20.0	19.6
予算内教育支出／財政支出（%）	13.0	15.1	14.6	15.0	15.7	16.6	16.3	17.6	17.5
財政支出／GNP（%）	18.9	16.7	16.7	16.6	15.6	14.0	13.4	12.4	11.9

表12-1の出典と同じ。

れたのであろうか。その実態をみてみる。

前頁の表12-1は、「文革」以降から現代までの国家の予算内教育支出費とGNP値[2]の推移といわゆる先に述べた具体的な数値目標の一つである「GNPに占める公教育費」の比率の推移の実態を表すものである。それによると、実際の比率は最低二・〇七パーセントから最高二・六九パーセントの間にあり、目標の四パーセントに程遠い状況がわかる。特に一九九五年の数値が一九七八年の「文革」直後の数値と

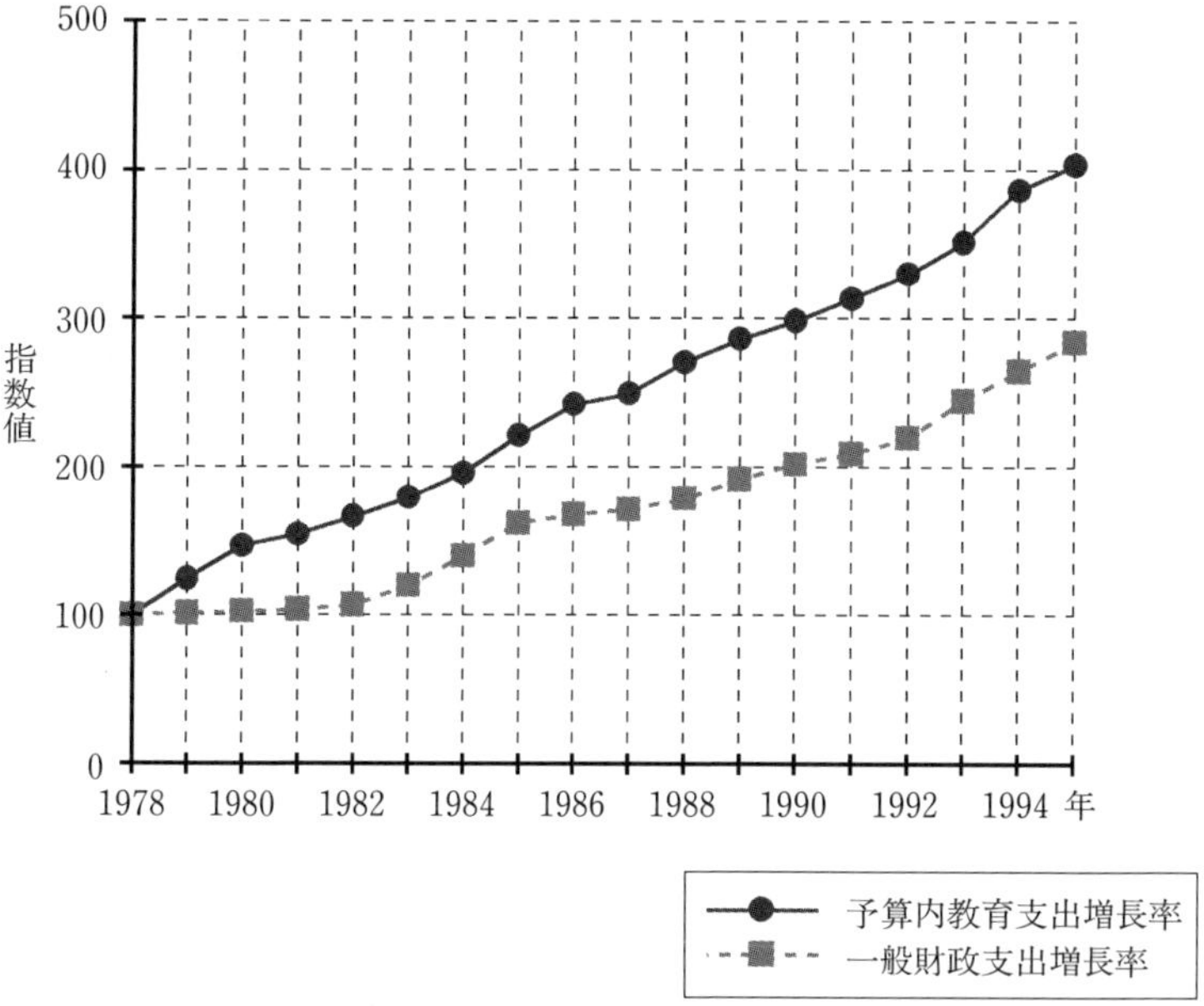

表12-1の出典から。

図12-1　予算内教育支出と一般財政収入の伸び率の比較

ほとんど変わらないことを考えれば、「本世紀末までに四パーセント」という目標を達成できる可能性はない(3)と考えられる。また、世界比較でみると、一九九五年の世界統計で「GNPに占める公教育費」の比率の平均は五・一パーセントで、発展国家が五・三パーセント、発展中国家四・一パーセント、不発展国家三・三パーセントであるといわれている。したがって、比率が二・〇八パーセントである中国は、教育国家水準において最不発展国家に属することとなる(4)。

つぎに、「教育歳出の増長に関して一般財政収入の増長を越えなければならない」(「決定」)という数値目標と、「一般財政支出に占める教育財政支出の比率」が一五パーセント以上」(「綱要」)という数値目標についてはどうであろうか。

表12-2は、予算内教育支出と一般財政に関するデータである。これでみると、まず「予算内教育支出増長速度」は「一般財政収入増長速度」

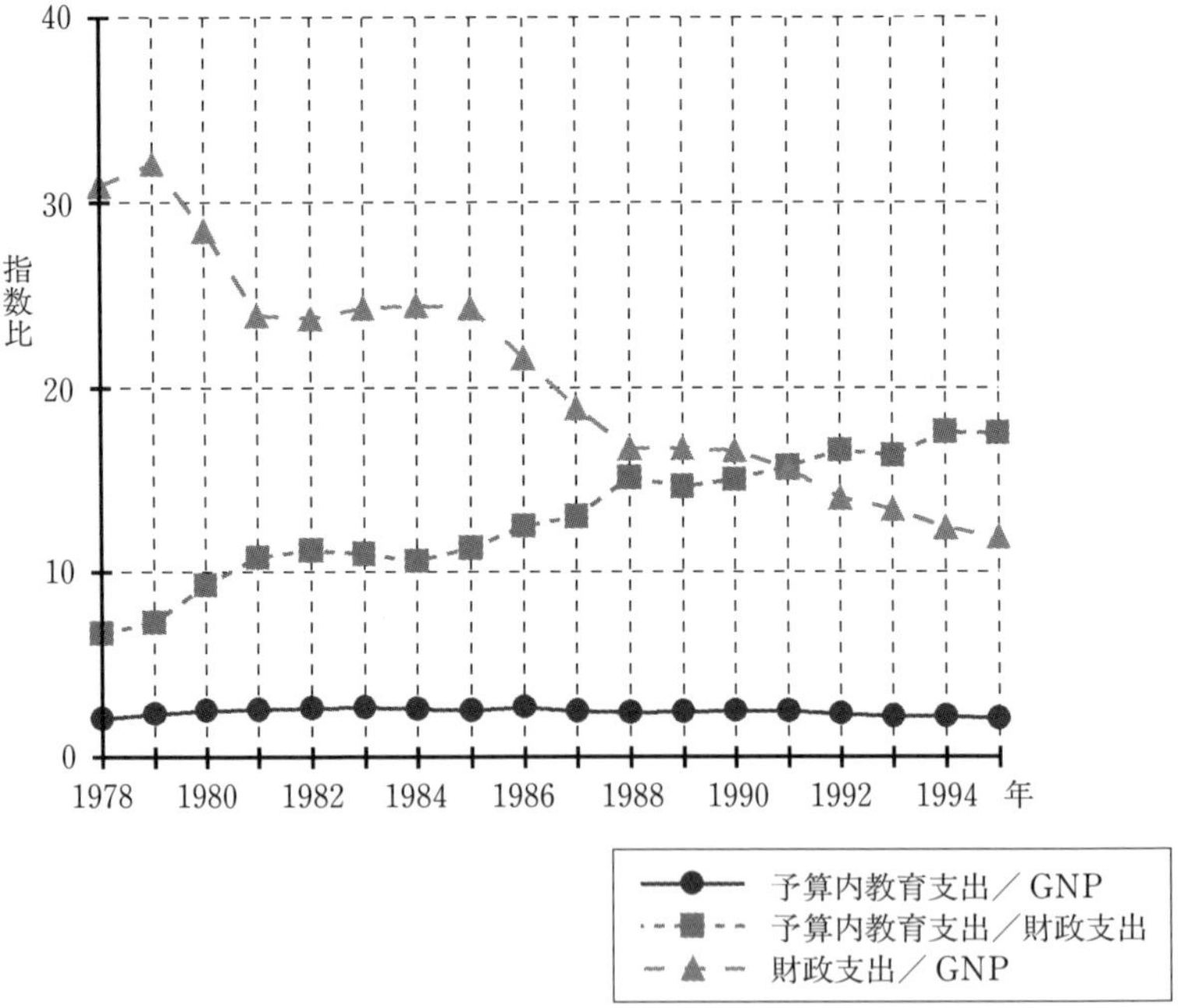

表12-1の出典から。

図12-2　予算内教育支出費対ＧＮＰ費・財政支出費と財政支出費対ＧＮＰ費比

に較べて高いことがわかる。一九七八年から一九九五年の十九年間にわたる両者の増長率の平均は、前者が一六・九で、後者が一〇・二となり、予算内教育支出の増長ははるかに一般財政収入の増長を上回っている（図12-1）。

この点に関しては、教育財政政策上の目標の達成は果たされたことになる。また、「一般財政支出に占める教育財政支出の比率」が一五パーセント以上という目標についても、一定の目標が達成されたことがわかる。表中でみると、一九八七年以前においては一五パーセント以下の状況であったが、その後しだいに一五パーセントを超え、一九九五年の時点では一七・五パーセントに達している。この場合、「GNPに占める財政支出」の比率が一九八七年当初から減少し、一九九五年の時点では一九八七年比で一九・〇パーセントの減少となっていることを考えれば、国家財政収入の減少の中でいかに中国政府が教育財政重視の財政政策をとっているかを評価することができる（図12−2）。

以上、この場合、拡大された「三つの増長」という教育財政政策上の目標は、実際にはそのうち「二つの増長」が達成されたこととなり、「文革」以降の教育財政政策は一応ある程度の成果を収めたと評価されよう。

㈡　社会主義的教育費の構造変容

しかし、「二つの増長」が達成されたことは必ずしも国家による教育費が機能したということを意味しない。それは、第一に国家の教育費支出が物価上昇[5]や児童・生徒の入学増により完全に充足できてはいないということがある。例えば、建築費のインフレに関しては一九七八年以前に一平方メートル当たり建築費単価七十九元が近年では三百六十六元とおよそ五倍の値上がりとなっている。実際、国家の教育財政支出費のうち学校建築等に当てられる「教育基建投資費」に関しては実際の増額にもかかわらず、「その竣工面積は二十六年前より狭い[6]」という指摘がある。また、教員給与費に主に当てられる「教育事業費」についても、一九八〇年との比較では教員給与費の三〇パーセントアップやインフレにより学校用品価格の五五・六パーセントアップそして学校修繕費の五五・二パーセントアップがある。したがって、インフレによる物価騰貴は教育投資費の増長を相殺させ、教育投資費は実質的には増長していないと考えることができる。また、一般に言われる人口大国といわれる中国の場合、一九九四年の時点で各種の学校の学生数が二・七七億人、教職員数千三百万人で、いわゆる教育投資費の消費人口が過大であることも大きく影響していると考えられる。

第二に先に述べたように「GNPに占める財政支出」が極端に減少しており、国家財政収入自体が減少していることがある。したがって、今後これまでの教育財政収入を維持することは不可能な状況にある。実際中国の国家財

表12-3　教育経費の歳入構成

歳入費目		1994年	1993年	1992年	1991年	1990年	1989年
国家財政性教育投資	予算内教育経費	59.38 (883.98)	60.79	62.13	62.85	64.63	66.88
	各級政府の徴収の教育税	8.92 (132.81)	9.49	10.17	10.27	9.63	8.75
	企業の学校経営収入	5.99 (89.41)	6.14	5.59	5.83	5.83	5.25
	校営企業・勤工倹学・社会サービスの収入	4.08 (60.67)	4.88	4.98	5.09	4.70	4.73
	その他の国家財政性教育経費	0.55 (8.15)	0.77				
	小計	78.92(1175.02)	82.07	82.87	84.04	84.79	85.61
非国家財政性教育投資	社会団体・個人の学校経営収入	0.72 (10.78)	0.31				
	学校運営のための民間賛助金	6.55 (97.45)	6.62	8.03	8.59	7.98	5.74 (寄付)
	学費・雑費	9.89 (146.92)	8.22	5.48	4.42	4.21	4.61
	その他の教育経費	3.96 (58.89)	2.97	3.66	2.95	3.02	4.04
	小計	21.08 (314.04)	17.93	17.13	15.96	15.21	14.39
総計		100.0% (1488.78億元)	100.0	100.0	100.0	100.0	100.0

『中国教育経費発展報告』(1991～1993),『中国教育経費統計資料』(1993～1994) より，筆者が加工。

政収支は一九七九年から一九九三年にわたり連続赤字決算で、十五年間に累積の赤字決算費は債務収入を除くと四千九百億元に達するといわれている。これらは中国の国家財政が物価高騰・財政赤字過大・国際収支赤字の三大不安定要素を抱えていることを意味している。こうした不安定要素には「原因の一つとして非生産性投資の膨張(7)」があるといわれ、その「非生産性投資」の一つに大きく教育投資の膨張があることとなる。しかし、教育投資を含めた非生産投資の膨張は、一九六七年から一九七七年までのおよそ十年に及んだ「文革」の建て直し費としての意味をもち、中国の財政政策が人民への償いとしての「清算のメカニズム(8)」を不可避的に負っていたことを意味する。ただし、この償いは現在の時点でも精神的次元のみならず物的次元でも清算されていない。

いずれにしても、中国の教育財政政策の課題はこの時点において国家教育財政支出費の拡大では達成できないこととなった。それは、本来教育財政が本質的には教育需要の無限の上昇とその公共負担率の増大を生じさせるという法則をもち、必然的に教育費負担の均等化が不可避的に生じるということがあげられる。(9)実際の教育財政政策の課題が、国家財政からより多く教育費に回すという歳出次元での配分の調整ではなく、いかに教育費財源を確保するかという歳入次元でのシステムの再編にあることを意味している。この場合、中国の教育投資の集積システムは伝統的には教育の国家所有制を前提として、国家単独の財政負担の原則をもっていた。しかし、先に述べた国家財政の破綻の状況においては、単独の国家負担主義は不可能であり、そこに新たに受益者負担主義にもとづく民間資金の徴収を目的とする教育費集積のための技術体系化が生じた。以下、新たな教育費集積の方法と実態をみてみる。

表12-3は、中国の近年の教育経費の歳入構成を表すものである。これでみると大きな特徴としては、教育費の歳入の比率に関して、国家の「予算内教育経費」が大きく下回ってきたことがあげられる。実際、一九八九年において教育費歳入全体の六六・八八パーセント（一九八六年の時点では七六パーセント）を占めていた数値が、一九九四年には五九・三八パーセントと六〇パーセントを下降する状況となっている。これは、同時に国家予算外の教育費歳入の比率が上昇してきたことを意味し、そこに近年の教育費集積システムの変容の特徴をみることができる。

まず、国家財政的な性格をもちながら、国家予算外の教育投資の歳入費目として、「各級政府の徴収の教育税」・「企業の学校経営収入」・「校営企業・勤工倹学・社会サービスの収入」(10)・「その他の国家財政性教育経費」の存在があげられる。これらの歳入費目及びその運営にはこれまでと異なる教育費集積システムの変容がある。例えば「各級政府の徴収の教育税」は、一九八六年に「国務院発布教育費付加徴収の暫行規定」（国務院　一九八六・四・二八）に制定された都市及び農村の教育費付加金である。これは、具体的には企業や個人の営業者に対して所得税以外の税として課しているいわゆる一般売上税（「流転税」）に該当する「産品税」・「増値税」・「営業税」の三税を基準として、そこから一定の比率（一九八六年は一パーセント、その後一九九〇年に二パーセントに改正され、現在は三パーセント）を教育税として企業や個人（営業者）から徴収するお金をいう。この制度は、近年の中国の税制改革にもとづくもので、中央から地方への財政請負の委託化と企業・個人の所得税の統一化を背景としているが、いわゆる「受益者負担」の原則の適用としての税制度としての特徴をもつ。

つぎに、「校営企業・勤工倹学・社会サービス」の収入とは、特に国立大学等における第三セクター的な経営事業の収入を意味している。近年、中国の多くの大学はさまざまな自己資金獲得活動を行っている。例えば、大学が会社を設立したり、大学の敷地内に商業施設（スーパーマーケット・ホテル等）を設けたり、不動産を民間に貸与したり、さらには大学の資金を利用し株投資を行ったりという状況である。こうした背景には、中国政府自身が大学に対して、大学の財政運営に関して、「高等教育機関に対する財政配分のメカニズムを改革し」「学生数に基づく経費配分方法を改革し、逐次基金制を施行する」（「要綱」）ことを要請し、財政上の自主運営を求める方向がある。このことは、従来の中国の教育財政の運用の次元、特に教育投資の内部比（学校段階別投資比率）に関して、明らかな高等教育重視の傾向があり、高等教育投資が国家財政を圧迫していた背景があった。したがって、大学に対する自主財源確保の要請はこれまでの高等教育への過剰投資を抑制し、同時に新しい教育費集積の方法として二重の効果を期待されたといえる。それは、いわゆる国立大学の独立法人化(11)に類似した政策といえよう。

また、表中にある「非国家財政性教育投資」の次元についても、前記の傾向をみることができる。例えば、「社会団体・個人の学校経営収入」は、企業や個人を設置主体とするいわゆる私立学校の経営収入を意味する。これまで、中国の学校は大まかには国家のみを設置主体とする形態をとってきた。もちろん、その運営形態によっては国有企業との合同形態や国有企業単独の形態等、いろいろ存在したが、少なくとも私企業や個人という民間設置の学校は存在しなかった。しかし、先の「綱要」や「中華人民共和国教育法」により、学校設置に関する規制緩和が公認されることとなった。例えば、「中華人民共和国教育法」は「国家は、企業事業組織、社会団体、その他の社会組織及び公民個人に対して、法にもとづき学校その他の教育機関を設置することを鼓舞する」（第二五条）と規定され、国家が私立学校の設置を積極的に奨励する形となっている。また、具体的に私立大学の設置を認可した「民営高等学校設置暫行規定」（一九九三年）では、「民営高等学校は、我が国の高等教育事業の構成部分である」（第一条）と正式に認知し、その経営・財政自主権を承認・保護することが規定されている。また、私立の小・中学校、高等学校の設置に関しても、その経営・財政の自主権に関して特に以下のように規定されている。「民営教育は、我が国の社会主義教育事業の構成部分であり、民営学校は正確な学校経営の方向を堅持し、国家の教育方針を貫徹し、学校経営の質量を高め、社会主義現代化の建設のために合格人材を養成しなければならない。国家は、民営教育に対しては『積極鼓舞・大いなる扶助・正確指導・加強管理』の方針を実行し、民営教育の発展を押し進める」（「決定」）。以上のことは、国家が私立学校の設置を認可することにより「民間の教育資源の潜在力を掘り起こし、政府の財政上の重責を回避する」(12)ことを意味し、私立学校の認可は、教育における市場経済の導入を目的とした政府の教育財政政策の方法であると解釈できる。

ところで、この「社会団体・個人の学校経営収入」は比率上は教育経費歳入全体の〇・七二パーセントとわずかである。したがって、教育経費の歳入費目としてはそれほど重要性がないと認識されがちである。しかし、私立学校の設置は、同時に本来国家財政による教育財政支出の対象となる国公立学校に入学する児童・生徒や学生が一部私立学校に流出し、その結果その数に積算される児童・生徒や学生一人当たりの国家教育財政費の総和が、抑制されるということを意味している。つまり、私立学校の設置は、国家の教育投資費から個人の教育投資費へ、教育投資の主体が移動することであり、国家からみれば財政負担の解消と財政収入の拡大の二つのメリットをもつ教育費集積の方法としての政策的価値をもつこととなる。

また、私立学校の設置は、国家の教育財政上のメリットのみではなく、地方における学校設置の自由化を押し進め、規制緩和による学校設置が地方の児童・生徒の学習機会の保障を有効にする学校政策的なメリットももったといえる。例えば広東省を例にとれば、一九九五年の時点において私立の小学校は七十六校、中学校百三十六校、高校十三校で、教員数千八百七十八人、卒業生七千四十二人、在校生四万九千三百人となっている。また、同省の柳州市の場合、市内小・中学校五百五十校のうち十九校（三・五パーセント）が私立学校（ただし、正確には「民営学校」や「社会力量学校」に近い）となっており、博白県の場合、県内の小・中学校四百四十校のうち五十八校（一三・一パーセント）が私立学校となっている。こうした、地方では、一般に国公立学校が少なく、特に山間僻地の地区にはそれが顕著であり、「私立学校の存在がなければ、多くの児童・生徒が義務教育を受ける機会を事実上なくす」[13]こととなったと説明されている。また、「私立学校それぞれが特色のある校風により運営する努力をしている」[14]ともいわれており、私立学校が中国の教育社会に一定の市民権を得始めている。

つぎに、「学校運営のための民間賛助金」がある。これは具体的には教育基金といわれ、民間企業の賛助金と個人からの寄付金から成る。中国における「基金」とは、「国民経済中の特定用途の資金」[15]であり、公共性基金と基金会基金としての社会的属性をもち、その運用・管理は半官半民的な基金会法人により行われている。具体的には中央レベル及び地方レベルそれぞれに「人民教育基金」や「普及義務教育基金」などがあり、主に義務教育の普及や僻地教育振興のための特別補助に充てられている。しかし、現在一部の小・中学校（特に重点学校）の入学者（「選校生」）の保護者が入学に際して学校に特別に支出する学校賛助金が発生した。この「学校賛助金」はいわゆる「裏口入学」金としての性格をもち、近年中国世論において大きな教育社会問題[16]となっている。こうした賛助金の出現は、その背景に民間企業や経済投資家の出現があり、さらに民間企業の所得金に対するゆるい税制改革の結果として、民間資本の余剰金が市場に浮遊し始めたことがあげられる。中国政府は、これらの浮遊する余剰金に対して、営業税等に対する特別減税措置等の交換条件により、その半強制的接収を進めている。しかし、それは単に財源確保のための効率的運用に終わらず、教育社会にさまざまな資本主義的教育病理現象を引き起こしている。例えば、この賛助金の回収と適用はその企業が所在する地域が原則的及び優先的に行うことから、そこに地元の企業の総財力の格差を反映した経済格差が、そのまま教育の条件格差を生むという教育の経済的不平等の問題が発生している。また、「選校生」問題は特に都市部において、教育の社会階層化を生じさせている。

最後に、「学費・雑費」がある。これまで、中国では小学校から大学まで授業料としての学費徴収は行わなかった。特に、大学生については生活全般に関わる管理運営費（学生宿舎・医療等）もすべて政府支出に全面的に依存し、その結果教育投資の内分比については、初等・中等・高等教育の投資比は一九九二年時点で一：一三：三〇で圧倒的に高等教育に傾倒していた。その結果、高等教育への投資がかなり政府の教育財政支出を圧迫していたといえる。しかし、近年大学生のリクルート方式に関して、従来の国家管理による「統一管理・統一職場配置」方式が改変され、職業選択及び職場選択の自由にもとづくリクルートの市場化が生じ、それに応じて従来の高等教育への教育投資構造が変容することとなった。[17] 具体的には、「国が学生の教育経費をすべてまかなう現行の制度に代えて、授業料の徴収制度を逐次に実行する。高等教育は非義務教育であり、大学進学者は原則的に、均一に授業料を納めるべきである」（要綱）と規定され、「従来の政策からはきわめて劇的な転換[18]」が行われたといえる。すでに、一九九三年の時点でいわゆる「自費学生」の割合は約三〇パーセントに達する。

また、義務教育学校である小・中学校についても、「雑費」収入の増加がある。これは、具体的には各学校の財政運営に関して、これまでの国家負担主義から「設置者が財政責任を負う」（「教育法」第五三条）という設置者負担主義への展開により生じたものである。この設置者負担主義は、実際には教育行政の地方分権化という教育行政改革によるが、「分権化の改革が地区間の教育の格差を拡大している」[19]という指摘もあり、それが教育行政の地方自治という原理性の尊重ではなく、効率的な行財政運用の手段としての方向で使用されたという解釈もできる。しかし、実際には設置者である市町村の場合その財政能力において低い市町村[20]は、実際にはその財政補塡を直接に「受益者」である保護者に求める。また、学校自身も特に教員給与費目の改正、特に本俸に対する手当費目の拡大により、その分の財政負担を個々の学校に求めるシステムの変化により、やはり直接に保護者にその補塡を求める。したがって、結果としてここでいう「雑費」の収入は、義務教育学校における就学者の保護者の私費負担による補塡される私費としての教育費の半強制的な徴収金をいう。実際、多くの学校は「試験費」・「暖房費」・「指導費」等さまざまな名目により、「雑費」の徴収を保護者に求め、そのことが社会的には「学校乱収費」[21]問題として社会問題化している。この学校乱収費の問題の根源には、「教育投資費が少なく、教育改革に追いつかない」[22]という財政的事情と、中央政府から地方政府への財政負担の転嫁が、さらに地方政府から学校への財政負担の転嫁を招くという負担の連鎖がある。

以上、中国の教育財政構造は、教育費集積システムに関して「非国家財政性教育投資」の拡大により「国家財政性教育投資」(特に「予算内教育経費」)を抑制するという変化をもった。それは、形においては政策技術的な方法の変化を意味するが、実質的には伝統的な従来の国家負担主義による教育財政構造が、「公教育費の拡大とその配分のための技術の体系化へと矮小化した」[23]ことを意味するとともに、設置者負担主義や受益者負担主義中心の財政構造に変容したことを意味する。そして、その教育財政構造の変容は究極的には社会主義的な教育政策が資本主義的な財政構造(例えば教育の市場化)に影響を受けながら、より資本主義的な教育政策に接近したことを意味する。問題は、この接近が教育費集積のための技術的導入と運用が技術的合理化の次元で成功をおさめた反面、その社会的合理化の次元で問題を残したという点にある。それは、社会主義的教育の思想と制度の次元でこれまで経験しない新しい（資本主義的という意味で）理論と政策の定立を求められる問題でもある。

第二節　中国における教育投資論と教育の市場化論

(一)　教育の本質論と教育投資論

経済改革に連動して教育改革が進行する以上、その教育改革の速度は速く、学問としての教育科学による教育改革の相対化（理論化）は当然に後追い的となる。さらに、その教育改革が資本主義的教育政策（特に財政政策）の技術と方法を導入したプラグマティックな改革であり、同時に伝統的な社会主義的な教育政策の思想のパラダイムさえ揺るがす思想改革に近いものであるとすれば、やはり中国の学問としての教育科学は後発となる。しかし、そうした状況の中においても近年中国の教育科学は教育改革及び教育政策を規定する教育思想の構築を努力的に展開させてきたといえる。ここでは、特に教育改革及びそれにより生じる教育社会現象を相対化（説明・検証）する教育理論として中国の教育投資論を取り上げ、その特質について考察することとする。

ところで、中国の教育投資論は必ずしも経済改革に連動した教育改革の現象的な進行に応じて突発的に生じてきたものではない。その理論は、「文革」から現在まで教育社会の変化と一定の距離を保ちながら、むしろ、教育社会における資本主義的な現象化をいかに捉えるかに苦悩しながら、一定の学問としてのパラダイムの転換を模索してきたといえる。それは、端的には「文革」直後からおよそ十年の歳月をかけて展開された「教育本質論争」をいう。この「教育本質論争」は、弁証法的唯物論にいう社会構造、つまり階級の地位とその相互作用を規定する経済的諸関係を指す「土台」（「下部構造」）と、その「土台」に影響を受ける法律的及び政治的諸制度や宗教的・哲学的な規範・イデオロギーを指す「上部構造」の重層構造をいう。「教育本質論争」とは、この場合教育の本質が「土台」と

「上部構造」のどちらに属するかという論争[24]であった。

「文革」以前の中国においては、教育は明らかに「上部構造」に属するという説（以下、単に「上部構造説」と略す）が定説とされてきた。教育は階級闘争のための「工具」であり、無産階級への政治的役割をもち、例えば学校は階級闘争のための主要基地であり、学習は階級闘争のための学習であった。また、その説は単なる学問上のステートメント（「学説」）を越えて、国家の絶対支配権力である中国共産党の統治理念であり、その説への学問的批判をタブーとする強権性と権威性をもっていた。しかし、「文革」以降開放経済に代表される経済優先政策の下、資本主義的な経済理論の超階級的な導入を直接の契機として、先の弁証法的唯物論にいう社会構造論それ自体に修正が生じてきた。それは、「土台」の経済構造を規定する「生産力」や「生産関係」について、その構造や範囲について再定義が生じ、結果教育を含めてさまざまな社会現象の帰属論に変化が生じてきたことを意味する。ここに教育は生産力であるという「生産力説[25]」が登場した。この、生産力説は教育は生産力の主要な要素としての労働力を再生産するという意味で、生産力を規定するという点を本質としている。この場合、重要なことは「労働力」自体の認識の変化である。経済開放下の中国において、その経済発展の指標は生産手段を構成する労働手段の技術的・科学的高度化に応じた労働者自身の技術的・科学的育成にあった。したがって、新しく求められる労働力は「古代の『体力』や『経験』から『知力』・『科学研究』に変化し[26]」た。それは、労働力形成という教育の価値が従来の「労働者階級による階級闘争の一方法[27]」や「知識階級分子改造の一種の政治手段[28]」という権力統治のための手段から、より機能的に経済成長に働く人材形成という経済政策的手段に転化したことを意味する。

ところで、この生産力説は結果的には上部構造説を凌駕し、少なくとも「文革」から十年後の時点においては教育界の定説となった。しかし、もともと生産力説自体、それが史的唯物論にいう社会構造論の範囲内のものであることから、本質論としての限界、すなわち政策への適用の限界をもつこととなる。ここにおいて、生産力説を背景としてより教育政策科学的な教育科学論へシフトした理論として、教育投資論が登場することとなる。一九八〇年代後半から、「中国経済学界のヌーベル・バーグ[29]」と評される万以宇をオピニオン・リーダーとする経済学者グループが、「教育領域内の経済現象と規律を科学し、教育と経済の相互作用の規律を研究する[30]」ことを目的として、「教育経済学」を起こした。この教育経済学は、教育の経済効果の証明と可能性の追求という教育経済学本来の学問的アイデンティティを継承し、その中心に教育投資の理論を置いた。実際、経済発展における教育の作用効果を国際比較や歴史分析から論証し、就学率・経済増長率・資源利用率・実際収入水準と教育効果の関係を教育経済指標として理論化した[31]。また、先の生産力説を発展させ、教育投資が生産性投資であり、「純消費ではない[32]」ということ。さらに、「他の生産性投資に対して教育投資が重要である[33]」ことを論証した。また、実際の教育投資の経済効果を計測するとともに、その経済効果を高める方法を提言した。こうした教育投資効果の計測的分析を目的とする教育経済学は、一九九〇年代まで中国の教育科学の中心に位置づくこととなった。それは、これまでの中国の教育科学が非政策科学的であり、今現実に進行している経済改革に連動する教育改革に有効に働く教育理論としての実証的価値をもたなかったということを意味している。

ところで、教育経済学の中心命題としてのマンパワー理論は、本来戦後のアメリカを中心とした資本主義国における教育政策理論として成立したものである。それは、経済成長を最適化させるための人材配置論が、あくまでも資本主義的な経済構造や教育構造を前提として形成されたものであることをいう。したがって、単純には社会主義国・中国がこの理論を導入することは、その資本主義的な経済構造や教育構造の相違から矛盾する現象として映ることとなる。例えば、教育投資の収益率の考え方は、一般的には個人的収益率と社会的収益率の二種類がある。一般の教育投資論のセオリーはこの二種類の収益率の存在を認め、それぞれの収益率の分析から両者の相関性を発展的に計測することを骨子としている。しかし、中国の場合、第一に「個人的収益率」の考え方はこれまで存在しなかった。それは個人的投資としての教育投資が制度的に存在しなかったということと、教育投資による収益はすべて国家全体の利益に集約されるという社会主義的教育理念による。また、社会的収益率に関してもどちらかといえば経済的収益よりも非経済的収益が重視されてきた歴史性がある。それは、単純には教育の国家的機能を経済的利益よりも権力維持のための政治的利益の面で重視してきたことをいう。そのように考えれば、中国の教育経済学あるいは教育投資論は、経済政策に連動した教育改革の展開のため、即時的な技術的・政策的価値から無批判的に資本主義的教育理論としての教育経済学・教育投資論を導入した形跡があり、その分いくつかの学問形成上の課題を残すこととなった。

その学問的課題とは、一つには発展途上国に共通にみられることだが、経済的成長の土台が不十分な段階で無原則で過剰な公教育投資を誘発してしまい、国家経済のバランスを壊してしまうという点で、自国の経済構造の特質と成長予測を詳細に分析し、教育投資の量・範囲・速度の調整を行うということがあげられる。また、これは中国に固有な問題として、社会主義的な教育理念がいきなりの資本主義的教育政策理論の導入により、その教育規範としての社会的価値を形骸化させてしまうという点。そこに、一定の修正された新しい社会主義的教育理念の形成が必要とされる。そして、これが最も課題解決的要素を強くもつ問題となるが、いわゆるこれまで経験しなかった資本主義的教育病理問題に対して、その政策的解決のための方法をたてるということがあげられる。しかし、その政策的解決は、単に対処療法的な問題解決的探究（problem solving）であってはならず、学問分野的解決（discriprinary inquiry）の考察枠組みに展開するものでなくてはならない。

㈡　中国における教育の市場化論

先に述べた中国の教育学の学問的課題として、近年「教育の市場化」がある。この「教育の市場化」は、教育に現れた市場経済の現象であり、具体的には大学生のリクルートにおける人的市場化や私立学校の出現による学校市場化等をいう。この場合、教育の市場化は、「民間の教育資源を掘り起こし、発揮し、政府の教育財政の重責をなくす」[34]という国家政策上の価値よりも、教育における競争主義の導入による教育の質の向上という教育的価値が前面にアピールされ、世論的な理解を誘導しがちである。しかし、社会主義国・中国の場合、それは教育世界の現象すなわち教育の中の経済現象であるとともに、教育の外の社会現象が教育自体を本質的に変容させるという要素をもち、単なる教育改革世界に止まる問題ではない。これまでの伝統的な中国の教育は、先にも述べたように国家を唯一の投資主体として、その投資の便益は独占的に国家にのみ帰属するという形態をとってきたため、「商品としての学校」や「商品としての人材」さらには「消費者としての親」[35]は存在しなかった。そのため、教育と市場が連動の過程でもつれ込み生じた未経験な現象、その複雑さはどんな教育科学の理論的枠組みでも説明できないという困難を抱えている。それは、例えば中国の公教育の理論において、私立学校をどう位置づけるかに関して「理論の不足がある」[36]ことも影響している。

これまで、教育と市場の関係の論は、大きく二つに分かれていた。一つは教育は商品ではなく、教育の市場化は伝統的な社会主義教育の理念に反するという教育保守論であり、もう一つは教育が経済に優先されるというのは幻想であり、すべては経済成長を優先させるべきであるという教育改革論である。しかし、現実に経済の市場化に応じて教育の市場化の政策と現象が拡大するとともに、前者・教育保守論は消滅し、後者・教育改革論が主流となってきた。それは、「教育における市場化」の実際の現象が理論による考察よりもはるかに急速に進行したという事実と、「教育におけるイデオロギーにも経済の思考が影響を与えた」[37]ためと考えられる。実際、「これまでの政府主導の教育経営の消極性・不活発性を批判し、市場経済理論の導入を肯定する」[38]論調も多い。この場合、教育改革論にみられる教育の市場化論の特徴は、単に眼前に展開される市場化現象に影響され、「我が国の改革の大潮と不可逆性を知らなければならない」[39]という現状追認論が多いという点にあるが、より積極的に教育における市場と国家の関係を規定する理論の構築をめざす新しい教育理論の展開にある。それは、第一に教育の市場に対する国家のコントロールを計画性と指導性の統一に求めることをいう。それは、中国の経済学者がいうように、中国の経済市場が完全に国家から解放された市場ではなく、社会主義初級段階の暫定的な形態として計画的な商品経済を意味するもので、教育の市場も同様に国家のマクロな計画指導の及ぶ「計画的市場」であるとなる。それは、市場化は国家による経済の計画管理から国家によらない自由な市場へシフトすることにより、経済の発展法則を開放することを意味しているが、社会主義的イデオロギーを尊重する中国の場合、教育をあくまでも国家との関係で規定する思想的こだわりを否定できない。

第二に、教育の最終的な便益性は国家に帰属する社会的収益率において評価されるという考えがある。それは、例えば社会主義的教育市場はあくまで社会主義的生産資料の公有性を基礎としており、大学生の人的市場も実際には学校と採用単位双方の根本的利益は一致するという社会主義的な公共財観念にもとづく。この場合、重要なことは、教育財の性質をいかに解釈するかである。王玉崑は、教育と経済の関係を規定する理論の構築の前提として、教育産品の社会的性質の吟味を強調する。それは、教育産品が購買により個人所有され、市場を通して配分される「私人産品」とみるか。個人的に独占されない利益であり、同時に社会公共に享有される利益として政治過程を経て公共的に配分される「公共産品」とみるかというわゆる教育の「財」としての分析[40]をいう。彼は、この両者のちがいを教育としての財が消費及び利益享有上において排他性をもつかどうかという点に求めているが、より重要な指摘といえるのは、第三の教育の財の存在として、「準公共産品としての教育財」[41]を構想している点にある。この場合、教育投資の便益において、義務教育は「公共産品」であるが、非義務教育は第三の財としての「準公共産品」と考える。それは、「準公共産品」は消費上は排他性をもつが、外在利益としては社会共同の享受する公共利益性を最終的にもつという主張である。それは、結局のところ教育財が個人的便益に内包されず、社会的便益に結果する意味で、社会主義的な全体利益性をイメージする社会主義的な教育投資論としての特徴をもつ。この社会主義的な教育投資論は、同時に単に教育経済学的ではなく、その本質的思想の部分で、「個人の発展のニーズは社会の発展のニーズに適合するという社会本位主義的な人間形成観[42]」をもつ。

ところが、一方でこうした準公共財としての見方に反対の論もある。それは、教育を準公共財と置くと、「その中間性ゆえに完全市場化と完全非市場化のどちらにもなれない[43]」という主張である。この場合、その論は教育費の私費負担という社会主義国における矛盾に対して、公有権と公共財政負担の分離をその解消の方法と唱えている。それは、教育に関して公共財という見方とその公共財政保障の関係をストレートにとらないという点で、新しい教育の公共財政の概念の形成を予感させる。しかし、いかに新しい公共財理論が形成されたとしても、現実政策上国家財政抑制のための市場化政策は進行している。その背景には、市場経済の開放により個人所得が増大し、「国民収入の分配が個人に傾斜している[44]」にもかかわらず、「人々の教育公共支出は中発展国家の四分の一[45]」であるという事実がある。この事実は、一般的な教育投資論の範疇でいえば、投資主体と収益主体が同一ではないという不合理、すなわち、国家という投資主体が収益主体である人民の投資負担を抱え込むという国家側の投資便益性の不合理を意味する。確かに、投資と収益に関して順機能が正常に働いてはいない。

また、現状において教育費が「準公共財」としての位置をぎりぎり保っているとはいえ、今後「私有財」としての進行が予想される。それは、中国人民の生活意識の次元において個人としての教育投資が意識においても実態においてもすでに進行しているからである。例えば、近年の人民に対する教育調査[46]において、その傾向は生じている。そこには、すでに教育投資が家庭経済に意識と実際において浸透し、教育費に対する意識が消費感覚でとらえられ、ある種の教育における階層消費化が予想される。教育社会における不平等な階層化、それは資本主義的な教育病理の根源として説明されるものであったが、それがこれからの中国の教育病理として同様に説明されるものとなる。

第三に、教育における市場と国家の関係を説明する理論として、資本主義的理論導入の正当化がある。これは、例えば、従来資本主義教育の問題性を指摘し、同時に社会主義教育の優位性を論証するものであったいくつかの（資本主義的な）教育病理現象を、正当化する教育理論の出現をいう。具体的には、教育における競争の理論や教育の経済的不平等についてである。例えば、教育における競争は、従来、階級格差による社会的格差の再生産であるとして資本主義的教育制度を糾弾する根拠となるものであった。しかし、この教育における競争について、それが「市場の本質は競争である」[47]ことから必然的に受容されるものであるとか、「競争は社会発展の一種の動力であり、普遍的な『社会現象』である」[48]とか、いわゆる市場化における基本原理をそのまま教育理論にあてはめる教育理論の出現がある。それは、また教育理論に止まらず学校の教育内容・教育実践においても「市場経済に相関をもつ競争意識を積極作用を掘り起こす新しい観念として引き受けなければならない」[49]という教育指導理論に発展している。こうした正当化論は、実際中国人民の生活意識の中にすでにリアルな競争意識が醸成されていることから、社会理論として一定の承認を受ける。また、教育の経済的不平等についても、例えば学校賛助金による「裏口入学」に関して、それを「重点小・中学校が家庭教育投資を受けることにより、その分国家の財政負担が抑制され、同時に貧困地区への財政補助が可能となる」[50]という論である。これは、一見極論的にみえるが、いわゆる鄧小平の主張した「先富論」の論理（まず先に金持ちをつくり貧乏人を引き上げていく）のあてはめであり、その意味では教育「先富論」としての正当性をもつと考えられる。

しかし、それは一方で社会主義国・中国がこれまで経験しなかった新しい（資本主義国的）教育病理現象を起こしている。経済的格差や受験能力格差による教育の平等主義の形骸化である。例えば、一部の私立学校は「高収費民営学校」と呼ばれ、「企業の管理職や個人経営者の子弟が主に入学し、一括して入学時に十万元から三十二万元を納入する」特殊な私立学校で「貴族学校」と呼ばれている。こうした「貴族学校」については、それが「政府の財政投入の不足をカバーし、異なる社会階層のニーズを満足させる」という正当化論があるが、その運営の内実においては例えば会計管理面で理事会主導で管理され、その使途が不明瞭であったり、その歳入費を営利目的に使用するなど、多くの問題を含んでいる。しかし、現状では中国政府の対応は従来の方針「積極鼓励・大力支持・正確指導・加強管理」の「十六文字方針」を唱えるに止まり、積極的な管理政策（例えば国内でその立法化が期待されている「私立学校法」の制定）には至っていない。また、他に近年国公立学校の民営化が浮上している。この民営化は「学校の所有権と経営管理権をともに学校の設置者としての『民』に帰属させる」というもので、国家の教育経費不足の解消策として期待されている。しかし、この政策化に対しては教育があくまで社会サービスであり、その部分は国家が責任を負うべきという国家の公教育運営責任を問う主張や、それが就近入学の平等主義を破壊し「受験競争」の風潮を生むという批判がある。

以上、近年の教育の市場化論は大方において経済の市場化論を踏襲するものであり、その意味では教育と国家の新しい関係理論を構築するという点において、理論形成上の問題を多くもつことがわかる。この点、先進国で進行している教育の市場化論との異同を踏まえて、比較論的な考察が必要であろう。

現代中国の教育財政政策の実態や展開そしてそれに関わる教育理論の変容を分析の対象として、いわゆる社会主義国における教育投資の技術と政策の導入の特質を考察した。まず、教育財政政策の実態に関しては、教育投資の中心となる人的投資の思考の政策化により、積極的な教育財政投資の努力の傾向をみた。しかし、現実の教育財政の実態はその努力に反して従来の国家財政負担主義の固定的システムの下では維持できず、教育費集積のシステムの再編を余儀なくされる傾向をみた。しかし、教育費集積のシステムの再編は、単に技術的システムの再編に止まらず、そこに社会主義的教育制度の理念の修正をせまる大きな問題性をみた。それは、例えば「受益者負担」の政策化による公費原則の修正である。

さらに、教育費集積のシステムの再編は従来の社会主義的教育財政の原則を修正させるに止まらず、社会主義的教育思想それ自体のパラダイムの転換を促した。それは、大きくは教育投資論の受容と教育の市場化論の成立である。この場合、しかし、両者により形成される現代の教育理論は、どちらかと言えば目前の教育改革の進行に圧倒され、教育改革それ自体を相対化する教育科学としての構築に関していくつかの問題をもつことがわかった。近年、中国政府は教育財政政策の進行のため「教育経費法」（原案作成段階では「教育投資法」と呼称された）の立法化作業を進めている。この「教育経費法」の立法目的は「教育経費の安定財源の維持と教育経費の破壊行為の取締り」[54]にあるといわれている。しかし、現在の中国の教育財政の問題は、そうした法による社会的規制や強制により解消される次元のものではなく、教育制度の理念や教育思想の本質を構造的に転換するという次元のものである。実際、教育費集積のシステムの改変は、国家負担主義から設置者負担主義あるいは受益者負担主義へ教育費負担を転嫁する財政政策の技術的変更であったが、それ自体地域の財力格差や家庭の所得格差による教育の不平等化を生じさせ、国家による教育の機会均等主義の絶対保障という社会主義的な教育政策理念を形骸化させた。その意味では、中国は今後教育改革と経済改革の関係において、「精神文明建設と経済建設の関係の調和的調整は果して可能か」[55]という命題を永遠の課題とすることとなろう。

注

（1）「中華人民共和国教育法」の詳細については以下の論文を参照されたい。
篠原清昭「中華人民共和国教育法の法理論」『教育学部紀要（教育学部門）』第四四集、九州大学教育学部、一九九八年。
篠原清昭「中華人民共和国教育法の立法過程——立法者意思の分析を通して——」『教育経営　教育行政学研究紀要』第三号、九

州大学教育学部教育経営教育行政学研究室、一九九六年、九九〜一〇七頁。

篠原清昭「中華人民共和国教育法の訳と解説（前編）」『季刊教育法』一〇六号、エイデル研究所、一九九六年、一〇八〜一一五頁。

篠原清昭「中華人民共和国教育法の訳と解説（後編）」『季刊教育法』一〇八号、エイデル研究所、一九九七年、六九〜七三頁。

（2）この場合、中国側のGNP値の計算値には一部誤差がある。例えば、一九八五年以前の数値については、中国国家自体がGNP値を「社会総生産値」を尺度として計算しており、その「社会総生産値」はいわゆる物質総生産部門の総和を対象とすることから、重複計算の可能性がある。しかし、ここではいずれの資料においても一九八五年のGNP値に関しては正確な計算の値がみつからないことから、そのまま「社会総生産値」を採用した。

（3）仮に、GNP値の四パーセントを試算すると、一九九六年の時点でのGNP値の換算で約五万七千七百三十三億元×四パーセントで二千三百億元となる。この値は同年の中国政府財政支出費全体六千八百九億元の約三四パーセントにあたり、四パーセントがいかに非現実的な目標かがわかる。

（4）この場合の国際比較の基準数値に関して、「予算内教育経費」に「予算外教育経費」を加えた額を基準とするべきという主張がある。しかし、中国の場合それを加えた試算額でもどの年度も四パーセントに達しない（何作府・茆俊強「我国教育経費是否超過同等経済発展程度国家的平均水平」『紅旗』、一九八八年、一四頁）。

（5）例えば、一九九一年から一九九四年の四年間で物価上昇率は昨年比で、六・四パーセント、一四・七パーセント、二一・七パーセント増となっている。したがって、四年間の差では四二・八パーセントとなる（周満生「教育投資和教育発展戦略」『教育与経済』、一九九六年、一二頁）。

（6）斌修文「掃求離脱教育経費短欠困境的現実出路」『経済参考』、一九八八年、一二一頁。

（7）小宮隆太郎『現代中国経済』東京大学出版会、一九九〇年、一五四頁。

（8）中国経済体制改革研究所編『中国の経済改革』（石川賢作訳）、東洋経済新報社、一九八八年、一七一頁。

（9）市川昭午『教育行政の理論と構造』教育開発研究所、一九九〇年、三二九頁。

（10）ここでいう「勤工倹学」収入とは、「各層各種の学校が運営する工場・農場における生産労働の経済収益」（王輝員主編『実用教育大詞典』北京師範大学出版社、一九九五年、三四九頁）をいう。この場合、その収益の使用は学校教育の事業経費と学校の教職員集団の福利厚生や奨励金に限られている。

（11）以下の論文が詳しい。

苑後傑「中国高等教育における私的セクターの拡大」『放送大学開発センター研究紀要』第一三号、一九九六年、一〇五〜一一二頁。

(12) 同論文、一〇九頁。
(13) 鼓広栄「広西民営中小学校現状調査研究報告」『基礎教育研究』、一九九六年、二四頁。
(14) 顧美玲「私立学校与市場経済」『四川師範大学学報（社会科学版）』、一九九四年、一五頁。
(15) 江波「教育基金与其運作管理初探」『教育与経済』、一九九六年、二五頁。
(16) この「選校生」の社会現象に対して、「社会主義的教育の原則は、当然に教育の公共性（質）にあり、逆に（教育の）営利性は当然に否定されるべき」（括弧内筆者記入。何東昌「遵循如何原則解決教育経費短欠」『中国教育報』、一九九六・一〇・二四）という批判が多い。しかし、一方でこの現象に対して政府の教育財源不足の事情と、逆に近年の人民の高学歴志向や受験熱による教育ニーズを吸収すべきとして、むしろ制度化すべきという論もある。
(17) 教育投資の内部比については、一九九四年の調査では一：一・七三：一七・九三となっている（周満生、前掲論文、一四頁）。
(18) 苑後傑、前掲論文、一一〇頁。
(19) 魏后凱・楊大利「地方分権与地区教育差異」『中国社会科学』、一九九七年、九八頁。
(20) この点、地方教育財政の次元において大きな東西格差がある。例えば、一九九三年の時点で義務教育段階の生徒一人当たりの教育事業費支出は、北京市六二八・六八元、上海市七〇四・七七元であるのに対して、西部・内陸部の宇夏は二〇五・六五元、蘭州一二九・五六元となっており、大きな地域格差がある（周満生、前掲論文、一五頁）。
(21) 袁連生「論我国教育経費的欠乏」『教育研究』、一九八八年、二四頁。
(22) 斌清華・熊其容「基礎教育乱収費問題及対策」『現代中小学教育』、一九九七年、六頁。
(23) 張鉄明「大都市教育体制変革的現実操作」『現代教育論集』、一九九五年、三頁。
(24) 詳細は以下の論文を参照されたい。
篠原清昭「社会主義的教育科学のパラダイム転換――現代中国の場合――」『季刊教育法』第一〇〇号、エイデル研究所、一九九五年、一一六～一二四頁。

篠原清昭「現代中国の教育科学論争――『文化大革命』以降の『教育本質論争』を中心として――」『岐阜教育大学紀要』第二七集、一九九四年、一九九～二二四頁。
(25) 于光遠「重視培養人的研究」『光明日報』、一一・二三。
(26) 成有信「論現代教育与科学技術是第一生産力」『教育研究』、一九九二年、一一頁。
(27) 伝維利・楊民「正確理解馬克思的『教育同生産労働相結合』的具体措置」『東北師範大学学報・教育版』、一九八六年、九二頁。
(28) 周志超・銭超「教育与生産労働相結合新論」『江蘇教育研究』、一九九二年、一三頁
(29) 矢吹晋『中国解放のブレーン・トラスト』蒼蒼社、一九八七年、五九頁。

(30) 万以宇「十年来我国教育経済学研究的回顧与展望」『教育研究』、一九八八年、二三～二九頁。
(31) 万以宇、同論文、二三頁。
(32) 李建府「論教育的生産性是財富之源」『教育経済学論集』北京師範大学出版社、一九八六年、六六頁。
(33) 黄静波「論智力投資的基本特征」『経済科学』、一九八三年、三頁。
(34) 鼓広栄、前掲論文、二六頁。
(35) 近年、「人民の教育負担は、個人所得の上昇に適合していない」(袁連生、前掲論文、二四頁)というラジカルな「受益者負担」論が多くある。実際、国民収入値に占める人民所得は、一九七八年に四九・四パーセントであったものが、一九八五年に六二・二パーセントに上昇している。しかし、消費支出に占める教育費支出は一九八六年の時点で都市居住者の場合、一・一パーセントと低い(なお、農民は約二パーセント)。この点、教育費の負担システムが国民収入の分配システムに適合していないという指摘は、教育経済学的には妥当する。
(36)「探討民営学校発展対策・深化教育体制改革──全国民営学校専題学術研究討会総論述」『教育研究与実験』、一九九五年、四〇頁。
(37) 斌黎明「関嚣建立教育市場的志向」『教育科学』、一九八九年、六頁。
(38) 同論文、七頁。
(39) 郭恒泰「試論適応商品経済発展的教育改革」『教育理論与実践』、一九八九年、一二頁。
(40) 王玉崑「市場経済与教育資源配置」『中小学管理』、一九九七年、一五頁。
(41) 同様な指摘として、江波は「利益上において独占性があり、消費上において排他性をもつ産品はすべて市場化されるべきである」(江波「経済市場化形成下教育運作体制的選択」『教育専刊』、一九九六年、一二頁)という。この場合も、教育産品は公共産品・準公共産品・私人産品のカテゴリーから分類され、公共産品から準公共産品への移行があるという。
(42) 唐安国「教育在市場経済面前不能免俗」『探索与争鳴』、一九九七年、一一頁。

「質量が普通で費用が低い甲校と，質量が高く費用が高い乙校では，どちらに自分の子どもを進学させたいですか。」(対象は保護者)

甲　校	できれば甲校	わからない	できれば乙校	乙　校
5.4%	9.4	6.0	18.9	60.1

施鉄如「学校教育経済与家庭教育質量」『広東教育学院学報』社科版，1989年，84頁。

「あなたの現在の悩みは何ですか。」(対象は中学生)

学　業	消　費	家　事	愛　情	その他
60.27%	19.86	4.45	3.76	11.66

西嵐関宇工委教組「大連市西嵐区中学生思想状況調査」『青年研究』，1996年，12頁。

(43) 江波、前掲論文、一四頁。
(44) 胡昡「教育投資最終実現程序是制約家庭教育投資水平的首要因素」『教育研究』、一九九六年、一五頁。
(45) 干佩学「試論我国教育投資的法律調整」『社会科学戦線』、一九九六年、五一頁。
(46) 例えば、近年の中国における社会調査では前頁の表のような傾向がある。
(47) 銭朴「教育競争現象的社会透視」『教育研究』、一九九二年、二〇頁。
(48) 叔才鏕「浅談商品経済条件下的教育競争」『山東師範大学学報（社会科学版）』、一九八九年、四三頁。
(49) 張人烈・揚美「対目前流行的競争観的審視」『上海高等教育研究』、一九九七年、一五頁。
(50) 廖其発「当然中国教育経費的問題与対策」『西南師範大学学報（哲学・社会科学版）』、一九九五年、六九頁。
(51) 朱源量「対高収費民営学校的思考」『探究』、一九九六年、五七頁。
(52) 同論文、五八頁。
(53) 李守福「学校能否『国有民営』吗」『教育研究』、一九九六年、二四頁。
(54) 頼世旭「至論我国教育経費法幾個問題」『教育与経済』、一九九五年、一三頁。
(55) 小島朋之『脱社会主義への中国』芦書房、一九九七年、一六頁。

終章

本研究のまとめ

本研究は、近年（一九九五年）制定された中華人民共和国教育法を対象として、同法の教育法規範としての成立過程、法理論そして法現象を考察した。この場合、本研究により考察した結果は以下のようにまとめることができる。一九〇〇年の清末の時代の教育法規から近年の中華人民共和国教育法の制定までの中国の教育法制の歴史過程には、固有な法ニヒリズムの歴史性と文化性があった。この法ニヒリズムは、国外的には資本主義法の侵略や継受により、国内的には政権交代による法の破壊や法の（支配の）道具化により形成されたものであり、いわゆる資本主義法とは異なる多元的な法構造をもった。そして、それはおよそ近年の中華人民共和国教育法の制定にまで深層の部分で連続しているといえた。例えば、教育法体系における中華人民共和国教育法の法的位置と地位に関して、その教育法体系が未整備であることもさることながら、同法の立法化において立法と政治の二極的政治構造や地方立法が中央立法に先行する二極的行政構造があり、それが同法の多元的法体制的性格をつくったといえた。そのことは、中華人民共和国教育法の法の実現（執行）に際して、例えば「人治国家」的な歴史慣習性や政治性が、「法治国家」的な政策規範としての実効性を抑制・阻害する条件を残した。

しかし、一方同法はその法規範論理において伝統的な社会主義法から近代法もしくは資本主義法への転換を予定していた。この場合、その法規範論理の転換は中国国家の教育理論や（一般）法理論と深い関係性をもった。その関係性とは、教育理論は中華人民共和国教育法の対象とする教育的価値の理論であり、法理論は中華人民共和国教育法の法としての形式と国家規範性をもつという意味である。この場合、教育理論と法理論がともに伝統的な社会主義理論から資本主義理論へ接近しようとしていることは、同法の法規範論理の基礎理論に何らかの影響を与えたといえる。例えば、教育理論の転換は伝統的な社会主義理論である史的唯物論的な社会構造論上の「上部構造」説から、「教育の生産力」説を通して教育投資論に代表される資本主義的教育理論へ展開していた。また、法理論も同様に「上部構造」説もしくは階級性説から、法のプラグマティズムを追求する社会性説へ展開していた。したがって、新しい教育法理論を構成する中華人民共和国教育法も、その法規範論理の形成において両者の理論の展開を含むと考えられ、より近代法及び資本主義教育法に接近した教育法規範性をもった。

ここで重要なことは、成立過程を通してみた中華人民共和国教育法の特性には、急進的な資本主義法への法規範論理のパラダイム転換の先進性と歴史的な法ニヒリズムや現在的な法多元性による後退性が二元的に存在するという点である。この特性は、同法の国家的及び社会的な存在性をある意味で大きく規定するといえた。

つぎに同法の法規範論理を、①教育目的の法理論、②教育制度の法理論、③学校の法理論、④児童生徒の受教育権の法理論を中心に考察した。全体を通じて、その法規範論理には伝統的な社会主義理論から資本主義理論への接近を意味する新しい国家理論の形成があった。しかし、同時に旧来の社会主義理論への固執（こだわり）がその新しい国家理論の形成を阻害する矛盾関係が存在することが明らかとなった。

まず、①教育目的の法理論については、そこにマルクス・レーニン主義や毛沢東主義にもとづく人民形成論による伝統的な国家教育思想の継承の部分と、『決定』や『綱要』により経済改革志向にもとづく人的投資論による急進的な国家教育思想の発展の部分の両面をみた。この両者の教育思想はナショナルな国家法規範の次元ではその抽象性のために形式論理的には整合性をもつが、教育社会に存在させる人民の国家社会的位置づけという存在規定論の次元では不整合性をもつ可能性があるといえた。つぎに、そうした教育目的及び教育思想を現実の国家の作用として具現化、組織化する仕組みとしての、②教育制度の法理論があった。中国の場合、義務教育の法制化がようやく一九八六年の「中華人民共和国義務教育法」の制定により実施されたように、教育の（法）制度化は遅れた。この遅れた理由には歴史的に「二つの教育制度」があったように、教育制度を人民の政治的教化システムとする階級論的制度観があったといえた。一方、学校体系の整備、義務教育の制度化等にみられる同法の法制化の意図には、経済発展に連動する人材養成制度としての経済論的制度観があった。中華人民共和国教育法にある教育の法制化の理論には、この二つの制度観の葛藤があった。

また、③学校の法理論については、伝統的な学校の「国家所有制」の転換の理論があった。この転換の理論は、実際には学校設置の自由化と学校の法人化にその特徴がみられた。学校設置の自由化は、端的にはいわゆる「私立学校の承認」を意味し、学校の法人化は学校の相対的独立性を承認するものであり、そこに伝統的な社会主義的教育制度原理である学校の「国家所有制」の解体がみられた。そして、それが単なる解体ではなく先進国に共通する近年の新自由主義的教育改革の共通な方法理論への接近がみられた。最後に、④児童・生徒の受教育権の法理論については、そこに新たな子どもの学習権保障の法理論をみた。これまで中国の教育法においては伝統的な階級論的法道具論により、子どもの学習権の法理論は完全ではなく、わずかな学習権の存在は国家に対する「義務」を前提とする制限された権利論に矮小化されていた。その意味では、中華人民共和国教育法に規定された子どもの学習権保障は、全体に近代法にいう「人権」への接近がある一方で、伝統的な社会主義法固有な国家の統治レジームによる制限をもった。

以上、中華人民共和国教育法の法理論には、全体に資本主義法への接近がある一方で、伝統的な社会主義法の制限を内包しており、そこに法の本質次元での葛藤をもったといえる。

中華人民共和国教育法が、資本主義法への接近と社会主義法への固執という葛藤的な法本質性を残したまま成立したこと。そして、教育目的や教育制度等の教育の法規範化においてもその葛藤を法理論的に内包していることが明らかにされた。しかし、同法のそうした法としての本質的及び理論的葛藤は、同法が具現化される教育社会の法現象によりリアルに現れるといえた。そうした意味から、①教育の機会均等の法現象、②学校管理の法現象、③教員政策の法現象、④教育投資の法現象の側面に焦点をあて、法の動態分析の視点から考察した。

まず、中華人民共和国教育法の法命題の一つとしての「教育の機会均等主義」に関して、「教育における平等」の法原理と「教育における自由」の法原理が教育社会における現実との間で葛藤的な現象を生じさせていることが明らかとされた。例えば、前者の「教育における平等」は、それが伝統的な社会主義的原理に近いものであり、中国における「教育の機会均等主義」がそれを本質命題とするとしても、実際には義務教育段階の学齢児童・生徒の就学に関して地域格差が依然として存在し、その分形而上学性をもつことが指摘できる。さらに、新しく導入された後者の「教育における自由」の法原理が、社会現象の次元では前者の「教育における平等」を逆に侵害している構造が明らかとなった。それは、例えば人材選抜システムとしての学校体系の法整備と競争主義の導入、学校設置の自由化（私立学校の国家的承認と推奨）、生徒募集・人材雇用等における教育の市場化をセットした中華人民共和国教育法の「教育における自由」の法命題が、教育社会の実態次元では教育を受ける権利に関して地域格差・経済格差あるいは男女格差による新たな教育における不平等を拡大再生産している法現象を意味する。

しかし、一方中華人民共和国教育法にある資本主義法への接近は、組織としての学校の管理運営や教育の条件整備（例えば教員政策）の次元で、資本主義国における合理化論にもとづく効率的な方法論の導入を意図しており、それが一定の実績をあげていることも事実であった。例えば、近年の「校長責任制」の導入は学校の組織管理に関して経営合理化を少なからず達成した。また、「中華人民共和国教師法」による教師管理システムの法整備等は、中国の教育問題の中心であった教師問題の解決に一定の法効果をあげた。そこには、中華人民共和国教育法が意図した「法治国家」化と「以法治教」（教育行政の法律主義）の導入の一定の成果が法現象としてあった。

だが、教育投資の法現象の面ではやはり中華人民共和国教育法の教育改革法としての具現化に関して問題が指摘できた。それは、国家の教育財政費削減のため地方人民政府や学校そして保護者への教育費負担の転嫁を意図した「教育の自由化」の方法論が、経済発展水準・教育水準において発展途上国レベルである中国にとっては、時期尚早であることを意味した。それは、単純には国の経済力の限界によるが、それのみならず中国の社会構造や人民の意識の次元で、例えば「教育の市場化」を可能とする初期条件（「商品としての教育」の普及、個人的教育投資意識の蔓延、学歴と所得の正の相関等）が整っていないという経済的な「葛藤」を原因とした。

いずれにしても、法現象の側面においては、中華人民共和国教育法は資本主義的合理化論の導入という部分（学校管理や教員政策の側面）については一部法規範効果を示したが、成立過程や法理論に通じてみられた中華人民共和国教育法の法規範特性や法規範理論の法思想的葛藤の部分は、最終的にはその法が具現化の対象とする教育社会のさまざまな現象場面に実際的（経済格差を中心として）葛藤を法現象として生じさせたと結論できる。

以上、中華人民共和国教育法の法理論と法構造の特性を明らかにした。

しかし、今後の継続的な研究の課題としていくつかの点が残った。例えば、本研究の方法論に関して、法解釈学的方法に対して並行に設定した法社会学的方法の導入が完全ではなかった。それは、換言すれば中華人民共和国教育法の法現象の実証分析が不十分であることを意味する。例えば、教師、保護者の中華人民共和国教育法に対する法意識や、同法に規定したいくつかの教育法規範に対する意識の動態的な傾向と構造を探る必要があった。あるいは、ナショナルな政策次元の実態からさらに深く地域（都市や農村）における中華人民共和国教育法の具現化のレベルの法実態を探る必要があった。こうした法現象の実証把握の累積により中華人民共和国教育法の動態分析が深まると考える。近年（一九九五年）制定された中華人民共和国教育法が教育社会においてリアルにその法現象を表す時期を待って、今後の研究課題としたい。

資料　教育関連法規

〔一　覧〕

中華人民共和国教育法（一九九五・三・一八）

中国教育改革和発展綱要（一九九三・二・一三）

中華人民共和国義務教育法（一九八六・四・一二）

中華人民共和国義務教育法実施細則（一九九二・三・一四）

中華人民共和国教師法（一九九三・一〇・三〇）

中華人民共和国高等教育法（一九九八・八・二九）

中華人民共和国学位条例（一九八〇・二・一二）

民営高等学校設置暫行規定（一九九三・八・一七）

教育督導暫行規定（一九九一・四・二六）

中華人民共和国教育法

（一九九五・三・一八　第八全人大第三次会議）

第一章　総　則

第一条　教育事業を発展させ、全民族の素質を高め、社会主義の物質文明と精神文明の建設を促進するため、憲法にもとづき本法を制定する。

第二条　中華人民共和国国内の各級各種の教育に本法を適用する。

第三条　国家は、マルクス・レーニン主義、毛沢東思想を堅持し、中国の特色ある社会主義理論を建設することを指導し、憲法が確定した基本原則に従い[1]、社会主義の教育事業を発展させる。

第四条　教育は社会主義現代化の建設の基礎であり、国家は教育事業の優先的な発展を保障する。全社会は教育事業の発展に関心をもち、支持しなければならない。全社会は教師を尊重しなければならない。

第五条　教育は必ず社会主義現代化の建設のために努め、生産労働と相結合し、智・徳・体等の全面的に発達した社会主義事業の建設者と後継者を養成しなければならない[2]。

第六条　国家は、教育を受ける者の中に愛国主義、集団主義、社会主義の教育を進行させ、理想、道徳、紀律、法制、国防と民族団結の教育を進行させる。

第七条　教育は、中華民族の優秀な歴史・文化・伝統を継承し、高揚し、人類文明の一切の優秀な成果を吸収しなければならない[3]。

第八条　教育活動は、必ず国家と社会の公共の利益と符合すべきである。国家は、教育と宗教の相分離を実行する。いかなる組織や個人も宗教を利用して、国家の教育制度を妨害する活動をしてはならない。

第九条　中華人民共和国の公民は、教育を受ける権利と義務をもつ。(4) 公民は、民族・種族・性別・職業・財産状況・宗教信仰等の違いにかかわらず法にもとづき平等に教育を受ける機会を享有する。

第一〇条　国家は、各少数民族の特徴と必要にもとづき、各少数民族地区の発展を帮助する。国家は、辺境の貧困地区の教育事業の発展を扶助する。国家は、障害者の教育事業を扶助し、発展させる。(5)

第一一条　国家は、社会主義市場経済の発展と社会進歩の必要に応じて、教育改革を推進し、各級各種の教育の協調と発展を促進し、生涯教育体系を建立、完備する。

国家は、教育科学研究を支持、鼓舞、組織し、教育科学研究の成果を普及させ、教育の質量の向上を促進する。

第一二条　漢語言語文字を、学校及びその他の教育機関の基本的な教学上の言語文字とする。少数民族の学生を主とする学校その他の教育機関は、自らの民族あるいは当地の民族に通用する言語文字を使用して、教学を進行できる。学校及びその他の教育機関は教学を進行するには、全国に通用する標準語と標準文字の使用を普及させなければならない。

第一三条　国家は、教育事業の発展に突出した貢献をした組織と個人に奨励を与える。(6)

第一四条　国務院と地方の各段階の人民政府は、段階管理と責任分担の原則にもとづいて教育活動を指導し、管理する。国務院の指導下にある中等及び中等以下の教育は、地方人民政府により管理される。高等教育は、国務院及び省・自治区・直轄市の人民政府により管理される。

第一五条　国務院の教育行政部門は、全国の教育活動を主管し、全国の教育事業を統一的に計画し、協調的に管理する。県段階以上の地方の各段階の人民政府の教育行政部門は、管轄する行政区域内の教育活動を主管する。県段階以上の各段階の人民政府その他の関係部門は、各自の職責の範囲内で関係する教育活動に責任をもつ。

第一六条 国務院と県段階以上の地方の人民政府は、その段階の人民代表大会あるいはその常務委員会に対して、教育活動や教育経費予算・決算の状況を報告し、その監督を受けなければならない。

第二章　教育基本制度

第一七条 国家は、就学前教育、(7)初等教育、中等教育、高等教育の学校教育制度を建立する。国家は、科学的な学制系統を実行する。学制系統内の学校その他の教育機関の設置、教育形式、修業年限、募集対象、養成目標等は、国務院あるいは国務院により権限を委譲された教育行政部門が規定する。

第一八条 国家は、九年制義務教育制度を実行する。(8)各段階の人民政府は、適齢の児童・少年の就学に対して各種の措置を保障する。適齢の児童・少年の父母あるいはその他の保護者及び関係する社会組織や個人は、適齢の児童・少年に規定された年限の義務教育を受けさせ、完成させる義務を有する。

第一九条 国家は、職業教育制度や成人教育制度を実行する。各段階の人民政府、関係する行政部門及び企業事業の組織は、公民が職業学校教育あるいは各種の形式の職業研修を受けることを措置し、発展させ、保障しなければならない。国家は、多種の形式の成人教育を鼓舞し発展させ、公民に対して適当な形式の政治・経済・文化・科学・技術・業務教育や生涯教育を受けさせる。

第二〇条 国家は、国家教育試験制度を実行する。国家教育試験は、国務院教育行政部門により種類が確定され、かつその教育試験の実施が国家から批准された機関により実施される。

第二一条 国家は、学業証書制度を実行する。国家の批准を経て設立あるいは認可された学校及びその他の教育機関は、国家の関係規定に照らして学歴証書あるいはその他の学業証書を発行する。

第二二条　国家は、学位制度を実行する。(9) 学位授与組織は、法により一定の学術水準あるいは専門の技術水準に達した人員に対して、相応な学位を授与し、学位証書を発行する。

第二三条　各段階の人民政府、基層大衆性をもつ自治組織と企業事業組織は、文盲一掃の教育活動のための各種の措置を採り、展開にあたらなければならない。国家規定に照らして、文盲一掃の教育能力をもつ公民は、文盲一掃の教育にあたらなければならない。

第二四条　国家は、教育監督制度(10)と学校及びその他の教育機関の教育評価制度を実行する。

第三章　学校及びその他の教育機関

第二五条　国家は、教育発展計画を制定し、学校及びその他の教育機関を設置する。国家は、企業事業組織、社会団体、その他の社会組織及び公民個人に対して、法にもとづき学校及びその他の教育機関を設置することを鼓舞する。いかなる組織や個人も営利を目的として学校及びその他の教育機関を設置することはできない。(11)

第二六条　学校及びその他の教育機関を設立するには、必ず以下の基本条件を備えなければいけない。

(1)　組織機構と規約を備えている。

(2)　合格教師を備えている。

(3)　規定された標準に符合する教学の場所と施設・設備等を備えている。

(4)　必要な学校経営資金と安定的な経費財源を備えている。

第二七条　学校及びその他の教育機関の設立・変更・廃止については、国家の関係規定を照らして審査・批准・登録あるいは報告の手続きを取らなければならない。

第二八条　学校及びその他の教育機関は以下の権利を行使する。

(1) 規約に照らして自主管理をする。
(2) 教育教学活動を組織し、実施する。
(3) 学生あるいはその他の教育を受ける者を募集する。
(4) 教育を受ける者に対して、学籍管理を進行し、奨励あるいは処分を実施する。
(5) 教育を受ける者に対して相応の学業証書を発行する。
(6) 教師及びその他の職員を招聘し、奨励あるいは処分を実施する。
(7) その組織の施設や経費を管理し、使用する。
(8) すべての組織や個人の教育教学活動に対する不法干渉を拒絶する。
(9) 法律、法規に規定するその他の権利。国家は、学校及びその他の教育機関がその合法権益が侵犯されないことを保障する。

第二九条 学校及びその他の教育機関は、以下の義務を履行しなければならない。
(1) 法律、法規を遵守する。
(2) 国家の教育方針を貫徹し、国家の教育教学の標準を執行し、教育教学の質量を保障する。
(3) 教育を受ける者、教師及びその他の職員の合法権益を保護する。
(4) 適当な方式により、教育を受ける者及びその保護者に対して、教育を受ける者の学業成績及び関係の状況の了解について便宜を提供する。
(5) 国家の関係規定に照らして、費用を徴収し、費用項目を公開する。
(6) 法にもとづき監督を受ける。

第三〇条 学校及びその他の教育機関の設置者は、国家の関係規定に照らしてその設置する学校あるいはその他の教育機関の管理体制を確定する。学校及びその他の教育機関の校長あるいは主要な運営責任者は、必ず中華人民共和国の国籍を有し、中国国境内に定住し、かつ国家が規定する公民に与えられた任職条件を備えなければならない。その任免は国家の関係規定により処理される。学校の教学及びその他の管理運営は、校長の責任にもとづく。(12) 学校及びその他の教育機関は、国家の関係規定に照らして、教師を主体とする教職員代表大会等の組織形式を通じて、教職員の民主管理と監督への参加を保障する。

第三一条　法人条件を備える学校及びその他の教育機関は、設立の批准あるいは登記手続きの日より法人資格を取得する。学校及びその他の教育機関は、民事活動中においては法にもとづき民事上の権利を享受し、民事責任を負う。学校及びその他の教育機関の国有資産は国家の所有に属する。学校及びその他の教育機関が設置する学校運営上の産業は独立して民事責任を負う。

第四章　教師とその他の教育活動者(13)

第三二条　教師は、法律に規定する権利を享受し、法律に規定する義務を履行し、人民の教育事業に忠誠を尽くす。

第三三条　国家は、教師の合法権益を保障し、教師の労働条件と生活条件を改善し、教師の社会的地位を高める。教師の給与(14)、報酬、福利待遇は、法律・法規の規定に照らして処理される。

第三四条　国家は、教師資格・職務・招聘制度を実行し、試験・奨励・養成・研修を通じて、教師の素質を高め、教師集団の建設を強化(15)する。

第三五条　学校及びその他の教育機関の管理者は、教育職員制度を実行する。学校及びその他の教育機関の教学補助者と専門技術者は、専門技術職務招聘制度を実行する。

第五章　教育を受ける者

第三六条　教育を受ける者は、入学・進学就職等の方面に関して法にもとづき平等の権利を享受する。学校と関係行政機関は、国家の関係規定に照らして、女子に対して入学・進学・就職・留学派遣等の方面に関して、男子と同様の平等な権利を保障しなければならない。

第三七条　国家・社会は、入学条件が符合するにもかかわらず、家庭経済上困難な児童・少年・青年に対して各種の形式の補助を提供する。

第三八条　国家・社会・学校及びその他の教育機関は、障害者の心身の特性や必要に応じて、教育を実施し、かつ補助や便宜を提供しなければならない。

第三九条　国家・社会・家庭・学校その他の教育機関は、違法な犯罪行為を行った未成年に対して、教育を受ける条件を創らなければならない。

第四〇条　有職者は、法により在職研修と継続教育を受ける権利と義務をもつ。国家機関・企業事業組織とその他の社会組織は、その所属する職員の学習や研修に条件を整え、便宜を与えなければならない。

第四一条　国家は、学校及びその他の教育機関や社会組織が公民に生涯教育を創造する条件を与える措置を採ることを鼓舞する。

第四二条　教育を受ける者は以下の権利を享有する。(16)

(1)　教育教学の計画策定の各種の活動に参加し、教育教学の施設・設備・図書資料を使用する。(17)

(2)　国家の関係規定に照らして、奨学金・貸与金・助成金を獲得する。

(3)　学業成績や品行上において公正な評価を獲得し、規定の学業を完成した後に相応な学業証書、学位証書を獲得する。

(4) 学校より与えられた処分に対して不服の場合には、関係部門に戒告を提出し、その身体権、財産権等の合法権益を侵犯した学校や教師に対して、戒告を提出するかあるいは法にもとづき提訴する。

(5) 法律、法規に規定するその他の権利。

第四三条　教育を受ける者は、以下の義務を履行しなければならない。(18)

(1) 法律・法規を遵守する。

(2) 学生としての行為規範を遵守し、教師を尊敬し、良好な思想品徳と行動習慣を養成する。

(3) 学習に努力し、規定の学習任務を完成する。

(4) 在学する学校あるいはその他の教育機関の管理制度を遵守する。

第四四条　教育・体育・衛生に関する行政部門と学校及びその他の教育機関は、体育・衛生保健の施設を設置し、学生の心身健康を保障しなければならない。

第六章　教育と社会

第四五条　国家機関・軍隊・企業事業組織・社会団体及びその他の教育機関と個人は、法にもとづき児童・少年・青年学生の心身の健康な成長に良好な社会環境を整備しなければならない。

第四六条　国家は、企業事業組織・社会団体及びその他の社会組織が、高等学校・中等職業学校と協力して、教学・科学研究・技術の開発・普及等の方面で、多種の形式の合作を進行することを鼓舞する。企業事業組織・社会団体及びその他の社会組織及び個人は、適当な形式を通じて学校の建設を支持し、学校管理に参与することができる。

第四七条　国家機関・軍隊・企業事業組織及びその他の社会組織は、学校が組織する学生実習や社会実践活動に対して補助や便宜を提供しなければならない。

第四八条　学校及びその他の教育機関は、正常な教育教学活動に影響を与えない前提の下で、所在地の社会公益活動に積極的に参加しなくてはならない。

第四九条　未成年者の父母あるいはその他の保護者は、その未成年の子女あるいは被保護者に対して、教育を受ける必要条件を提供しなければならない。未成年者の父母あるいは保護者は、学校及びその他の教育機関に協力して、その未成年の子女あるいは、その他の被保護者に対する教育を進行しなければならない。学校・教師は、学生の保護者に対して家庭教育の指導を提供できる。

第五〇条　図書館・博物館・科学技術館・文化館・美術館・体育館（場）等の社会公共の文化体育施設及び歴史文化古跡と革命記念館（地）は、教師・学生を優待し、教育を受ける者に対して便宜を図らなければならない。放送局・テレビ局は、教育番組を開設し、教育を受ける者に対して思想品徳・文化と科学技術の素質を高めることを促進しなければならない。

第五一条　国家・社会は、未成年者に対して校外教育の施設を設置し、発展させる。学校及びその他の教育機関は、基層大衆性をもつ自治組織・企業事業組織・社会団体と相互協力して、未成年者の校外教育活動を強化しなければならない。

第五二条　国家は、社会団体・社会文化機関及びその他の社会組織や個人が教育を受ける者に対して、心身健康な社会文化的な教育活動を有益に展開することを鼓舞する。

第七章　教育投入と条件保障

第五三条　国家は、財政費目投資を主とし、その他教育経費に関する多種の方式の徴収方法を従とする体制を建立し、しだいに教育投資を増加させ[19]、国家が設置する学校教育経費の安定財源を保障する。企業事業組織・社会団体及びその他の社会組織や個人が法にもとづき設置した学校及びその他の教育機関については、その学校運営経費は設置者が財政責任を負い、各段階の人民政府は適当な支持を与えることができる。

第五四条　国民総生産値に占める国家財政性をもつ教育経費の支出の比率は、国民経済の発展と財政収入の増長にしたがってしだいに高めなければならない。具体的な比率[20]と実施のてだては国務院の規定による。全国の各段階の財政支出総額中に占める教育経費の比率は、国民経済の発展にしたがってしだいに高めなければならない。

第五五条　各段階の人民政府の教育経費支出は、職権と財政権の相統一の原則に照らして、財政予算中に単独費目[21]として置く。各段階の人民政府の教育財政費の増長は、一般財政収入の増長より高く増長させ、かつ在校学生の人数に応じて平均の教育費用をしだいに増長させ、さらに教師給与や学生一人当たりの公用経費の遂増を保障しなければならない。

第五六条　国務院及び県段階以上の人民政府は、教育特別資金を設立し、辺境貧困地区、少数民族地区における義務教育の実施に重点的に扶助しなければならない。

第五七条　税務機関は、法にもとづき定額どおりに教育費付加金[22]を徴集する。その徴集金は、教育行政部門により統括管理され、主要には義務教育の実施のために使用される。省・自治区・直轄市は国務院の関係規定を根拠として、教育のための地方付加金を徴集して、特定費目の特定運用を行うことを決定できる。農村の郷が統括する教育費付加金は、郷人民政府組織により徴集され、県段階の人民政府の教育行政部門により代理管理されるかあるいは郷人民政府により管理され、当地の郷区域内の郷・村両段階の教育事業に用いられる。農村教育費付加金の郷統括財政中の具体的な比率や管理方法は、省・自治区・直轄市の人民政府の規定による。

第五八条　国家は、正常な教育教学に影響を与えないという前提の下で、学校が勤工倹学と社会服務を展開することや学校経営産業を設置することに関して、優遇措置を採り、鼓舞し扶助する。

第五九条　郷・民族郷・鎮の人民政府は、県段階の人民政府の批准を経て、自発と力量の原則にもとづき当地の行政区域内で学校運営のための財源徴集[23]ができる。その徴集金は義務教育段階の学校の危険施設の改造・改修、校舎の新築に用い、他に流用できない。

第六〇条　国家は、国境内外の社会組織や個人が学校財源の補助をすることを鼓舞する。

第六一条　国家財政上の教育経費、社会組織や個人の教育に対する寄付は、必ず教育のために用い、他に流用したり、上前をはねてはいけない。

第六二条　国家は、金融や信用貸付の手段を通じて、教育事業の発展を支持し、鼓舞する。

第六三条　各段階の人民政府及びその教育行政部門は、学校及びその他の教育機関に対して、教育経費の監督管理を強化し、教育投資の効益を高める。

第六四条　地方の各段階の人民政府及びその関係行政部門は、学校の基本建設を地域建設計画に入れ、学校の基本建設用地及び必要とする物質の計画的な準備をし、国家の関係規定に照らして優先・優遇政策を必ず実行しなければならない。

第六五条　各段階の人民政府は、教科書及び教学用の図書資料の発行や、教学機器・設備の生産や供給、学校の教育教学や科学研究に用いる図書資料・教学機器・設備の輸入に関して、国家の関係規定に照らして優先・優遇政策を実行する。

第六六条　県段階以上の人民政府は、衛星放送教育やその他の現代化された教学手段の発展にあたらなければならない。また、関係の行政部門はその優先計画を立て、扶助しなければならない。国家は、学校及びその他の教育機関が現代化された教学手段の運用を普及させることを鼓舞する。

第八章　教育の対外交流と共同

第六七条　国家は、教育の対外交流と共同の展開を鼓舞する。(24) 教育の対外交流と共同は、自主独立・相互平等・相互尊重の原則を堅持し、中国の法律に違反せず、国家主権、安全と社会公共利益に損害を与えてはならない。

第六八条　中国国境内の公民の留学や海外への研究・学術交流や教師としての赴任については、国家の関係規定に照らして処理される。

第六九条　中国国籍を有しない個人で、国家の規定に符合し、かつ関係手続きにより処理された者は、中国国境内の学校その他の教育機関に学習、研究、学術交流あるいは教授の進行のため進入することができる。その合法権益は国家の保護を受ける。

第七〇条　中国は、国外の教育機関が発行した学位証書、学歴証書及びその他の学業証書の認可に関しては、中華人民共和国が締結あるいは加入する国際条約に照らして処理、あるいは国家の関係規定に照らして処理する。

第九章　法律責任

第七一条　国家の関係規定に違反し、査定された教育経費の予算に応じて支出しない場合、同じ段階の人民政府により査定し、支出することに期限をつけられ、情状が重い場合には、直接責任ある主管の者や直接責任者に対して、法により行政処分を行う。国家の財政制度・財務制度に違反して教育経費を流用したり、上前をはねた者は、上級行政機関により期限を付けてその流用したり、上前をはねた経費の返済が命じられる。このとき、直接責任のある主管の者とその他の直接責任者は法により行政処分を行う。犯罪を構成する場合は、法にもとづき刑事責任を追及する。

第七二条　集団暴行・暴動・反乱により学校その他の教育機関の秩序を乱したり、あるいは校舎、校地その他の財産を破壊した場合、公安機関により治安管理の処罰を与える。犯罪を構成する場合は法により刑事責任を追及する。学校及びその他の教育機関の校舎・校地及びその他の財産を不当に占拠した場合は、法により民事責任を受ける。

第七三条　校舎あるいは教育教学施設が危険な状態であることを明らかに知りながら、措置を採らず結果として人員を死傷させたりあるいは重大な財産の損失をまねいた場合、直接責任のある主管者とその他の直接責任者は、法により刑事責任が追及される。

第七四条　国家の関係規定に違反して、学校あるいはその他の教育機関の費用を収奪した場合、政府によりその費用の返還が命じられる。直接責任ある主管者とその他の直接責任者に対しては、法により行政処分が与えられる。

第七五条　国家の関係規定に違反して、学校あるいはその他の教育機関を設置した場合、教育行政部門により廃止される。違法な所得がある場合、その所得は没収される。直接責任ある主管者とその他の直接責任者に対しては、法により行政処分が与えられる。

第七六条　国家の関係規定に違反して、学生を募集した場合、教育行政部門により募集した学生をもどし、所有した費用の返還が命じられる。直接責任ある主管者とその他の直接責任者に対しては、法により行政処分が与えられる。

第七七条　学生募集の行為において、私利私欲にとらわれ悪事をはたらいた場合には、教育行政部門により募集した学生をもどすことが命令される。直接責任ある主管者とその他の直接責任者に対して、法により行政処分を与える。犯罪を構成する場合、法により刑事責任を追及する。

第七八条　学校及びその他の教育機関が国家の関係規定に違反して、教育を受ける者から費用を徴集した場合、教育行政部門によりその費用の返還が命じられる。直接責任ある主管者とその他の直接責任者に対しては、法により行政処分が与えられる。

第七九条　国家教育試験において不正をはたらいた者は、教育行政部門によりその受験の無効が宣告される。直接責任ある主管者とその他の直接責任者に対しては、法により行政処分が与えられる。非法に国家教育試験を設けた場合、教育行政部門によりその試験の無効が宣告される。違法な金銭の所得がある場合には、その違法所得が没収される。直接責任ある主管者と直接責任者に対しては、法により行政処分が与えられる。

第八〇条　本法の規定に違反して、学位証書・学歴証書あるいはその他の学業証書を交付した場合、教育行政部門によりその交付した証書の無効が宣告され、回収あるいは没収が命令される。違法な所得がある場合には、その所得が没収される。情状が重い場合にはその証書交付の資格を取り消す。

第八一条　本法の規定に違反して、教師・教育を受ける者・学校あるいはその他の教育機関の合法権益を侵犯し、損失、損害を与えた場合、法により民事責任を受ける。

第一〇章　附　則

第八二条　軍事学校の教育については、中央軍事委員会により本法の原則を根拠として規定される。宗教学校の教育については、国務院が別に定める規定による。

第八三条　国外の組織と個人による中国国内の学校経営や合同経営の方法は、国務院の規定による。

第八四条　本法は、一九九五年九月一日より施行される。

訳注

（1）国家教育委員会主任（日本の文部大臣にあたる）朱開幹は、ここでいう「憲法が確定した基本原則」の意味を、憲法の前文にある中国共産党の国家作用（行政）に対する管理・監督（中国語で「領導」）的立場を堅持することと回答している（「『教育法』与教育事業的改革和発展」『北京教育』一九九五年、三頁）。しかし、この点、中国憲法論のレベルで多くの中国法研究者が指摘しているように、憲法自体がいわゆる中国共産党という一党の政治的意思にもとづく政策の法規範化という側面をもっており、その点で中国法が中国共産党の政策の正当化あるいは政治的イデオロギー化の道具として機能する側面があることは否定できない。そのことは、近年の中国における「法」制定の動向が、一般にはこれまでの「人治国家」の弊害を克服するための「法治国家」への政策展開と説明されているが、その背景において「党政不分」（党の政策と行政との一元的関連）の状態が克服できない以上、今後の「法治国家」への展開には、国家権力と法の関係において、さまざまな問題を残すこととなる。それは、また教育法の場合も同様であろう。

（2）中国の社会主義的教育理念を表すこの「全面的発達」については、近年その概念について、認識の変化がある。それは、大まかには「全面的発達」の旧認識モデルが、「農民的・政治主義的・共同体的・集団主義的」であったのに対して、新認識モデルが資本主義的発達理論に接近し、「労働者的・経済主義的・分業的・個人主義的」に変化したことをいう。なお、近年の中国の教育理論全体の変化については、以下の文献を参照されたい。篠原清昭「現代中国の教育科学論争――『文化大革命』以降の『教育本質論争』を中心として――」『聖徳学園岐阜教育大学紀要』第二七集、一九九四年、一九九～二二四頁。同「社会主義的教育科学のパラダイム転換――現代中国の場合――」『季刊教育法』一〇〇号、エイデル研究所、一九九五年、一一六～一二四頁。

（3）近年、中学校ではカリキュラム上、従来の「政治課」を一部改正して国家教育委員会が編集した教科書を使用して、「民族常識課」を編成している傾向がある。全国的にも「中華民族」意識の啓蒙が叫ばれている。

（4）すでに、「教育を受ける権利と義務」については、中華人民共和国憲法その他の法律により以下のように規定されている。「中華人民共和国公民は、教育を受ける権利と義務をもつ」（中華人民共和国憲法第四六条）、「国家、社会、学校と家庭は、法により適歳児童・少年に対して義務教育を受ける権利を保障する」（中華人民共和国義務教育法第四条）、「およそ満六歳に達した児童は、すべて性別・民族・種族に関係なく規定の年限の義務教育を受けなければならない」（第五条）、「およそ十五歳から四十歳の文盲・半文盲の公民は、文盲教育を受ける能力をもたない人間を除いて、性別、民族、種族に別なく、等しく文盲教育を受ける権利をもつ」（掃除文盲工作条例」）。

（5）女子の教育については、「三つの三分の二」があると報じられている。およそ一億の文盲中三分の二は女性。およそ二百万の未入学児のうち三分の二は女子。三百万の退学・休学児童のうち三分の二は女子。この場合、辺境僻地は特にその傾向が高く、全国の貧困地区の頂点にある宇夏西海地区の女子の入学率は六三・三パーセント、回族の婦女子の文盲率は七〇パーセント以上、西蔵地区の女子の入学率は四〇パーセントといわれている。これらの地区では、小学校を「男子学校」・「和尚班」と呼ぶ慣習もある（『光明日報』、一九九五・三・二一⑦）。その原因は、慣習・宗教信仰・生活習慣さらに生活水準の低下等いろいろ考えられるが、直接には保護者の教育（就学）意識と子どもを労働予備軍（「童商」・「牧童」・「童工」等）ととらえる発達意識の違いにあろう。

（6）ここでいう「段階管理と責任分担の原則」（原語では分級管理と分工負責）とは、「段階管理」が各種別・段階の教育に関しては、その管轄の人民政府が管理することをいい、「責任分担」とは、一つの人民政府内の各部門すなわち教育・財政・計画・人事がそれぞれ教育事業の発展のために管理責任をもつことをいうとされている（張海英「我国教育行政管理体制手と特点」『光明日報』、一九九五・六・一九①）。近年、中国の教育行政システムは大きく地方分権化の傾向にあり、具体的には中央から地方への教育管理権限の委譲や教育予算等の地方への責任分割が進行している。本条は、そうしたシステムの変化を法的に確認したものと理解できる。

（7）近年、幼稚園は衰退している。一九九三年から一九九四年にかけて全国で一万一千の幼稚園が減少したともいわれている。従来から幼稚園政策は教育政策上の盲区といわれ、近年特に公営企業や私営企業が附設の幼稚園を経費削減の名目により廃園にする現象が生じている。華北・東北・華東・華南・西南の省市の調査では、廃園した幼稚園の数は全体の一〇分の一から四分の一に及ぶと報告されている（『光明日報』、一九九五・六・二五①）。近年、市場開放の下で企業間の経済競争は激しく、企業附設の幼稚園の廃園は、ある意味で福利厚生面の経費削減の一環としての経営的切捨てといえよう。市場経済の教育への悪影響の一つと考えられる。

（8）国家教育委員会が一九九五年三月二九日に発表した「一九九四年教育事業発展的統計広報」（『中国教育報』、一九九五・三・二九）によると、小学校入学率は九八・四パーセント（中学校七三・八パーセント、高校三〇・八パーセント）で、小学校中退率は一・八五パーセントとなっており、義務教育の制度化は進行しているとされる。しかし、一方で現在大きく問題視されていることとして、小中学生の学習負担の過重現象と地方から都市部への経済移民の移動（「盲流」）による学校離れ現象がある。

学習負担の過重現象とは、特に都市部に関して、地区の私立校や重点校（実験小学校）への入学を目的とした受験の過熱がもたらした現象をいう。上海市の最近の調査（上海市内の小学生八千六百三十三名対象）では、カバンの重さ三・一六四キロ（平均）、週当たり平均授業数三十三・五コマ（国家基準三十コマ）、平均在学時間六時間、平均起床時間六時二十七分、平均家庭学習時間一時間三十四分、補習班（塾等）の平均学習時間一時間二十四分であり、八一・二パーセントの小学生が学習の目的を市（区）

の重点中学への合格と回答している（「上海市小学生課業負担現状的調査」『中国教育報』、一九九五・一一・一三③）。その原因は、大きくは進学率追求の風潮、「教学大綱」・教学内容の要求水準の高さや一人っ子政策の影響による保護者のわが子への期待の高さにあるといわれている。しかし、この問題は、「実践問題であるのみならず、理論問題でもある」（『中国教育報』、一九九五・六・二七③）ともいわれ、いわゆる中国が新しく経験する資本主義的教育問題であるといえ、その実践的改善とともに、学問としての教育科学の分析と理論化が求められている。なお、国家教育委員会は、一九九五年秋より小・中学校の授業時数の削減、教育課程の精選さらに教科書（人民教育出版社）の改訂等を始めている。

つぎに、もう一つの都市部への人口流失の問題に関しては、それが現在大きな社会経済的問題であると同時に、教育問題となっている。一九九二年の統計では農村部から都市部への流出人口は六千万人以上でその規模は建国以来最高にあるといわれている。実際、上海や広州市ではその流入人口は全人口の一〇分の一で、そのうちさらに一〇分の一（約六百万人）が一六歳以下の子女（そのうち四歳から五歳は七パーセント以上）であるといわれている。教育問題となるのはこうした子どもたちの不就学であり、特に沿海発展地区については三人に一人の割合で子どもが放任状態にある。これに対して一部都市部（北京市）では非公式ではあるが流出地の学校への就学を命令したり、入学に際しての経済措置等を採っているが、全体にその対策は十分とはいえない（『中国教育報』、一九九五・一一・二一①、一一・二三①、一一・二四①）。

(9)　ここ十年のうち、修士号の取得者は全国で二十八・五万人、博士号取得者は一・七八万人とされ、大学院の拡充が高等教育政策の課題の一つとなっている。しかし、一方大学院の学生が外国留学のためアルバイトや外国語学習に精力を注ぎ、学位論文の質が低下しているとも報じられている（『光明日報』、一九九五・六・三〇①）。また、大学院定員の拡大に関して研究指導者の不足や高齢化が阻害要因としてあげられている。例えば、清華大学の場合、百八十名の教授のうち百二十五名が六十歳以上で指導者の高齢化が問題とされている（『光明日報』、一九九五・四・一〇①）。

(10)　この教育監督制度（原語では「教育督導制度」という）は、いわゆる教育視学制度をいう。一九八六年九月に国務院はその設置を批准し、国家教育委員会内に監督署（「督導司」）を設置している。また、現在九九・二パーセント以上の市、九一・九パーセント以上の県で視学機関が設置され、そこで働く視学官は兼職を含めて全国で二万八十七人といわれる。こうした、制度の設置は「依法治教」の強化・徹底にあり、また近年の簡政放権により中央の仕事が教育の検査・評価・監督に変化したことを理由としている（『光明日報』、一九九五・四・二八①）。

(11)　ことさらにこの規定が設けられたのは、近年の中国国内の企業立や私立学校設置ブームの影響による。すでに、国務院は「社会力量学校運営条例」を制定し、教育経費を経営活動に流用しないこと、学校経営産業の用地・設備が教育活動の正常さを侵さないこと等を指示しているが、一方で特に私立学校に関して、高度な学校施設・設備や優秀教師の編成等を宣伝し、高額な入学金・授業料をとるいわゆる「貴族学校」が出現している。こうした私立学校の出現の背景には、市場経済を中心とする開放経済によって個人経営（一九九一年の時点で企業全体の一一・四パーセント）が増加したこと。さらに近年の中国人民の社会生活意識において、個人の幸福追求意識が増し、それが現代化に伴う科学技術に対応した新しい「人材」観により、いわゆる個人的教育投資熱が生じたことがある。なお、中央教育科学研究所による近年の人民調査では、「私立学校に関心がある」とする人民は、七二・三パーセントに及ぶ（『中国教育報』、一九九五・一一・一〇①）。しかし、こうした現象は中国の社会主義的教育理念である教育の国家的所有の原則あるいはそれによる教育の国家的公共性の原則の在り方について、理論的修正を迫るものであり、その点で教育制度理念の理論的展開が課題として残る。

(12)　この部分、実際には学校管理制度としての校長責任制を意味する。現在のこの制度に関しては、北京市・上海市等の都市部を中心に実行されており、従来の学校党支部書記による「党政不分」（共産党の管理・監督による学校管理）から、校長による「党政分開」（共産党の指示・監督と学校管理の分離）に学校管理のシステムの展開が進んでいる。ただし、大学に関しては近年の「天安門事件」以降、国が共産党支配の再強化策として「学校党支部管理下の校長責任制」を多く実行させているため、すべての学校種別に適用することまでは規定されていない。本条の冒頭に学校の設置者がその学校の管理体制を確定するとしたのは、結局この校長責任制が学校種別・規模によりその適用が統一的に規定できないための「苦肉の策」であったと言われている（朱開幹『教育法』与教育事業的改革和発展」『北京教育』、一九九五年、五頁）。なお、校長責任制等、中国の学校管理制度の詳細については以下の文献を参照されたい。篠原清昭「現代中国の学校管理論——校長責任制を中心として——」『日本教育行政学会年報』一五、教育開発研究所、一九九三年、一二九～一三八頁。同「現代中国の学校改革——校長責任制の実現過程——」『日本教育経営学会紀要』三六号、第一法規、一九九四年、八二～九七頁。

(13)　教師の権利及び地位・待遇に関しては、すでに「中華人民共和国教師法」が一九九四年に制定されている。本章は、同法の確認をする部分といえる。なお、同法の内容あるいは近年の中国の教員政策については以下の文献を参照されたい。篠原清昭「中華人民共和国教師法の訳と解説」『季刊教育法』九八号、エイデル研究所、一九九四年、一〇八～一一五頁。同「現代中国の教員政策——『中華人民共和国教師法』の分析を中心として——」『日本教育行政学会年報』二一、教育開発研究所、一九九五年、六七～八二頁。

(14)　教師の給与の問題は、大きな社会問題となっている。中国二大新聞の一つである『光明日報』は「教育経費の不足と教師給与の不払いが現在各種の管理職と全社会の普遍的関心である」（一九九三・九・四①）と報じている。実際、一九九二年の未確認の調査では、全国で教師給与の不払い額の総計は、約十九億元を超え、二十以上の省や市で給与不払いの実態があるといわれる。

(15)　無資格教師の存在は、中国の大きな教育問題の一つである。そのため、先の「教師法」では新たに「教師資格制度」を規定した。この制度は、学校種別ごとに教師に一定の学歴を資格として取得することを法的に義務づけるものとなっている。例えば、小学校教師は中等師範学校以上の学歴を、中学校教師は高等師範学校あるいは大学専科以上、高校教師は高等師範院校あるいは大学本科以上となっている。しかし、実態としては無資格教師の比率は高く、例えば、一九九一年の時点では、河北省の場合、小学校教師の学歴合格率は七九・一パーセント、中学校教師三六・〇六パーセントとなっており、これからの教師政策特に教師研修制度の充実が課題とされている。

(16) これまで、社会主義国中国において、教育権に関する積極的な規定はみられなかった。それは、社会主義法自体がこれまでその国民の「基本的人権」概念を当然に国家により保障された自明のものと考え、明文化する必要を感じなかったためと思われる。その意味では、今回同法により「教育権」が明確に法定されたことは社会主義法自体のある種の展開があったことを感じさせる。しかし、詳細にみるならば、ここで規定された教育権のすべては社会権的性格をもつものであり、さらにその社会権的要求権の対象は、学校、地方人民政府を主としており、直接に国家を対象としていない。それは、他方で近年学校管理が中央から地方へ権限委譲され、多くの行政責任が学校・地方人民政府へ転嫁された教育行政政策の変化と呼応している。すなわち、本法により教育権を規定することの意味は、端的には国家(中央人民政府)が、学校及び地方人民政府に対してその行政責任を明確化する意図によるものと考えることができる。その点、ここでいう教育権は厳密には国家に対する社会権的要求権ではないということ。さらに教育権のもう一つの側面を構成する(国家的)権力からの自由権をもたないということがあり、いわば制限された教育権としての性格をもつ。その意味は、教育権の行使が国家権力により許容された範囲内に止まる条件付の権利であることを指す。さらに、その教育権自体、国家権力自体が中国共産党一党の政治的及び軍事的支配により維持されているという事実から、極端には中国共産党の党政策の転換により変化するという流動性をもつ。すなわち、中国の教育権は政治的変化や中央の権力バランスの変化に影響を受ける不安定な権利であるということができる（実際、過去「天安門事件」の際、大学生を中心に教育権が制限された事実がある）。

(17) 学校の施設・設備・備品等に関する不備や不足も、中国の大きな教育問題の一つである。実際、学校の施設・設備等に関して不備や不足の学校は、全国の小学校の一九パーセント、中学校の三〇パーセントに及ぶとされている(『中国教育報』、一九九五・三・一八①)。

(18) 一般に世界の教育法上、「義務教育」における「義務」は学齢児童・生徒の保護者に対してその子弟の就学を保障する義務を指し、直接に子どもを対象とした教育に関する義務を規定することは少ない。その意味では、本条は直接に教育を受ける者(学齢児童・生徒に限定しない）に対して、法律・法規、学校管理制度を遵守すること、さらに学習に努力することを義務として規定した点において、特徴的なものといえる。

(19) 「文化大革命」以降の中国の教育改革の特徴は、端的には「人的資本」の蓄積を目的とした教育投資にあるということができる。それは、社会経済的には開放経済の下の資本主義的経済政策の方法と理論の超階級的な導入を背景としており、教育政策的には教育を生産力ととらえる新しい教育理論に基づいている。この点、詳細には注（2）の文献を参照されたい。

(20) この具体的な比率は、本法の基となる『中国の教育改革・発展要綱』（一九九三年、国務院公布）の中では、明確に以下のように指示されている。
「国民総生産（GNP）に占める国家財政的教育経費支出の比率を逐次高め、今世紀末までに四パーセントに達するようにする。各級政府の財政支出に教育経費が占める比率は今後三年以内に、平均一五パーセントを下回らないようにする。郷（鎮）の財政収入を主に教育発展にあてるよう提唱する。」

この具体的な比率数値（「四パーセント」、「一五パーセント」）については、同法の法案作成段階において、一部の者が本条中に明記すべきと主張したが、結局その数値自体が一定期間内の要求目標であり、いわば国務院・地方人民政府の努力目標的な性格のものであることを理由に、現在の条文の形となった。実際、現実の比率例えば「国民総生産（GNP）に占める国家財政的教育経費支出の比率」は、近年で言えば一九九一年が三パーセント、一九九二年二・九九パーセント、一九九三年二・七五パーセント、一九九四年二・六六パーセントとなっており、いずれも目標となる四パーセントを下回っている（『教育報』、一九九五・三・一八①）。その理由としては、大きくは物価高騰（実際一九九四年の物価上昇率は昨年比で二一・七パーセントアップ）、財政赤字拡大、国際収支赤字等の近年の中国経済の過熱状態があり、直接には非生産部門（教育部門を含めて）への投資抑制の国家経済政策がある。

(21) 現行の政府予算費目の項目ランクでいえば、例えば国家の場合、「教育事業費」は「類」・「款」・「項」・「目」の分類順序のうち、「文教科学衛生事業費」類の中の「教育事業費」款に属する。また、「教育基本建設投資費」は、「基本建設費」類の中の「社会文教費」款に属する。この場合、国家予算は「類」段階に分配され、その次に「款」・「項」・「目」に再配分されることを考えれば、教育予算は予算配分上第二次的段階にある。また、実際の予算編制上、教育予算の分配権限と管理権限は、教育部門（教育部）ではなく、教育事業費については財政部門に、教育基本建設投資については計画部門に属することとなる。この点、近年教育予算の独立化と一次化が予算制度再編の課題として浮上している。それは、具体的には①教育事業費と教育基本建設投資を合併し、これまでの「款」段階から「類」段階に格上げする。②教育部門が教育経費の予算編成権をもつ。③教育経費の分配と管理の権限を教育部門に集中させる等を内容とする。

(22) これまで、中国の教育投資システムは国家財政支出中心の投資システムであったが、教育事業の拡大や経済過熱等により、近年国家中心から地方あるいは個人の投資システムへの展開が政策課題となっている。その具体的な方法としてこの「教育費付加金」制度がある。この制度は、すでに義務教育法（第一二条）にも規定されているが、例えば郷鎮企業収入・城鎮職工給与・旅館の宿泊費・高消費娯楽営業税等の一定割合を「教育費付加金」として間接的に徴収する制度であり、性格的には間接税としての教育税に近い。

(23) いわゆる学校徴収金制度をいう。具体的な細目は「試験費」・「暖房費」・「指導費」・「教材費」等数多い。これは、従来の公費運営を中心とした学校財政が「受益者負担」の名による「私費負担」補助体制に展開したことを意味しており、従来の完全な国家中心の「教育の機会均等」の保護主義すなわち義務教育の無償原則が事実として変化したことを指す。それは、これまでの中国の社会主義的教育制度理念としての「教育の機会均等主義」が絶対的なものではなく、相対的なものに転化したこととなり、教育制度理念の理論的説明（正当化論）が求められている。また、現実にこの制度については、教育社会問題として「学校乱収費問題」が大きくあり、保護者の側においても学費負担が主要な家庭教育問題となっている（張鉄明「大都市教育体制変革的現実操作」『現代教育論集』、一九九五年、三頁）。

（24）いわゆる外国との共同の学校設置及び学校経営を含む。すでに「中外合作学校経営暫行規定」（一九九五・一・二六、国務院）が発布されており、一九九四年現在で中外合同の設置・経営の学校は七十以上で、そのうち高等の学歴教育機関は二十校、高等の非学歴教育機関は二十校以上、中等専門学校・中等技術学校及び職業人養成機関は十校以上で、他に幼稚園等がある。なお、義務教育及び国が特別に規定する教育・研修（養成）機関は対象から除外され、職業教育および研修のための機関（学校）で、学科としては市場経済のニーズがある金融・財政・国家税法等が中心となっている（『光明日報』、一九九五・三・三一①）。この場合、実際の合同経営の方法に関しては、先の「規定」により、例えば、中国側合作者が中国国内で法人資格をもつ教育機関や社会組織であること。合作の学校の校長あるいは主要な責任者が中国国内に定住する中国公民であること。さらに法人資格をもつ合同機関は理事会を設置し、その理事のメンバーには中国側から二分の一以上を選出すること等が規定されている。

中国教育改革和発展綱要

（一九九三・二・一三　中共中央、国務院）

中国共産党第十四次全国代表大会は、中国の特色ある社会主義理論の指導のもと、九〇年代の我が国の改革と主要な任務を建設、確定し、『必ず教育を優先的に発展させる戦略的地位に置き、全民族の思想道徳と科学文化水準を高めることに努力する。それは、我が国の現代化の根本大計画である』ということを明確に提出する。党の十四次大会が確定した戦略任務を実現するため、九〇年代から次世紀初めに到る教育の改革と発展を指導し、教育をさらに効果的に社会現代化の建設に奉仕させるよう、特別にこの綱要を制定する。

一　教育が直面する形勢と任務

(1)　近年、我が国の改革開放と現代化建設事業は一つの新しい段階に進んだ。社会主義市場経済体制を建立するため、改革開放と現代化建設の歩みを速め、さらに一歩開放を進め、生産力を発展させるため、国民経済の全体素質と総合国力すべてを一つの新しい段階に踏み出させる。これは、教育工作にとってはこれまでにない良い機会であり、また新しい任務と要求を提出している。新しい形勢下において、教育工作の任務は、党の十四次大会の精神を守り、中国の特色ある社会主義理論の指導を建設し、党の基本路線を堅持し、教育方針を全面的に貫徹し、現代化に向け、世界に向け、教育の改革と発展を速め、さらに一歩労働者の素質を高め、大量の人材を養成し、社会主義市場経済体制と政治に適応し、科学技術体制改革に必要な教育体制を建立し、さらに社会主義現代化の建設に奉仕させることにある。

(2)　建国四〇年を経て、我が国の教育工作は顕著な成果を収めた。社会主義教育制度の基本は確立し、教育事業はかなり大きく発展し、社会主義建設のために多くの人材を養成し、一千万人以上の教師を形成し、所により異なるが学校運営のための物質条件を改善した。特に党の十一届三中全会以来、教育改革はしだいに展開し、九年義務教育は計画的に開始し、段階的に実施し、全国の九一パーセントの人口の地区では小学教育が普及し、職業及び技術教育は相当程度に発展し、中等職業技術学校の入学者と在学生の人数は、高等学校の学生人数に比して、すでに五〇パーセントを超え、中等教育機構の単一化の局面を改変した。高等教育の発展も比較的速く、普通高等学校と成人高等学校の在校学生は三百七十六万人をすでに超え、一応多種層次、多種形式、学科の基本の全体体系を形成した。形式多様な成人教育と民族教育もかなり大きく発展し、農村基礎教育は地方負責を実行し、分級管理の体制は明確な効果を取得した。教育と科学、農業の統制結合は生命力を明確に表出させ、ひとまとまりの「尊師重教」を行い、かつ比較的大きな成績をおさめた地区・部門・単位が現出した。国際教育交流と合作も広範囲に展開した。我が国の教育工作が成就したのは、改革開放を堅持した結果であり、それは、社会主義制度の優越性を体現しており、我が国の教育が一歩改革と発展を進めた基礎である。

同時に必ず以下のことに留意しなければならない。我が国の教育は全体的にまだ比較的に遅れている。改革開放と現代化建設の需要の速さに適応していない。教育の戦略的地位は、実際工作上まだ完全には実行に移されてはいない。例えば、教育投入は不足し、教師の待遇はかなり低く、学校運営条件には格差がある。また、教育思想、教学内容と教学方法程度はばらばらで実態から掛け離れている。さらに、学校の思想政治工作はさらに一歩強化、改善されなければならない。教育体制とその機構は日増しに深化する経済、政治、科学技術体制改革の需要に適応していない。教育工作中にあるこのような問題は、必ず経済の発展と改革の深化に応じて真剣に解決されなければならない。

(3) 四十年来、我が国の教育は曲折した発展の行程を経てきた。社会主義教育事業の発展のために、まず、中国の特色ある社会主義教育体系の主要な原則を建設することを明確にした。それは、第一に教育は社会主義現代化建設の基礎であり、必ず教育を優先発展の戦略地位に置くことを堅持すること。第二に、必ず党の教育工作への監督管理を堅持し、また、教育の社会主義方向を堅持し、智・徳・体の全面発達した建設者と継承人を養成すること。第三に、必ず教育を社会主義現代化の建設に奉仕させ、生産労働と相結合させ、自覚的に経済建設の中心として奉仕させ、社会の全面進歩を促進すること。第四に、必ず教育の改革開放を堅持し、教育体制の改革に努力し、教育機構、教学内容と方法は大胆に人類社会の一切の文明成果を吸収し、借用し、勇敢に創新し、果敢に試験し、不断に社会主義教育制度を発展させ、完善にしなければならない。第五に、必ず党と国家の教育方針を全面的に貫徹し、教育規律を遵守し、全面的に教育の質量と学校運営の効益を高めなければならない。第六に、必ず広大な教師集団に依存し、不断に教師の政治と業務の素質を高め、彼らの工作の改善に努力しなければならない。第七に、必ず各層の政府、社会各方面と人民大衆の学校運営の積極性を発揮させ、公共財政を主とし、多様な教育経費歳入を副とすることを堅持しなければならない。第八に、必ず我が国の国情から出発し、統一性と多様性の相結合の原則を根拠として、多種の形式の学校運営を実行し、多種の企画の人材を養成し、我が国と各地区の実際の教育発展に符合するルートを歩き出さなくてはならない。

以上のいくつかの原則は、今後の実践においてさらに一歩前進した経験の豊富と発展を必要とする。

(4) 鄧小平同志が指摘した四つの現代化、科学技術は重要であり、その基礎は教育にある。党の十四次大会が確定した九〇年代の主要な任務を完成させるために、必ず経済建設を、科学技術の進歩に依存することと労働者の素質を高める軌道から導かなくてはならない。我が国の企業経済の効益は低く、商品が競争能力を欠く状況が長期にわたり改変されていない。また、農業科学技術は普遍的に拡大するに至っておらず、豊富な資源と生態環境はまだ充分に利用・保護されてはいない。人口の増長についても有効な規制ができてはいない。いくつかの不良な社会風紀が改善されてはいない。原因はかなり多いと確信する。ただし、一つの重要な原因は労働者の素質が低いことにある。教育事業を発展させ、全民族の素質を高め、荷重な人口負担を優勢な人力資源に転嫁させること、それは我が国が社会主義現代化を実現する一つの必要な道である。

現在世界の政治状況は変貌し、国際競争は日増しに激烈になり、科学技術の発展は迅速になってきた。世界範囲の競争、総合国力の競争は、実質上は科学技術の競争と民族の素質の競争である。この意味においては、誰が二十一世紀に向けての教育を掌握するか。誰が二十一世紀の国際競争において戦略上の主導の地位につくかが重要である。このためには、必ず全体的視野から我が国の教育事業の大計をみて、二十一世紀の挑戦に向かわなくてはならない。

急速に進行する改革開放と現代化建設の新しい形勢に直面して、各層の政府、広大な教育工作者と全社会は、必ず教育の改革と発展に対して緊迫感をもち、真正に社会主義の建設を樹立し、教育と「(国の)百年大計は教育を基とする」という思想に依拠して、切実な有力措置を取り、教育の戦略的地位を実現し、教育の改革と発展を速め、教育事業の新しい局面を創造しなければならない。

二　教育事業発展の目標、戦略と指導方針

(5)　我が国の社会主義現代化建設「三歩走」の戦略配置を根拠として、本世紀末までに、我が国の教育発展の総目標は、全人民が教育を受ける水準を明確に高め、都市労働者の職前、職後教育をかなり大きく発展させ、各種の専門人材の全体量が基本的には現代化建設の需要を満足させ、二十一世紀の社会主義教育体系の基本的な枠組みに

向かうべきといえる。再び数十年の努力を経て、さらに成熟し、完善な社会主義教育体系を建立し、教育の現代化を実現しなければならない。

九〇年代、必要な教育投入と学校運営条件を保障することを前提に、各層各種の教育発展目標は以下のようになる。

全国的には基本的に普通教育（中学校段階の職業技術教育を含む）を普及させる。大都市と沿海経済発展地区は積極的に高校段階の教育を普及させる。大中都市は基本的には幼児教育の要求を満足させ、広大な農村は戦略的に就学前の一年教育を発展させる。

高校段階の職業技術学校の在学生人数をさらに大幅に増加させ、進学しない中学校や高校の卒業生に対して、普遍的に異なる年限の職業技術訓練を与え、都市の新しく増える上位の職位に就く労働者のためにその前にすべて必要な職業技術訓練を受けることができるようにする。

高等学校が養成する専門人材が経済、科学技術と社会発展の需要に適応させ、力量形成の組織的運営を一部の重点大学と重点学科に集中させ、高層次の専門人材の養成を基本上国内により充足させ、教育質量、科学技術水準と学校運営の効益に明確な向上をもたせる。

全国の青壮年の文盲を基本的に一掃し、青壮年中の文盲率を五パーセント以下に減少させる。職位研修、継続教育と在職学歴教育を通して、広大な在職者の思想文化と職業技能を高める。

各地区、各部門は実際状況にもとづきその地区の事業の各段階の教育発展目標と任務を制定する。

(6)　先に述べた目標を達成するため、教育改革の深化を図り、協調発展を堅持し、教育投入を増加させ、教師の素質を高め、教育質量を高め、学校運営の効益に注意し、分区計画を実行し、社会参加の戦略を強化しなければならない。

教育事業の発展上、教育の規模をさらに大きく発展させなければならないのみならず、教育質量と学校運営効益を一つの新しい水準に高めなければならない。

機構選択上において、九年義務教育を基礎として、基礎教育を大きく強化し、積極的に職業技術教育、成人教育と高等教育を発展させ、労働者の素質を高め、初級・中級の人材を突出した位置にまで養成しなければならない。

地区発展の局面において、各地の経済、文化発展の不均衡な実態から出発して、その土地の事情に応じて分類指導する。文化発展地区は率先して中等発展国家の八〇年代の教育発展の水準まで到達させ、貧困地区と民族地区の教育の発展を積極的に支持する。

(7)　基礎教育は民族の素質を高めるための基礎固めの工程であり、必ず大きく強化しなければならない。各層の政府は『中華人民共和国義務教育法』及びその実施細則を真剣に貫徹執行し、積極的にその精神を進取し、その地区の実際状況から出発し、九年義務教育の目標の達成を実行に移さなければならない。検査、監督と奨罰制度を建立し、義務教育法の貫徹執行を確保しなければならない。政府、社会、家長は自己の義務を真剣に履行し、適齢児童の入学を保障し、学生の中退を制止し、学齢児童や少年を就業させる組織や個人に対して、必ず法にもとづき制裁を堅決しなければならない。

基礎教育を発展させ、必ず学校運営条件の改善を継続し、しだいに標準化を実現しなければならない。小・中学校は「受験教育」を国民教育の全面向上の教育の軌道に転換させ、全体学生に対して、学生の思想道徳、文化科学、労働技能と身体心理素質の全面を向上させ、学生の生態を活発に促進させ、各自の特色を引き出させなくてはならない。普通高校の学校運営体制と学校運営モデルは多様化しなければならない。

(8) 職業技術教育は現代教育の重要な構成部分であり、工業化と生産社会化、現代化の重要な支柱である。各層の政府は高度に重視し、統率計画し、積極発展の方針を貫徹し、充分に各部門、企業事業単位と社会各界の積極性を調整し、全社会が運営する多形式、多層次の職業技術教育の局面を形成しなければならない。本世紀末までに、中心都市の業種とそれぞれの町はすべて二箇所の模範となる中心学校あるいは養成センターを運営し、大量の形式で多様な短期研修と相結合し、職業技術教育のネットワークを形成しなければならない。

職業技術教育の発展は当地の経済発展の需要に適合しなければならない。九年義務教育を基本的に普及させた地区は、中学校卒業後の職業技術教育を重点的に発展させる。なおまだ九年義務教育を普及させていない地区は、中学校に進学できない小学校卒業生に対して、職業技術研修を実行しなければならない。各地は積極的に高校卒業後の教育の多様化を行わなければならない。まだ大学等に進学しない普通科高校の卒業生に対しては、職業技術研修を進行させなければならない。普通中学も異なる状況として区別し、適当に職業技術教育課程を開設しなければならない。

各層各類の職業技術学校はすべて主動的に当地の建設と社会主義市場経済の需要に適応しなければならない。政府の指導の下、連合の学校運営を提唱し、産学共同のルートを走り、さらに多く貸与を利用し校営産業を発展させ、学校の自己発展能力を増強し、しだいに（校営産業による）工場により学校を賄う程度に達しなければならない。真剣に「先研修、後就業」の制度を実行しなければならない。職業技術教育と研修を受けた者を優先的に雇用し、専門性、技術性の比較的高い職位に関しては、職位資格証書を授与された後に昇格させなければならない。研修を経ないで就業している者には、昇格前研修を進行しなければならない。

(9) 高等教育は高級専門人材の養成を負担し、科学技術文化を発展させ、現代化建設を促進させる重大任務をもつ。九〇年代、高等教育は急速な改革開放と現代化建設の需要に応え、積極的に発展の新しい道を探索し、規模の大きな発展をし、機構をさらに合理化し、質量と効益を明確に高めなければならない。

高等教育の発展、それは中身の発展を主な方法として、学校運営の効益を高める努力をしなければならない。地区、科学の種類と学校の差異を考慮し、発展目標と重点を確定しなければならない。高等学校の分類標準と相応の制裁措置を制定し、各種の類型の学校を合理的に分割運営し、各自の層次においてその特色を創らなければならない。その地区の特性に応じた専門教育を強化、発展させ、特別に広大な農村、中小企業、郷鎮企業や第三産業の専門教育の発展に注意し、養成する研究生の人員の拡大に努力しなければならない。基礎学科の規模を基本的に安定させ、新興及び周辺学科を適当に発展させ、応用学科を重点的に発展させなければならない。世界の新しい技術革命の挑戦に対応するため、中央及び地方の関係組織が集中して百ヵ所前後の重点大学といくつかの重点学科、専門をうまく運営し、次世紀に対して、いくつかの高等学校と専門を設け、教育質量において、科学研究方面や管理方面で世界より高い水準に達するよう努力しなければならない。

高等学校の科学技術工作は、国家の科学技術工作の方針を真剣に貫徹し、『科学技術は第一生産力である』という思想を堅持し、経済建設への志向を堅持し、教学と相結合することを堅持しなければならない。異なる条件にもとづき、強く技術開発を展開し、応用と審査服務を拡大し、科学技術産業を起こし、科学技術の成果を早急に現実の生産力に転化させなければならない。組織の優秀な人材を国家の科学技術の重要な項目に配置し、高い新しい技術の任務を発展させる。計画的にいくつかの国家の重点実験室や工程研究センターを建設し、相関する学科の科学研究水準を世界に先行させて促進しなければならない。

哲学・社会科学の教学と科学研究は、必ずマルクス主義と中国の特色ある社会主義の理論の指導の下、実際と緊密に連携し、社会主義現代化の建設の理論と実際問題の解決と研究に努力し、哲学・社会科学の発展のため、中国の特色ある社会主義の建設に貢献しなければならない。

(10) 成人教育は伝統的な学校教育から終身教育までの一種の新型の教育制度であり、不断に高まる全民族の素質に対して、経済と社会の発展の促進のために重要な作用をもつ。九〇年代、経済建設、社会発展と現職者の実際の需要に適応して、積極的に発展させなければならない。学用結合の方針にもとづき、求める者に教育を施し、その実際効果に注意するという原則に応じて、職位研修と継続教育を重点として大きく発展させ、現職者の知識更新を重視する。国家は、職位研修制度、証書制度、資格試験制度、継続教育制度を建立し、完善にする。

大きく農村成人教育を発展させ、積極的に郷鎮成人文化技術学校をうまく運営し、全面的に農村の現職者の素質を高める。青壮年の文盲の一掃をしっかりと行い、標準を堅持し、実際の効果を求め、文化教育と職業技術教育の結合を生じさせる。各層の政府は文盲対策の財政を増加させ、社会文盲基金を設立し、かつ管理監督を強化し、文盲一掃の任務を町村に実現する。

成人学歴教育は、普通学校との連携や合作を強化し、成人教育の特色を具体化することに努力し、質量を高めることに努力しなければならない。正式な学歴資格証書を発行する備えがない各種の成人教育機関は、卒業生に対して写実性のある学習証書を発行することができる。卒業生は、国家が承認する学歴文書を取得することができ、国家が組織する卒業文書試験あるいは自学試験に参加することができる。自学試験制度を完善にし、発展させ、自学成材を鼓舞する。

(11) 少数民族教育を重視し、補助する。中央と地方はしだいに少数民族教育経費を増加させなければならない。特殊に困難な少数民族地区には、傾斜政策や措置が取られなければならない。辺境の少数民族地区の工作を志願する大学や中等専門学校の卒業生に対する待遇に対しては、該当する各地が優遇政策を制定しなければならない。当地の省、市は民族地区の教育の支援を実地的に組織し、実現しなければならない。各民族地区は、当地の実際の発展に適合する教育の道を探索しなければならない。

⑿　障害者に対する教育の事業を重視し、支持する。各層の政府は障害者教育を教育事業の一つの構成部分として、独立の障害者学校や障害者の入学等特殊な形式をもつ普通学校を設置し、障害者教育事業を発展させる。しだいに特殊教育の経費を増加させ、かつそのための社会団体による学校運営や学校への寄付を鼓舞する。障害者の学校及びその学校による校営産業には補助や優遇措置をする。

⒀　積極的にテレビ放送教育や学校電化教育を発展させ、現代化の教学手段の運用を推進する。教育衛星テレビの受信及び放送するネットワークの建設を重視し、本世紀までに基本的に全国にテレビ教育のネットワークを建設し、大多数の町村や辺境地区をおおう。

⒁　さらに一歩教育の対外開放を拡大し、国際教育の交流と合作を拡大し、大胆に世界各国の発展した教育管理の成功経験を吸収、借用する。外国へ留学する学生は国家の貴重な財富であり、国家はかれらを重視し、信任する。「支持留学、鼓舞帰国、帰国自由」の方針にもとづき、留学生の派遣の拡大を継続する。外国へ留学した学生に関する国家の規定を真剣に貫徹し、その留学生の外国での学習や研究を支持し、彼らの成功を修めての帰国を鼓舞し、あるいは祖国の社会主義現代化建設に貢献する多種の方式を採用する。我が国に来る留学生の入学と管理方法を改革し、我が国の高等学校と外国の高等学校の交流と合作を強化し、国外の学校あるいは専門家による人材養成の連

合、科学研究進行のための連合を展開する。対外的な中国語の教学工作を大きく強化する。

三　教育体制改革

⒂　党の十四次大会が確定した我が国の経済体制改革の目標は、社会主義市場経済体制を建立することであった。九〇年代において、経済体制、政治体制と科学技術体制の改革の深化にしたがって、教育体制改革は総合計画を行い、推進のための方針を少しずつ進め、その歩を速め、多くの改革を行い、過去の古い体制を超越し、社会主義市場経済体制と政治体制、科学技術体制改革に適応する教育の新体制をまず建立しなければならない。そうして初めて、経済や社会の発展の活力に適応する大きな動きを増強することができ、教育発展の新しい道を歩くことができる。中国の特色ある社会主義の教育体系が確定する基礎を建立するために。教育体制改革は、教育の社会主義方向を有効的に堅持し、智・徳・体の全面的に発達した建設者と後継者を養成する。各層の政府、全社会と広大な教職員の積極性を有効に調整し、教育質量、科学技術水準と学校運営の効益を高める。さらに、教育が社会主義現代化の建設に有効に働くように促進する。

⒃　学校運営体制を改革する。政府による包括的な学校運営の局面を改変し、しだいに政府を学校運営の主体とし、社会各界との共同による学校運営の体制を建立する。現段階において、基礎教育は地方政府が学校運営の主体でなくてはならない。高等教育はしだいに中央、省（自治区、直轄市）二層の政府を学校運営の主体とし、社会各界が学校運営に参加する新しい局面を形成しなければならない。職業技術教育と成人教育は主に行政事業、企業、事業単位の学校運営と社会各方面の連合の学校運営に依存する。

国家は、社会団体と公民個人が法にもとづき学校を運営することに対して、積極的に鼓舞し、大きく支持し、正確に導き、管理を強化するという方針をとる。国家は、ホンコン、マカオ、台湾の同胞、海外の華僑や海外の友好を結ぶ人たちが学校に寄付をすることを歓迎する。国家が承認する学歴資格を公布する用意のある各種の学校は、国家の関係規定にしたがって審査手続きをしなければならない。

⑰　中等以下の教育体制の改革を深化し、分級学校運営、分級管理の体制を継続する。中等及び中等以下の教育は、中央政府の大政方針の指導にもとづき地方政府により計画と管理が実行される。国家は、基本的な学制、教育課程の設置と教育課程の標準、学校人員編成標準、教師資格と教職員基本給与標準等の規定を公布し、省、自治区、直轄市政府は、権利によりその地区の学制、年度の入学生の規模を確定し、教学計画を確定し、教材と省が査定・編集した教材を選択し、教師の職務の基準と給与の水準等を確定する。省以下の各層の政府の権限は、省、自治区、直轄市の政府により確定される。

積極的に農村教育、都市教育と企業教育の総合改革を推進し、教育と経済、科学技術の密接な結合を促進する。市、町の二つの級の政府は、教育を当地の経済、社会発展の全体計画に加え、基礎教育、職業教育、成人教育を分級的に統率管理し、経済、科学、教育の発展を統率的に計画し、『燎原計画』と『星火計画』、『豊収計画』の有機的な結合を促進し、科学教育が農村を振興する戦略を実現する。積極的に都市の教育総合計画を推進し、都市の教育管理の新体制を探索しなければならない。

中等及び中等以下の各種の学校は校長責任制を実行する。校長は、全面的に国家の教育方針と政策を貫徹し、教職員に依存し、学校を適切に管理運営しなければならない。

小・中学校の付近の企業事業単位、街道あるいは村民委員会が社区の教育組織を建立し、社会各界が学校建設を支持することを導き、学校管理に参加し、青少年を育成する環境を優化し、小・中学校のそれぞれの特性の教育と社会が符合・結合する形式を探索することを支持・鼓舞する。

(18) 高等教育体制の改革を深化する。高等教育体制の改革を進行させ、主要には政府と高等学校、中央と地方、国家教育委員会と中央の各行政部門の間の関係を解決する。しだいに政府のマクロ管理を建立し、学校を社会に対して自主的な運営の体制に向かわせる。政府と学校の関係上、政教分離の原則に照らして、立法を通して、高等学校の権利と義務を明確にし、高等学校を社会に対して自主的な運営を行う法人としての実体に向かわさせる。入学、専門課程の調整、機構の設置、幹部の任免、経費の使用、職称の評定、給与の分配と国際合作交流等の方面において、いろいろな状況を判断して、さらに一歩高等学校の学校運営の自主権を拡大させなければならない。学校は自己の権利をよく行使し、課された責任を受け、経済建設と社会発展に適応する自身の発展、自身が規定する運行システムを主動的に建立しなければならない。

政府は自らの職能を転換し、これまでの学校に対する直接行政管理から、立法、財政、計画、情報服務、政策指導と必要な行政手段を運用する方法に変えなければならない。政策決定の研究工作を重視、強化し、教育界や一般社会の各界の専門家が参加する答申、審議、評価等を行う機関を建立し、高等教育政策方針、発展戦略や計画等に関して答申を建議させ、民主的、科学的な政策決定の手続きを行わさせなければならない。

中央と地方の関係上において、さらに一歩中央と省（自治区、直轄市）の分級管理、分級責任の教育管理体制を確立する。中央は、国家経済、社会発展全体に関係し、かつ高等教育において模範となる学校と少数の職業養成の専門性が強く、地方が管理するのに不便な学校など一部分の学校を直接に管理する。中央による大政方針とマクロ計画の指導の下、地方が設置する高等教育の監督管理に対しては、責任と権力はすべて省（自治区、直轄市）に与える。この精神に依拠し、中央はさらに一歩簡政放権を進め、省（自治区、直轄市）の教育決策権と中央部に所属する学校の統帥権を拡大しなければならない。省（自治区、直轄市）は、手続きを十分に論証し、厳格に審査し、自身で学校経営経費を解決し、中央と地方に所属する高等学校の卒業生が就業する条件を統率しながら、権限により地方の高等学校の入学者の規模と専門学科の設置を決定する。高等学校の設置については、全国高等学校設置評議委員会の評議により、国家教育委員会が審議する。

国家教育委員会と中央業務部門の関係上、国家教育委員会は統制計画、政策指導、組織協調、監督検査、服務提供に責任をもつ。中央業務部門は、その専門業務の人材の予測と計画を強化し、国家教育委員会が指導するその専門業務の人材養成工作を扶助し、その所属学校の管理に責任をもち、国家のマクロな管理の指導下において包括し、所属学校の入学生の規模、専門の設置、経費の措置、学生の就業等を決定する。中央の業務部門の職能の改変と政府と企業の分離にしたがって、中央業務部門に所属する学校は、社会に向けてその学校運営体制と管理体制それぞれ異なる状況を判別し、中央部門、中央部門と地方政府連合、地方政府委託、企業集団の参加と管理等異なる方法を採り、継続しなければならない。まず目前の改革の試点を進行させ、所定の位置につくことができる。

⒆　高等学校の入学と卒業生の就業制度を改革する。

国家の入学に関する統一的な入学体制の全部を改変し、国家の任務計画と調節性の計画の相結合を実行する。現段階では、国家は依然として指導性によるマクロな調整による入学生の総量目標を提出し、かつ国家の任務計画を通して重点的に以下のことがらを保証しなければならない。それは、国家の重点建設項目、国防建設、文化教育、基礎学科、辺境地区といくつかの困難な業種が必要とする専門人材等である。国家の任務計画の完成を保証することを前提として、（企業等からの）委託研修生と自費生の比重をしだいに拡大し、この部分の調整性計画は学校及びその主管部門が求める社会需要と学校運営条件を確定する。

学生の大学での就学に関するこれまでの国家による包括的な補助の方式を改革し、しだいに授業料等の費用徴収制度を実行する。高等教育は非義務教育であり、学生の大学の就学は原則上均等な費用納入の原則をとる。貸学金を設立し、家庭経済の困難な学生に対して、補助を提供する。国家、企業事業単位、社会団体と学校は等しく奨学金を設立し、品行方正で成績優秀な学生と国家が重点的に保証することを認め、特殊で、就学条件が困難な専門課程の学生に奨励を与える。

高等学校卒業生の「統包統分」（丸抱えの振り分け）と「包当干部」（幹部登用）の就業制度を改革し、国家による少数の卒業生の就業計画を実行し、多数の学生は「自主選択」の就業制度による。近い時期に国家任務計画により入学した学生は、原則上これまで通り国家が責任をもつ一定範囲の計画就業によるが、学校と求人単位の「供需見面」（需要者と供給者の面会）を実行し、卒業生自身による就業方案を実現し、かつしだいに卒業生と求人単位の「双向選択」の方法を押し進める。単位等からの委託もしくは研修のための学生は合同就業により、自費生は自主選択による。社会主義市場経済体制の建立と労働人事制度の改革にしたがって、師範学科やいくつかの困難な専門、辺境地区の卒業生を除いて、一定範囲の定められた就業以外に、大部分の卒業生は国家の政策方針の指導の下、人材労働市場を通して「自主選択」の就業方法を実行する。以上に組み合わせて人材需給の情報、就業の審査指導、職業紹介等の社会仲介組織を建立し、卒業生の就業にサービスを提供する。

⑳　研究生（大学院学生）の養成と学位制度を完善にする。試験的な実践を通して、修士の学位の授権の基準と博士学生の指導教官の審査方法を展開させ、同時に質量の監督と評価の制度を強化する。教学、科学研究上の職位に求める人材の養成と同時に経済建設と社会発展に必要な応用性のある人材を強く養成する。実践経験のある優秀な在職者が多種の形式の修士、博士の学位の授与を受けることを鼓舞する。研究生の学習期間、教学や研究そして

管理等の補助的な仕事との兼任の制度を実行し、その待遇は、学校の内部の管理体制の改革の進展により、補助的な仕事の実績について、在職人員の水準を参照して、学校が決定する。

(21)　高等学校の財政機構を改革し、財政手段のマクロな調整作用を十分に発揮する。それぞれの学校の層次や科学的種類の相違に応じて、財政の標準と財政の方法を区別しなければならない。学生の人数に応じた財政配分の方法を改革し、しだいに基金制度を実行する。国家や地方の財政予算による教育経費以外に学校は法により資金を集めることができる。

(22)　高等学校の入学生や卒業生の就業制度の改革の精神を参照して、中等専門学校、技術学校の入学生や卒業生の就業制度の改革を早めなければならない。国家の関係の政策を根拠として、地方人民政府あるいは主管部門により具体的な方法が制定される。連合の学校運営や学生の委託研修や自費生を通して、卒業生を都市の多種の形式の所有制企業単位の就業に向ける。中等専門教育と工業技術教育の重大な政策の方針は、国家により制定され、地方政府が統率計画・指導する責任をもつ。

(23)　人事制度や配置制度の改革により重点的な学校の内部管理体制の改革を積極的に推進する。合理的な制定基準を基礎として、教職員に対して職位責任制と就任制を実行し、配置上においては、仕事の実績に応じて差をつける。改革の核心は、正確な政策方向と思想教育と物質による激励手段を運用して、平均主義を打破して、広大な教職員集団の積極性を調整し、学校内部の運行システムを転換させ、学校運営の水準の効益を高めることにある。

学校の後勤工作（事務を中心とした条件整備的領域）は、改革を通じてしだいに社会化を実現しなければならない。

(24)　人事労働制度の改革を深化させ、教育体制の改革と同調させる。高等学校の教師の試験による採用制度を建立し、完善にする。学歴証書、技術等級証書、職位資格証書等を同様に重んじる制度を推進し、進学・証書・職称の教育運行の偏った動きを変える。しだいに職業職位資格試験機構を建立し、各種の職位の資格試験や資格証書制度を実施する。高等学校の職称評定や職務聘任制度を改革する。職称の評定は学術水準を重視し、また実用価値のある研究成果と教学工作、技術的な実用価値を重視しなければならない。高等学校は聘任制を実行する。小・中学校はしだいに教師資格制度や職務等級制度を実行する。労働給与等のてこを運用して、教育体制改革を推進する。中等専門学校や大学の卒業生の最初の給与基準は、その使用者が実際水準や実際表現に照らしてその等級を決めることができる。農村、辺境地区で困難な業務を担当する各級各種の学校の卒業生を鼓舞するため、各地は各種の手当や奨励政策を制定しなければならない。

(25)　教育法制建設を早急に推進し、その執法の監督系統を建立し、完善にし、しだいに依法治教の軌道を走らなければならない。教育法律、法規を制定し、総合計画に注意し、しだいに完善にしなければならない。基本的な教育法律・法規と緊急性のある教育法律・法規の草案を作成し、本世紀末までにまず教育法律・法規の体系のシステムを建立する。地方は、各地の実際から出発して、地方レベルの教育法規を早く制定する。

(26)　教育改革と発展の理論研究と試験を強化する。各級の政府と教育行政部門は教育科学研究と教育管理情報工作を中心に十分重要な地位に置かなければならない。社会主義市場経済体制の建立は、教育の発展と改革に対して多くの新しい課題を提出する。教育理論工作者と実際の工作者は、マルクス主義の指導を以て、中国の特色ある社会主義教育体系の理論問題と実際問題の研究と回答をしなければならない。積極的に教育決策の諮問の研究を展開し、教育の科学研究と教育政策・教育実践の関係を密接にして、教育科学を教育改革と発展に密接に発揮させなければならない。学校、教師そして研究工作者が積極的に教育改革の試験を実行することを鼓舞し、支持する。

四　全面的に教育方針を貫徹し、全面的に教育質量を高める

(27)　教育改革と発展の根本目的は、民族素質を高め、多くの人材を、良い人材を育てることにある。各級各種の学校は真剣に「教育が必ず社会主義現代化の建設に奉仕し、必ず生産労働と相結合し、智・徳・体の全面的に発達した建設者や後継人を養成する」という方針を貫徹し、九〇年代に教育質量を新しい段階にもっていく努力をすることにある。

(28)　マルクス・レーニン主義、毛沢東思想や中国の特色ある社会主義理論を用いて、学生を教育し、正確な政治方向を首位に置くことを確定させ、理想・道徳・文化・紀律のある社会主義新人を養成することは、学校徳育すなわち思想政治と品徳教育の根本任務である。さらに一歩徳育工作を進め、実践中に不断に改革開放の条件下の学校徳育工作の新経験を創造し、徳育工作を一つの新しい水準に高める。

広大な青少年の集団に党の基本路線の教育を強化し、愛国主義・集体主義と社会主義の思想教育、近代史・現代史の教育と国情教育を強化し、学生にマルクス主義的立場・観点・方法を運用して現実問題を認識させることを導き、工農や実践と結合する成長道路上を走らせ、学生がしだいに科学的世界観と人民に奉仕する人生観を樹立することを促進し、学生が資産階級自由化に反対し、階級の腐敗思想を一切剝奪する能力を増強し、中国の特色ある社

会主義の信念を建設することを堅定させる。学生に対して、中国の優秀な文化伝統教育を進行させることを重視する。小・中学生に対しては、さらに文明行為を行う養成教育を進行させることに注意しなければならない。各級各種の学校の実際の事情から出発して、それぞれの層次ごとに徳育工作の任務と要求を確定し、徳育教材と徳育方法を改定し、徳育を実際に具体化させる。

(29) 徳育集団の建設を重視し、強化する。徳育工作を強化することは教師の共同職責である。教師は徳育を教育教学の全過程中に貫徹、浸透させ、かつ自身を模範として学生の全面成長を促進しなければならない。高等学校は、敏腕な専門職人員を中心として専任と兼任と結合した思想政治工作の集団を建設しなければならない。小・中学校は、思想品徳課と思想政治課の教師、学級主任及び共青団、小先隊幹部の作用を十分に発揮しなければならない。思想政治工作に従事する人員に対して、研修を進行し、不断に彼らの思想政治の素質と政策、業務水準を高め、かつ彼らの待遇問題を解決する実際措置を採らなければならない。

(30) 政策の専向を完善にし、学校管理を強化する。学生の入学、卒業生の就業、評奨評価、教師職務の評聘、給与昇給や出国留学等の方面において、徳才兼備の原則を堅持する。徳育工作に従事し、社会実践に参加する教師の成績は、その他の工作の成績と同等に対処しなければならない。

校規、校紀を厳格に執行し、学生が行為規範を遵守することを教育し、良好な校風、学風を樹立し、学校を社会主義の精神文明の建設の重要な陣地にする。

(31) さらに一歩教育思想を変革し、教学内容と教学方法を改革し、学校教育が経済建設と社会発展の需要からかけ離れる現象を克服する。現代科学技術文化発展の新しい成果と社会主義現代化建設の実際の需要に応じて、教学内容を更新し、課程の機構を調整する。基本知識、基礎理論と基本技能の養成と訓練を強化し、学生の問題の分析と解決の能力の養成を重視し、特長のある学生の発掘と養成に注意する。小・中学校は、学生の過重な課業負担を軽減する措置をとることを切実に行わなければならない。職業技術学校は、職業道徳と実際能力の養成に注意しなければならない。高等教育は、専業設置の偏向状況をさらに一歩改変し、専業業務範囲を拡大し、実践環境の教学と訓練を強化し、社会実際工作部門との合作の養成を発展させ、教学・科研・生産の結合を促進する。しだいに進学と試験制度を改革・完善にし、徐々に小学校の卒業生の就近入学を推進し、初中の卒業生の進学試験、高中の卒業生の試験制度の改革を推進する。

(32)　各級各類の教育の質量標準と評価指標体系を建立する。各地の教育部門は学校教育質量の検査評価を一つの経常性のある任務にしなければならない。監督を専門とする組織を強化し、その制度を完善にしなければならない。職業技術教育と高等教育に対して、領導（管理者）・専家（専門家）・使用人が相結合する方法を取り、多種の形式を通して質量評価・検査を進行させる。各類の学校はすべて使用者の単位による卒業生の質量の評価を了解することを重視しなければならない。

(33)　学校の教材は、中国と世界の優秀な文明成果を反映し、当代の科学技術文化の最新の発展に及ぶものでなくてはならない。小・中学校の教材は統一的な基本要求の前提下で多様化を実行しなければならない。各地に統治の農村の小・中学校の需要に適応する教材を編纂することを提唱する。職業技術学校は、しだいに配列化された教材の系列化を形成しなければならない。高等学校の教材は、積極的にその種類の拡大を進めると同時に不断に質量を高め、理論と実際の関係を強化し、思想性と科学性の統一を求めなくてはならない。

(34) さらに一歩学校体育衛生工作を強化・改善し、学生の体質と健康に関して社会各方面と家長を動員する。各級の政府は、積極的に条件を創造し、教師の資質、経費、体育場地、施設問題を切実に解決し、しだいに教学計画に応じて体育と健康教育課を設ける。

国防教育を重視し、国防観念を増強する。高等学校、中等専門学校や高級中学の学生が多種の形式の軍事訓練に参加することを継続的に組織する。各級の教育部門、軍事部門と学校は統率的に計画し、真剣に組織を実施する。

(35) 学生の健康な審美観念と審美能力を養成することについての美育、高尚な道徳情操の陶冶、全面的な発展した人材の養成は、重要な作用をもつ。認識を高め、美育を教育教学中の作用として発揮し、各級各種の学校の異なる状況にもとづき、多様な形式の美育活動を展開しなければならない。

(36) 労働の観点と労働技能の教育を強化することは、学校の養成目標を実現することの重要な手段と内容である。各級各種の学校はすべて労働教育を教学計画に入れなければならず、しだいに制度化・系列化しなければならない。社会各方面は積極的に学校に対して労働教育進行の場所と条件を提供しなければならない。

(37) 全社会はすべて青少年の健康な成長に関心をもち、保持し、社会教育、家庭教育と学校教育の密接な結合の局面を形成しなければならない。家長は社会責任を負わなければならず、後代に責任をもち、教育方法を考究し、子女に対して良好な品徳と行為習慣を養成する。新聞出版、テレビ・映画、文化芸術等の部門で、有益な青少年の心身発達に豊富多彩な精神産品を提供する重要な責任をもたなければならない。都市建設においては、科学館・博物館・図書館・体育館と青少年の家の建設に注意しなければならない。公共文化施設に対して学生に開放する減免収費の制度を制定し、完善にしなければならない。各級の政府は、『未成年保護法』を真剣に貫徹し、厳重な措置を取り、淫乱な出版物を検査し、音像を制止し、教唆し、青少年の犯罪行為を抹殺し、人間形成の為の環境を良くする。

(38)　党の学校に対する領導を堅持し、学校の党支部の建設を強化することは、教育方針を全面的に貫徹し、教育改革とその発展を促進し、教育質量を全面的に高める根本の保障である。学校の党組織は、真剣に党の十四次大会の精神を貫徹し、中国の特色ある社会主義理論の教育を党員と職員全体に建設し、深く学校改革とその発展中の重大問題を研究し、改革の正確な方向を堅持する。党の基層組織の建設を強化し、党員の先鋒模範作用を発揮し、党員と大衆の関係を密接にし、大衆を動員して改革を推進する。共産党委員会領導下の校長責任制の高等教育機関（大学等）を実行し、党委員会は重大問題に対して討論を進行し、かつ決定を行う。そして同時に行政関係者が十分に自己の職責を行使することを保障する。校長責任制の小・中学校とその他の学校を実行し、党の組織は政治核心作用を発揮する。

五　教師集団の建設

(39)　教育における民族の希望を振興し、教師における教育の希望を振興する。良好な政治業務の素質、機構の合理性、相対的な教師集団の安定性は、教育改革とその発展の根本体系である。決心の下、重大な政策と措置を取り、教師の社会的地位を高め、強く教師の工作、学習と生活条件を改善し、教師を人々に最も尊重される職業にするように努力する。

(40) 教育の改革と発展は教師に対して新しく高い要求を提出する。教師は、人類の魂の工程師であり、必ず自己の思想政治素養と業務水準を高める努力をし、教育事業を熱愛し、人を教え育て、人の模範となる。教学を誠心的に組織し、教育改革に積極的に参加し、不断に教学質量を高める。

(41) さらに一歩教師集団の養成・研修を強化する。師範教育は、小・中学校の教師集団の養成の工作の元の機関であり、各級政府は、それへの教育財政の投入を強化し、師範教育を効果的に運営し、優秀な中学校の卒業生が師範院校を受験することを鼓舞する。さらに、一歩師範院校が一定の入学生の比例を拡大し、師範の卒業生の服務期間制度を建立し、卒業生が小・中学校に勤務することを保障する。その他の高等院校も小・中学校と職業技術学校の教師の養成を積極的に引き受けなければならない。教師養成計画を制定し、中青年教師が不断に研修することを促進し、絶大多数の小・中学校教師を国家の規定する学歴合格標準に到達させ、小学校と初中学校の教師の内、専科と本科の学歴をもつ者の比重をしだいに高めなければならない。

高等学校における教師養成工作は、国内中心、在職者中心、実践強化、多種形式設置の原則を堅持しなければならない。教学科学研究の力量が比較的に強い高等学校は、教員養成中の中核作用を発揮しなければならない。多種の形式を取り、教師と社会の密接な関係を促進し、実際の工作部門から比較的に水準の高い専門家を講師として招き、高等学校間の教師の相互交流を強化する。中青年中心となる教師中から中青年の学術専門家を抽出する制度を扶助・養成することを建立する。

(42)　教育系統の給与制度を改革し、教師の給与待遇を高め、しだいに教師の給与水準と全民所有制の企業と同等に高める。「八五」期間、教育系統の平均給与を全民所有制従業員の平均給与より高める。国民経済の十二の業種中、中等以上の水準に上げ、その中で高等学校の平均給与全民所有制企業の平均水準より高める。

教育の得点に符合する給与制度と正常な給与増長機構を建立し、教師の給与を国民収入の増長にしたがってしだいに増長させることを切実に保障する。労働に応じた分配の原則にしたがって、平均主義、年功序列の傾向を克服し、貢献が大きく、教学質量の高い教師にさらに高い給与収入を与える。過去の集中統一の給与管理制度を改革し、国家のマクロな調整を前提として、地方、部門と学校に自主権を享有させる。国家は教育系統の給与制度の基本原則と基本給与標準を規定し、各省、自治区、直轄市政府と中央主管部門は、基本給与の標準を下回らないという前提のもとで、具体的な給与標準を確定し、全国を「一刀切」に統一しない。学校は、内部の給与標準関係を調整し、給与を増加させ、学校基金を分配する自主権をもつ。

(43)　機構と人員を簡素化し、学校経営の効益を高め、二十一世紀の需要に適応して、必ず有能で素質が良く、待遇が比較的高い教師集団を形成する手段をとる。合理的な学校人員の編制標準を制定し、厳格に試験を行い、人員を精選し、一人一人の教師が負担する学生の人数を高める。超過した人員に対しては、各級の人事、労働、教育部門と学校が、政府の統率下において、多種の就業方法を媒介としてより良く計画し、各所各所の長所を発揮する。

(44)　住居とその他社会福利方面において、教師を優先する政策を執行する。各級の政府は、実際に可能性のある計画を制定し、迅速に都市の教職員の家族に当地の住民の平均水準に等しい住居面積を与えなければならない。住居制度の改革中においては、教職員の住居の建設、分配、売買と貸借に対して、優先実行、優先政策を行い、しだいに社会化しなければならない。教職員の住居建設の責任は地方政府と主管部門にあり、その基本建設投資においては、多種の集金の方法が実行されなくてはならない。地方政府と主管部門は、教職員の住居建設の投資を増加させ、「八五」期間、学校の教職員の住宅条件を明確に改善させなければならない。

各地は、しだいに医療、退職保険等の方面の教師保障制度を建立しなければならない。

(45) さらに一歩民営教師の工作を改善する。目前の農村の学校には大量の民営教師が存在し、それは歴史的に形成されたものである。各地は、民営教師の給与管理体制と統制方法を改新し、民営教師に補充費を増加し、民営教師の待遇を改善し、しだいに民営教師と公営教師の職位と報酬を同等にしなければならない。退職した民営教師に対しては、生活補助を与え、条件の整った地方は、しだいに民営教師に保険福利基金を設立しなければならない。師範院校は、一定程度部分的に民営教師の入学措置をとらなければならない。各地は、当地の実際状況を根拠として毎年一定数量の労働指標を計画し、優秀な民営教師の中から公営教師を選抜しなければならない。多種の方法により、しだいに民営教師の比重を減少させなければならない。

(46) 各級の政府と学校は、優秀な教師と教育工作者に対して、精神と物質の奨励を振興しなければならない。突出した貢献をした教師に対しては特殊手当あるいは奨励を与え、かつその制度を形成しなければならない。各級政府、社会団体、企業と個人は、教師奨励基金を提唱し、鼓舞しなければならない。

六　教育経費

(47) 教育投資体制を改革、改善し、教育経費を増加する。目前の教育経費は相当に緊迫しており、急速な改革開放と現代化のための人材の需給に適応できていないばかりではなく、現在の教育事業の発展の基本的な需要も満足させていない。教育投資の増加は、教育戦略地位の実現の根本措置である。各級の政府、社会各方面と個人はすべて教育の投入に対して努力し、教育事業の優先的発展に努力しなければならない。しだいに国家財政を主として、教育の税費の徴収、非義務教育段階の学生からの学雑費の徴収、校営産業の収入、社会寄附金と教育基金の設立等の多種の集金方法を副とする教育経費体制を建立しなければならない。立法を通して、教育経費の安定財源確保と増長を保障しなければならない。

(48)　教育経費徴収の主要措置

しだいに国民総生産値に占める国家財政中の教育経費支出（包括、各級教育費目、財政、都市教育費付加金、企業の小・中学校設置費用、校営産業の減税部分）の比率を、本世紀末までに四パーセントまで到達させなければならない。計画、財政、税務等の部門は相応の政策措置をとり、真剣に実現しなければならない。

各級の政府は、必ず『教育体制改革に関する中共中央の決定』が規定する「中央と地方の政府の教育支出の増長は、財政経常収入の増長を上回り、かつ在校学生の人数に応じた平均の教育費用をしだいに増加させなければならない」という原則を、真剣に貫徹しなければならない。そして、教師給与と生徒一人当たりの公用経費が毎年増加することを保障しなければならない。各級の財政支出に占める教育経費の占める比率を高め、「八五」期間にしだいに全国平均が一五パーセント以下になってはならない。省（自治区、直轄市）の本級政府、県（市）級の政府の財政支出中の教育経費の比率は、各省、自治区、直轄市政府により確定される。町（村）の財政収入は主要には教育の発展に用いられる。

さらに一歩都市教育費付加の徴収方法を改善する。産品税、増値税、営業税を納めている単位や個人は、その「三税」の二パーセントから三パーセントを都市教育費用付加として徴収する。農村教育費付加の徴収方法と比率は、各省、自治区、直轄市政府により制定される。上述の徴収金は、主要には九年義務教育の普及に用いられる。地方政府は、また当地の教育の発展の実際の需要、経済状況と大衆の財政能力に応じてその他の教育の付加費を徴収できる。

非義務教育段階の学生の学費の標準を高め、同時に状況に応じて義務教育段階の学校の雑費収入の標準を確定する。学費と雑費の徴収の標準と方法は、省、自治区、直轄市政府と直接学校を管理する、中央業務部門が大衆の財政能力を考慮して確定させる。集金管理を強化し、乱収費を厳しく禁じる。条件を創造し、学生が勤工倹学に参加することを鼓舞・支持する。家庭の経済が困難な学生には、学雑費を減免し、貸学金を提供する。

継続的に強く校営産業と社会サービスを発展させ、しだいに教育改革とその発展を支持するサービス体系を支持し、各級政府と関係部門は、優遇政策の措置をとる。

工場・鉱山を経営する企業、事業単位、社会団体と個人は、志願と力量の原則により学校への資金援助、学校経営資金の徴収、教育税の徴収を行うことを鼓舞し、提唱し、香港・台湾の同胞、海外華僑、外国籍の団体や友好を結ぶ個人が資金援助や物資支援を行うことを歓迎する。各級の政府は、資金徴収の工作の統率管理を強化しなければならない。

金融、信託手段を運用し、教育基金を融通させ、校営産業、高度で新しい科学技術の企業を支持し、勤工倹学の発展につなげ、教育備蓄金と貸学金等の業務を開始する。具体的方法は、国家教育委員会とその関係部門が制定する。積極的に教師の退職養老基金、医療保険基金等の工作を展開する。

(49) 各級各種の学校、特に小・中学校、職業技術学校の機器や設備、教科書と図書資料等の不足の問題の解決を重視する。機器設備や図書資料を買い入れるための資金を増加する。各級政府は、教科書及び教学用の図書資料の出版発行と教学機器設備の生産・供給に関して、優先と優遇の政策を実行する。

継続して学校の危険校舎の改築工作を強化し、およそ危険校舎の使用を停止し、当地の政府により期限つきで解決されなければならない。学校施設の倒壊による教師や児童・生徒の死亡事故が発生した場合には、当地の政府の主要な責任者の責任が追及されなくてはならない。学校の校舎と運動場の占用を堅く制止し、学校の教学活動の正常な進行を保障する。

(50)　各級の教育部門と学校は必ず教育経費の使用効益を高める努力をしなければならない。合理的に教育事業の規模を計画し、教育機構と部局を調整し、機構上の浪費を避けなければならない。奮闘し、学校経営の方針を遵守し、健全な財務規則制度を建立し、財務会計の専門集団を建設する。各級の財政と審査部門は、財務監督と審査を強化し、共同して教育経費の管理と利用を効率的に行わなければならない。

中華人民共和国義務教育法

（一九八六・四・一二　第六全人大第四次会議）

第一条　基礎教育を発展させ、社会主義的物質文明と精神文明の建設を促進するために、憲法と我が国の実情に基づいて、本法を制定する。

第二条　国は、九年制義務教育を実施する。省、自治区、直轄市は、当該地区の経済、文化の発展状況に基づいて、義務教育の実施プランを確定する。

第三条　義務教育は、国の教育方針を貫徹し、教育の質を高め、児童や生徒が徳育、知育、体育などの面において全面的に発達できるようにし、全民族の素質を高め、理想を持ち、道徳的で、教養があり、規律性のある社会主義建設の人材の育成のために、基礎を打ち固めなければならない。

第四条　国、社会、学校、家庭は、法により学齢児童、少年が義務教育を受ける権利を保障する。

第五条　年齢が満六歳に達した児童はすべて、性別や民族、人種の別なく入学し、規定年限の義務教育を受けなければならない。条件が整わない地区では、七歳入学に遅らせることができる。

第六条　学校は、全国に通用する共通語を広め、使用しなければならない。少数民族の生徒を主として受け入れる学校では、少数民族の使用する言語、文字を用いて教育することができる。

第七条　義務教育は初等教育、前期中等教育の二段階に分けることができる。初等教育の普及を基礎に、前期中等教育を普及させる。初等教育と前期中等教育の学制は、国務院の教育管轄部門が制定する。

第八条　義務教育の事業は、国務院の指導のもとで、地方責任制、各級管理制を実施する。国務院の教育管轄部門は、社会主義的現代化建設の必要性と、児童、少年の心身の発達の状況に基づいて、義務教育の教育制度、教育内容、科目設置を確定し、教科書を審査、修正する。

第九条　地方の各級人民政府は、合理的に小学校や前期中等学校を設置し、児童、少年、少女を近くの学校に入学させなければならない。地方各級人民政府は、盲、聾唖、精神薄弱の児童、少年少女のために特殊教育学校（クラス）を開設する。国は、企業や事業単位、その他の社会組織が、現地の人民政府の統一的管理のもとで、国の規定する基本的要求に基づいて、本法に規定する各種の学校を開設することを奨励する。

第一〇条　国は義務教育を受ける生徒から授業料を徴収しない。国は奨学金を設立し、貧しい生徒の就学を助ける。

第一一条　父母または後見人は、学齢に達した子女またはその保護する者を期日に従って入学させ、規定年限の義務教育を受けさせなければならない。病気その他の特別の事情により入学を延期したり、入学を免除したりする必要のある学齢児童、生徒については、児童、生徒の父母または後見人が申請し、当該地区の人民政府がこれを許可する。いかなる組織または個人も、義務教育を受けるべき学齢児童、生徒を雇用し、就労させてはならない。

第一二条　義務教育の実施に必要な事業費と基本建設資金は、国務院と地方各級人民政府が責任をもって措置し、保障する。国が義務教育に用いる財政支出の増加比率は、財政経常収入の増加比率を上まわらなければならない。また、在籍生徒一人あたりの平均教育費用を次第に増加させなければならない。地方各級人民政府は、国務院の規定に従って、都市、農村で教育事業付加金を徴収し、主として義務教育の実施のために用いる。国は、経済的に困難な地区の義務教育実施経費に対して、補助金を与える。国は、各種の社会組織や個人が自発的に寄付し、援助することを奨励する。国は、教員養成や財政面で、少数民族における義務教育の実施を援助する。

第一三条　国は、措置を講じて、師範教育を強化、発展させ、教員の養成、訓練を推進し、小学教員は中等師範学校卒業以上の水準を、前期中等学校の教師は高等師範専科学校卒業以上の水準が具わるように、計画的にその実施を図る。国は、教員の資格審査制度を作り、合格した教師に資格証書を授与する。師範学校の卒業生は、規定に基づき、教育の仕事に従事しなければならない。国は、教師が長期間教育事業に従事することを奨励する。

第一四条 社会全体が教師を尊重しなければならない。国は、教師の合法的権益を保障し、教師の社会的地位の向上や教師の物質的待遇の改善のための措置を講じ、優秀な教育労働者を表彰する。教師は、社会主義事業を熱愛し、自己の思想、教養、仕事の水準向上に努め、生徒を愛護し、職責に忠実でなければならない。

第一五条 地方各級人民政府は、学齢児童、少年が義務教育を受けられるよう、その条件を作り出さなければならない。病気や特別の事情によって当該地域の人民政府の許可を得た場合以外は、学齢に達しているにもかかわらず入学して義務教育を受けようとしない児童、少年少女に対し、当該地域の人民政府はその父母ないし後見人を説諭し、有効な措置をとって子女または被保護者の入学を命じる。

第一六条 いかなる組織、個人も、義務教育経費を着服したり、上前をはねたり、流用したり、教学秩序を混乱させたりしてはならず、学校の敷地や建物、設備を占有したり破壊したりしてはならない。教師を侮辱したり、殴打することを禁止する。生徒への体罰を禁止する。宗教を利用して義務教育の実施を妨害する活動を行ってはならない。第一項、第二項の規定に違反した者には、状況に応じて行政処分や行政処罰に処する。情状が重く犯罪を構成する場合には、法により刑事責任を追及する。

第一七条 国務院の教育管轄部門は、本法に基づき、実施細則を制定し、国務院の承認を経て施行する。省、自治区、直轄市の人民代表大会常務委員会は、本法に基づき、当該地区の実情にあわせて、具体的な実施方策を制定することができる。

第一八条 本法は一九八六年七月一日より施行する。

中華人民共和国義務教育法実施細則

（一九九二・三・一四　経国務院批准国家教育委員会令第十九号発布）

第一章　総　則

第一条　中華人民共和国義務教育法（以下簡単に義務教育法と略す）の第一七条の規定を根拠として、本細則を規定する。

第二条　義務教育法第四条にいう適齢児童、少年とは、法により入学から修了の年限の義務教育の年齢段階の児童、少年である。適齢児童・少年が受ける義務教育の入学年齢と年限及び学習年限の延長あるいはその他の特殊事情による在校年限の延長は、省級人民政府により義務教育法の規定とその地区の実際状況に応じて確定される。盲、聾唖、智力の弱い児童と少年は、義務教育の入学年齢と在校年齢を適当に緩やかにすることができる。

第三条　義務教育の実施は、国務院の管理・監督、地方人民政府の責任により、省、市町村の分級管理による。各級の教育主管部門は、その関係の人民政府の管理・監督の下、具体的にその行政区域内で行う義務教育の工作を組織・管理する責任を負う。

第四条　省級の人民政府は、その地区の経済と社会発展の状況にもとづき、因地制宜（その地域の事情を考慮しながら制御して）、段階に応じて、段取りよく九年制義務教育を遂行する。

第五条　義務教育の実施は、都市は市あるいは市の管轄する区を単位として組織的に進行する。農村は、県を単位として組織的に進行し、町（村）の範囲まで実行する。

工業・鉱業区、農業・開墾区、林業区等の組織は、省級の人民政府の規定により、義務教育を実施するための行政区域の単位を組織する。

第六条　義務教育の実施の任務を受ける学校は以下の通りである。地方人民政府が設置した或いは設置を批准した全日制の小学校、全日制の普通中学校、九年一貫制学校、初級中等職業技術学校、各種の形式の簡易小学校或いは教学所（班或いは組）、盲童学校、聾唖学校、知能が弱い児童の補習学校（班）、工読学校等。

文芸、体育と特別な種類の工芸等の単位は、招集した適齢児童、少年が義務教育を受けることを保障しなければならない。上述した単位は自ら義務教育の教学工作を実施し、県級以上の教育主管部門の批准を経なければならない。

第二章　順序（段取り）の実施

第七条　九年制の義務教育を実施し、二つの段階に分けることができる。第一段階、初等義務教育を実施し、第二段階、初等義務教育を実施することを基礎として、その上に中等義務教育を実施する。初等教育は義務教育法が規定する要求に到達させ、直接に初級中等義務教育を実施することができる。

第八条　義務教育の実施については、以下の基本条件を備えなければならない。

(1)　適齢児童・少年の数量に適合する校舎及びその他の基本的な教学施設を備えていること。

(2)　編成標準に応じて配備された教師と義務教育法の規定の要求に符合する教師集団をもつこと。

(3)　一定の経済能力をもち、規定の標準に照らしてしだいに教学機器、図書資料と文化娯楽、体育、衛生器材を配備すること。

地方各級の人民政府とその他の学校運営単位は、積極的に措置をとり、不断に義務教育を実施する条件を改善しなければならない。

第九条　直接に初等義務教育を実施することが困難な場合には、二つの実施方法をとる。市級あるいは町級の人民政府により報告が提出され、報告された省級人民政府が決定するかあるいは地方性の法規により処理される。

第一〇条　各級人民政府は、本世紀末までに初等義務教育を普及させることに努力しなければならない。全国の大部分の地区において、基本的に義務教育あるいは初級中等義務教育が普及されなければならない。省級人民政府は、義務教育実施計画を制定し、義務教育実施の目標、その計画の完成の期限と措置等を規定しなければならない。該当する市級あるいは町級の人民政府は、省級の人民政府の計画を根拠として義務教育実施の具体的な方案を制定しなければならない。

第三章　就　学

第一一条　当地の基層人民政府あるいは義務教育を実施する権限をもつ学校は、新学年が始まる十五日前に義務教育を受ける児童・生徒の入学通知をその父母あるいはその他の保証人に送らなければならない。適齢児童・生徒の父母あるいはその他の保証人は必ずその通知にしたがってその子女あるいはその他の被保証人に入学を要求する。

第一二条　適齢児童・少年は、その父母あるいはその他の保護者の提出する申請により、県級以上の教育主管部門あるいは市町級人民政府の批准を経て、就学免除、一定期間の停学ができる。身体の原因により就学免除や一定期間の停学をする者は、教育主管部門以上が指定する医療機関の証明を付さなければならない。停学期間においてまだ就学が不可能と判断された場合は、重ねて停学申請書を提出できる。

第一三条　父母あるいはその他の保証人でその適齢子女あるいはその他の被保証人を入学させない場合、及び在校生で義務教育を受ける適齢子女あるいはその他の被保証人を転学させない場合、都市の場合には市の管轄の人民政府及びその教育主管部門により、農村の場合は県級人民政府により措置がとられ、その子女あるいは被保証人の就学が措置される。

第一四条　適齢児童・少年で戸籍のない住所で義務教育を受ける者は、戸籍の所在地の県級の教育主管部門あるいは町村の人民政府の批准を経て、居住地の人民政府の関係規定にもとづき、他の学校で一定期間通学することを申請することができる。その場合、その適齢児童・少年が受ける義務教育の年限は、その戸籍の所在地の規定に準拠する。

第一五条　規定の年限の義務教育を修了した児童・少年に対しては、学校により義務教育の完成の修了証書が発行される。義務教育の完成の証書の格式は、省級の教育主管部門により統一的に制定される。当地の規定する年限の義務教育を獲得、修了したことを証明する卒業証書あるいは修業証書は、義務教育を完成したことを可視的に確認できる証書でなくてはならない。

第一六条　適齢児童・少年は、学業成績が優秀で規定の年限の義務教育相応の初等教育あるいは初級中等教育の卒業程度を満たし、義務教育の完成とみるものでなくてはならない。

第一七条　義務教育を実施する学校は、雑費を集金することができる。その雑費の標準とその具体的な徴収方法は、省級の教育、物価、財政部門が提出する方案により、省級の人民政府の批准により報告される。それは、徴収が免じられる雑費を規定し、その規定は、継続して執行される。家庭経済が困難な学生に対しては、事情を考慮して雑費徴収の減免措置がとられなくてはならない。その他の行政機関と学校は、国家の関係規定に違反して、自ら雑費徴収の項目や標準を規定してはならない。さらに学生に対してみだりに雑費を徴収してはならない。

第一八条　義務教育法第一〇条第二項に規定する助学金を享受する貧困学生とは、初級中等学校、特殊教育学校の家庭経済が困難な学生、少数民族地区、経済困難地区、辺境地区の小学校及びその他の寄宿制小学校の家庭経済が困難な学生を指す。助学金制度の実行の具体的な方法は、省級人民政府の規定による。

第四章　教育教学

第一九条　義務教育の実施については、必ず国家の教育方針を貫徹し、社会主義方向を堅持し、教育と生産労働の相結合を実行し、学生に対して徳育・智育・体育・美育と労働教育を進行しなければならない。

第二〇条　義務教育を実行する学校は、国務院の教育主管部門が発布する指導性のある教学計画、教学大綱と省級教育主管部門が制定する教学計画にしたがって、教育教学活動を実行しなければならない。

第二一条　義務教育を実施する学校は、国務院の教育主管部門が査定あるいは査定の権限が授権された省級の教育主管部門が査定した教科書を使用しなければならない。査定を経ない教科書は使用してはならない。ただし、国家が別に規定する場合を例外とする。

第二二条　義務教育を実施する学校の教育教学工作は、学生全体の心身の発達の需要に適応しなければならない。学校と教師は、学生に対して体罰や、形を変えた体罰あるいは人格の尊厳を侮辱するような行為をしてはならない。品行に欠陥があり、学習に困難がある児童・少年は、扶助され、蔑視してはならない。

第二三条　義務教育を実施する学校は、都市の経済、社会発展と学生自身の発展の実際状況を根拠として、計画的に学生に対して職業指導教育と職業準備教育あるいは労働技芸教育を進行させることができる。

第二四条　義務教育を実施する学校は、教育教学と各種の活動中において、全国に通用する普通語の使用を広めなければならない。師範院校の教育教学と各種の活動においては、普通語を使用しなければならない。

第二五条　民族自治の地方は、義務教育法及びその他の関係法律規定に照らして、その地区の義務教育を組織し、実施する。義務教育を実施する学校の設置、学制、学校運営形式、教学内容、教学用語は、民族自治地方の自治機関が関係法律に依拠して決定する。少数民族に通用する語言文字を使用して教学する学校は、小学校の高学年あるいは中学校に中国語文の課程を開設したり、さらに実際状況を根拠として適当に繰り上げて開設できる。

第五章　実際保障

第二六条　義務教育を実施する学校の設置は、その設置する区の市級あるいは県級の人民政府により統率的に計画され、合理的に付設される。小学校の設置は、適齢児童・少年がすぐ近くの学校に入学できるように有利に設置されなくてはならない。寄宿制小学校の設置は、適当に集中させることができる。普通初級中学と初級中等職業技術学校の設置は、人口分布と地理条件を根拠として相対的に集中させなければならない。盲聾学校（学級）の設置は、省級あるいは設置区域の市級の人民政府の統括的な計画による。聾啞学校（学級）と知能の弱い児童の補習学校（学級）の設置は、設置区域の市級あるいは県級の人民政府の統括的な計画による。

第二七条　省級人民政府は、義務教育を実施する各種の学校の経費の徴収定額を制定し、かつ学生人数の平均の公用経費の徴収標準、教職員の編制標準と校舎建設・図書資料・機器設備の配置等の標準を制定しなければならない。地方各級の人民政府は、実施計画を制定し、期間を分けて先に規定した学校運営条件の標準を何回かに分けて設定し、検査を進行させる。

第二八条　地方の各級の人民政府が設置する義務教育を実施する学校の事業費と基本建設投資は、地方各級人民政府の責任により徴収される。義務教育に関する財政支出の増長比例は、一般財政経常性収入の増長比例より高くなくてはならず、かつ在校学生の人数の平均の教育費用をしだいに増長させなければならない。社会力量が設置する義務教育を実施する学校の事業費と基本建設投資は、学校運営単位あるいは国家の批准を経た私人の学校運営者の責任をもって徴収する。中央と地方の財政は、具体的な状況に注意し、経済困難な地区と少数民族が集合する地区に対して、財政上の適当な補助を行わなくてはならない。地方の各級の人民政府は、各種の社会力量から個人までが自主的な寄付による学校支援を行うことを鼓舞する。

第二九条　法にもとづき教育費付加の徴収は都市が行い、予算管理への納入は、教育主管部門により統率的に計画され、その分配方案の提出は、同級の財政部門の同意の後にとされ、小・中学校の学校運営条件の改善に使用される。農村の場合には、町村級の人民政府が責任をもって統率的に計画し、主要には国家の補助、団体が支給する給与の中の教師の給与を用いて、学校運営条件の改善や学校の公用経費の補充等に使用される。学校の勤工倹学の収入は、部分的には学校運営条件の改善に用いられる。

第三〇条　義務教育を実施する各種の学校の新設・改築・建て増しは、都市建設の全体計画に入れ、かつ居住する人口と義務教育の実施計画と協調させなければならない。義務教育を実施する学校の新築・改築・建て増しに必要な資金は、都市においては当地の人民政府が責任をもって基本建設投資計画に入れるか、あるいはその他の資金徴収の方法をとらなければならない。農村においては、町村が責任をもって徴収し、県級の人民政府が困難な郡、村については情状酌量して補助する。

第三一条　地方の各級の人民政府は、義務教育を実施する各種の学校の教科書と文具紙については、時間・質・量に応じて提供する。

第三二条　省級の人民政府は、師範教育を計画し、切実な措置を取り、強化・発展させなければならない。かつ、その他の高等学校を義務教育のための教師養成の機関として組織しなければならない。盲、聾唖、弱智の児童の学校の教師集団については、省級人民政府が実際状況を根拠として組織し、養成する。

第三三条　各級の教育主管部門は、義務教育を実施する学校の教員養成工作を強化、実施し、教師の思想政治素質と業務水準を義務教育法が規定する要求の程度にまで到達させなければならない。各級の人民政府は、養成工作を強化し、義務教育を実施する学校の校長の思想政治素質と管理水準を高めなければならない。校長と教師の在職研修は、県級以上の地方各級の教育主管部門が責任をもって組織する。

第六章　管理と監督

第三四条　地方の各級の人民政府及びその教育主管部門は、義務教育の実施の目標責任制を建立し、義務教育を実施する情況をその関係の責任者の政治的・行政的業績の試験の重要な内容とする。

第三五条　県級以上の各級人民政府は、義務教育の実施の工作に対して監督・指導・検査の制度を設けなければならない。

第三六条　義務教育を実施する学校及びその他の機関は、義務教育を実施する工作上、当地の人民政府及びその教育主管部門の管理、指導と監督を受けなければならない。

第三七条　地方の各級の人民政府は、義務教育の実施に関して突出した貢献をした企業事業組織、学校、社会団体、舞台、居（村）民組織と公民に対して、奨励を与えなければならない。

第七章　罰　則

第三八条　以下にあげた事実に該当する場合には、地方人民政府あるいは関係部門がその管理権限により、関係する責任者に対して行政処分を与える。

(1)　職務上の怠慢または過失により期日までに義務教育の実施計画の目標が実現できない場合。
(2)　特殊な原因がなく、期日までに義務教育を実施する学校の運営条件の要求を満たさない場合。

(3) 学生の退学に対して未だ必要な措置により解決をしていない場合。
(4) 正当な理由がなく該当地区あるいは該当の学校で義務教育を受ける適齢の児童・少年の就学を拒絶した場合。
(5) 学校校舎、運動場の賃貸や貸し出しあるいは他への転用により、義務教育の実施を妨害した場合。
(6) 法律による審査を経ない教科書を使用して、不良な影響を起こした場合。
(7) その他義務教育の実施を妨害した場合。

第三九条　以下にあげた事実に該当する場合、地方人民政府あるいは関係部門がその管理権限により、関係の責任者に対して行政処分を与える。情状が重く犯罪を構成する場合は、法により刑事責任を追及する。
(1) 義務教育の財政支出を侵犯、悪用、乱用した場合。
(2) 職責をおろそかにして、校舎を倒壊させ、教師と児童・生徒に傷害や死亡に至らせる事故を生じさせた場合。

第四〇条　適齢児童・少年の父母あるいはその他の保護者が未だ規定に応じて子女あるいはその他の被保護者に義務教育を受けさせない場合、都市においては市の管轄の人民政府あるいはその指定する機関、農村においては郡級の人民政府により、批評教育が実行される。教育を受けることを依然として拒否し、その子女あるいは被保護者を就学させない場合、具体的情況をみて、処罰したり、かつその子女あるいは被保護者を就学させるその他の措置を取らなければならない。

第四一条　義務教育を受けなければならない児童・少年を工業・商売あるいはその他の雇用性のある労働に従事させた場合、国家の童工の使用禁止に関係する規定により処罰される。

第四二条　以下にあげた事実に該当する場合、会計部門により行政処分が与えられる。『中華人民共和国治安管理処罰条例』に違反した場合、公安機関により行政処分が与えられ、犯罪を構成する場合は、法により刑事責任が追及される。

(1)　義務教育を実施する学校を錯乱させた場合。
(2)　教師、学生を侮辱・殴打した場合。
(3)　学生を体罰した情状が重い場合。
(4)　学校の校舎、運動場と設備を侵犯あるいは破壊した場合。

第四三条　行政処分の決定に不服の当事者は、法律・法規の規定により複議ができる。当事者がその複議の決定に不服の場合には、法律・法規の規定により人民法院に訴訟を起こすことができる。当事者がその規定された期間内に複議を申請しない場合、また、人民法院に提訴しない場合、処罰の決定が履行されない場合、処罰を決定した機関が、人民法院に強制執行を申請し、あるいは法により強制執行される。

第八章　附　則

第四四条　適齢児童の入学年齢は、新学年の始業前に達した時の実際年齢を基準とする。
第四五条　本細則は、国家教育委員会の責任により解釈される。
第四六条　本細則は発布の日より施行される。

中華人民共和国教師法

（一九九三・一〇・三〇　第八全人大　第四次会議）

第一章　総　則

第一条　教師の合法的な権益を保障し、良好な思想・品徳の修養と業務の素質をもつ教師集団を建設し、社会主義教育事業の発展を促進するため、本法を制定する。

第二条　本法は、各級各種の学校とその他の教育機関において、専門的に教育教学の仕事を行う教師に適用される。

第三条　教師は、教育教学の職責を履行する専業人であり、教育指導を通じて社会主義事業の建設者とその後継者を養成して、民族の素質を高める使命をもつ。教師は、人民の教育事業に忠誠でなくてはならない。

第四条　各級の人民政府は、教師の思想政治教育と現職教育を強化し、教師の労働条件と生活条件を改善し、教師の合法権益を保障し、教師の社会的地位を高める措置を採らなくてはならない。全社会は、すべて教師を尊重しなければならない。

第五条　国務院の教育行政部門は全国の教師の労働を主管する。国務院の関係部門は、その職権の範囲内で関係の教師の労働に責任を負う。学校とその他の教育機関は、国家規定を根拠として自主的に教師管理の仕事を進行させる。

第六条　毎年九月一〇日を「教師節」とする。

第二章　権利と義務

第七条　教師は、以下の権利を享受する。

(1) 教育教学活動を進行し、教育教学の改革と実験を展開する。

(2) 科学研究に従事し、学術交流を行い、専門的な学術団体に参加し、学術活動を通じて、充分に意見を発表する。

(3) 学生の学習と発展を指導し、学生の品行と学業成績を評定する。

(4) 労働時間に応じて給与の報酬を獲得し、国家が規定する福利待遇例えば冬季・夏季の有給休暇を享受する。

(5) 学校の教育教学、管理、教育行政部門の活動に対して、意見や建議を提出して、教職工代表大会あるいはその他の形式を通して、学校の民主管理に参加する。

(6) 研修あるいはその他の形式の養成に参加する。

第八条　教師は、以下の義務を履行しなければならない。

(1) 憲法、法律そして職業道徳を遵守し、人の手本となる。

(2) 国家の教育方針を貫徹し、規定制度を遵守し、学校の教学計画を執行し、教師の聘約を履行し、教育教学の任務を完成する。

(3) 学生に対して、憲法が規定する基本原則の教育と愛国主義、民族団結の教育を進行し、法制教育及び思想品徳・文化・科学技術の教育を行い、学生が有益な社会活動を展開することを指導・組織する。

(4) 全体の学生に心を配り、大切にし、学生の人格を尊重し、学生の品徳、智力、体質等の方面の全面発達を促進する。

(5) 学生に有害な行為あるいはその他学生の合法権益を侵犯する行為を制止し、学生の健康な成長に有害な現象を批評し、排斥する。

(6) 常に思想政治上の覚悟と教育教学の業務の水準を高める。

第九条 教師に対して、教育教学任務の完成を保障するため、各級人民政府、教育行政部門、関係部門、学校とその他の教育機関は、以下の職責を履行しなければならない。

(1) 国家安全基準に適合する教育教学施設・設備を提供する。

(2) 必要な図書、資料及びその他の教育教学用品を提供する。

(3) 教師の教育教学、科学研究中の創造性のある仕事を鼓舞し、帮助する。

(4) 教師が学生への有害な行為やその他の学生の合法権益を侵犯する行為を制止することを支持する。

第三章　資格と任用

第一〇条 国家は教師資格制度を実行する。中国公民は、すべて憲法と法律を遵守し、教育事業を熱愛し、良好な思想品徳をもち、本法が規定する学歴を取得あるいは国家の教師資格試験の合格を経て、教育教学能力をもつ、合格の認定された教師資格を取得することができる。

第一一条 教師資格のために取得しなければならない相応の学歴とは、以下のようである。

(1) 幼稚園教師の資格を取得するためには、幼児師範学校の卒業及びそれ以上の学歴を持たなくてはならない。

(2) 小学教師の資格を取得するためには、中等師範学校の卒業及びそれ以上の学歴を持たなくてはならない。

(3) 初級中学教師、初級職業学校の文化・専業課の教師資格を取得するためには高等師範専科学校あるいはその他大学専科の卒業及びそれ以上の学歴を持たなくてはならない。

(4)　高級中学教師資格と中等専業学校・技工学校・職業高中文化課及び専業課の教師資格を取得するためには、高等師範院校あるいはその他の大学本科の卒業及びそれ以上の学歴を持たなくてはならない。中等専業学校、技工学校及び職業高中学生実習指導教師資格を取得するためには、国務院教育行政部門が規定する学歴を持たなくてはならない。

(5)　高等学校教師資格を取得するためには研究生あるいは大学本科卒業の学歴を持たなくてはならない。

(6)　成人教育の教師資格を取得するためには、その成人教育の段階・類別・区別に応じて、高等・中等学校の卒業及びそれ以上の学歴を持たなくてはならない。

本法に規定する教師資格の学歴を持たない公民は、教師資格の取得を申請して、国家の教師資格試験に合格しなければならない。国家の教師資格試験制度は、国務院が規定する。

第一二条　本法実施前にすでに学校その他の教育機関で教育に従事している教師で、本法が規定する学歴を持たない者は、国務院教育行政部門が規定する過渡的な教師資格取得の方法による。

第一三条　小・中学校の教師の資格は、県級以上の地方人民政府の認定による。中等専業学校・技工学校の教師資格は、県級以上の地方人民政府の教育行政部門組織の関係主管部門が認定する。普通高等学校の教師資格は、国務院あるいは省・自治区・直轄市の教育行政部門あるいはその委託を受けた学校が認定する。本法の規定の学歴を備えた者、あるいは国の教師資格試験に合格した公民は、関係部門に教師資格の認定を要求し、その関係部門は、本法の規定の条件にしたがって認定を与えなければならない。教師資格を取得した人員が授業に就くときには、試用期間を持たなくてはならない。

第一四条　政治権利を剥奪されたり、故意に犯罪を犯し実刑以上の刑事処罰を受けた者は、教師資格を取得することはできず、すでに教師資格を取得している者は、教師資格を失う。

第一五条　各級の師範学校卒業生は、国家の関係規定にしたがって教育教学に従事する。国家は、非師範高等学校の卒業生が小・中学あるいは職業学校で教えることを鼓舞する。

第一六条　国家は、教師職務制度を実行する。具体的な方法は国務院の規定による。

第一七条　学校とその他の教育機関は、しだいに教師聘任制を採らなければならない。教師の聘任は、学校と教師の双方の平等の原則を循環させるべきであり、合同の聘任契約の締結により、双方の権利・義務と責任を明確に規定する。教師聘任制の実施の手続きと方法は、国務院の教育行政部門の規定による。

第四章　養成と研修

第一八条　各級人民政府と関係部門は、師範教育を良好に運営すべきであり、かつ優秀な青年が各級の師範学校に進学する措置を採り、鼓舞する。各級の教師が研修する学校は、小・中学校の教師を研修する任務を負う。非師範学校もまた小・中学校の教師の養成や研修の任務を持たなければならない。各級の師範学校の学生は、専業奨学金を享受する。

第一九条　各級人民政府の教育行政部門、学校の主管部門と学校は、教員研修計画を制定し、教師に対して、多種の形式の思想政治・業務の研修を遂行しなければならない。

第二〇条　国家機関、企業事業単位及びその他の社会組織は、教師の社会調査や社会実践に便宜を与え、援助しなければならない。

第二一条　各級人民政府は、少数民族地区と僻地貧困地区の教員養成と教師研修に必要な措置を採らなければならない。

第五章　試　験

第二二条　学校あるいはその他の教育機関は、教師の政治思想、業務水準、工作態度、工作成績に関して、試験を遂行しなければならない。

教育行政部門は、教師の試験の業務に関して指導と監督を遂行しなければならない。

第二三条　試験は、客観・公正・正確でなければならず、充分に教師本人、その他の教師さらに学生の意見を聴取しなければならない。

第二四条　教師の試験の結果は、聘任・昇給・賞罰の実施の参考とされる。

第六章　待　遇

第二五条　教師の平均給与の水準は、国家公務員の平均給与の水準と高低があってはならず、さらに正常な普通の昇給制度を制定しなければならない。具体的な方法は、国務院の規定による。

第二六条　小・中学校の教師と職業学校の教師は、教齢手当とその他の手当を享受し、その具体的な方法は、国務院教育行政部門と関係部門が制定する。

第二七条　地方各級人民政府は、教師及び中専以上の学歴をもつ卒業生に対して、少数民族地区と辺境貧困地区に教育教学の任に就く者に対して、補助手当を支給しなければならない。

第二八条　地方各級人民政府と国務院関係部門は、都市の教師の住宅の建設・貸借・売却に関して、優先・優遇する。県、町村の人民政府は、農村地区の小・中学校の教師の住居に便宜を与えなければならない。

第二九条　教師の医療は、当地の国家公務員が享受する待遇と同等であり、定期的に教師の身体健康診断を行い、各地の事情に併せて、適当に教師の休養の計画をする。医療機関は、当地の教師の医療に便宜を図らなければならない。

第三〇条　教師が退職及び定年退職後は、国家が規定する退職及び定年退職への待遇を享受する。県級以上の地方人民政府は長期間教育教学に従事した小・中学校の退職教師の退職金（年金）の比率を適当に高めることができる。

第三一条　各級人民政府は、社会団体が給与を支給する小・中学校の教師の待遇に関して、しだいに国家が給与を支給する教師と同程度の職務内容と報酬に達するように、措置を採るとともに国家補助を改善しなければならない。その具体的な方法は、地方の各級の人民政府が、当地区の実際状況を根拠として規定する。

第三二条　社会団体が運営する学校の教師の待遇は、運営者自身で確定させ、保障する。

第七章　奨　励

第三三条　教育教学・人間形成・科学研究・教学改革・学校建築・社会服務・勤工倹学等の方面で、優秀な成績を上げた教師は、勤務する学校により表彰・奨励される。国務院と地方各級人民政府及びその関係部門は、突出した貢献をした教師を、表彰・奨励しなければならない。重大な貢献をした教師には、国家の関係規定にしたがって栄誉称号を授与する。

第三四条　国家は、社会組織や個人に対して、法により成立した教師奨励の基金組織援助資金により支持・鼓舞し、教師に対して奨励を進行する。

第八章　法律責任

第三五条　侮辱・殴打をした教師は、状況の違いや区別を考慮して行政処分あるいは行政処罰される。損害を与えた場合は、損失の賠償の責任を課される。状況において厳重な犯罪を構成した場合は、法にもとづき刑事責任を追及される。

第三六条　法にもとづき告訴・抗告・検挙された教師に対しては、その勤務する単位あるいは上級機関に是正を課され、規定により、報復にしたがう。状況が厳重な場合は、具体的な状況を根拠として行政処分に付す。教師に対する打撃報復的な犯罪を構成した国家工作人員は、刑法第一四六条の規定により刑事責任を追及する。

第三七条　以下に挙げるような状況にある教師は、その勤務する学校、その他の教育機関あるいは教育行政部門により行政処分もしくは解雇処分を受ける。

(1)　故意に教育教学任務を完成せず、教育教学任務の達成に損失を与えた場合。

(2)　教育によらず、学生に体罰を与えた場合。

(3)　品行不良で、学生を侮辱し、劣悪な影響を与えた場合。

前第二項と三項の状況で、厳重で犯罪を構成する場合は、法により刑事責任を追及する。

第三八条　本法の規定に違反して、教師の給与の不払いや教師のその他の合法権益を侵犯した地方人民政府は、期限を定めてその是正が課される。国家財政制度・財務制度に違反して、教育経費のための国家財政を流用し、教育教学活動への厳重な妨害、教師給与の不払い、教師の合法権益への損害を与えた者に対しては、上級機関により期限を付して、流用経費の返還が課され、かつ直接の責任者に対しては、行政処分に付し、状況が厳重で、犯罪を構成する場合には刑事責任を追及する。

第三九条　教師は、その合法権益を侵犯した学校あるいはその他の教育機関に対して、その処理を不服として教育行政部門に訴えを提出できる。その場合、教育行政部門は訴えを受けた日から三十日以内に処理しなければならない。教師は、当地の人民政府の関係部門が本法に規定する教師が享受する権利を侵犯したと考えるとき、同級の人民政府あるいはさらに上級の人民政府の関係部門に訴えを提出できる。同級もしくは上級の人民政府関係部門は処理しなければならない。

第九章　附　則

第四〇条　本法に規定する用語は以下の意味をもつ。

(1)　各級各類学校とは、就学前教育・普通初等教育・普通中等教育・職業教育・普通高等教育及び特殊教育・成人教育の学校を指す。

(2)　その他の教育機関とは、少年宮さらに地方教研室・電化教育機関等を指す。

(3)　中小学教師とは、幼稚園・特殊教育機関・普通中小学・成人初等中等教育機関・職業中学及びその他の教育機関の教師を指す。

第四一条　学校その他の教育機関の教育教学補助員、その他の類型の学校の教師と教育教学補助員は、実際の状況を根拠として、本法の関係の規定を参照し、適用する。軍隊所属の院校の教師及び教育教学補助員は、中央軍事委員会により本法の関係規定を適用する。

第四二条　外国籍の教師の聘任方法は、国務院教育行政部門の規定による。

第四三条　本法は、一九九四年一月一日より施行する。

中華人民共和国高等教育法

（一九九八・八・二九　第九全人大　常委第四次会議）

第一章　総　則

第一条　高等教育事業を発展させ、科学教育興国の戦略を実施し、社会主義物資文明と精神文明の建設を促進するため、本法を制定する。

第二条　中華人民共和国の国境内において、高等教育活動に従事する場合に、本法を適用する。本法にいう高等教育とは、高級中等教育の基礎の上に実施する教育の完成を指す。

第三条　国家は、マルクス・レーニン主義、毛沢東思想、鄧小平理論の指導を堅持し、憲法が確定する基本原則を遵守し、社会主義の高等教育事業を発展させる。

第四条　高等教育は必ず国家の教育方針を貫徹し、社会主義現代化建設の服務のために生産労働を相結合し、教育を受ける者を智・徳・体等の方面において全面的に発展した社会主義事業者の建設者と後継人とする。

第五条　高等教育の任務は、創造の精神と実践能力を持つ高級な専門人材を養成し、科学技術文化を発展させ、社会主義現代化建設を促進することにある。

第六条　国家は、経済建設と社会発展の需要を根拠として、高等教育計画を策定し、高等学校を設置し、かつ積極的に高等教育事業を発展させる多種の形式を採取する。国家は、企業事業組織、社会団体及びその他の社会組織と公民等の社会力量が法にもとづき高等学校を設置し、高等教育事業の改革と発展に参加し、支持することを奨励する。

第七条　国家は、社会主義現代化建設と社会主義経済の需要の発展に応じて、異なる類型、異なる属次の高等学校の実際を根拠として、高等教育機構と資源配置の優化、高等教育の質量と効益の向上を行う。

第八条　国家は、少数民族の特点と需要を根拠として、少数民族地区が高等教育事業を発展させ、少数民族発展のために高級な専門人材を養成することを扶助し、支持する。

第九条　公民は、法により高等教育を受ける権利を享受する。国家は、少数民族の学生と経済困難な学生が高等教育を受けることを措置し、扶助する。高等教育は、必ず国家の規定に符合した基準の障害を持つ学生を入学させ、その障害を理由に入学を禁止してはならない。

第一〇条　国家は、法により高等学校中の科学研究、文学芸術の創作とその他の文化活動中の自由を保障する。高等学校で行われる科学芸術、文学芸術創作とその他の文学活動は法律を遵守して行われなくてはならない。

第一一条　高等学校は、社会に対して、法にもとづき自主的な学校運営を行い、民主管理を実行しなければならない。

第一二条　国家は、高等学校の間、高等学校と科学研究機関および企業事業組織の間において、優勢にその相互補助の協作の展開と実行を鼓励し、教育資源の使用効益を高める。国家は、高等教育事業の国際交流と合作を鼓励し支持する。

第一三条　国務院は、統一的に全国の高等教育事業を監督し、管理する。省、自治区、直轄市の人民政府は、それぞれ管轄する行政区域内の高等教育事業を統率的に調整し、主に地方の人材養成と国務院から管理権を受け高等学校を管理する。

第一四条　国務院の教育行政部門は、主に全国の高等教育の工作を管理し、国務院より確定された主要な全国の人材養成をする高等学校を管理する。国務院とその他の関係部門は、国務院が規定する職責の範囲内で、関係する高等教育の工作に責任を持つ。

第二章　高等教育基本制度

第一五条　高等教育は学歴教育と非学歴教育を包括する。高等教育は全日制と非全日制教育の形式を採用する。国家は、放送、テレビ、ラジオ、その他の放送教育の方式を採用して、高等教育を実施することを支持する。

第一六条　高等学歴教育は、専科教育、本科教育と研究生教育に分かれる。高等学歴教育は、以下の学業標準に符合しなければならない。

(1)　専科教育は、学生にその専門に必要な基礎理論、専門知識を掌握させ、その専門の仕事に従事するための基本技能と初歩能力を持たせなくてはならない。

(2)　本科教育は、学生に対して比較的に系統的に、その学科、専門に必要な基礎理論、基礎知識を掌握させ、その専門に必要な基本技能、方法と関係の知識を掌握させ、その専門の実際の工作と研究工作に従事する初歩能力を持たせなくてはならない。

(3)　修士の研究生教育は、その学生にその学科の堅実な基礎理論、系統的な専門知識を掌握させ、相応の技能、方法と関係知識を掌握させ、その専門の実際工作と科学研究の工作能力を持たせなくてはならない。博士の研究生教育は、その学生にその学科の堅実で広大な基礎理論、系統的に深い専門知識、相応の技能と方法を掌握させ、独立にその学科の創造性のある科学研究の工作と実際工作に従事する能力を具有しなければならない。

第一七条　専科教育の基本的な修業年限は二年から三年とする。本科教育の基本修業年限は、四年から五年とし、修士の研究生教育の基本修業年限は二年から三年、博士の研究生教育の基本修業年限は三年から四年とする。非全日制の高等学校の学歴教育の修業年限は適当に延長しなければならない。高等学校は、実際の需要を根拠として、主管する教育行政部門の批准を受けて、その学校の修業年限を延長することができる。

第一八条　高等教育は、高等学校とその他の高等教育機関により実施される。大学、独自に設置した学院は、主に本科および本科以上の教育を実施する。国務院の教育行政部門の批准を経て、科学研究機関は研究生の教育の任務を受けることができる。その他の高等教育機関は、非学歴高等教育を実施する。

第一九条　高級中等教育を卒業した者あるいはそれと同程度の学力があると認定された者は、試験の合格を経て、相応の学歴教育を実施する高等学校から専科生あるいは本科生の入学資格を取得する。本科を卒業した者あるいはそれと同程度の学力があると認定された者は、試験の合格を経て、相応の学歴教育を実施する高等学校、あるいは研究生の教育任務をすることを批准された科学研究機関により、修士研究生の入学資格を取得する。修士研究生を卒業あるいは同等の学力があると認められた者は、試験の合格を経て、相応の学歴教育を実施する高等学校あるいは研究生の教育任務をすることを批准された科学研究機関により、博士研究生の入学資格を取得する。特定の学科と専門の本科の卒業生は、直接に博士の研究生の入学資格が許可される。具体的な方法は、国務院の教育行政部門の規定による。

第二〇条　高等学歴教育を受ける学生は、その在籍する高等学校あるいは研究生の教育任務を行うことが批准された研究機関において、その修業年限や学業成績を根拠として、国家の関係規定に照らして、相応の学歴証書あるいはその他の学業証書を発給される。非学歴高等教育を受ける学生は、その在籍する高等学校あるいはその他の高等教育機関が発行する相応の修了証書を受ける。その修了証書には、修業年限と学業内容が記載されなければならない。

第二一条　国家は、高等教育自学試験制度を実施する。試験に合格した場合には、相応の学歴証書あるいはその他の学業証書が発行される。

第二二条　国家は、学位制度を実行する。学位は学士、修士、博士に分かれる。高等教育を受け、あるいは自学した公民で、その学業水準が国家が規定する学位水準に達した者は、学位授与単位に対して相応の学位の授与を申請することができる。

第二三条　高等学校とその他の高等教育機関は、社会の需要と自校の学校運営条件を根拠として、継続教育の工作を実施することを受けることができる。

第三章　高等学校の設立

第二四条　高等学校の設立については、国家の高等教育の発展計画に符合し、国家利益と社会公共利益に符合し、営利を目的とすることはできない。

第二五条　高等学校の設立に関しては、教育法が規定する基本条件を備えていなければならない。大学あるいは独立に設立された学院は、比較的に強い教学・科学研究の水準と相応の規模を持って初めて、本科及び本科以上の教育を実施することができる。大学は国家が規定する三つ以上の学科領域の主要教科を設けなければならない。

高等学校の設立の具体標準は国務院が制定する。その他の高等教育機関の設立の具体標準は、国務院により授権された関係部門あるいは省・自治区・直轄市の人民政府が国務院の規定の原則を根拠として制定する。

第二六条　高等学校の設立に際しては、その属次、類型、設置する学科の類別、規模、教学と科学研究の水準を根拠として、相応の名称を使用しなければならない。

第二七条　高等学校の設立の申請に際しては、審査機関に対して以下の材料を提出しなければならない。

(1)　申請報告

(2)　論証可能な材料
(3)　章程
(4)　審査機関が本法の規定に基づき提供を要求するその他の材料

第二八条　高等学校の教程は以下の事項を含めなければならない。
(1)　学校名称、所在地住所
(2)　学校運営の趣旨
(3)　学校運営の規模
(4)　学科種類の設置
(5)　教育形式
(6)　内部管理体制
(7)　経費資源、財産と財務制度
(8)　設置者及び学校の間の権利、義務
(9)　規程改正手続き
(10)　その他の規程で必要とされる事項

第二九条　高等学校の設立は、国務院の教育行政部門の審査による。そのうち、専科教育を実施する高等学校の設立は、国務院の授権を経るか、省、自治区、直轄市の人民政府の審査による。規定条件の審査に符合しないで設立された高等学校とその他の高等教育機関は、国務院の教育行政部門の権限により取消される。高等学校の設立の審査は、専門家により構成された評議機関の評議に申請されなければならない。高等学校とその他の高等教育機関の分立、終止、名称及びその他の重要事項の変更は、元の審査機関により報告され、審査の上許可されなければならない。

第四章　高等学校の組織と活動

第三〇条　高等学校は、批准、設立の日から法人資格を取得する。高等学校の校長は、その学校の法定代表者になる。高等学校は、民事活動において法により民事上の権利を享有し、民事上の責任を負う。

第三一条　高等学校は、人材養成を中心として教学、科学研究と社会サービスを行い、国家が規定する標準にまで教育教学質量を保障しなければならない。

第三二条　高等学校は、社会の需求、学校運営条件と国家が査定した学校運営規模を根拠として入学者の計画案を制定し、それぞれの系科入学者の比例を自主調整しなければならない。

第三三条　高等学校は法律にもとづき自ら学科、事業を設置、調整する。

第三四条　高等学校は、教学のニーズを根拠として、自ら教学計画を制定し、教材を選択、編集し、教学活動を組織的に実施する。

第三五条　高等学校は、自らの条件を根拠として、自主的に科学研究、技術開発と社会サービスを展開する。国家は、高等学校が科学研究、技術開発と推進の方面で、企業事業組織、社会団体及びその他の社会組織と、多種の形式の合同を進行することを鼓励する。

第三六条　高等学校は、国家の関係規定に照らして、国境外の高等学校との間で科学技術文化の交流と合同を自主的に展開する。

第三七条　高等学校は、実際の需要と精簡、効能の原則を根拠として、自主的に教学、科学研究、行政職能部門等の内部組織機能の設置と人員配置を確定する。その場合、教師及びその他専門的技術人員の職務、調整手当及び給与の分配は、国家の関係規定に照らして決める。

第三八条　高等学校は、設置者が提供する財産、国家財政性の補助金、寄付金や寄贈品を法により自主管理したり、使用する。

第三九条　国家が設置する高等学校は、中国共産党高等学校基層委員会領導下の校長責任制を実行する。中国共産党高等学校基層委員会は中国共産党規定及び関係規定に照らして、学校の活動を統一的に領導し、校長が独立に責任をもって行使する職権を支持する。その領導による職責は主要には以下のようである。中国共産党の路線、方針、政策を執行する。社会主義の学校運営方向を堅持する。学校の思想政治工作と徳育工作を領導する。学校の内部組織機関の設置と内部組織機関の人選を討論し、決定する。学校の改革、発展と基本管理制度等の重大事項を討論し、決定する。人材養成を中心とするいくつかの任務の完成を保障する。社会力量が設置する高等学校の内部管理体制は、国家の関係の社会力量による学校運営の規定により確定する。

第四〇条　高等学校の校長は、教育法規の規定に符合する任職条件を持つ公民が担任する。高等学校の校長、副校長は国家の関係規定に照らして任免される。

第四一条　高等学校の校長は全面的にその学校の教学、科学研究とその他の行政管理活動に責任を持つ。以下の職権を行使する。

(1)　発展計画を立案し、具体的な規定制定と年度の活動計画かつ組織実施計画を制定する。

(2)　教学活動、科学研究と思想品徳教育を組織する。

(3)　内部組織機構の設置方案を立案し、副校長の人選を推薦し、内部組織機構の責任者を任免する。

(4)　教師及び内部のその他活動人員を聘任、解任し、学生に対して学籍管理を進行し、かつ奨励あるいは処分を実施する。

(5) 年度経費の予算方案を立案し、校営事業を保持、管理し、学校の合法権益を維持する。
(6) 規則に制定されたその他の職権　高等学校の校長は、校長事務会議あるいは校務会議を主催し、前款に規定する関係事項を処理する。

第四二条　高等学校は、学術委員会を設立し、学科や専門の設置を審議し、教学、科学研究計画方案を審議し、教学、科学研究成果等の関係の学術事項を評定する。

第四三条　高等学校は、教職工代表大会等の組織形式を通じて、法に基づき教職員の民主管理と監督への参加を保障し、教職員の合法権益を維持する。

第四四条　高等学校の学校運営水準、教育質量については、教育行政部門の監督とその組織の評価を受ける。

第五章　高等学校の教師とその他教育活動者

第四五条　高等学校の教師及びその他の教育活動者は、法律に制定する権利を享有し、法律に制定する義務を履行し、人民の教育事業に忠誠を尽くす。

第四六条　高等学校は教師資格制度を実行する。中国公民はおよそ憲法と法律を遵守し、教育事業を熱愛し、良好な思想品徳を持ち、研究生あるいは大学本科卒業の学歴を備え、相応の教育教学能力を持ち、合格の評定を経て、高等学校の教師資格を取得できる。研究生あるいは大学本科の卒業学歴を持たない公民で学業に秀でた者は、国家教師資格試験を通して、合格の評議を経て高等学校の教師資格を取得することができる。

第四七条　高等学校は、教師職務制度を実行する。高等学校の教師の職務は、学校が受ける教学、科学研究等の任務の需要に応じて設置される。教師の職位として、助教、講師、副教授、教授を置く。高等学校の教師が前款の規定の職位に就くためには、以下にあげる基本条件を備えなければならない。

(1)　高等学校の教師資格を取得。
(2)　系統的に本学科の基礎理論を掌握する。
(3)　職務に相応する教育教学能力と科学研究能力を持つ。
(4)　職務に相応する課程とその授業に規定される教学任務を持つ。

教授、副教授は、以上の基本的な任職条件以外に、その所属する学科に必要な系統的で堅実な基礎理論と比較的に豊富な教学、科学研究の経験、顕著な教学成績、高い水準あるいは突出した教学、研究成果にあたる論文あるいは著作を持たなければならない。高等学校の教師の職務の具体的な任職条件は、国務院の規定による。

第四八条　高等学校は、教師聘任制を実行する。教師は評定を経て任職条件が具備される。それは、高等学校によりその教師の職務の職責、条件と任期聘任により異なる。高等学校の教師の聘任は、高等学校校長と受け入れられる教師の双方の平等な自由意志の原則により、聘任契約が合同的に行われる。

第四九条　高等学校の管理人員は、教育職員制度を実行する。高等学校の教学補助人員及びその他の専門技術人員は、専門技術職務の聘任制度を実行する。

第五〇条　国家は、高等学校の教師及びその他の教育工作者の合法権益を保障し、高等学校教師及びその他の教育工作者の工作条件と生活条件を改善する措置をとる。

第五一条　高等学校は、教師の研修への参加、科学研究と学術交流の展開にあたって便利な条件を提供しなければならない。高等学校は、教師、管理者と教学補助者及びその他の専門技術職員の思想政治表現、職業道徳、業務水準と工作実績に対して試験を進行する。その試験の結果は、聘任あるいは解任、昇格あるいは処分の参考とされる。

第五二条　高等学校の教師、管理者と教学補助者及びその他の専門技術者は、教学と人材養成を中心として本職の活動をしなければならない。

第六章　高等学校の学生

第五三条　高等学校の学生は、法律、法規を遵守し、学生行為規範と学校の各校の管理制度を遵守しなければならない。教師を尊敬し、学習に努力し、体質を増強し、愛国主義、集体主義と社会主義思想を樹立し、マルクス・レーニン主義、毛沢東思想、鄧小平理論の学習に努力し、良好な思想品徳を持ち、さらに高い科学文化知識と専門技能を掌握しなければならない。高等学校の学生の合法権益は、法律により保護を受ける。

第五四条　高等学校の学生は、国家の規定に照らして学費を納めなければならない。家庭経済上困難な学生は、補助あるいは学費の軽減と免除を申請できる。

第五五条　国家は奨学金を設立し、かつ高等学校、企業事業組織、社会団体及びその他の社会組織や個人が国家の関係規定に照らして各種の形式の奨学金を設立することを鼓励する。品質と学習がともに優秀な学生、国家が規定する専門の学生及び国家が規定する地区活動の学生に対しては、奨励を与える。国家は、高等学校の学生の勤工助学基金と貸学金を設立し、かつ高等学校、企業事業組織、社会団体及びその他の社会組織や個人が各種の形式の助学金を設立することを鼓励する。家庭経済が困難な学生には幇助を行う。貸学金及び助学金を獲得した学生は、相応の義務を履行しなければならない。

第五六条　高等学校の学生は、授業外の時間に社会奉仕と勤工助学の活動に参加することができる。ただし、本来の学生の任務の完成に影響を与えない限りにおいてとする。高等学校は、学生の社会奉仕と勤工助学の活動に対して鼓励や支持を与え、かつ指導や管理を進行する。

第五七条　高等学校の学生は、校内において学生団体を組織することができる。その学生団体は、法律や法規の規定の範囲内で活動し、学校の領導や管理に従う。

第五八条　高等学校の学生は、思想品徳が合格で、規定の修業年限内に規定の課程を完了し、成績に合格し、あるいは相応の履修単位を修了した場合には、卒業が許可される。

第五九条　高等学校は、卒業生、修了生のために就業指導とサービスを行わなくてはならない。国家は、高等学校の卒業生が辺境、貧困地区の活動を行うことを鼓励する。

第七章　高等教育投入と条件保障

第六〇条　国家は、国家財政を主として、その他の多種の形式の財政方法を補とする体制を建立し、高等教育の事業の発展が経済、社会発展の水準を相結合させる。国務院と省、自治区、直轄市の人民政府は、教育法の第五五条の規定に照らして国家が設置した高等教育の進歩的な増長を保証する。国家は、企業事業組織、社会団体及びその他の社会組織と個人が高等教育に対して経費の投入をすることを鼓励する。

第六一条　高等学校の設置者は、安定的な学校運営経費の財源を保障しなければならない。その投入した学校運営資金を他へ流用してはならない。

第六二条　国務院の教育行政部門と国務院のその他の関係部門は、在校学生の年ごとの一人あたりの教育資金を根拠として、高等学校の年ごとの経費支出の標準と調達の基本原則を規定する。省、自治区、直轄市の人民政府の教育行政部門は関係部門とともに、その行政区域内の高等学校の年ごとの経費支出の標準と調達方法を制定し、設置者と高等学校に対して学校運営経費の基本として依拠させる。

第六三条　国家は、高等学校が輸入する図書資料、教学科研設備および校営事業に関して優遇政策を実行する。高等学校が運営する事業あるいは譲渡する知識産権及びその他の科学技術成果により獲得した収益は、高等学校の学校運営に用いられる。

第六四条　高等学校が徴収した学費は、国家の関係規定に照らして管理、使用され、いかなる個人や組織も流用してはならない。

第六五条　高等学校は、法により財務管理制度を建立、健全にし、教育経費を合理的に使用し、厳格に管理し、教育投資効益を高めなければならない。高等学校の財務活動は法により監督を受けなければならない。

第八章　附　則

第六六条　高等教育の活動において教育法規の規定に違反した者には、教育法規の関係規定に照らして処罰が与えられる。

第六七条　中国の国境外の個人が、国家の規定に符合し、関係の手続きをとった後は、中国国境内の高等学校の学習、研究に入り、学術交流を進行したり、あるいは教授でき、その合法権益は国家が保障する。

第六八条　本法にいう高等学校とは、大学、独立に設置された学院、高等専科学校をいう。その中には、高等職業学校と成人高等学校が包括される。本法にいうその他の高等教育機関とは、高等学校を除き、研究生教育の任務を受けることが批准された科学研究機関以外の現行の高等教育活動の組織をいう。本法に関係する高等学校の規定は、その他の高等教育機関と研究生の教育任務を受けることが批准された科学研究機関に適用される。ただし、高等学校に対して専門的に適用する規定は除く。

第六九条　本法は、一九九九年一月一日より施行する。

中華人民共和国学位条例

（一九八〇・二・一二　全人大常委会第十三次会議通過）

第一条　我が国の科学専門人材の成長を促進し、各門学術水準の向上と教育、科学事業の発展を促進するため、社会主義現代化建設の需要に適合して、この条例を制定する。

第二条　およそ中国共産党の監督を支持し、社会主義制度を支持し、一定の学術水準を持つ公民は、すべて本条例の規定に照らして相応の学位を申請することができる。

第三条　学位は、学士、修士、博士の三級に分かれる。

第四条　高等学校の本科の卒業生で、成績優良で、以下の学術水準に資する者に、学士の学位を授与する。

(1)　比較的に良好に該当の学科の基礎理論、専門知識と基本技能を掌握している。

(2)　科学研究活動に従事したり、専門の技術の仕事を担当する初歩的能力をもっている。

第五条　高等学校と科学研究機関の研究生、あるいは研究生と同等の学力をもつ人民は、修士学位の課程試験と論文答弁を通して、成績が合格し、以下の学術水準に達した者に、修士の学位を授与する。

(1)　該当の学科において堅実な基礎理論と系統的な専門知識を掌握した者。

(2)　科学研究の活動に従事したり、専門的な技術活動の独立の責任を担当する能力を持つ者。

第六条　高等学校と科学研究機関の研究生、あるいはその研究生と同等の学力を持つ人員は、博士の学位の課程試験と論文答弁を通して、成績が合格に達した者で、以下の学術水準に達した者に、博士の学位を授与する。

(1)　該当の学科上で、堅実に広大な基礎理論とその系統に深い専門知識。

(2) 独立して科学研究の活動に従事する能力。
(3) 科学あるいは専門の技術における創造性のある成果。

第七条　国務院は、学位委員会を設立し、全国の学位授与活動を選考する責任をもつ。
　学位委員会は、主任委員一人、副主任委員と委員若干名を設ける。主任委員、副主任委員と委員は国務院に任命される。

第八条　学士の学位は、国務院により授権された高等学校により授与される。修士学位、博士学位は、国務院により授権された高等学校と科学研究機関とにより授与される。学位を授与する高等学校と科学研究機関（以下簡単に学位授与単位と略す）及び学位を授与することができる学科の名簿は、国務院の学位委員会により提出され、国務院の批准を経て公布される。

第九条　学位を授与する単位は、学位評定委員会を設立し、かつ関係学科の学位論文答弁委員会を組織しなければならない。学位論文答弁委員会は必ず外部の単位の関係の専門家を参加させる。その組織構成員は学位授与単位の選考により決定される。学位評定委員会の構成員の名簿は、学位授与単位により提出され、主管部門の批准として報告される。主管部門は、批准された学位専門委員会の構成員名簿で国務院の学術委員会の原案として報告する。

第一〇条　学位論文答弁委員会は、修士と博士の学位論文を審査し、答弁を組織し、修士の学位あるいは博士の学位の諾否を決定する責任を負う。決議は、無記名の投票方式で、全体構成員の三分の二以上を通過したとき、学位評定委員会に報告される。学位評定委員会は、学士学位の獲得者の名簿を通じて、学位論文答弁委員会による修士学位あるいは博士学位の授与の決裁に対して責任をもつ。無記名の投票方式として、全体構成員の過半数により決定する。修士論文あるいは博士学位の決定された名簿は、国務院の学位委員会に報告される。

第一一条　学位授与単位は、学位評定委員会における学位授与の決定の後、学位獲得者に対して相応の学位証書を発行する。

第一二条　非学位授与単位は、その卒業した研究生に対して、自らの推薦にもとづき、すぐ近くの学位授与単位に対して学位の申請をすることができる。学位授与単位の審査による同意を経て、論文答弁を通して、本条例の規定の学術水準に達した者には、相応の学位を授与する。

第一三条　科学あるいは専門技術上において、重要な労作、発明、発表あるいは開発を行った者には、関係の専門家の推薦、学位授与単位の同意を経て、試験が免除でき、直接に博士学位論文の答弁に参加し、論文答弁を通過した者には博士学位を授与する。

第一四条　国内外の著名な社会活動家や卓越した学者に対しては、学位授与単位の推薦を経て、国務院の学位委員会の批准を経て、名簿授与できる。

第一五条　我が国で学習した外国留学生と研究活動に従事した外国の学者は、学位授与単位に学位の申請をし、本条例に規定する学術水準をもつ者には、相応の学位を授与する。

第一六条　非学位授与単位と学術団体は、学位授与の決裁を決定し、異なる意見をもつときは、学位授与単位あるいは国務院学位委員会に対して異議を提出できる。学位授与単位と国務院学位委員会は提出された異議に対して研究、処理しなければならない。

第一七条　学位授与単位は、すでに授与した学位に対して、例えば不正等の厳重な違反が発生した状況では、学位評定委員会の再議を経て、取り消すことができる。

第一八条　国務院は、すでに学位の授与を批准した単位に対して、確実に学位授与の学術水準を保障することができなくなった場合には、その学位授与の資格を停止あるいは取り消すことができる。

第一九条　本条例の実施方法は、国務院学位委員会により制定され、国務院に報告、批准される。

第二〇条　本条例は、一九八一年一月一日より施行される。

民営高等学校設置暫行規定

（一九九三・八・一七　国家教育委員会）

第一章　総　則

第一条　民営高等学校は、我が国の高等教育事業の構成部分である。民営高等学校の設置を積極的に鼓舞し、正確に指導するために、さらに民営高等学校の合法権益を維持し、民営高等学校の管理を完善にするために、国家の関係の法律を根拠として本規定を制定する。

第二条　本規定にいう民営高等学校とは、国家機関や国有企業事業組織以外の各種の社会組織から公民個人が、自己資金により、本規定により設立された高等学校の学歴教育を実施する教育機関をいう。

第三条　民営高等学校の設置は、経済建設と社会発展の需要に適応し、現在ある各種の高等教育の統率的な計画と適応し、高等教育の設置・層次・各種の機構の改善に有利に働かなくてはならない。

第四条　民営高等学校は、国家の法律・法規を遵守し、政府の管理・監督・検査・評価と会計審査を受けなければならない。

第五条　民営高等学校は、党の基本路線を堅持し、教育方針を全面的に貫徹し、教育質量を保障し、合格的な人材を養成しなければならない。学校は、共産党、共青団と工会組織、及び必要な思想政治工作制度を設けなければならない。

第六条　民営高等学校及びその学校の教師と学生は、国家が設置する高等学校及びその学校の教師と学生と同じ平等な法律的な地位を享有する。民営学校が受け入れる学歴教育の学生を、高等教育の学生募集計画に入れる。学生が卒業後、国家が承認する学歴を自主選択する。民営高等学校は、卒業した学生に対して就業指導を提供しなければならない。

第七条　民営高等学校は営利を目的とした学校運営の趣旨を起こしてはならない。その財産は学校に帰属し、いかなる単位や個人も侵犯してはならない。その収入は、主要には学校の運営条件の改善と学校の将来的な発展のためのみに用いられなければならない。民営高等学校の校営産業は、普通高等学校の校営産業と同様な政策を享受する。

第二章　設置標準

第八条　民営高等学校の設置標準は、普通高等学校も成人高等学校とは別の標準をもち、教学の基本的な需要を満足することから出発して、実際主義的に確定させなければならない。

第九条　民営高等学校の設置に際しては、以下の基本条件を備えなければならない。

党の基本路線を堅持し、大学本科卒業以上の文化水準をもち、高等教育の工作経験をもち、管理能力が比較的に強く、かつ正常に仕事をする正・副校長を堅持することができなくてはならない。さらに、副教授以上の職位をもつ専職学科、専門の責任者を配備しなければならない。比較的に高い政治素質、業務能力と専業設置を配備し、在校学生の人数に適応する教師集団を配備しなければならない。各部門の公共的な必修課程、専業基礎と専業必修課程は、少なくとも講師あるいは講師以上の職位の教師一人以上を置かなければならない。それぞれの専業は、少なくとも二名以上の副教授の職位の教師を置かなければならない。設置する専業数は、一般には三つ以上とする。在校学生の規模は、五百人以上とし、その中の高等学歴教育は、在校学生のうち三百人以上とする。

固定した、独立の、相対的に集中した土地と校舎をもつ。校舎には、一般に教室・図書館・実験室（実習場所及び附属の部屋）、学校の系の事務室及びその他の部屋五つが含まれる。校舎の合計の面積の参考指標は、文法財経類の学校は学生一人当たり十平方メートル、理工農医類の学校は、学生一人当たり十六平方メートルとする。校地面積は、校舎建設用地と学生のための体育活動の土地を満足させなければならない。所に応じて専業と学生人数に応じた必要な教学機器設備と適用図書を配備しなければならない。実験科及び実習条件は、各専業の教学の基本的な要求に到達させなければならない。学校建築に必要な建設資金と安定した経費の財源を持たなくてはならない。

校舎建設、学校運営費用は、申請者自らが財政負担し、かつ関係部門により審査・検査される。その資金の額は省級人民政府により規定される。

第一〇条　自己資金により校舎建築が困難な民営高等学校は、現在ある他の学校の校園あるいはその他の単位が使用する土地を貸借することや教学活動のための部屋を用いることが認められる。ただし、法的な効力のある契約に依らなければならない。外部の単位の土地や部屋を長期に貸借し、学校運営の需要を満足させようとする学校は、その開学準備資金の要求は適当にゆるやかにすることができる。

第一一条　民営高等学校は、以下の条件の校舎を借りることはできない。

(1)　簡易的な建造物
(2)　危険な部屋
(3)　実際に正常に教学活動を行っている小・中学校及び中等職業技術学校、普通高等学校の校舎
(4)　その他教学活動に不適切な建物

第一二条　民営高等学校は、その他の単位の実験、実習設備と図書資料を利用することができる。ただし、相対的

に安定した保持をしなければならない。

第一三条　国家は、専科レベルの民営高等学校の設置を鼓舞する。本科レベルの民営高等学校の設置については、その標準として『普通高等学校設置暫行条例』の規定を参照して執行される。

第三章　設置申請

第一四条　民営高等学校の設置は、予備的設置と正式設置の二つの段階に分かれる。設置標準の要求を満たした場合、直接に正式な学校設置を申請できる。設置標準の要求を満たさない場合には、まず予備的設置を申請できる。予備的設置の条件は、省級の人民政府より規定される。予備的設置を批准された民営高等学校は、入学募集をすることができる。ただし、高等学歴教育の証書を発行する資格はもたない。学生は学習の修了後、学校に写実性のある学習証明証書を発行してもらうことができる。また、国家が組織する高等教育学歴資格試験や自学試験に参加することができる。これに合格した者には卒業証書が発給される。それら試験に合格した学生が全体の七〇％以上に達し、かつ学校運営条件を基本的に備えた場合には、正式な学校の設置を申請することができる。

第一五条　予備的な民営高等学校の申請については、申請者が省級教育行政部門に提出し、その省級教育行政部門ではその組織の専門家が本法の規定と省級人民政府の関係の補足の規定を参照して評価を進行し、省級人民政府に報告し、審査され、かつ国家教育委員会にその準備案の写しが回送される。民営高等学校の正式な設置については、申請者により省級教育行政部門に提出申請され、省級人民政府の審査・同意を経て後、国家教育委員会に報告し、審査される。

第一六条　民営高等学校の予備的設置に関する申請については、以下の材料を送付しなければならない。

(1)　学校運営の趣旨、養成目標と学校設置の方案（規模、専門設置等）

(2) 学校建設資金、学校運営の正常経費の数量、学校歳入の方法とその証明文書
(3) 学校規程　理事会制度を実行する学校は、さらに必ず理事会規程と理事長、理事の名簿及びその資格の証明文書を提出しなければならない。
(4) すでにある学校運営条件と学校基本建設計画
(5) その他の関係条件

第一七条　正式な設置の申請に関しては、以下の材料を送付しなければならない。
(1) 省級人民政府の審査意見
(2) 正式な設置の可能性を示す論証
(3) 資金数量、資金及びその証明書
(4) 学校の組織機構、管理者組織、教職員集団の情況と中心となる教師の名簿及びその職位、専門
(5) 学校規模、学制、入学者の専門学科、人数、財源の配慮
(6) 予備的設置段階の学校を修了した学生が参加した自学試験の情況
(7) すでにもつ校庭、校舎の建築面積、図書資料及び教学機器・設備の情況

第四章　評議審査

第一八条　国家教育委員会は、毎年第三期前に当年の民営高等学校の設置申請を受理し、期限の遅れた申請は、次年度に処理される。

第一九条　民営高等学校の設置申請は、国家教育委員会による形式審査を経て後、申請の手続きに符合し、申請書類が完備し、基本的な学校運営条件が要求を満たす場合には、全国高等学校設置評議委員会に委託し、評議を進

行する。申請の手続きに符合しない場合、また申請書類に不備がある場合、基本的な学校運営条件が要求を満たさない場合、国家教育委員会は、しばらく全国高等学校設置評議委員会の評議に委託せず、またそのことを申請者に通知する。

第二〇条　国家教育委員会は、全国高等学校設置評議委員会の評議の結論を根拠として審査を進行し、かつ結論と意見を省級人民政府に通知する。

第二一条　民営高等学校が批准され、正式に設置に至る計画は、期限を五年とする。

第二二条　民営高等学校の校名は、国家の高等学校の名称に関する関係規定を根拠として確定させなければならず、一般にはその学校の学校運営の段階に符合し、同時に必ず校名の前に『民営』の二字を冠しなければならない。批准された予備的設置の民営高等学校の校名は、校名の後に『(予備)』というような字を注記しなければならない。

第五章　管　理

第二三条　民営高等学校は、所在地の省級教育行政部門により責任管理される。

第二四条　民営高等学校の校長の任免は、必ず省級教育行政部門に審査に付されなくてはならない。

第二五条　民営高等学校が招聘する兼職教師は、必ずその本人が所属する単位の同意を得て、かつ合同の招聘契約を締結しなければならない。

第二六条　民営高等学校が募集した学歴教育を受ける学生は、全国高等学校の統一試験に参加し、かつ省級教育行政部門の規定により記録されなければならない。学習援助的な性質をもつ非学歴教育班については、入学資格試験は、学校自身の組織により運営することができる。

第二七条　民営高等学校は、分校を運営したり、校外に教学所を設置することはできない。さらに本校で行う教育教学任務をその他の単位や個人に実施させてはならない。

第二八条　予備段階を経ないで直接に正式に設置された民営高等学校は、省級の教育行政部門がその第一期の卒業生に対して試験による学力検査を行う。この場合、その試験により合格率が七〇％以下の学校は、第二年次に再度試験による検査を申請し、再度不合格になった場合は、予備学校に改正される。なお、その試験検査に参加した学生で合格した者には、卒業証書を発行する。不合格の者には学習証明書を発行する。

第二九条　民営高等学校は、国家の法規や政策に依拠して、以下の学校運営職権を享有する。

(1)　学校の規程制度を制定、改正する。

(2)　校内の管理機関を設置する。

(3)　校長、教師、職員を招聘し、教職員の給与収入の標準を確定させる。

(4)　学校の規程制度を根拠として、教職員と学生に褒賞を与える。

(5)　国家により賦与される高等学校の関係の優遇政策を享有する。

(6)　専門学科を設置・調整する。

(7)　当地の政府の関係規定の精神を根拠として、学費の標準を確定し、調整する。

(8)　寄贈・寄付を受け、対内と対外の教育交流と合作を受ける。

(9)　校営産業を起こし、科学協同を進行させ、社会サービスを展開する。

(10)　法律・法規に規定するその他の権利

第六章　変更と調整

第三〇条　民営高等学校の変更は、校名や養成段階等の更改であり、調整は取消し、合併である。民営高等学校の調整と変更は、等しく報告された設置学校の手続き処理により行われなくてはならない。

第三一条　民営高等学校の調整は、学校により事前に申請が提出される。批准を経て後、学校により責任をもって在校学生を配置する。かつ、その所在する省級教育行政部門の監督により校務を処理する。

第三二条　省級教育行政部門は、民営高等学校の各項の工作に対して指導と監督を進行しなければならない。かつ、定期あるいは不定期に学校の教育質量を評価・検査しなければならない。この場合、以下の条件に該当する場合、警告を与えたり、期限を付して整理させたり、学生募集を停止させる処理をする。情状が特別に重い場合には、国家教育委員会に報告を行い、その批准を経て、取消が与えられる。

(1)　批准を経ないで勝手に設置し、学生募集した場合

(2)　学歴証書を乱発した場合

(3)　管理が不正常で、学校運営秩序が厳重に混乱し、不良な影響を起こした場合

(4)　教育質量が厳重に低下した場合

(5)　学校運営の趣旨に厳重に違反した場合

国家が明らかに取り消した民営高等学校では、校長はその在校学生に対して十全に処置しなければならない。必要なときは、省級教育行政部門に補助を請求することができる。省級教育行政部門は、財務・会計等の部門を組織し、学校の資産の清算を進行しなければならない。清算後の譲与資産は、校舎・校庭等を含めて、法によりその設置者に返還する部分を除き、等しくすべて教育行政部門の処理に任され、教育事業の発展に用いられる。

第七章　その他

第三三条　省級人民政府は、本規定を根拠としてその地区の実際情況に適合する関係の補充規定を制定できる。

第三四条　本規定は、国家教育委員会の責任により解釈される。

第三五条　本規定は、発布の日より施行される。

教育督導暫行規定

（一九九一・四・二六）

第一章　総　則

第一条　教育督導制度を建立し、教育工作の行政監督を強化するため、本規定を制定する。

第二条　教育督導の任務は、下級人民政府の教育工作、下級教育行政部門を学校の工作に対して、監督、検査、評価、指導を行い、国家の関係の教育の方針、政策、法規の貫徹執行と教育目標の実施を保障する。

第三条　教育督導の範囲は、現段階では主要には小中学校、幼児教育及びその関係の工作、教育督導の職権を行使する機関は、その人民政府あるいは同級の教育行政部門の委託を根拠として前条の規定以外の教育工作の進行を運営する。

第二章　機　関

第四条　国務院の関係規定を根拠として、国家教育委員会は教育督導の職権を行使し、かつ全国の教育督導工作の管理に責任を負う。その主な職責は、

(1)　教育督導工作の方針、政策、規章の制定。

(2)　教育督導工作の計画と指導方策の制定。

(3)　全国の教育督導工作の組織、実施。

(4) 地方の教育督導工作を指導。
(5) 督導人員の組織養成。
(6) 教育督導工作の経験を広め、教育督導の科挙研究を組織。

第五条 国家教育委員会は、教育督導機関を設置し、教育督導の具体工作に責任を負う。

第六条 地方の郡以上に等しく教育督導機関を設置する。地方の郡以上の教育督導の組織形式及びその機関の職責は、各省、自治区、直轄市の人民政府が確定する。

第七条 地方の郡以上の各級の人民政府は、その行政区域内の教育事業の規模及びその他の実際状況を根拠として、教育督導機関の編成を確定する。

第三章　督　学

第八条 行政の教育督導の機関は相応の専任職としての督学を設けなければならない。その任免は、国家の教育行政機関の人事管理権限と手続き処理に応じて行われる。

第九条 教育督導の職権を行使する機関は、工作の需要を根拠として督学の兼職を申請することができる。兼職督学は、専職督学と同等の職権をもつ。

第一〇条 督学はその本級人民政府あるいはその教育行政部門により督学証書が領布される。

第一一条 督学は必ず以下の基本条件を抑えなければならない。
(1) 四項の基本原則を堅持し、改革開放を堅持し、社会主義教育事業に忠誠をつくす。
(2) 国家の関係の教育の方針、政策、法規を熟知し、比較的に高い教育水準をもつ。
(3) 大学の本科の労働あるいはそれと同等の学力をもち、十年以上教育工作に従事した経歴をもち、教育教学の工作兼務に熟達している。

(4) 実際に深くかかわり、大衆を連携し、法や規則を遵守し、法を守ること。公正で真実を語る勇気があること。

(5) 身体が健康であること。

第一二条 督学は必要な研修を受けなければならない。

第四章　督　導

第一三条 教育督導は総合督導、専攻督導と日常性検査に分かれ、教育督導機関によりその級人民政府、教育行政部門あるいは上級督導機関の決定を根拠として組織実施する。

第一四条 督導機関あるいは督学は、国家の関係の方針、政策、法規を根拠として、督導を進行させ、かつ以下の職権を具有する。

(1) 被督導単位の関係会議に列席する。

(2) 被督導単位に督導事項の関係の文件の提出と報告の工作を要求する。

(3) 被督導単位に対して現場調査を進行させる。

第一五条 方針、政策、法規に違反する行為に対して、督導機関あるいは督学は制止する権限をもつ。

第一六条 督導機関あるいは督学は督導任務を完了した後、被督導単位に督導結果を通報し、意見を建議しなければならない。

第一七条 督導機関あるいは督学が提出した意見や建議に対して、被督導単位は正当な理由がなければ、接受し、かつ相応の改訂措置を採らなければならない。必要な時には、督導機関は、複査を進行しなければならない。

第一八条 督導機関は、督導任務を完成した後は、本級人民政府、教育行政部門及び上級督導機関に、督導の結果を報告し、意見や建議を提出し、かつ社会に公布しなければならない。

第五章　罰　則

第一九条　被督導単位及びその関係者は、以下の状況になった場合は、その直接の責任者に対して、部の管理責任に応じて相応の行政処分が与えられる。

(1)　督導機関と督導の措置の執行を拒否した場合。
(2)　督学の法による職権の行使を妨害、拒否した場合。
(3)　督学を打撃したり、報復した場合。

第二〇条　督学が以下の状況にあるとき、その主要部門はその状況の軽重をみて、相応の行政処分を与えなければならない。

(1)　職権を利用して、私利を図ったとき。
(2)　職権を利用して、他人をだましたり、他人の合法権益を侵害した場合。
(3)　その他、職権を乱用した場合。

主要参考文献

『中華人民共和国現行教育法規汇編（一九四九―一九八九）』人民教育出版社、一九九〇年
『中華人民共和国現行教育法規汇編（一九九〇―一九九五）上巻』人民教育出版社、一九九六年
『中華人民共和国現行教育法規汇編（一九九〇―一九九五）下巻』人民教育出版社、一九九六年
『中国教育年鑑』（一九八二年―一九九七年）人民教育出版社
『中国教育報』（新聞）
『光明日報』（新聞）
『人民日報』（新聞）
国家教育委員会師範教育司組編『教育法専読』北京師範大学出版社、一九九六年
熊賢君『中国教育行政史』華中理工大学出版社、一九九六年
賀東凡・蕭宗六『中国教育行政学』人民教育出版社、一九九六年
葛金国主編『学校管理学』中国科学技術大学出版社、一九九六年
李素敏編著『教育督導学』河北大学出版社、一九九六年
座維謙・李連宇主編『各国教育法制的比較研究』人民教育出版社、一九九五年
成有信他『教育政治学』江蘇教育出版社、一九九三年
労凱声『教育法論』江蘇教育出版社、一九九〇年
孫喜亭主編『教育学問題研究概述』天津教育出版社、一九八九年
米桂山・金友明主編『教育法概説』学苑出版社、一九八九年
邱淵『教育経済学専論』人民教育出版社、一九八八年
陳绥・陳碧波主編『現代農村普通教育管理』中南工業大学出版社、一九八七年
何端昆『中外教育法知識』蘇逋大学出版社、一九八七年
劉冬海「論依法治教的途経」『教育評論』、一九九六年
潭暁玉「我国教育法学　発展過程与存在的問題」『武漢大学学報（哲学・社会科学版）』、一九九五年
孫燦成「我国教育法制建設的戦略重点――地方教育立法――」『中小学管理』、一九九五年
「中国教育法制思想　貫伝統向現代化転変」『上海高教研究』、一九九五年
劉芸兵・夏英斉「試論『教育法』的規範涵義」『云南教育学院』第一一巻、一九九五年
胡肇開「我国必須加強教育立法」『中国教育学刊』、一九九四年
張玉堂「関喦我国教育法規研究叱個問題」『四川師範大学学報（社会科学版）』第二一巻、一九九四年

忻福良「中国教育法制建設：観念的審視与更新」『高等師範教育研究』、一九九四年
麗渭栄「当前開展教育法学研究的叱俸問題」『法学』、一九九三年
労凱声「論教育法在我国教育法律体系中的地位」『北京師範大学学報（社会科学版）』、一九九三年
李連寧「我国教育法体系争議」『中国法学』、一九八八年
千光遠「社会主義制度下的生産労働与非生産労働」『中国経済問題』、一九八一年
篠原清昭・小松郁夫・坂本孝徳共編著『第六巻　諸外国の教育改革と教育経営』（日本教育経営学会編）、玉川大学出版部、二〇〇〇年
千葉正士『アジア法の多元的構造』アジア法叢書二三、成文堂、一九九八年
張勇『中国行政法の生成と展開』信山社、一九九六年
牧野篤『民は衣食足りて』総合行政出版、一九九五年
木間正道『現代中国の法と民主主義』勁草書房、一九九五年
千葉正士編『アジア法の環境』アジア法叢書一九、成文堂、一九九四年
天児慧『東アジアの国家と社会Ⅰ――溶解する社会主義大国――』東京大学出版会、一九九二年
西村幸次郎『中国憲法の基本問題』アジア法叢書一〇、成文堂、一九八九年
大野雅敏『教育制度変革の理論』有信堂、一九八四年
薫成美著・西村幸次郎監訳『中国憲法概論』アジア法叢書五、成文堂、一九八四年
篠原清昭「現代中国の教育法体系と教育法理論」『九州大学大学院教育学研究』創刊号（通巻第四四集）、九州大学大学院人間環境学研究科発達・社会システム専攻教育学コース、一九九九年
篠原清昭「現代中国の教育投資――社会主義国における『教育の市場化』――」『比較教育文化研究施設紀要』第五一号、九州大学教育学部附属比較教育文化研究施設、一九九八年
篠原清昭「中華人民共和国教育法の法理論」『九州大学教育学部紀要』第四三集、一九九七年
篠原清昭「中国における生徒の権利と責任」、市川昭午・永井憲一監修『子どもの人権大辞典』、一九九七年
篠原清昭「中華人民共和国教育法の立法過程――立法者意思の分析を通して――」『教育経営・教育行政学研究紀要』第三号、九州大学教育経営教育行政学研究室、一九九六年
篠原清昭「中華人民共和国教育法の訳と解説（前編）」『季刊教育法』一〇六号、エイデル研究所、一九九六年
篠原清昭「中華人民共和国教育法の訳と解説（後編）」『季刊教育法』一〇八号、エイデル研究所、一九九六年
篠原清昭「現代中国の教員政策――『中華人民共和国教師法』の分析を中心として――」『日本教育行政学会年報』二一号、教育開発研究所、一九九五年

篠原清昭「社会主義的教育科学のパラダイム転換――現代中国の場合――」『季刊教育法』一〇〇号、エイデル研究所、一九九五年
篠原清昭「現代中国の教育科学論争――『文化大革命』以降の『教育本質論争』を中心として――」『岐阜教育大学紀要』第二七集、一九九四年
篠原清昭「現代中国の学校改革――『校長責任制』の実現過程――」『日本教育経営学会紀要』第三六号、一九九四年
篠原清昭「中華人民共和国教師法の訳と解説」『季刊教育法』九八号、エイデル研究所、一九九四年
篠原清昭「中国の学校における会議」『学校の会議読本』教育開発研究所、一九九五年
篠原清昭「中国の教育行政学会」『日本教育行政学会年報』一九、教育開発研究所、一九九三年
牧野篤「『人治』の国の教育『法治』――『中華人民共和国教育法通則』（草案）の解説に代えて――」『国民教育研究集録』第一号、国民教育研究所、一九九〇年
王智新「中国教育学会と教育理論研究動向」『教育学研究』第五七巻第四号、日本教育学会、一九九〇年
篠原清昭「現代中国の学校管理論――校長責任制を中心として――」『日本教育行政学会年報』一五号、教育開発研究所、一九八九年
牧野篤「『現代化』の岐路に立つ中国の教育」『教育改革研究』第四号、名古屋大学教育学部、一九八六年

あとがき

本書は、平成十一年十二月に九州大学に提出・受理された学位請求論文（教育学博士）「中華人民共和国教育法に関する研究」を刊行したものである。そのため、本書の構成と内容は若干の補足や修正はあるがほぼ学位請求論文と同一のものである。

なお、出版に際しては、平成十三年度の日本学術振興会の「研究成果公開促進費」（一般学術図書）の補助を受けた。また、学位請求論文および本書の完成に関しては、平成九・十年度科学研究費補助金（「現代中国の教育法規に関する研究」（代表）基盤研究C・2）と平成十二・十三年度の科学研究費補助金（「国家の教育アカウンタビリティに関する総合的研究」（代表）基盤研究B・2）が大きく役立った。関係機関および関係の方々に感謝する。

本書および本書のもととなる学位請求論文を完成する過程では、多くの方々にご支援を受けた。ここで、私事となるが、自身が現在研究者として存在するまでの過程も含めて、何人かの方に感謝の気持ちを表すことを許していただきたい。

まず、小島弘道先生（筑波大学教授）に感謝したい。私の恩師である。二十三歳のころより現在まで私を研究者として導き、育ててくれた。なまいきな学生だったと思う。確固とした思想もポリシーもなく、ただやみくもに社会批判や教育学批判をして、教育学の本質の理論や価値を考えようとする姿勢がなかった。しかし、先生は、そうした私に豊かな社会性と優しい人間性で接し、「教育学」の世界に導いてくれた。その象の目のような優しさと年の離れた兄のような若さは今も変わらない。先生との出会いがなければ、私は多分大学教師にはなっていない。
つぎに、高野桂一先生（九州大学名誉教授）に感謝したい。私のもう一人の恩師である。ただ、講義を受けたことはない。出身の研究室の大先輩であり、研究に厳しい近寄りがたい先生だった。しかし、大学院生のころより現在まで、いつも遠くから私を温かくそして厳しく導いてくれた。「孤高に研究に闘う」その背中にいつも畏敬の念と父親のような温かさを感じていた。むかし、ある本の出版のために先生と二人で何度か合宿したことがある。夜おそく布団に入ってからも議論を続けた。その思い出がある。しかし、今思えばそれは「合宿」や「議論」ではなく、先生が私一人のために与えてくれた「ゼミ」であり、「講義」であったと悟る。先生の厳しさの中の優しさに感謝したい。

大塚学校経営研究会に感謝したい。私の学校である。東京教育大学および筑波大学の学校経営学研究室のOBや現役大学院生を中心に組織された研究会である。現在は退会しているが、大学院生の時から就職して後も、ずっと研究者として育ててくれた私の「母校」と考えている。故吉本二郎先生（東京教育大学名誉教授）、永岡順先生（筑波大学名誉教授）に感謝したい。可愛がっていただいた。また、厳しかったが温かく指導してくれた先輩たち、大西信行先生（東海女子大学教授）・小松郁夫先生（国立教育政策研究所高等教育研究部長）・堀内孜先生（京都教育大学教授）・西穣司先生（上越教育大学教授）そして天笠茂先生（千葉大学教授）他に感謝したい。直後は反発するが、一晩たつと理解でき、そして飛躍できるような素晴らしい批判をくれる頼もしい先輩たちだった。

九州大学に感謝したい。本書の元となる学位請求論文の主査である中留武昭先生、副査である住田正樹先生と南里悦史先生に感謝したい。中留先生には学位請求を勧め、励ましていただいた。疎外された人間の痛みがわかり、がんばる人間の可能性を引き出そうとする人間味豊かな先生であった。互いに夜間大学院のおそい講義を終えた後、地下鉄駅の近くの赤のれんでとんこつラーメンと焼酎で、おそくまで先生のお話を聞いたころがなつかしい。

大学院生たちにも感謝したい。実は、本格的に学位論文を執筆している二年間、私は大小あわせて三つの学会の事務局長をしていた。また、その間に全国学会の大会準備委員会の事務局長をしていた。研究室は時に会計事務所や選挙事務所のような慌しさで、自分が今いったいどの学会の事務をしているのか混同することもしばしばだった。そうした状況では、学位論文の執筆はとうてい無理だとあきらめかけていた。そのときに、院生たちが助けてくれた。煩雑な会計事務、大会運営や理事会運営等の膨大な学会事務をこなしてくれた。露口健司君（九州共立大学講師）・大野裕己君（大阪教育大学講師）・生嶌亜樹子さん（博士課程）・大竹晋吾君（同）・酒井隆太郎君（当時修士課程）・志田香織さん（同）に感謝したい。特に、大野裕己君は私の片腕となって学会事務を助けてくれた。彼の研究時間をずいぶんと搾取したことを今わびたい。

中国の同学者たちに感謝したい。蘇真先生（北京師範大学教授）・顧明遠先生（同）・労凱声先生（同）そして鮑良さん（元神戸大学博士課程学生）。一九八七年に初めて中国に行ってから現在まで、北京師範大学の先生方には多くの研究上の指導と便宜を受けた。特に一九八七年当時北京師範大学の大学院生であった鮑良さんは、現在までずっと私の研究を支えてくれた。頼りない語学力とささやかな研究費だった。彼の存在がなければ私は中国研究をしていなかった。心のきれいな人である。失われた過去と未だ見えない未来の間で孤独に研究に闘う多くの中国の同学者たちに敬意を表したい。

本書の出版を直接助けてくれた人たちにも感謝したい。九州大学出版会の藤木雅幸さん、藤田祐子さんに感謝したい。藤木さんは、温かく本書の刊行助成金の申請を見守り、助けてくれた。また、藤田さんは私の無理な注文にも我慢強くていねいに応えてくれた。また、本書の表紙の挿絵に関して、掲載の希望の趣旨を理解していただき、直接中国の関係機関と版権の交渉までしていただいた黒田雷児さん（福岡アジア美術館学芸員）に感謝したい。その絵は、三年前に私が福岡アジア美術館で感動的に見た絵だった。そして、何度も切り絵の作業をして表紙デザインをしてくれた生嶌亜樹子さん（博士課程）にも感謝する。

家族に感謝したい。ほとんど家庭を返り見ず、わがままに生きた。それでも父として尊敬してくれる子どもたちとそのような子どもたちに育ててくれた妻・淳子に感謝したい。

最後に、篠原トシ子に感謝したい。三〇年前に亡くなった私の母である。茶碗蒸とロールキャベツが上手で、ユリの花と美空ひばりの歌が好きだった。エプロンの中にはいつも飴玉が入れてあった。

雪が降る遠い帯広の大地に眠る母に本書を捧げる。

二〇〇一年十月十一日

箱崎にて

篠原清昭

著者略歴

篠原清昭（しのはら・きよあき）

1953年生まれ

1976年　立命館大学法学部卒業

1982年　筑波大学大学院博士課程教育学研究科中退

1982年－1991年　東海女子短期大学講師，助教授

1991年－1996年　聖徳学園岐阜教育大学（現岐阜聖徳学園大学）助教授

1999年　博士（教育学）取得（九州大学）

現　在　九州大学大学院人間環境学研究院　助教授

主要な著書・論文

『諸外国の教育改革と教育経営』共編，玉川大学出版部，2000年

「教育改革における中国国家の責任」『日本教育行政学会年報』27号，日本教育行政学会，教育開発研究所，2001年

「中華人民共和国教育法の法理論」『九州大学教育学部紀要』第43集，九州大学教育学部，1997年

「現代中国の教員政策――『中華人民共和国教師法』の分析を中心として――」『日本教育行政学会年報』21号，日本教育行政学会，教育開発研究所，1995年

「現代中国の学校改革――『校長責任制』の実現過程――」『日本教育経営学会紀要』第36号，日本教育経営学会，第一法規，1994年

「現代中国の学校管理論――校長責任制を中心として――」『日本教育行政学会年報』第15号，日本教育行政学会，教育開発研究所，1989年，ほか

中華人民共和国教育法《ちゅうかじんみんきょうわこくきょういくほう》に関《かん》する研究《けんきゅう》

――現代中国の教育改革と法――

2001年10月31日　初版発行

著　者　篠　原　清　昭

発行者　福　留　久　大

発行所　㈶九州大学出版会

〒812-0053　福岡市東区箱崎７－１－146

九州大学構内

電話　092-641-0515（直通）

振替　01710-6-3677

印刷／九州電算㈱　製本／篠原製本㈱

ISBN4-87378-705-X

九州大学出版会刊

（表示価格は本体価格）

堀　和郎　著

アメリカ現代教育行政学研究

A5判　四一六頁　四、〇〇〇円

本格的に究明されることのなかった戦後アメリカ教育行政学の学問的再編（アメリカ現代教育行政学の成立）に関する本邦初の体系的研究書である。本書はまたわが国の教育行政学の経験科学的社会科学としての確立をめざした労作。

小川正人　著

戦後日本教育財政制度の研究

A5判　三二〇頁　五、五〇〇円

戦後教育行政の制度・原則に対応する教育財政の法制度は、どのような対立する構想を孕みながらその制度的定着を辿ることになったのか。戦前から戦後の義務教育財政制度の展開と改革議論を跡づけ、今日の教育財政と教育条件の法制度とその課題を考察する。

稲葉継雄　著

旧韓末「日語学校」の研究

A5判　五三〇頁　一三、〇〇〇円

「日語学校」は、韓国側が自らの開化のため日本語および「日本語による普通学」を主体的に学んだ場であり、日本側にとっては実質的な勢力浸透を図るための橋頭堡であった。この意味で、「日語学校」の実態に迫った本書は、近代日韓教育交流史の一角を照らすものである。

稲葉継雄　著

旧韓国の教育と日本人

A5判　三七〇頁　六、八〇〇円

日本はすでに日清戦争当時から旧韓国の教育行政や学校教育に深く関与し、その延長線上に植民地時代の同化・皇民化教育があった。本書は、旧韓国の教育への日本人の関わりを政治家・学務官僚・教員の三側面から追究し、植民地教育準備工作の全体像に接近しようとしたものである。

新谷恭明　著

尋常中学校の成立

A5判　三七六頁　七、〇〇〇円

本書は福岡県域を対象として、尋常中学校の成立にいたる過程を藩校や私塾の教育からの高等普通教育を求める心性に導かれたものと理解し、近代日本における中等教育成立の史的構造を問題史的に解明しようとするものである。